THE
THEORY OF
SCIENTIFIC
INVESTIGATION
&
EVIDENCE

과학수사론

권/창/국

박영사

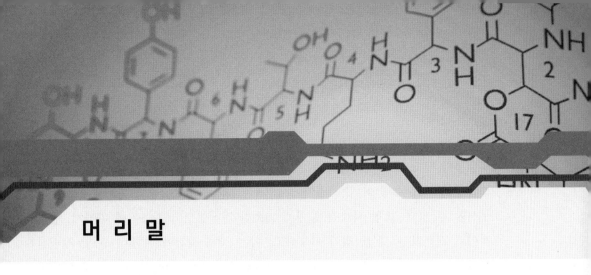

머 리 말

　최근 과학수사 또는 과학적 증거에 대한 대중적 관심은 무척 높다. 물론 다소간의 과장적 요소가 개재되어 있는 것은 틀림없지만, 영화나 TV 드라마는 물론 추리소설 등 픽션류의 소재가 되기도 하고, 관련 다큐멘터리 등 논픽션류에서도 무척 흥미로운 소재로 다루어지고 있다. 모든 사람이 간과하거나 아니면 처음부터 찾을 수 없던 증거를 객관적인 과학적 방법론을 통해 확보하고 분석하여 오리무중과도 같던 범죄사건을 해결함으로써 정의가 실현되는 모습에서 많은 사람들이 일종의 쾌감을 느끼는 것으로 생각된다. 또 한편으로 대중문화의 이러한 트렌드는 과학적 방법론과 그를 통해 획득된 결론에 대한 일반인의 신뢰가 얼마나 큰지를 보여주는 단적인 예라 하겠다.

　이러한 대중적 트렌드에 비례하여, 현실의 수사기관이 구사하는 범죄수사기법 역시 과거 자백 등 진술에 주로 의존하던 것과 다르게, 객관적 물증을 중심으로 전개되는 형태로 그 패턴변화가 역력하다. 이러한 변화의 주된 배경으로 발전된 과학기술이 범죄수사에 응용됨에 따라 과거에는 불가능했던 다양한 증거를 확보할 수 있게 된 점을 지적할 수 있다. 이에 따라 공판절차에서도 이른바 과학적 증거(Scientific Evidence or Forensic Evidence)가 빈번히 활용되거나 중요한 논점의 하나로 부각되는 예가 늘어가면서, 현대 형사재판의 제 특징 가운데 하나로 이해된다.

　수사 및 공판절차에서 과학적 증거에 대한 의존도가 높아지면서 야기되는 현상 중에는 분명히 긍정적인 측면도 있다. 아무래도 자백 등 진술증거에 대한 의존도가 낮아짐으로써, 자백 등 중요진술을 확보하기 위한 무리한 수사가 자연스럽게 자제될 수 있어, 수사절차에서의 (피의자) 인권보호에의 기여효과는 분명 무시할 수 없다. 또한 과학적 증거에 기초한 사실인정이 강조됨에 따라서, 합리적이고 객관적인 사실인정이 가능하고, 이는 당해 사건에 대한 수사 및 재판결과만이 아니라, 형사사법절차에 전반에 대한 시민의 신뢰구축으로까지 이어질 수 있다.

그러나 부정적 측면도 있다. 아무래도 과학적 증거나 이를 산출하기 위한 과학적 수사기법은 과학적 지식의 문외한인 일반인의 이해범위를 넘어서는 분야이다. 이점은 범죄수사나 공판실무에 종사하는 전문가들도 마찬가지다. 그렇다보니, '과학적~'이라는 수식어가 갖는 심리적 효과에 압도되어 맹목적 신뢰감을 가질 수도 있고, 이는 현대 형사재판에서 중요한 오판사례로 지적되고 있다. 또한 부차적일 수도 있지만, 제한적인 숫자의 전문가 층이나 과학적 분석기법이 동원되는 과정에서 발생하는 상당한 경제적 소요 등으로 인하여 과학적 증거에 대한 접근 역시 수사기관에만 편중되어 있어, 피의자나 피고인의 접근은 극히 제한되는 것이 현실이다. 이러한 현실은 수사나 공판절차의 공정성에 근본적인 의문을 제기하게 되는 요인이 될 수도 있다.

대중적 관심의 증가나 현실 형사사법절차에서의 수요증대와는 별개로, 과학수사나 과학적 증거에 대한 이해욕구를 충족시켜 줄만한 소스가 사실 그리 충분하지 못하다. 물론 대학 등 교육기관 내에 경찰학 등 형사사법 관련학과의 커리큘럼이나 실무기관에서 운영하는 교육과정 등을 통해 접해볼 수 있는 기회는 있지만 아직까지는 제한적이다. 또한 교재 등도 아직까지는 다양하지도 않거니와 지나치게 전문적이어서 자연과학이나 공학 등의 선행 전공자가 아니면 이해하기 어렵다. 반면, 과학수사기법이나 과학적 증거에 대한 이해를 필요로 하는 학생이나 실무자 층은 대부분 이러한 선행 전공자가 아니다.

이 책의 출판을 고려하게 된, 주된 이유가 바로 여기에 있다. 즉, 자연과학이 필요한 배경지식의 전공자나 전문가가 아니라도, 대학 등의 교육과정이나 형사사법 실무자로서 과학적 수사기법과 과학적 증거에 대한 극히 초보적인 일정수준의 이해가 요구되기도 한다. 또한 단순히 '과학적~'이라는 수식어로부터 야기되는 막연한 신뢰감을 극복하여 정확한 이해와 평가에 근거한 신뢰성이야말로 (이를 Science와 Junk Science의 구별로 이해할 수도 있다), 우리가 과학수사나 과학적 증거에 기대하는 바이다. 이 책이 이러한 소요에 적절한 대안이 되었으면 한다. 이외에 저자로서는 어떤 목적이 되었건, 이 책을 접한 독자들이 과학수사나 과학적 증거에 흥미를 갖는 계기가 되었으면 하는 바람도 있다.

응용과학으로서 법과학은 다양한 배경학문 등에 따라서 극히 광범위한 범위를 갖는다. 따라서 모든 내용을 포괄하여 언급하는 것은 불가능하고, 저자의 능력 범위 밖이다. 물론, 저자도 가급적 다양한 내용을 흥미롭고 보다 이해하기 쉽게 소개하고 싶은데, 이는 차후 보완작업을 통해 해소하도록 하겠다.

책이 나오기까지 도움을 주신 분들이 많은데, 먼저 저자의 은사님이신 연세대학교 법학전문대학원의 심희기 교수님 그리고 서울대학교 법학전문대학원의 조국 교수님, 서강대학교 법학전문대학원의 김상수 교수님께 깊이 감사드린다. 부족한 역량에도 불구하고 늘 인내심을 갖고 지켜봐주신 은사님께 이 자리를 빌어 존경의 마음을 전해드리고 싶다. 아울러, 많은 수고를 해주신 박영사 관계자 분들께도 감사드린다.

2015년 7월 8일

권 창 국

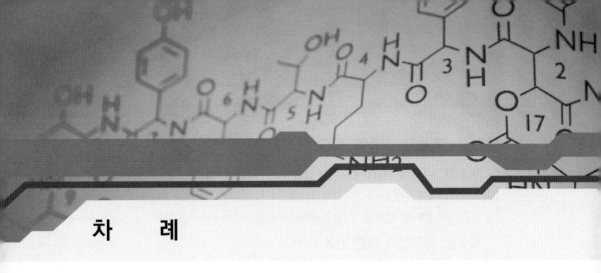

차 례

제 3 부 | 목격진술 및 법최면

제 1 장 목격진술

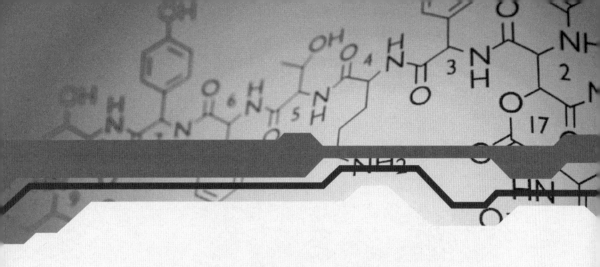

제 1 부

과학수사 및 과학적 증거 일반론

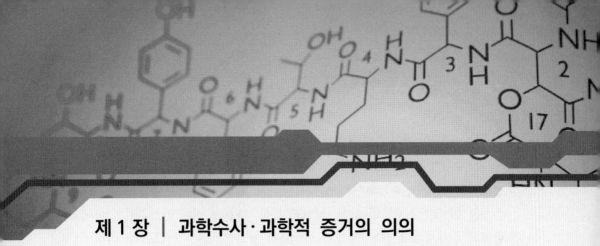

제 1 장 ┃ 과학수사·과학적 증거의 의의

제 1 절　과학수사·과학적 증거의 개념과 그 전제로서 과학적 건전성

　　한국에서도 방영된 바 있는 미국 드라마 CSI에서는 각 시즌별 에피소드에 따라 세부적인 소재와 내용은 다르지만, 범죄수사 과정에서 자칫 간과되거나 훼손, 은폐 또는 조작될 수 있는 범죄현장의 다양한 물리적 증거(흔히 물증이라고도 한다)를 수사기관이 끈질기게 분석하고, 분석결과에 기초한 객관적 사실에 바탕하여 범죄사실을 재구성함으로써, 범인을 검거하여 사건을 해결하는 모습(악인인 범죄자는 검거되어 처벌되고, 억울하게 범죄혐의를 받게된 자는 혐의하게 완벽하게 해소되는~)이 공통적으로 묘사되고 있다. 즉, 각 에피소드에서 목격자의 진술 등 범죄수사 과정에서 획득되는 통상의 증거와 구별되는 '과학적 증거'가 사건해결의 key역할을 하는데, 이러한 수사기법을 흔히 '과학수사'로 지칭한다.

　　과학적 증거(scientific evidence or forensic evidence)의 정의에 대해서는 다양한 견해가 제기되고 있다. 가령, 과학수사와 동일한 맥락에서 통신감청이나 영상감시 등을 포함하여 과학적 지식을 활용한 채증기법(사실탐지를 위한 기술적 방법)으로 파악하되, 다만, 증거능력이나 증명력 판단과 같이 증거법적 쟁점이 고려되는 경우에 이를 과학적 증거로 지칭하는 입장이 있다.[1] 한편, 과학수사(과학적 수사기법, 수사의 과학화 등)의 경우, 일반적으로 과학적 원리, 기술이 활용된 수사기법을 의미하지만, 그 의미를 보다 확장하여, 과학적 방법론에 기초한 수사, 즉, 수사를 위한 기초자료의 수집, 정리와 분석, 사건에 대한 가설수립과 이에 따른 합리적 수사계획의 설정, 실행과 환류로서 결과검토라는 일련의 과정(수사과정의 합리화)을 지칭하기도 한다.[2]

　이처럼 다양한 견해가 있지만, 공통적으로 증거방법의 수집에서부터 증거조사를 통해 획득된 증거자료를 통한 사실인정의 전 과정에서 일반적 경험칙이나 논리측을 넘어서 전문적인 과학적 지식이 요구되는 유형의 증거를 과학적 증거로 지칭할 수 있고,[3] 흔히 말하는 과학(적) 수사란[4] 이러한 과학적 증거를 도출하기 위한 수사 또는 채증기법을 의미하는 것으로 정리할 수 있다.

　앞서 언급한 드라마 CSI에서도 묘사되고 있지만, 현대의 범죄수사에서 가장 큰 특징으로 다양한 과학적 수사기법의 활용을 지적할 수 있고, 수사절차에 이어지는 형사공판절차에서도 과학적 증거의 대량으로 활용되고 있다.[5] 이처럼 과

---

1) 심희기, "과학적 수사방법과 그 한계 −미국법과 한국법의 비교−", 연구보고서 93−14, 한국형사정책연구원, 1993, 15−17면.
2) 淺田貨茂, 科學搜査と刑事鑑定(東京 : 有斐閣, 1994), 35−36頁; 과학수사를 과학적 기법을 활용하여 수사자료의 특성과 제원 등을 파악(identification)하고, 동 자료를 개별화, 이동식별하여(chracteristic individualization), 범죄사실을 구성(crime reconstruction)하는 활동으로 지칭하기도 한다. 淺田貨茂·井上堯子 編著, 犯罪と科學搜査(東京 : 東京化學同人, 1998), 37−45頁; 橋本正次, 犯罪科學搜査(東京 : 宝島社, 2000), 3頁.
3) 司法研修所 編, 科學的證據とこれを用いた裁判の在り方(東京 : 法曹会, 2013), 3頁.
4) 경찰학사전에 의하면 과학수사란, '수사활동에 과학적 지식·기술과 감식시설·장비·기자재 등을 최대한으로 활용하는 수사'를 의미하는데, ① 과학적 지식과 감식장비, 기술의 응용, ② 과학적 수사방법과 수사법칙에 기초한 수사활동, ③ 인권보장과 함께 수사결과의 합리성과 타당성이 보장되어야 함을 그 요소로 지적하고 있다. 신현기 외 10인 공저, 경찰학사전(서울: 법문사, 2012). http://terms.naver.com/entry.nhn?docId=1961369&cid=42149&categoryId=42149
5) 한국의 법과학연구실(forensic lab) 중 가장 대표적인 국립과학수사연구원의 경우, 2013년에 총 335,009건을 감정처리하였는데, 이는 2012년(총 298,729건) 대비 12.1%로 증가한 것으로 매년 감정처리건수가 증가하고 있다. 세부적으로 보면, DNA profiling(유전자분석)이 114,611건으로 가장 높은 비중을 차지하고 있으며, 기타 genetic marker 분석의 예로 혈액형분석은 69,147건(특히, 음주운전과 관련하여 혈중알코올분석이 28,949건을 기록함), 이외에 지문감식의 경우, 총 21,200건이 의뢰되어 11,392건에서 신원확인이 이루어진 것으로 파악된다. 한편, 최근 범죄수사에서 CCTV나 디지털증거가 활용되는 사례가 증가하면서,

학적 수사기법(scientific investigation) 내지 과학적 증거(scientific evidence or forensic evidence)의 활용이 강조되는 이유(달리 말하면, 과학적 수사기법 또는 과학적 증거의 긍정적 측면으로도 이해할 수 있다)는 무엇일까?

과학적 증거는 일반적인 물증과 같이 물적 자료에 기초하는 점에서 인간의 기억에 근거한 진술증거와 비교하여 객관성이 보장되고, 통상의 경험칙 등이 아닌 과학적 원리와 분석기법에 근거함으로써 일반적인 물증에 비교하여 확실성이 높다는 장점을 갖는다. 또한 과학적 증거에 기초한 사실인정은 목격증인의 진술 등에서 확인할 수 있듯이 불안정한 진술증거에 의존한 사실인정과 달리 보다 안정적인 사실인정을 통해 오판을 방지할 수 있고,[6] 특히 형사사건에서 자백 등 진술증거에 의존함으로써 야기되는 인권침해나 성범죄 등의 사례에서 볼 수 있듯이 피해자에 대한 제2차 피해자와 현상을 방지할 수 있다는 장점도 갖는다. 이외에 통상의 물증과 유사하게 진술증거에 비교하여 시간적 경과에도 불구하고 증거의 가치변화가 제한되고, 검증가능성에 기초한 과학적 분석이 배경하는 점에서 높은 재현가능성을 가짐으로 인하여 증거로서의 활용가치도 높다. 아울러, 범죄수법의 고도화, 광역화, 사회의 익명현상에도 효과적으로 대응할 수 있고, 수사과정에서 야기되는 혼란을 최소화하여 수사력의 낭비를 막아, 효율적인 수사가 가능하다는 장점도 지적할 수 있다.[7]

그러나 무엇보다도 과학적 증거의 가치는 당해 증거의 배경이 된 과학적 이론이나 분석기법에 내재된 객관성, 논리성, 보편타당성에 의하여 여타 증거와 달

영상분석 및 디지털증거분석 실적도 꾸준히 증가하는데, 영상분석은 8,331건, 디지털증거 분석은 11,200건으로 확인된다. 2013 경찰통계연보 제57호, 경찰청, 313면; 2014 경찰백서, 경찰청, 168, 178면.

6) 미국에서 1989년 최초의 post conviction DNA exoneration 사례가 있은 후, 2015년 현재 330명이 DNA 분석결과를 통해 재심 무죄판결을 받았고, 이중, 사후 진범이 확인된 사례는 160건에 달한다. 오판원인을 보면, 목격증인의 오류(eyewitness missidentification)가 약 71.5%로 가장 큰 비중을 차지하고, 허위자백(false confessions or admissions)에 의한 경우가 약 27.5%, 제보자의 잘못된 정보제공에 의한 경우는 약 15.4%로 파악된다. 이외에 시료 오염, 분석절차상의 실수 등으로 인한 과학적 증거와 관련한 오판사례(unvalidates or improper forensic science)도 총 155건(약 46.9%)에 달한다. http://www.innocenceproject. org/cases−false−imprisonment/front−page#c10=published&b_start=0&c4=Exonerated+ by+DNA.

7) 三井誠, 刑事手續法 Ⅲ(東京 : 有斐閣, 2004), 263頁.

리 강력하고 결정적인 설명력을 법관 등 사실판단주체에게 제공한다는 점에서 찾을 수 있다. 역으로 표현하자면 과학적 증거의 한계로도 지칭될 수 있는데, 사실판단주체인 법관이나 배심은 배경이 된 과학적 지식이나 분석기술과 관련하여서는 일반인에 불과하여 그 이해와 판단능력이 부족하다. 따라서 단순히 과학이라는 수식어가 가져올 수 있는 막연하지만 절대적 신뢰감(hallucination of scientific reliability or soundness)에 의하여, 과학적 신뢰성 또는 건전성이 부족한 유형의 증거도 그대로 사실입증과정에 투여될 수 있고, 이를 사전에 걸러낼 수 있는 능력이 부족한 점에서 오판의 결정적 요인이 될 수도 있다. 특히 이러한 현상은 채증 및 분석기법이 보다 정교해 질수록 더욱 심화될 수 있다. 아울러, 부가적으로 과학적 수사기법 내지 과학적 증거의 활용이 일반 시민의 감각에서도 보편화될 정도로 그 의존도가 높아짐에 따라, 과학적 증거에 대한 비합리적 기대에 의한 소위 'CSI효과'도[8] 지적될 수 있다.

결론적으로, 과학적 증거가 적절히 활용되기 위해서는 이른바 사이비 과학(junk science)이 사실입증과정에 유입되지 않도록 일종의 여과장치(filtering device)가 필요하다. 따라서 과학적 증거가 배경하는 이론이나 원리 등의 과학적 건전성과 관련하여 구체적으로 어떠한 요소에 대하여, 어떠한 기준으로 증거능력 또는 증명력을 판단, 평가할 것인가가 극히 중요한 문제로 부각된다.

먼저, 과학적 건전성의 판단요소와 관련하여, 일반적으로 당해 증거가 근거하는 ① 배경원리나 이론, ② 분석기술의 타당성과 ③ 분석대상인 구체적 사실에 대한 분석절차의 적절성이 요구된다. 특히, ③ 분석절차의 적절성과 관련하여, 분석에 사용된 기자재의 적정상태의 유지여부, 표준적 분석절차의 수립 및 준수 여부, 분석절차를 진행하고 그 결과를 해석하는 분석자의 적격성 등의[9] 요구가 고려될 수 있다.[10]

---

8) 연구사례에서 형사사법기관 종사자나 일반인 모두 과학적 증거에 대한 높은 신뢰도를 갖는 것으로 파악된 바 있다. 김민지, "CSI 효과 : 검사와 일반인의 비교", 한국심리학회지 : 사회 및 성격 제25권 1호, 2011, 25−41면.

9) 가령, DNA 증거를 제시하는 측은 감정인의 적격성도 입증하여야 한다. 즉, 감정인이 DNA 증거의 분석결과에 대해 진술한다면 분자생물학 등 관련 분야에서 일정한 전문성을 갖추어야 한다. 물론 통계적 평가와 관련한 진술이 있다면 집단유전학 등에 대한 전문성도 갖출 필요가 있다. Adams v. Brandshaw, 484 F. Supp. 2d 753(N.D. Ohio 2007).

10) Paul C. Giannelli, Edeward J. Imwinkelried, Andrea Roth, Jane Campbell Moriarty,

　　과학적 증거의 전제로서 과학적 건전성을 증거능력 및 증명력 판단과정에서 어떻게 고려할 것인가라는 문제와 관련하여 대체로 2가지 견해가 제기된다. 먼저 증거능력 판단문제로 이해하는 견해가 있다.[11] 주로 영미 증거법이 이러한 태도를 취한다. 증거능력은 사실의 존부를 판단하기 위한 자료로써 사용할 수 있는 증거의 소송법적 자격 또는 엄격한 증명의 자료로 사용가능한 증거의 형식적 자격을 의미하는데, 영미법에서는 증거의 허용성(admissibility)이라 하고,[12] 증거능력이 있는 또는 허용된 증거만이 사실입증에 활용될 수 있다.

　　증거능력이 인정(허용)되기 위해서는, ① 요증사실의 존부와 관련하여 당해 증거가 일정한 설명력과 함께 필요하고(관련성, relevancy), ② 증거의 정확성과 진실성이 보장됨으로써 충분히 신뢰할 수 있어야 하며(신뢰성, reliability), ③ 합법적이고 정당한 증거로 평가받을 수 있어야 한다(적격성, competentness).[13]

　　과학적 증거의 경우, 그 배경원리 등에 있어서 과학적 건전성을 관련성 판단문제로 접근하는 견해(관련성 접근방식, relevancy approach)와 신뢰성 판단문제로 접근하는 견해(reliability approach. 후술하는 Daubert test가 여기에 해당한다)로 다시 세분된다. 종래 한국 및 일본의 학설과 판례는 과학적 증거의 건전성을 증

Scientific Evidence I 5th edt(C.A.: LexisNexis, 2012), pp. 2-3; 光藤景皎, 口述 刑事訴訟法 中(補訂版)(東京: 成文堂, 2005), 143頁; 山名京子, "科學的證據の證據能力", 刑事訴訟法の爭點(第3版), ジュリスト 有斐閣, 2002, 164頁.
11) 심희기, "과학적 증거방법에 대한 대법원판결의 최근동향", 비교형사법연구 제1권 제2호, 한국비교형사법학회, 2011, 297면.
12) 다만 영미법에서 증거의 허용성은 증거조사대상이 될 수 있는 증거의 법적 자격 외에, 요증사실에 대한 일정한 설명력 내지 증거조사의 필요성을 의미하는 관련성(relevancy)이 함께 고려되는 점에서 알 수 있듯이, 보다 광의의 개념으로 대륙법의 증거능력과는 차이가 있다. 배태연, "간접증거에 의한 주요사실의 인정", 형사증거법(상), 법원행정처, 1984, 129면; 대륙법계의 직권주의적 증거법에서 법관이 증거가치 즉 증명력의 전면적 평가가 가능하기 때문에 법관의 증명력 판단을 일정 범위에서 제한하는 증거능력 개념은 상대적으로 제한적이다. 白取祐司, 刑事訴訟法 第5版(東京: 日本評論社), 303頁; 態谷弘, 浦辺衛, 佐ケ木史郎, 松尾浩也 編著, 證據法大系 I(證明)(東京: 日本評論社, 1970), 56-58頁; 증거능력과 영미법의 허용성을 유사한 개념으로 파악하는 견해로, 三井誠, 刑事手續法 Ⅲ(東京: 有斐閣, 2004), 18-19頁; 田宮裕, 刑事訴訟法 新版(東京: 有斐閣, 2001), 285-286頁; 光藤景皎, 口述 刑事訴訟法 中(補訂版)(東京: 成文堂, 2005), 107頁; 백형구, 형사소송법강의 제8정판(서울: 박영사, 2001), 613면.
13) Thomas J Gardner & Terry M. Anderson, Criminal Evidence Principle and Cases 7th edt.(Belmont, C.A.: Wardsworth, 2014), pp. 34-39.

거능력 문제로 파악하고 대체로 관련성 접근방식을 통해 해소하는 입장을 취하였다.14)

반면, 증명력 판단문제로 이해하는 견해도 있다. 현행 형사소송법 등에 과학적 증거의 증거능력에 관한 별도의 규정을 두지 않은 이상, 자유심증주의에 기초하여 법관이 증명력을 통해 과학적 건전성을 판단하여야 한다는 것이다.15)

제2절 과학적 증거의 유형

과학적 증거는 분석대상이나 사용되는 분석방법, 또는 배경원리나 이론의 학문분야별 분류 등 다양한 기준으로 분류할 수 있다. 그러나 과학적 증거의 유형분류는 단순히 배경원리 등에 기초한 학제 간 구분에 의미가 있는 것이 아니라 각 유형에 따라 과학적 건전성의 판단에 있어서 공통적 특징을 도출할 수 있고, 이에 기초하여 증거능력 또는 증명력 판단에 필요한 기준을 제시할 수 있음에서 그 실익을 찾을 수 있다.

이러한 의미에서, ① 배경원리 등이 아직 해명되지 않았으나 경험칙상 분석결과의 정확성이나 신뢰성이 긍정될 수 있는 유형(예를 들어, 경찰견에 의한 취기선별 등), ② 역시 배경원리나 분석기술의 신뢰성이 완전히 해명된 것은 아니지만, 구체적 사례에서 분석기법의 정확성이나 분석절차의 표준화 등 개별적 신뢰성 판단요소에 대한 개선, 발전이 긍정되는 유형(예를 들어, 성문감정 등), ③ 배경원리나 분석기술의 신뢰성이 이미 명확히 긍정되고 구체적 사례에서의 분석기법이나 절차도 특별한 사유가 없는 한 그 신뢰성이 긍정될 수 있는 유형(혈액형이나 DNA profiling 등), ④ 배경원리나 분석기법이 단순하고 이미 수많은 활용 예를 통해 객관적인 분석기법이나 절차가 확립되었으며, 경험적으로 신뢰성이 긍정될 수 있는 유형(지문 등)으로 구분하여, ②, ③, ④의 예는 증거능력(관련성)을

---

14) 平谷正弘, "科學的證據", 刑事訴訟法の爭點 第3版, ジュリスト, 有斐閣, 1991, 194頁.
15) 최대현, "형사증거법상 DNA 증거의 해석 및 적용범위", 중앙법학 제15집 3호, 2013, 12−13면; 김준성, "형사소송에서 과학적 증거의 허용범위", 강원법학 제40권, 강원대학교 비교법학연구소, 2013, 300면.

긍정할 수 있지만 ①의 경우는 증거능력(관련성)을 인정할 수 없다고 하거나,[16] ① 과학적인 배경원리나 이론적 기초가 응용되었다고 볼 수 없는 유형(경찰견에 의한 취기선별 등), ② 시료의 식별력에 의문이 제기될 수 있는 유형(모발감정, 필적감정, 기타 미세물감정, 거짓말탐지기검사, 성문감정 등), ③ 감정인의 적격성에 대하여 의문에 제기될 수 있는 유형(지문 등), ④ 배경원리나 적용된 분석기술의 신뢰성에 의문이 제기될 수 있는 유형(DNA profiling 등)으로 구분하여 각기 과학적 건전성의 판단요소별로 중점을 달리하여 검토되어야 한다는 견해도 제기되고 있다.[17]

한편, 다양한 과학적 증거들 간에 세대구분을 시도하는 견해도 있다. 지문, 필적감정, 성문감정, 모발감정 등과 같이 기존에 활용되어 왔던 과학적 증거 또는 수사기법(traditional or first generation forensic techniques)은 제한된 활용범위와 목적을 갖고 과학적, 학문적으로 정립된 이론에 기초하기보다는 활용사례를 통해 축적된 경험과 관찰에서 주로 그 건전성 또는 신뢰성이 판단된다. 또한 구체적인 분석기법이나 절차도 복잡하거나 정교하지 않으며, 단순히 비교대상인 시료 간의 동일성 여부의 판단과 같이 그 활용형태도 수동적이며 독립적인 성격을 갖는 것이 일반적인 것은 물론, 결정적으로 동 증거를 통해 제공되는 정보의 양과 질도 한정적인 특징을 갖는다. 가령 지문 등을 대표적 예로 들 수 있는데, 지문은 단지 비교대상이 된 지문 간 이동여부만을 제시할 뿐, 지문의 주체와 관련하여 여타 추가적인 정보를 제공하지 않는다. 아울러, 지문의 생성원리 등이 아직 완벽하게 과학적으로 설명되는 것은 아니지만, 그간의 활용사례를 통해 충분한 식별력이 인정되는 점에 근거하여 현재도 보편적인 개인식별법으로 사용되는 것은 물론, 단순히 융선 특징의 이동여부를 파악하는 것으로 특별히 복잡한 분석기법을 요하는 것도 아니다. 또한 지문이 범죄현장에 반드시 식별 가능한 형태로 유류되는 것이 아님에서 적극적인 범죄수사기법으로 활용하거나 범죄예방효과를 기대하기도 어렵다.

반면, 대표적으로 DNA profiling 등 이른바 2세대 과학적 증거(new or

---

16) 三井誠, 前揭書, 271 – 272頁.

17) 長沼範良, "科學的證據の許容性", 法學敎室 No. 271. 有斐閣, 2003. 4, 96頁; 司法硏修所 編, 前揭書, 11 – 14頁.

second generation forensic techniques)는 그 원리나 분석기술에 있어서 과학적으로 충분히 확립된 이론적 기초를 배경으로 하고 있을 뿐만 아니라 분석기법 역시 매우 정교하고 복잡하다. 또한 활용범위나 대상에도 극히 광범위한 것은 물론, 동 증거를 통해 제공되는 정보의 질과 양도 이전 세대의 과학적 증거와 비교할 수 없을 정도로 광범위하다. 더 나아가 채증기법의 발전과 컴퓨터 및 데이터 분석기법과 연계됨으로써 단순히 이동식별 등에 활용되는 것이 아니라, 보다 적극적인 수사기법 나아가 범죄예방효과까지도 고려할 수 있게 되었다.

　　이러한 변화는 이전 세대의 과학적 증거와 비교할 때 과학적으로 보다 건전하고 신뢰할 수 있음에서 긍정적으로 이해할 수도 있지만, 광범위한 프라이버시 침해가능성 등 부수적인 역효과는 부정적 측면으로 지적될 수 있다.18)

---

18) Erin Murphy, "The New Forensics : Criminal Justice, False Certainty, and The Second Generation of Scientific Evidence", 95 Cal. L. Rev. 721, June. 2007, pp. 727－732.

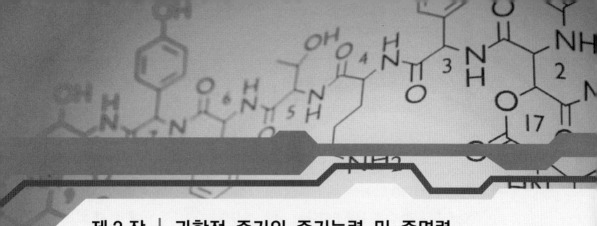

제 2 장 | 과학적 증거의 증거능력 및 증명력

제 1 절   영미에서 과학적 증거의 건전성에 대한 증거법적 판단

과학적 증거의 건전성에 관한 증거법적 판단기준을 검토함에 있어서 먼저 영미 특히 미국의 사례를 참고할 필요가 있다. 특히 미국의 경우 상대적으로 다양하고 판례를 통해서 과학적 증거의 활용사례를 대량으로 축적하여 훌륭한 비교사례를 제공하고 있다.

미국 등 서구사회의 경우, 근대 초기 산업화를 시발로, 1, 2차 세계대전을 거치면서 경제력 등의 비약적 향상과 함께 과학기술의 발전, 산업화 및 공업화의 진전을 배경으로 1950~60년대에 전후 각종 소비재를 포함하여 거의 모든 생산시스템이 자동화된 대량생산체제로 변화하면서 공해, 약해, 제조물하자, 의료분쟁 등에 따른 소송사례가 증가함에 따라 과학적 증거의 원용기회와 범위가 확대되면서 자연스럽게 과학적 증거에 대한 증거법적 판단이 중요한 쟁점으로 부각되었다.[1]

---

1) Terrence F. Kiely, "The Houses of a Deceits: Science, Forensic Science, and Evidence:An Introduction to Forensic Evidence", Land & Water Law Review 35. 397, University of Wyoming, 2000, p. 403.

범죄수사 및 형사공판절차의 경우, 초기에는 자백 등 진술의 신빙성 판단을 위한 거짓말탐지기 사용과 같이 한정된 범위에서 과학적 수사기법 또는 증거가 활용되기 시작하였다. 이는 미국의 경우도 초기 범죄수사의 패턴이 주로 자백 등 진술증거의 확보에 집중하였다는 점을 반증하는 것으로 이해할 수 있는데, 이후 과학기술의 발전에 수반하여 다양한 채증, 분석기법이 범죄수사에 활용되기 시작하면서 형사소송에서도 거짓말탐지기 이외에 다양한 유형의 과학적 증거가 공판절차에서 활용되기 시작하면서 그 비중이 높아지는 변화를 관찰할 수 있다.

종래 미국의 경우, 과학적 증거의 건전성 문제는 증거능력 즉, 허용성 차원에서 판단이 이루어지고 있다. 1923년 거짓말탐지기검사와 관련하여 미연방항소법원판례를 통해 제시된 일반적 승인원칙(소위 Frye test)이 지배적 판단기준으로, 이외에 관련성 접근방식(relevancy approach)을 지지하는 견해 및 연방하급심 및 주 법원 판례도 있었다. 그러나 이후 1975년 연방증거규칙의 제정과 연방하급심 및 주 법원 판례를 통해 과학적 증거의 원용사례와 쟁점화가 증가하기 시작하면서 드디어 1993년 미연방대법원이 Daubert test를 제시하게 되었고, 현재 미국 내 연방 및 주 법원 판례의 주류적 판단기준으로 정착되었다. 이하에서는 각각의 판단기준을 살펴보고, 비교하여 독일, 일본, 한국에서 과학적 증거의 건전성이 어떻게 판단되고 있는지 검토하도록 한다.

1. 일반적 승인원칙(Frye Test)

일반적 승인원칙은 거짓말탐지기 검사결과의 증거능력과 관련하여 1923년 미연방항소법원판례를 통해 제시된 기준으로,[2] 당해 과학적 증거가 배경하는 원리 등이 관련 학계에서 광범위하게 승인된 경우, 증거능력의 인정 즉, 증거로 허

---

2) 1923년 콜럼비아 특별지구 미연방항소법원(court of appeals of district of Columbia)은 살인죄로 기소된 피고인이 자백의 임의성과 함께 허위자백임을 입증하기 위하여 피고인의 동의하에 이루어진 거짓말탐지기(the systolic blood pressure deception test) 검사결과와 관련하여 원심이 동 검사결과의 증거능력을 부정, 유죄로 판단한 사안으로 피고인의 항소를 기각, 원심판단을 유지하였다. Frye v. United States, 54 App. D.C. 46, 293 F. 1013(1923).

용될 수 있다고 한다.

「과학적 원리나 발견이 아직 실험적 단계에 있는지 아니면, 충분한 증명단
계에 있는지를 판단하는 것은 매우 어려운 일로, 이러한 불분명한 두 가지 단
계의 어느 곳에 있는가라는 문제는 당해 원리 등의 증거로서의 가치평가에
의하여야 하고, 법원이 검증된 과학적 원리나 발견으로부터 유래된 전문가증
인의 진술을 받아들임에 있어서, 동인의 진술내용은 당해 과학적 원리 등이
근거한 특정분야에 있어서 일반적인 승인을 확보한 상태임이 충분히 확립되
어 있어야만 한다. 우리는 심장수축혈압검사법에 의한 거짓말탐지기 검사결
과가, 법원이 과학적 원리 등에 기초한 전문가 증인 진술의 허용을 정당화하
기 위한, 생리학 및 심리학적 권위자들 사이에서 위와 같은 위치 내지 과학적
인식을 아직 확보하지 못하였다고 판단한다. 원심의 판단은 타당하다.」

일반적 승인원칙은 과학적 증거의 증거능력 판단과 관련하여 배경원리 등
의 과학적 건전성(scientific soundness)을 신뢰성(reliability) 판단문제로 포착하되
(이러한 점에서 후술하는 Daubert test와 동일하게 reliability approach에 속한다), 과학
적 건전성의 판단주체를 법관이 아닌 관련 학계의 전문가 집단에 귀속시킴으로
써, 소위 junk science에 대한 문지기(gate keeper)역할을 이들로 하여금 담당하
게 한 점에 특징이 있다.

일반적 승인원칙은 먼저 당해 과학적 증거의 배경이 된 관련 분야 및 전문
가 집단의 확인과 설정, 해당 분야의 구성원 일반에 의한 일반적 승인여부의 확
인이라는 2단계 판단구조를 취한다. 통상 일반적 승인여부는 감정인 진술, 출간
논문 관련 전문서적, 연구보고나 실험결과 등의 학술자료 등에 의하여 판단되는
데, 선행판례나 공지의 사실(judicial notice)에 의하여 결정될 수 있다. 결국 관련
분야의 전문가 집단이 법관을 대체하게 되고, 관련 분야의 명백한 다수 구성원
의 입장(opinions of relative expert group)이 핵심적 판단지표가 된다.

일반적 승인원칙을 지지하는 견해는 과학적 증거의 건전성은 과학적 지식
의 문외한으로서 일반인에 불과한 법관이 아닌, 전문가에 의하여만 정확히 평가
될 수 있고, 일반적 승인여부를 판단하는 과정에서 당사자의 공격방어활동에 의
해 당해 과학적 증거에 관한 소수의 비판적 견해(critical reviews)도 경청할 수 있

음에서 보다 안정적 판단이 가능하며, 비교적 객관적이고 통일적이며 일관된 판단기준 확보가 가능한 것은 물론, 이를 통해 당해 증거의 과학적 건전성 판단과 관련하여 야기될 수 있는 불필요한 소송지연, 쟁점혼란의 문제점을 해소할 수 있음을 그 논거로 한다.

　　그러나 다양한 문제점도 제기되는데3) 첫째, 극히 모호한 판단기준이라는 점이 지적될 수 있다. 즉, 일반적 승인여부를 확인하기 위한 관련 분야의 확정 (selection of the proper field)이 필요한데 그 기준이 모호하다. 관련 분야의 설정 범위, 대상에 따라 일반적 승인여부나 판단 난이도가 달라질 수 있고, 유형에 따라서는 다양한 관련분야를 배경으로 할 수 있는데, 이 경우에 일반적 승인여부를 확인하기 위한 관련 분야의 설정 자체가 매우 난해한 문제가 된다. 또한 일반적 승인을 긍정하기 위한 승인의 정도(degree of acceptance) 역시 모호하다.4) 실험, 실증사례를 통해 판단하는 경우, 실험횟수, 실험대상의 설정, 축적된 실증사례의 규모 등에 대하여 일관된 기준을 제시할 수 없다. 둘째, 일반적 승인원칙은 개별 과학적 증거의 건전성보다는 그에 대한 공지의 사실여부(judicial notice)를 확인하기 위한 기준에 더 가깝다는 지적도 가능하다. 셋째, 과학적 증거의 건전성이 단순히 관련 연구보고, 실험사례 등 관련 데이터가 축적된 점만 확인된다면 쉽게 긍정할 수 있을 뿐만 아니라 극히 자의적이고 편의적인 판단기준이라는 지적도 있다.5) 넷째, 일반적 승인여부의 판단시점 역시 모호하다. 통상 재판시를 기준으로 일반적 승인여부를 판단하는데,6) 해당 과학기술의 발전에 따라 건전성

---

3) Lisa Gonzales, "Social Topics of Law of Evidence: the Admissibility of Scientific Evidence: the History and Demise of Frye v. United States", University of Miami Law Review 48, 1993, pp. 375-376; Paul C. Giannelli, "The Admissibility of Novel Scientific Evidence: Frye v. United States, a half century later", Columbia Law Review 80, 1989, pp. 27-30.

4) 가령 United States v. Zeiger, 350 F. Supp. 685, 688(D.D.C), rev'd, 475 F.2d 1280(D.C. Cir.197)사건에서는 '전체적이지는 않더라도, 매우 광범위하고 폭넓게 수용되고 있을 것'으로, People v. Guerra, 37 Cal.3d 385, 418, 690 P.2d 635, 656, 208 Cal. Rptr. 162, 183(1984)사건에서는 '관련분야의 구성원 중 명백한 다수로부터 지지되고 있을 것'으로 일반적 승인의 개념을 설정하고 있지만, 개념적 모호성은 해소되지 않는다.

5) United States v. Mavia, 728 F. Supp. 1471, 1478(D. Haw. 1990).

6) Lindsey v. People, 892 P.2d 281, 290 n.25(Colo. 1995); Commonwealth v. Blasioli, 552 Pa.149, 167 n.26, 713 A2d 1117, 1127 n.26(1998).

은 다르게 판단될 수 있다.[7] 또한 관련한 문제로 일반적 승인여부에 대한 하급
심과 상소심의 심리범위에 관한 문제도 지적할 수 있다. 즉, 일반적 승인여부의
판단을 사실인정과 관련하여 하급심의 재량적 판단영역으로 파악, 상소심은 하
급심의 재량일탈만을 심리할 수 있다는 견해와[8] 이를 법률해석문제로 보고, 전
면적 재심사가 가능하다는 견해가[9] 대립하기도 한다.

이외에, 과학기술의 발전에 수반하여 등장하는 새로운 유형의 증거에 대응하
기 어렵고,[10] 일반적 승인여부의 판단주체를 관련 전문가집단에 국한, 과도하게
의존하여 이들의 판단결과에 대한 여과기능은 사실상 기대할 수 없게 된다.[11]

2. 관련성 접근방식(Relevancy Approach)

관련성(relevancy)은 요증사실의 존부에 대한 개연성이 당해 증거의 존재에
의하여 증대 또는 감소할 수 있는 가능성을 의미하는데(자연적 관련성 또는 사실적
관련성, 미연방증거규칙 제401조),[12] 증거를 통해 직접 입증되는 사실이 요증사실

---

7) State v. harvey, 151 N.J. 117, 168, 699 A.2d 596, 620(1997); State v. Bible, 175 Ariz,
   549, 586, 858 P.2d 1152, 1189 n.33(1993).
8) People v. Marx, 54 Cal. App. 3d 100, 109, 126 Cal. Rptr. 350, 355(1975); People v.
   Miller, 173 Ⅲ. 2d 167, 187, 670 N.E.2d 721, 731(1996).
9) State v. Johnson, 186 Ariz. 329, 334, 922 P.2d 294, 299(1996).
10) 光藤景皎, 刑事證據法の新展開(東京 : 成文堂, 2001), 4－5頁.
11) 즉, 전문가의 판단이, 법관 및 배심의 판단을 사실상 대체하게 된다. United States v.
    Addison, 498 F.2d 741(D.C. Cir.1974); People v. Barbara, 400 Mich. 352, 405, 255
    N.W.2d 171, 194(1977).
12) Rule 401. Definition of "Relevant Evidence", "Relevant evidence" means evidence having
    any tendency to make the existence of any fact that is of consequence to the
    determination of the action more probable or less probable than it would be without
    the evidence; 관련성은 엄밀히 말하자면, 증거와 요증사실 간의 관계를 의미하며, ① 증거
    와 그 증거에 의하여 직접 증명되는 사실(간접사실) 간 관련성(증거의 진정성 내지 동일성
    의 문제, 성립의 진정)과 ② 증명된 사실(간접사실)과 요증사실 간 관련성을 포함한다. 그
    러나 보통 ②의 의미로 증거가 "요증사실의 존부의 증명에 도움이 될 수 있는 성질(증거
    로서의 유의성)"로 정의되고 있다. 白取祐司, 前揭書, 342頁; 田宮裕, 刑事訴訟法 新版(東
    京: 有斐閣, 2001), 325頁; 田宮裕·多田眞也, セミナー刑事手續法 證據編(東京: 啓正社,
    1997), 25頁; 증거의 관련성은 개별 증거에 대한 증거조사과정에서 요증사실과 상정관계에
    그치는 문제임에 비하여, 증명력은 증거조사 종결 후, 전체 증거상태가 가진 요증사실의
    존부에 대한 영향력의 평가임에서 차이가 있다. 한국 및 일본의 경우 미연방증거규칙과 같

내지는 요증사실로부터 파생되는 쟁점사항과 일정한 관계가 있는가(중요성, materiality), 그리고 당해 증거에 내재된 요증사실의 존부에 대한 설명적 가치(협의의 관련성, probative value)를 포함한 개념이다.[13] 중요성은 요증사실과 관련한 실체 법률관계에 의하여 파악될 수 있는데, 협의의 관련성은 증거에 의한 합리적 추론 즉, 논리적 개연성의 보장을 의미하는 점에서, 요증사실에 대한 입증의 충분성이라는 증명력과 차이가 있다.[14] 관련성은 원래 영미증거법에서 증명력은 배심이 판단하며, 당사자주의적 소송구조, 구두변론주의 및 대륙법계와 같이 증거를 일괄 제출하지 않고 개별 항목별로 제출, 조사하는 증거조사방식의 차이를 배경으로 한 개념이다.

다만, (사실적) 관련성이 일응 긍정되더라도 부당한 편견, 불의의 타격, 쟁점 혼란 등에 기인한 소송지연, 배심 등 사실판단주체의 판단오류를 야기할 우려가 높은 경우 등에는 관련성을 부정하여, 증거능력을 인정하지 않을 수 있다(법률적 관련성, 미연방증거규칙 제403조).[15] 결국, 관련성은 증거에 내재된 설명적 가치와

은 명문규정은 없으나, 증거법상 당연한 개념으로 그 필요성을 긍정함이 일반적이다. 池田眞一, "證據の關聯性", 刑事訴訟法の爭點(第3版), ジュリスト, 有斐閣, 2002, 162頁.

13) McCormick, on Evidences5th edt.(St Paul, MN.: West Group, 1999), pp. 276-280: 光藤景皎, 前揭書, 139-140頁; 자연적(논리적) 관련성은 요증사실의 긍, 부정을 추정하는 개연성이라 하여, 논리나 경험법칙에 근거하여 판단한 증거와 요증사실 간의 관계를 의미한다. 다만, 자연적 관련성이 증거능력 또는 증명력의 문제인가, 아니면 증거법적 규제 이전의 논리적, 경험적 사물 간 관계의 문제인가, 그 성격에 대하여 다양한 견해가 있다. 통설은 증거능력 문제로 파악하는데, 다만, 증거능력문제 이해하면서도 자연적 관련성을 잘못 판단한 경우는, 요증사실의 존부판단에 영향을 주지는 않기 때문에 증거배제결정까지는 필요 없다는 견해도 있다. 아울러, 자연적 관련성이 긍정되기 위한 개연성의 정도와 관련하여 고도의 증명력을 요구하는 입장도 있으나 통설은 요증사실에 대한 추론을 가능하게 할 정도의 최소한도의 증명력으로 충분하다고 한다. 아울러, 관련성이 요구되는 요증사실의 범위는 범죄사실 외에도, 사건경위, 동기, 정상사실 등 배경사실도 포함될 수 있지만, 관련성은 입증취지 등에 따라 상대적으로 긍정될 수 있고, 영미법과 달리 사실인정절차와 양형절차를 구분하지 않는 한국이나 일본의 형사공판구조에서는 기준이 명확하지는 않지만, 소송지연이나 쟁점혼란방지 등을 위해 정상사실 등에 대하여 관련성을 부정할 수도 있다고 한다. 松尾浩也・平野龍一 編, 新實例刑事訴訟法(東京: 靑林書院, 2001), 51-56頁; 배태연, 전게논문, 129-130면.

14) 最決昭和59・12・21刑集38卷12号3071頁; 東京地決昭和56・1・22判時992号3頁, "관련성을 인정하는 것과 증명력을 인정하는 것은 별개의 문제이다".

15) Rule 403. Exclusion of Relevant Evidence on Grounds of Prejudice, Confusion, or Waste of Time, Although relevant, evidence may be excluded if its probative value is substantially outweighed by the danger of unfair prejudice, confusion of the issues, or

당해 증거로부터 야기될 수 있는 부정적 요소간의 비교형량에 의하여 결정되는 개념으로, 미연방증거규칙(Federal Rules of Evidence, FRE)처럼 직접적 근거규정이 있는 것은 아니지만 한국이나 일본의 형사소송법에서도 증거능력 요건으로 당연히 긍정되는 것으로 이해된다(형사소송법 제299조 및 일본 형사소송법 제295조 참조).

과학적 증거의 배경원리 등에 대한 건전성 판단에서, 관련성 접근방법은 당해 증거에 내재된 설명적 가치와 이를 증거로 활용함으로써 야기될 수 있는 부당한 편견유발이나 불의의 타격, 쟁점혼란 등에 따른 소송지연 등을 비교형량, 전자가 보다 우월한 때에 증거능력을 인정한다.[16]

관련성 접근방법은 과학적 건전성을 증거능력이 인정되기 위한 요건으로 신뢰성이 아닌 관련성으로 판단하는데, 동 증거에 내재된 설명적 가치의 평가(assessment of probative value), 설명적 가치를 상쇄할 수 있는 부정적 영향요소의 확인(identification of any countervailing dangers or considerations), 양자의 비교형량(balancing probative value against the identified dangers or considerations)의 3단계 판단구조를 취한다.

이를 지지하는 견해는 그 논거로, 일반적 승인원칙과 비교할 때 과학적 증거의 건전성 판단에 필요한 관련정보의 산출량을 최대한 증대시켜, 보다 다각적 검토가 가능하고, 오히려 객관적이며 안정적 판단기준으로 기능할 수 있으며, 일반적 승인여부라는 경직된 판단기준이 아니라 관련성 판단의 유연성을 고려할 때, 당사자 간에 당해 과학적 증거의 건전성에 관한 광범위한 판단자료가 산출됨으로써 더욱 민감한 판단방법(more sensitive analysis method)이 되고, 관련성과 건전성을 판단을 함께 함으로써 판단과정의 혼란을 방지하여 더욱 효과적 판단기준이 될 수 있다는 점을 든다. 또한, 판단기준의 유연성으로 인하여 아직 일반적 승인이 이루어지지 않은 초기 단계의 과학적 증거에도 충분히 대응할 수 있다.[17] 아울러, 과학적 지식의 문외한인 일반인이 사이비 과학(junk science)을 효

---

misleading the jury, or by considerations of undue delay, waste of time, or needless presentation of cumulative evidence.

16) 宇都宮地判平成5·7·7判夕820号177頁, "DNA감정에 대한 전문적 지식과 기술 및 경험을 갖춘 자로서, 적절한 방법에 의하여 감정이 행하여졌다면, 감정결과가 재판소에 대하여 부당한 편견을 유발할 우려는 없다고 해도 좋고, 이에 증거능력을 인정할 수 있다."

17) McCormick, op. cit., pp. 307-310.

과적으로 통제할 수 없음에서, 후술하는 Daubert test와 같이, 실질적으로 과학적 지식의 문외한인 일반인에 해당하는 법관이 과학적 증거에 대한 여과기능(gate keeping role)을 수행하는 것보다는 관련 전문가 집단의 다양한 논의를 통해 건전성 문제를 여과함이 보다 올바른 접근방법이라는 점도 중요 논거로 제시한다.

관련성 접근방법은 최대 장점이자 특징은 가장 유연한 판단기준이라는 것이다. 과학기술의 다양성과 진보적 성격에 개방적, 효과적으로 대응할 수 있고, 건전성 판단에 필요한 가용정보를 최대한 창출, 제공할 수 있음은 물론, 특히 방어능력이 상대적으로 취약하고, 과학적 증거에 대한 접근이 상대적으로 제한된 피고인에게 방어방법으로서 메리트를 갖는다.[18]

그러나 다음과 같은 문제점의 지적도 가능하다. 첫째, 과학적 증거에 내재된 설명적 가치(자연적 관련성)와 부당한 편견이나 불의의 타격, 쟁점혼란 등에 따른 소송지연 등(법률적 관련성) 간의 비교형량 시, 형량기준이 명확하지 않아 결국은 자의적 판단이 될 수밖에 없다. 둘째, 관련성 접근방법은 효과적 상호신문 등 당사자 간 충분한 공격방어방법의 보장을 전제하는데, 특히 피고인에게 과학적 증거에 대한 충분하고 다양한 접근가능성이 제도적으로 보장될 것을 요한다. 만일 그렇지 않다면, 관련성 접근방법은 오히려 피고인에게 극히 불리한 판단기준으로 작용할 수 있다.[19] 셋째, 관련성 접근방법에서는 극히 소수 전문가의 지지만으로도 과학적 건전성이 긍정될 수 있기 때문에 junk science에 대한 효과적 여과가 불가능하다.[20]

3. Daubert Test

미연방대법원은 William Daubert v. Merrel Dow Pharmaceutical Inc., 509

---

18) State v. Peters, 192 Wis. 2d 674, 534 N.W.2d 867(App. 1995); State v. Donner, 192 Wis. 2d 305, 531 N.W.2d 369(App.), rev. denied, 534 N.W.2d 86(Wis. 1995); 우연히 DNA 프로파일이 일치할 가능성 비를 산출하기 위하여 사용된 데이터베이스에 순수한 미국인이 부재한 경우라도 관련성 접근방식에 근거하여 DNA 증거의 증거능력이 인정될 수 있다고 판시한 사례로 State v. Peters, 534 N.W.2d 867(Wis. App. 1995).

19) Lisa Gonzales, op. cit., pp. 11-12; Paul C. Giannelli, op. cit., p. 1246.

20) Paul C. Giannelli, op. cit., p. 1197, 1210; Paul C. Giannelli, Edeward J. Imwinkelried, Andrea Roth, Jane Campbell Moriarty, op. cit., pp. 35-36.

U.S. 579(1993) 사건에서 과학적 증거의 증거능력판단에 관한 기준을 최초로 제시한다. 임산부의 빈혈 등을 억제하기 위한 약물인 Bendectin의 부작용으로 인한 신생아들의 사산, 선천성 기형 장애발생 등이 원인이 된 전형적인 약해소송으로 인과관계 입증과 관련하여 원고인 피해자 측이 감정인을 통해 Bendectin이 기형을 유발할 수 있는 화학물질과 구성성분, 화학적 구조 등이 유사하다는 약리학적 검사결과, 피고제약회사가 제시한 Bendectin의 임상실험결과(epidemiological human statistical study)를 재분석(reanalysis)한 결과를 근거로 피고 측 감정인과 상반되게 기형출산가능성에 대한 상관성을 긍정하는 감정결과를 제출하자, 동 감정결과의 신뢰성이 쟁점화된 사안이다.[21] 미연방대법원은 원고

---

21) 선천적 기형아로 태어난 Jason Daubert와 Eric Schuller라는 아동 및 그 부모들이 제약회사 Merrell Dow Pharmaceuticals, Inc.를 상대로 캘리포니아주 법원에 손해배상소송을 제기하였다. 손해배상의 청구원인은 원고 아동을 임신 중, 산모가 동 제약회사에서 제조한 임신 빈혈 등을 억제하기 위한 제재인 Bendectin을 복용하였는데, 그 부작용으로 원고 아동들에게 선천성 기형 장애가 발생하였다는 것이다. 이후 동 소송은 연방법원으로 그 관할이 변경되어 진행되었는데, 피고 제약회사는 다양한 화학물질(약물)에의 노출이 가져올 수 있는 위해(위해)에 대한 연구로 저명한 Steven H. Lamm이라는 생리학·병리학 전문가를 전문가 증인으로 진술하게 하여, 임산부에 대한 Bendectin투여의 무해성을 주장하였다. 피고 측의 위 감정인은 진술과정에서, Bendectin과 인간의 선천성 기형에 관한 각종 연구 문헌을 검토한 결과, 기형을 유발할 수 있는 물질로 판단한 사례가 없다는 진술을 하였다. 이에 원고 측은 Bendectin의 유해성에 관한 문헌 조사보다는, 약리학·병리학·생리학 등의 전문가 8인을 통해 위 물질의 유해성에 관한 감정결과를 보고하게 하였는데, 원고 측 감정인들은 실험실에서의 물질반응 테스트와 동물에 대한 임상실험 결과(in vitro, test tube & in vivo, live animal test), 문제가 된 Bendectin이 기형을 유발시킬 수 있는 화학물질과 구성성분 및 화학적 구조가 유사하다는 약리학적 검사결과 그리고 피고 측 제약회사가 제시한 Bendectin의 인간에 대한 임상실험결과(epidemiological human statistical study)를 기초로 이를 재분석한 결과(reanalysis)에 의하여, 피고 측 감정인과 상반되게 동 물질과 기형아 출산가능성에 대한 상관성을 긍정하는 감정 결과를 제출하였다. 원심은 과학적 증거의 허용성은 당해 과학적 증거의 배경이 된 원리 등이 관련 과학계의 일반적 승인을 통해 지지될 때 인정될 수 있다는 견해(일반적 승인원칙 즉, Frye test)를 제시하면서, ① 원고 측 감정인들의 감정 결과는 직접적인 인간에 대한 임상실험 결과를 토대로 하지 못하였으며, 단지 피고 측 제약회사가 실행한 인간에 대한 임상실험결과에 대한 재분석에 바탕하고 있을 뿐이고 ② 기타 실험실에서의 약리반응테스트 및 동물 임상실험결과, Bendectin의 화학적 구조분석에 의한 감정결과 역시, 원고 측이 주장하는 Bendectin과 선천성 기형 간의 인과관계입증에 있어서 합리적인 쟁점 형성을 하고 있다고 볼 수 없으며 ③ 특히, 피고 측 제약회사에 실시한 인간에 대한 임상실험결과를 재분석 자료로 사용하여 분석한 방법은 학계에 보고가 되거나 출간되지도 않은 점에서 관련 학계로부터의 적절한 검증기회도 없었다고 할 수 있으므로, 그 과학적 신뢰성이 부족하여, 결과적으로 증거로서 허용할 수 없

패소판결을 한 원심에 대하여 직권상소를 허용하면서 다음과 같이 판시하였다.

「Frye test는 연방증거규칙의 제정에 의하여 폐기되었다는 원고 측 주장에 대하여 우리는 동의한다. 감정인에 관한 규정인 연방증거규칙 제702조의 문언상, 일반적 승인이 허용성의 절대적 요건이라고 할 수는 없다. … 동 규칙 제정과정에 있어서도 Frye판결에 대한 언급은 없었고 또한 엄격한 일반적 승인 요건은 동 규칙의 증거의 허용성을 완화하여 인정하는 기본적 입장과도 모순된다. … 그러나 Frye test가 동 규칙에 언급되지 않았다고 하는 것은 동 규칙이 과학적 증거의 허용성에 대하여 어떠한 제한도 두지 않았다는 것을 의미하는 것은 아니다. … 동 규칙하에서 법관은 허용된 여하한 증거도 관련성뿐만이 아니라 신뢰성도 확보할 수 있도록 하여야 한다. 동 규칙 제702조에 의하면 감정인이 진술하는 내용은 과학적 지식이어야만 하는 바, 과학적이라고 하는 것은 과학적 방법이나 절차에 기반을 둔 것을 함의한다. 또한 지식이란 주관적 사고나 근거 없는 억측을 넘어선 것을 의미한다. … 요컨대. 감정인의 진술이 과학적 지식에 근거한 것이어야만 한다는 요건은 증거로서의 신뢰성 기준에 기초한 것이라 하겠다. 연방증거규칙 제702조는 나아가 당해 증거나 진술이 사실판단주체의 증거평가나 사실인정을 도울 수 있는 것이라는 점도 요구한다. … 이것은 요증사실과 관련하여 유효한 과학적 근거를 허용성의 요건으로 하는 것이다. 따라서 감정인에 대한 증거조사청구가 있는 경우, 법관은 이러한 2가지 요건을 판단하여야 하는데, 이러한 판단에는 진술에 기초가 된 이론이나 방법이 과학적으로 유효한가의 여부 및 그 이론이나 방법이 당해 사안에 적절하게 적용되었는지의 여부에 대한 … 평가가 포함된다. 이러한 심사를 위하여 많은 요소가 관계하는데 즉, 이하와 같은 것이 거론될 수 있다. … 통상, 어떠한 이론이나 기법이 사실판단주체를 도와서 과학적 지식인지의 여부를 판단함에 있어서 검토하여야 할 주된 문제는 ① 그 이론이나 기법이 테스트가 가능한가 또는 테스트가 되었는가의 여부 … 또 하나의 고려사항은 ② 그 이론이나 기법이 타 전문가에 의하여 음미되었거나 공간(필자 주: 公刊)되었는지의 여부이다. 공간은 … 반드시 허용성의 절대적 조

다는 결론을 내리고 원고 패소판결을 하였다. 이에 원고 측이 항소하였으나 항소법원 역시 원심판단을 지지하였고, 원고 측이 상고한 사안이다. William Daubert v. Merrel Dow Pharmaceutical Inc., 509 U.S. 579(1993).

건은 아니지만, … 과학계에서 음미를 받았다는 점은 양질적 과학의 한 요소
이다. … 나아가 ③ 특정 과학적 기법에 대하여 법원은 통상, 오류발생 또는
발생가능성의 비율 및 ④ 당해 기법의 적용을 규제하는 기준의 존부 및 그 정
비 상황을 고려하여야 한다. … ⑤ 광범위한 승인은 당해 증거에 허용성을 인
정함에 있어서의 하나의 중요한 요소가 될 수 있다. … 연방증거규칙 제702조
가 예정하는 심사는 유연한 것이다. 여기에서 가장 중요한 문제는 당해 감정
인 진술의 기초가 되는 원리의 과학적 유효성 ―즉, 그러한 증거로서의 관련
성과 신뢰성이다. 물론, 초점은 원리와 방법에 집중되어야 하는 것으로, 그러
한 원리와 방법이 창출한 결과에 집중되어야 하는 것은 아니다.」

즉, 미연방증거규칙 제702조를 근거로[22] 일반적 승인원칙을 폐기하고, 과학
적 증거의 증거능력이 긍정되기 위해서는, ① 당해 과학적 증거가 근거하고 있
는 이론이 기법이 검증가능하고, 검증되었는가(testability), ② 동 이론이나 기법
이 타 전문가집단에 의하여 검토되고, 공개되었는가(peer review & publication),
③ 잠재적인 오류가능성과 그 비율에 대한 검토(known & potential error rate), ④
당해 원리나 기법에 적용되는 표준적 기준이나 절차가 존재하고, 이를 준수하였
는가(standard controlling the technique & well−maintained), ⑤ 관련 분야에 있어
서 광범위한 승인을 받고 있는가(generally accepted)라는 5가지 요건을 통해 신
뢰성이 긍정될 수 있어야 한다는 견해를 제시하였다(결국 Daubert test도 Frye test
와 동일하게 reliability approach로 볼 수 있다). 또한 이러한 판단기준의 핵심은 결

---

22) Rule 702. Testimony by Experts, If scientific, technical, or other specialized knowledge
will assist the trier of fact to understand the evidence or to determine a fact in issue, a
witness qualified as an expert by knowledge, skill, experience, training, or education,
may testify thereto in the form of an opinion or otherwise, if (1) the testimony is based
upon sufficient facts or data, (2) the testimony is the product of reliable principles and
methods, and (3) the witness has applied the principles and methods reliably to the
facts of the case.: 밑줄 친 부분은 2000년에 개정된 규칙에서 반영된 부분임에 유의하여야
한다. 원래 제702조는 동 규칙의 제701조에서 규정한 일반적인 증인과 구별하여 expert
witness는 opinion rule의 예외로 자신이 경험한 사실 외에 의견이나 추측 등의 진술도 할
수 있다는 취지의 규정이다. 문제는 제702조가 특별히 일반적 승인원칙에 관하여 언급하지
않음으로써, 미연방증거규칙이 일반적 승인원칙을 수용한 것인지 여부가 학설과 하급심 판
례를 통해 논란이 되었다. Paul C. Giannelli, "Daubert: Interpreting the Federal Rules of
Evidence", Yeshiva University Cardozo Law Reviews 15, 1999, pp. 10−12.

과로서의 확실성이 아니라, 그러한 결과를 창출함에 원용된 원리나 방법에 있음을 명백히 하였다(방법론적 건전성).

Daubert Test는 1960년대 이후 미국의 소송실무에서 과학적 증거가 원용되는 사례의 증가, 하급심 판례 등에서 논란이 되는 과학적 증거의 신뢰성 판단문제를 사법 정책적 차원에서 해결하고, 기존 일반적 승인원칙의 문제점[23] 및 1975년 제정, 시행된 미연방증거규칙의 해석에서 모호성을 해소할 필요성에 기인하여,[24] 미연방대법원이 최고법원으로서 일정한 판단기준으로 제시한 것이다.

미연방대법원은 과학적 증거의 증거능력이 인정되기 위해서는, 첫째, 과학적 증거가 제공하는 설명력이 사실판단주체의 판단에 조력할 수 있을 것(helpfulness), 둘째, 과학적 증거의 배경이 된 원리, 적용기술 및 개별 분석절차 등에 대한 유효성(validity)의 보장을 요구함으로써, 과학적 증거의 건전성을 관련성 판단과 명확히 구별하였다. 나아가 과학적 지식은 이론이나 명제가 반증활동으로 대표되는 과학적 방법론에 의해 획득, 지지될 수 있음에서, 과학과 junk science의 구별은 결국 과학적 방법론의 원용여부에 의하여 판단되어야 한다는 논리를 제시하였다. 즉, 과학적 방법론이란 '관찰 → 가설 설정 → 검증(반증) → 가설수정 → 검증(반증) → …'이라는 일련의 과정으로 그 핵심은 지속적 검증에 있고 결국 이를 토대로 증거능력(신뢰성)의 판단은 ① 배경이 되는 원리나 분석기술이 과학적 방법론에 따라 검증 가능하고(testability), ② 관련 학계 등에 보고됨으로써 충분한 검증절차에 노출된(peer review or publication)점에 기초로 하게 된다. 이를 통해 과학기술의 진보에 대응하여, 관련 분야의 광범위한 지지를 아직 획득하지 못하였더라도, 철저한 검증절차를 통과한 점에서 그 신뢰성을 인정할 수 있다는 것이다. 이러한 방법론적 건전성을 전제로, ③ 현재 또는 잠재적 오류가능성과 비율(known & potential error rates), ④ 적용되는 표준적 분석절차의 존재와 그 준수여부(standard controlling the technique & well-maintained), ⑤ 관련 분야의

---

23) United States v. Zeiger, 350 F. Supp. 685, 687(D.D.C.), rev'd, 475 F.2d 1280(D.C. Cir. 1972), "there is notably an absence of any discussion of the general acceptance standard in federal decision".

24) United States v. Downing, 753 F.2d 1224(3d Cir. 1985), "we conclude that the status of the Frye test under Rule 702 is somewhat uncertain, but reject that test for reasons of policy".

광범위한 승인여부가(general acceptance) 고려된다. 다만, 광범위한 승인이 일반적 승인원칙과 같이 결정적 요소는 아니지만, 신뢰성 판단에서 중요한 판단지표임을 부인하기 어렵고, 광범위한 지지를 확인할 수 없다면, 회의적 시각으로 더욱 신중한 판단을 할 수 있음에 유의할 필요가 있다고 하겠다. 물론, 신뢰성과 별개로 관련성 판단을 통해 당해 과학적 증거로 인하여 오히려 부당한 편견, 불의의 타격, 쟁점혼란 등에 기인한 부당한 소송지연 등(countervailing dangers)이 우려되는 때는 증거능력을 부정할 수 있다는 것이다.

Daubert Test는 junk science에 대한 여과장치(screening devices or gatekeeper)로 법관의 역량을 긍정적으로 평가하고 일반적 승인원칙에 비하여 보다 유연한 판단구조를 갖는다. 아울러, 영미의 당사자주의적 소송구조에서 상호신문 등 당사자 간 공격방어활동이나 배심의 증명력 판단과정에서도 과학적 증거에 내재된 오류가 일정부분 걸러질 수 있음에서 junk science의 유입으로 인한 오판위험은 그리 높지 않다는 사고가 배후에서 작용하고 있다. 이후 Daubert Test는, General Electronic Company v. Robert K. Joine(1997)사건과 Kumho Tire Co. v. Carmichael(1999)사건을[25] 거치면서 재차 확인되었고, 연방하급심 및 주 법원판례로 빠르게 확산, 현재 미국 등 영미증거법상, 주류적 판단기준으로 정착하였다.

물론, Daubert test도 문제점은 내포한다. 첫째, 극히 유연한 기준으로 신뢰성을 판단함으로써, 사이비 과학의 유입에 대한 충분한 제어장치로 기능할 수 없다는 지적이 있다. 법관의 판단능력을 지나치게 낙관하고, 과학적 지식이 부족한 일반인으로서 과중한 여과적 기능을 부담하게 하여, 오히려 쟁점혼란 등에 의한 소송지연과 같은 부정적 결과를 야기할 수 있다는 것이다.[26] 둘째, 일반적 승인원칙과 유사하게 관련 분야의 광범위한 승인여부를 판단요소로 하고, 실질적으로 동 요건에 가중적 판단가치를 부여하여, 결론 면에서 일반적 승인원칙과

---

25) General Electronic Company v. Robert K. Joiner, 522 U.S. 136(1997); Kumho Tire Co. v. Carmichael, 526 U.S. 137, 119 S. Ct. 1167(1999).

26) Amy T. Schutz, "The New Gatekeepers: Judging Scientific Evidence in a Post−Frye World", North Carolina Law Review 72, April 1954, p. 1160; Michael Rustad & Thomas Koenig, "The Supreme Court and Junk Social Science: Selective Distortion in Amicus Briefs", North Carolina Law Review 72, 1993, pp. 93−162.

다르지 않게 된다는 지적도 있다.[27] 셋째, Daubert test는 과학적 지식의 개방성, 상대성을 전제로 실증적 관찰에 의한 반증을 핵심으로 하는 과학적 방법론에 착안한 기준인데, 반대로 확정적 사실(결과적 확실성)을 지향하는 증거법적 판단기준에 이를 적용하는 것은 넌센스로, 결국 '방법론적 건전성'도 모호한 기준일 수밖에 없다는 것이다. 다시 말하자면, 방법론적 건전성이 반드시 신뢰성을 보장하는 것은 아니다.[28] 넷째, 심리학, 정신의학 등 사회과학적 분석기법을 활용한 증거의 경우, 실증적 검증대상으로 적합하지 않은 점에서 적용상 한계가 있고,[29] 다섯째, 과학적 증거의 유형에 따라서는 실증적 검증대상으로 적합하지 않은 경우도 얼마든지 생각할 수 있다. 마지막으로 당사자 간, 실질적이고 충분한 공격방어활동이 중요 전제조건이 되는 특성상, 과학적 증거에 대한 접근가능성이 상대적으로 제한되고 장기간의 소송수행이 불가능한 민사소송의 당사자나 형사소송의 피의자, 피고인에게 동 기준은 역으로 공격방어방법에서 상대적 불평등을 강요하고 소송지연에 따른 부담을 심화시킬 수 있다는 우려도 지적할 수 있다.

제2절 일본에서 과학적 증거의 건전성에 대한 증거법적 판단

1. 학설 및 판례

일본의 경우, 과학적 증거의 건전성은 증거능력 차원에서 관련성 접근방식(특히 자연적 관련성)의 문제로 이해함이 학설의 다수적 견해로 볼 수 있다. 즉, ① 기초가 되는 과학적 원리가 정확할 것, ② 사용된 분석기법이 이러한 원리에 따라 정확히 응용된 것이며, ③ 구체적 분석에서 활용된 기기의 작동상태 등에

---

27) Pamela J. Jensen, "Frye versus daubert: Practically the same?", Minnesota Law Review 87. 1579, May 2003, pp. 1583–1584.

28) Michael C. Mason, "the Scientific Evidence Problem: a Philosophical Approach", Arizona State Law Journal 33, Fall. 2001, pp. 15–20.

29) Ron Nichwolodoff, "Expert Psychological Opinion Evidence in the Courts", Health Law Journal 6, 1998, pp. 287–289; C. Robert Showalter, "Distinguishing Science from Pseudo–Science in Psychiatry: Expert Testimony in the Post–Daubert Era", Virginia Journal of Social Policy & the Law 2,Spring, 1995, pp. 224–235.

문제가 없을 것, 나아가 ④분석에 있어서 이미 수립된 분석절차에 따라 정확히 이행되고, ⑤ 분석을 행하고 그 결과를 해석하는 자가 필요한 자격을 갖출 것을 요건으로 하고, 각 요건이 충분히 충족된 경우에는 요증사실의 존부와 관련하여 일정한 설명력을 제공할 수 있음에서 자연적(사실적) 관련성이 인정될 수 있다는 것이다.[30] 한편, ①, ②의 관점을 자연적 관련성이 아닌 조건부 관련성이라는 개념으로 요구하는 견해나[31] 위 각 요건은 자연적 관련성이 아닌 법률적 관련성의 문제로, 최소한의 증명력을 담보하기 위한 조건설정이 곤란한 경우에는 법률적 관련성이 인정되지 않는 것으로 설명하는 견해도 있다.[32]

즉, 과학적 증거의 건전성 판단요소에 해당하는 위 각 요건이 충족됨으로써, 당해 과학적 증거가 요증사실에 대하여 일정한 설명력을 제공할 수 있음에서, 이를 증거능력 차원에서 자연적 또는 사실적 관련성을 통해 여과하고, 이러한 요건이 충분히 충족되지 않거나 논란이 제기되는 때는 요증사실에 대하여 전혀 무의미한 설명력을 제공하는 점에서 자연적 관련성을 부정하거나 소송절차의 부당한 지연, 쟁점혼란, 당사자 간 공격방어활동에 있어서 불의의 타격이나 심각한 불균형을 야기하는 점에 착안, 법률적 관련성을 부정할 수 있다는 것이다. 과학적 증거의 건전성을 증거능력 차원에서 관련성 판단을 통해 검토하고자 하는 일본의 다수적 견해는 사실판단주체인 법관 역시 과학적 지식과 관련하여서는 문외한으로서 일반인으로, junk science에 해당하는 과학적 증거에 의한 부당한 영향은 여전히 높은 점에서, 증명력보다는 증거능력 차원에서 검토하는 것이 보다 타당하다는 인식을 배경으로 한다.[33]

반면 다수견해와 상반되게 과학적 증거의 건전성 문제는 관련성을 통해 검

30) 山名京子, 前揭論文, 164頁; 光藤景皎, 口述 刑事訴訟法 中(補訂版)(東京: 成文堂, 2005), 143頁; 淺田和茂, "科學的證據", 刑事司法改革と刑事訴訟法(下)(東京: 日本評論社, 2007), 247頁; 福井厚, 刑事訴訟法講義 第4版(東京: 法律文化社, 2009), 329頁; 上口裕, 刑事訴訟法 第2版(東京: 成文堂, 2011), 347頁.
31) 光藤景皎, 刑事證據法の新展開(東京: 成文堂, 2001), 11頁.
32) 田口守一, 刑事訴訟法 第6版(東京: 弘文堂, 2012), 369頁; 유사한 시각의 판례로 宇都宮地判 平成5·7·7判夕820号177頁, "DNA감정에 대한 전문적 지식과 기술 및 경험을 갖춘 자로서, 적절한 방법에 의하여 감정이 행하여졌다면, 감정결과가 재판소에 대하여 부당한 편견을 유발할 우려는 없다고 해도 좋고, 이에 증거능력을 인정할 수 있다."
33) 家令和典, "科學的證據による事實認定 −DNA型鑑定を中心として", 刑事事實認定の基本問題 第2版(東京: 成文堂, 2010), 342頁.

토되는 것이 맞지만, 과학적 증거의 경우도 여타 증거와 동일하게 요증사실의
존부에 대한 최소한도의 증명력만 제공할 수 있다면 충분히 충족된다고 보는 것
이 타당하여 배경원리 등 과학적 건전성에 입증이 적극적으로 요구되는 것이 아
니고, 각 요건이 정형적으로 보장될 수 없는 사정이 있는 경우에만 관련성이 인
정되지 않아 증거능력을 부정하여야 한다는 견해도 있다.[34] 아울러, 동일하게
증기능력 치원에서 판단하어야 하지만 기존의 관련성이 아닌 과학적 중거에 고
유한 특성을 고려하여 별개의 증거능력 판단기준을 통해 이 문제가 해소되어야
한다는 견해도 제기되고 있다.[35]

한편, 일본판례의 경우, 미국과 같이 과학적 증거 일반에 대한 일률적인 판
단기준을 제시한 예는 없고, 거짓말탐지기, 성문감정, 모발감정, 필적감정, 경찰
견에 의한 취기선별, 지문이나 족흔적, 혈액형 및 DNA profiling 등 개별 증거별
로 최고재판소 또는 하급심 판례를 통해 판단된 사례만 있다.

最高裁判所 및 하급심 판례 가운데 가장 대표적이고 선도적 사례를 든다면,
거짓말탐지기와 관련한 사례로 東京高等裁判所[36] 및 最高裁判所 판례를[37] 들
수 있다. 절도혐의로 기소된 피고인의 유죄입증 증거의 하나로 1심에서 거짓말
탐지기 검사결과가 인정되었는데, 피고인이 동 증거가 관련 분야에서 일반적 승
인을 받지 않고 있음에서 증거능력이 없음을 주장하여 항소한 사안이다. 항소심
인 東京高等裁判所는

「결과의 확실성은 ① 아직 과학적으로 승인되어 있다고는 할 수 없고, 그
정확성에 대한 판정 또한 곤란하기 때문에, 경솔히 이에 증거능력을 인정함은
상당하지 않지만, 동시에 일본국에 있어서 형사재판이 배심제에 의하지 않고,
② 거짓말탐지기의 규격화 및 검사기술의 통일과 향상에 수반하여, 거짓말탐
지기검사결과가 그 검증확률의 상승을 보여주고 있다는 점 등에 비춰본다면,
일괄적으로 증거능력을 부정하는 것도 상당하지 않다. … 이러한 것들은 모
두, 원심에 있어서 검찰관이 형사소송법 제321조 제4항 소정의 서면(감정서)

---

34) 三井誠, 前揭書, 254頁.
35) 辻脇葉子, "科學的證據の關聯性と信賴性", 明治大學法科大學院論集 第7号, 2010, 440頁.
36) 東京高判昭和42·7·26高刑集20卷4号471頁.
37) 最決昭和43·2·8刑集22卷2号55頁.

으로서, 그 취조를 청구하였고, 이를 증거로 함에 동의하고, 또한, … 원심증
인 갑의 공술에 비추어, 각 서면(검사결과회답서) 모두가 검찰관이 실시한 각
거짓말탐지기 검사의 경과 및 결과를 충실하게 기재하여 작성한 것으로, ③
검사자는 검사에 필요한 기술과 경험을 갖고 있는 적격자인 점, 각 ④ 검사에
사용된 기기의 성능 및 조작기술로 보건데, 그 검사결과는 신뢰성이 있다는
점이 규명되어, 이에 의하여 각 서면이 작성된 때의 정황에 비추어, … 이를
증거로 함에 장애가 되지 않는다고 인정되기 때문에, 동법 제326조 제1항 소
정의 서면으로서 증거능력이 있다.」

아울러 동 판례의 상고심인 最高裁判所도,

「거짓말탐지기검사결과를 피검사자 공술의 신용성 유무 판단자료에 사용
함은 신중한 고려를 요하는 것이겠지만, 원심이 형사소송법 제326조 제1항의
동의가 있는 검사결과회답서에 관하여, 그 작성된 때의 정황 등을 고려하여
상당하다고 인정하고, 증거능력을 인정한 것은 정당하다.」

고 판시하여 원심판단을 지지하였다. 위 판례에서 거짓말탐지기의 과학적 건전
성은 명백히 증거능력 차원에서 검토되고 있는데, 구체적인 판단요건으로 ① 관
련 분야에서의 과학적 승인여부(일반적 승인), ② 분석기기의 규격화 및 분석기법
의 기술적 수준향상, ③ 분석기기의 성능 및 조작기술의 안정성, ④ 감정인의 적
격성을 요건으로 제시하고 있다.

　판례가 관련 분야에서의 일반적 승인여부를 고려한 점에 특이점이 있기는
하지만,[38] 대체로 학설의 다수견해가 지지하는 관련성 판단요소와 거의 일치하
는 것으로 볼 수 있다. 아울러, 다수견해와 동일하게 배경원리나 분석기술 일반
의 신뢰성이라는 일반적 요건에 비하여, 구체적인 개별 분석사례에서 사전에 설
정된 분석절차의 정확한 이행여부와 분석기자재의 정확성, 감정인의 적격성 등
의 판단요건에 보다 집중하여 판단하고 있음을 알 수 있다.

---

[38] 일반적 승인여부를 피고인 측이 원용한 예로, 最決平成12·7·17 刑集54卷6号550頁 및 和歌
山地判平成14·12·11 判夕1122号464頁 등이 있다.

　　이와 유사한 판단방식은 성문감정사례에서도[39] 관찰되는데, 아직 과학적으로 승인되지 않았지만 배심제를 취하지 않고, 개별 구체적 판단에 친숙한 일본 사법제도의 특성을 고려하여 성문식별기술 및 기기성능의 향상, 조작상태의 양호성, 감정보고의 충실성 등을 이유로 증거능력을 인정한 바 있다. 특히 과학적 건전성의 판단요건과 관련하여 일반적 요건에 비교하여 구체적 개별 분석사례와 관련한 요건에 보다 주안을 두는 대도는 필적감정,[40] 경찰견에 의한 취기선별[41]

---

39) 東京高判昭和55·2·1 判時960호8頁

40) 最決昭和41·2·21裁判集刑事158卷321頁, "소위 전통적 필적감정법은 다분히 감정인의 경험과 감에 의한 것으로 그 성질상 증명력에는 그 자체 한계가 있더라도, 그 점으로부터 바로 그 감정방법이 비과학적이고 불합리한 것이라고는 할 수 없고, 필적감정에 있어서 지금까지의 경험의 축적과 그 경험에 의하여 제시된 판단은 단순히 감정인의 주관에 불과한 것이라고 할 수 없음은 물론이다. 따라서 사실심 재판소의 자유심증에 의하여, 이를 증거로 할 수 있는지의 여부는 그 전권에 속하는 것이라고 하지 않을 수 없다. 본건 기록에 의하면 갑 감정인을 제외한 을, 병, 정, 무 감정인(이하 4인의 감정인)은 모두 필적감정의 경험이 풍부하고 각각의 관점에 따라, 본건의 엽서 5매와 피고인의 필적으로 인정될 수 있는 도난계, 노트 등을 비교 검토한 결과, 모두가 동일인의 필적이라는 결론 또는 이필이 아니라는 결론에 도달하고, 4인 감정인 모두 이를 단정하고 있다. 그 감정에 있어서 표현의 차이는 있지만, '상이성', '희소성', '상동성' 등의 점을 참작하였는가의 여부는 원판결의 이유설시 그대로이다. 그러나 위 4인의 감정인 중, ③ 병, 정, 무 각 감정인은 피고인 측의 청구에 관련한 감정에 대하여 선임된 자로, 선임에 대하여 어떠한 이의신청도 없었으며, 또한 4인의 감정인이 작성한 각 감정서는 모두 증거로 함에 동의한 뒤에 취조된 것이다. 한편, 갑 감정인은 지금까지 필적감정을 한 경험이 전혀 없고 본건과 관련하여 처음으로 그 연구를 한 경우로, 그 감정도 요컨대, '위 4인의 감정인의 본건 감정방법은 근대 통계학적으로 보건데, 신뢰도가 낮고 객관적인 증명력을 갖고 있지 않다고 인정된다.'라는 결론을 내린 것으로, 문제로 된 엽서의 필적과 피고인의 필적 간 동일성에 대하여 판단을 내리고 있는 것은 아니다. 따라서 원판결이 갑 감정인의 감정을 채용하지 않고, ⑦ 앞서 4인의 감정인의 각 감정 및 기타 제1심 판결이 계기한 각 증거를 종합하여 본건 범죄사실을 인정할 수 있다라고 한 것은 어떠한 채증법칙에 위한 것이 아니다."

41) 범인이 등교중인 여고생에 대한 강간범행 도중 도주하자, 경찰관이 출동하여 범행현장에서 확보된 범인이 유기한 것으로 여겨지는 양말 및 피고인이 유류한 차량을 확보하고, 이를 경찰견에 의한 취기선별에 의한 범인과 피고인의 동일여부 판단에 관하여 경찰관 작성 수사보고서를 공판과정에서 증거로 제출한 사안으로, 福岡高判昭和61·4·24 刑集41卷2号110頁, "경찰견에 의한 취기선별결과 자체에 대하여, 개의 취기식별 메커니즘의 과학적 해명이나 뒷받침은 없지만, 취기식별에 대하여 개가 사람보다 확실히 고도의 능력을 갖고, 체취의 구별이 가능하다는 점은 경험상 확실한 사실이다. 특히, 식별능력이 우수한 개를 선출, 훈련한다면, 개인의 취기 이동(리동)을 고도의 정확성으로 식별할 수 있음도 경험상 명확하다. 메커니즘이 해명된다면 보다 바람직하겠지만, 그것이 증거방법의 일반적 적격성을 인정하기 위한 불가결한 요건이 아니라는 점은 메커니즘이 미 해명된 기억에 바탕한 공술증거)와 대비해보더라도 명확하다. … (후략)"; 동 판례의 상고심으로 最決昭和62·3·3

등 사례에서 보다 명확히 관찰된다.

한편, DNA profiling과 관련한 사안으로 후술하는 足利사건의 항소심인 東京高等裁判所는[42]

「일정한 사상, 작용에 대하여, 통상 오감의 인식을 넘는 수단, 방법을 사용하여 인지·분석한 판단결과가 형사재판에서 증거로 허용되기 위해서는 그 인지·분석의 기초 원리에 과학적 근거가 있고, 그 수단·방법이 타당하고, 정형적으로 신뢰 할 수 있는 것이어야 하지만, 추시(추시)를 방해하기 위한 작위 등 특단의 사정이 인정되지 않는 본건에 있어서, 감정에 사용된 것과 동일한 현장자료에 대하여 추시가 불가능하기 때문에, 증거능력을 부정하여야 하는 것은 아니고, … MCT118법은 과학 이론적, 경험적 근거를 갖는 것으로, 보다 우수한 방법이 금후 개발될 여지는 있더라도, 그 수단·방법은 확립된 것으로, 일정한 신뢰성이 있고, 타당한 것으로 인정되고, 따라서, DNA자료의 형 판정에 대하여 MCT118법에 의거하고, 전문적 지식과 경험이 있는 숙련된 검사관에 의하여 행하여진 본건 DNA 형 판정의 증거능력은 긍정된다.」

고 판시하여, 역시 유사한 요건하에 과학적 건전성을 긍정하여 증거능력을 인정한 바 있으며, 상고심에서도 이러한 판단기준이 지지받은 바 있다.[43]

刑集41卷2号60頁, "경찰견에 의한 본건 취기선별의 결과를 유죄인정에 사용한 원판결의 당부에 대하여 검토함에 있어서, 기록에 의하면 위 취기선별은 위 선별에 대하여 전문적 지식과 경험을 갖는 지도수가 취기선별능력이 우수하고, 선별 시에 상태가 양호하여 그 능력이 잘 보존된 경찰견을 사용하여 실시한 것으로, 취기의 채취, 보관의 경과나 취기선별의 방법에 부적절한 점이 없음이 인정됨으로, 본건 각 취기선별의 결과를 유죄인정에 사용한 원재판은 정당하다(위 취기선별의 경과 및 결과를 기재한 본건 각 보고서는 위 선별에 입회한 사법경찰원들이 취기선별의 경과와 결과를 정확히 기재한 것이라는 점은, 위 사법경찰원들의 증언에 의하여 명확하기 때문에 형소법 제321조에 의하여 증거능력이 부여될 수 있다고 해석함이 상당하다)."
42) 東京高判平成8·5·9 高刑集49卷2号181頁, 判時1585号136頁.
43) 最決平成12·7·17刑集54卷6号550頁, "MCT118 DNA형 감정은 그 과학적 원리가 이론적으로 정확성을 갖고, 구체적 실시방법도 그 기술을 습득한 자에 의하여 과학적으로 신뢰될 수 있는 방법으로 행하여진 점이 인정된다. 따라서 위 감정의 증거가치에 대하여는 그 후 과학기술의 발전에 따라 새롭게 해명된 사항 등도 가미하여 신중히 검토되어야 하지만, 아울러, 이를 증거로 하는 것이 허용된다고 한 원재판은 상당하다."

2. 일본의 학설 및 판례의 특징

과학적 증거의 건전성 판단과 관련하여 일본판례와 학설은 공통적으로 각 증거의 과학적 근거가 확립되어 있지 않더라도, 곧바로 증거능력을 부인하는 것이 아니라, 분석자의 적격성, 분석기기의 상태, 기 확립된 분석절차의 정확한 준수여부 등을 고려하여 분석결과를 신뢰할 수 있는 경우에는 증기능력을 인정하는 태도를 보여주고 있다. 이러한 판단기준의 배경에는 분석기법의 개발, 발전, 검증기회의 증대와 관련한 평가, 과학에 대체하여 활용사례의 축적에 따른 경험적 사실의 증가, 사실판단주체로 일반인인 배심원이 아닌, 직업법관제도에 의하는 일본사법제도의 특징을 들 수 있다.[44] 즉, 영미의 경우처럼 일반인인 배심이 사실판단의 주체가 되는 경우, 구체적 개별 사례와 관련하여 과학적 증거의 건전성 내지 신뢰성을 판단한다면, 감정인을 대리인으로 당사자 간 소모적인 공격 방어활동이 지속될 우려가 있지만, 직업법관제를 중심으로 하는 일본의 경우, 이러한 우려는 상대적으로 작다고 할 수 있다. 또한 영미의 경우 일반인이 사실판단주체라는 점에서 가급적 증거능력 단계에서 오판위험이 있는 증거를 최대한 걸러내기 위하여 증거능력을 엄격하게 판단할 필요가 있지만, 직업법관제가 중심인 일본의 경우, 가급적 다양한 증거를 현출시킨 가운데 오히려 증명력 평가를 통해 과학적 증거의 건전성이 효과적으로 판단될 수 있는 것으로 파악한 점에서 기인한 결과로 추정된다.

결론적으로 과학적 증거의 건전성과 관련하여 증거능력과 증명력 판단을 엄격히 구분하기보다는 궁극적으로 유죄인정의 자료로서 사용될 수 있는지 보다 중요한 문제라는 것이 일본의 실무적 관점으로 이해된다. 즉, 당해 과학적 증거가 신뢰할 수 없다면 그것이 증거능력이 인정되지 않아서인지 아니면 증명력이 부족해서인지는 사실 그렇게 중요한 문제는 아니다. 달리 표현하자면 증거능력이 인정되더라도 다양한 측면에서 증명력을 신중히 평가함으로써, junk science는 충분히 여과될 수 있다고 하겠다.[45]

---

44) 三井誠, 前揭書, 269頁.
45) 거짓말탐지기검사결과의 증거능력을 인정하면서, 증명력을 엄격하게 판단하여 결국 피고인의 무죄로 인정한 사례로, 廣島高判昭和56·7·10判夕450号157頁, 東京高判昭和58·6·22判

제3절 독일에서 과학적 증거의 건전성에 대한 증거법적 판단

과학적 증거의 건전성 또는 신뢰성에 대한 증거법적 판단기준과 관련하여 독일에서도 역시 미국과 같이 일반적인 판단기준에 제시된 사례를 찾아보기 어렵다. 다만, 독일형사소송법 제244조는[46] 증거조사 신청에 대한 기각사유와 관

時1085号30頁, 仙台高判昭和60·4·22判時1154号40頁, 福岡高判昭和61·4·28刑裁月報18巻4号294頁; 모발감정과 관련하여 피고인의 음모와 범행현장에서 확보한 범인이 유류한 음모를 비교한 바, 비틀림이나 굴곡의 출현빈도 비교는 음모의 형태이동분석으로 유효한 분석방법임을 인정하면서도, 동일성을 인정할 정도의 증명력을 갖지 않는 것으로 판단한 사례로, 大阪高判平成6·5·11判時1511号153頁.

46) StPO § 244(Beweisaufnahme; Untersuchungsgrundsatz; Ablehnung von Beweisanträgen)
(1) Nach der Vernehmung des Angeklagten folgt die Beweisaufnahme.
(2) Das Gericht hat zur Erforschung der Wahrheit die Beweisaufnahme von Amts wegen auf alle Tatsachen und Beweismittel zu erstrecken, die für die Entscheidung von Bedeutung sind.
(3) Ein Beweisantrag ist abzulehnen, wenn die Erhebung des Beweises unzulässig ist. Im übrigen darf ein Beweisantrag nur abgelehnt werden, wenn eine Beweiserhebung wegen Offenkundigkeit überflüssig ist, wenn die Tatsache, die bewiesen werden soll, für die Entscheidung ohne Bedeutung oder schon erwiesen ist, wenn das Beweismittel völlig ungeeignet oder wenn es unerreichbar ist, wenn der Antrag zum Zweck der Prozeßverschleppung gestellt ist oder wenn eine erhebliche Behauptung, die zur Entlastung des Angeklagten bewiesen werden soll, so behandelt werden kann, als wäre die behauptete Tatsache wahr.
(4) Ein Beweisantrag auf Vernehmung eines Sachverständigen kann, soweit nichts anderes bestimmt ist, auch abgelehnt werden, wenn das Gericht selbst die erforderliche Sachkunde besitzt. Die Anhörung eines weiteren Sachverständigen kann auch dann abgelehnt werden, wenn durch das frühere Gutachten das Gegenteil der behaupteten Tatsache bereits erwiesen ist; dies gilt nicht, wenn die Sachkunde des früheren Gutachters zweifelhaft ist, wenn sein Gutachten von unzutreffenden tatsächlichen Voraussetzungen ausgeht, wenn das Gutachten Widersprüche enthält oder wenn der neue Sachverständige über Forschungsmittel verfügt, die denen eines früheren Gutachters überlegen erscheinen.
(5) Ein Beweisantrag auf Einnahme eines Augenscheins kann abgelehnt werden, wenn der Augenschein nach dem pflichtgemäßen Ermessen des Gerichts zur Erforschung der Wahrheit nicht erforderlich ist. Unter derselben Voraussetzung kann auch ein Beweisantrag auf Vernehmung eines Zeugen abgelehnt werden, dessen Ladung im Ausland zu bewirken wäre.
(6) Die Ablehnung eines Beweisantrages bedarf eines Gerichtsbeschlusses.

련하여 동조 3항은 일반적은 증인이나 증거물, 동조 제4항은 감정신청과 관련한 규정을 두고 있다. 감정신청의 경우, 감정보고내용이 이미 법원이 알고 있는 사실에 해당하거나 반대사실이 입증된 경우에만 기각될 수 있고 단순히 감정인의 전문성에 대한 의심이나 보다 우월한 감정방법이 존재하거나 감정보고내용이 모순이 있는 등의 사유로 감정신청을 기각할 수 없다고 규정하고 있다. 즉, 감정인의 전문성에 의심이 있는 경우, 감정인에 대한 증거조사가 허용될 수 있다고 규정함으로써, 과학적 증거의 활용사례에서 과학적 건전성에 대한 의문이 제기될 수 있는 경우, 즉, 감정보고내용이 관련 분야의 일반적 견해와 일치하지 않거나, 표준적인 분석절차로부터 이탈하거나 감정인의 분석결과가 잘못된 사실에 기초한 것으로 의심되는 경우, 기타 감정인의 적격성에 문제가 있는 경우 등에[47] 있어서 감정신청을 기각할 것이 아니라 해당 감정인에 대한 증거조사를 허용하고 있다.

이러한 독일형사소송법의 규정 취지에 비추어보면, 독일의 경우 과학적 증거의 건전성은 증거능력보다는 증명력 판단차원에서 해소되는 것으로 이해할 수 있다. 이점은 거짓말탐지기검사와 관련한 사례에서도 확인된다. 종래 독일의 통설과 판례는 거짓말탐지기검사의 증거사용을 금지하고 있는데,[48] 그 이유로 거짓말탐지기검사가 아직 과학적으로 그 정확성이나 신뢰성을 획득하지 못하고 있을 뿐만 아니라 거짓말에 따른 정동변화를 분석기기가 정확히 포착할 수 없음에서 분석기기의 정확성도 인정할 수 없다는 점을 지적하기도 하지만, 보다 본질적으로는 거짓말탐지기검사는 피의자 등의 의사결정 내지 의사활동의 자유는 물론 인격의 불가침성을 침해한 점에서 증거로 할 수 없음을 분명히 하고 있다.[49] 또한 DNA profiling과 관련한 사례에서는 동 증거가 활용된 시점에서 관련 과학계에서 보편적으로 승인된 확실성의 요구에 부합되고, 당사자의 인격이나 프라이버시와 관련하여 비례성에 부합하지 않을 정도로 침해한 경우가 아닌 한 증거로 사용될 수 있다고 판시한 바 있다.[50]

---

47) BGH NStZ 99, 632; BGH 49, 357.
48) BGHSt. 5, 322.
49) 青木紀博, "西ドイツにおけるポリグラフ論" 同志社法學 34卷 5号, 1983. 1, 189−190頁.
50) BGH 37, 157; BT−Dr 13/667; 水野陽一, "刑事節次における强制採血とDNA型鑑定に関する一考察", 広島法學 第36卷 2号, 2012, 115頁.

이러한 점에서 본다면, 독일의 경우, 배경원리나 분석기법의 신뢰성, 분석자의 적격성, 표준적 분석절차의 확립 및 그 준수여부, 분석기자재 관리 및 상태의 적정성 등 과학적 건전성 판단요소는 증거능력보다는 증명력 판단문제로 이해하는 반면,[51] 충분한 과학적 건전성 내지 신뢰성을 갖춘 증거라도 인격권이나 프라이버시 등 기본권의 핵심영역에 대한 침해 등을 이유로 증거 금지를 통해 증거능력이 부정될 수 있다고 하겠다.

제 4 절 한국에서 과학적 증거의 건전성에 대한 증거법적 판단

과학적 증거에 대하여 학설은 대체로 그 배경이 되는 건전성을 증거능력 판단을 통해 해소할 수 있다는 견해가 주류적으로 파악된다.[52] 다만, 견해에 따라서는 동일하게 과학적 증거의 건전성을 증거능력 문제로 이해하면서도 관련성 접근방식(relevancy approach)에 의하거나[53] 관련성 외에 배경원리나 이론 등의 타당성에 대한 엄격한 심사를 통해 증거능력이 인정될 수 있다는 논리로 신뢰성 접근방식(reliability approach)에 의하여야 한다는 시각 등으로[54] 세분될 수 있다. 아울러, 형사소송의 경우, 과학적 증거와 관련하여 검사와 피고인 간의 공격방어능력상의 현격한 차이를 고려하여 검사가 제시하는 증거에 대해서는 일반적 승인원칙을 적용하고 피고인의 경우는 Daubert test나 관련성 접근방식을 적용함으로써, 과학적 증거에 대한 접근가능성이 상대적으로 제한된 피고인의 방어능력을 보완하자는 견해도 있다.[55]

이와 상반하여, 현행 형사소송법은 과학적 증거의 증거능력과 관련하여 특

---

51) 김성룡, "현행법에서 과학적 증거의 증거능력과 증명력", 형사법연구 제24권 4호, 한국형사법학회, 2012, 208면.

52) 심희기, 전게논문, 296-297면.

53) 조병구, "과학적 증거에 대한 증거채부결정 -합리적 증거결정 기준의 모색", 형사법실무연구 제123집, 2011, 608면.

54) 심우용, "과학적 증거의 판단기준에 대한 판례의 입장 -대법원 2007. 5. 10.선고 2007도1950판결-", 자유와 책임 그리고 동행, 2012, 538면.

55) 박이규, "판례를 통해 생각해 보는 형사재판의 증거평가와 사실인정", 법관의 의사결정: 이론과 실무(서울: 사법발전재단, 2010), 360-370면.

별한 규정을 두고 있지 않으며, 단지 감정인의 선정과정에서 그 자격요건(감정인 적격)이 심사될 뿐이고, 감정보고결과에 대해서는 단지 그 증명력을 다투기 위해서 감정인에 대한 신문이 가능한 점에 비추어볼 때, 과학적 증거의 건전성과 관련한 대부분의 요건은 증거능력의 판단이 아닌 증명력 평가를 통해 검토되어야 한다는 견해도 있다.[56]

한편 종래 판례는 과학적 증기의 건전성에 대한 일반적 기준을 제시하지 않고, 개별사례에서 쟁점이 된 증거에 대한 증거능력 판단을 통해 해소한 것으로 추정된다. 예를 들어, 거짓말탐지기검사와 관련한 사례에서 대법원은[57]

「거짓말탐지기 검사는 피검사자의 신체에 호흡운동기록기, 혈압, 맥박기록기 및 피부전기반사기록기 등을 부착하여 피검사자가 일정한 질문에 답변할 때에 호흡, 혈압, 맥박 및 피부반응 등을 다각적으로 측정하고 그 측정내용에 의하여 그 답변의 진실여부를 판가름하는 검사방법을 말하는 것인바, 이러한 ① 거짓말탐지기 검사결과에 대하여 형사소송법상 증거능력을 부여하려면 우선 그 검사결과가 사실적 관련성 즉 요증사실에 대하여 필요한 최소한도의 증명력을 가지고 있음을 요하는 것이다. 그런데 거짓말탐지기 검사의 원리는 의식적으로 거짓말을 하는 자는 양심의 가책이나 거짓발각에 대한 우려 등으로 심리상태의 변동이 일어나고 이것이 호흡, 혈압, 맥박, 피부 등에 생리적 반응을 일으킨다는 전제아래 그 생리적 반응을 측정하여 거짓말인 여부를 판독한다는 데에 있으므로, 이와 같은 검사결과에 대하여 사실적 관련성을 가진 증거로서 증거능력을 인정할 수 있으려면 첫째로, 거짓말을 하면 반드시 일정한 심리상태의 변동이 일어나고 둘째로, 그 심리상태의 변동은 반드시 일정한 생리적 반응을 일으키며 셋째로, 그 생리적 반응에 의하여 피검사자의 말이 거짓인지 아닌지가 정확히 판정될 수 있다는 세 가지 전제요건이 충족되어야 할 것이다. 특히 마지막의 생리적 반응에 대한 거짓여부 판정은 ② 거짓말탐지기가 검사에 동의한 피검사자의 생리적 반응을 정확히 측정할 수 있는 장치이어야 하고 ③ 질문조항의 작성과 검사의 기술 및 방법이 합리적이어야 하며 ④ 검사자가 탐지기의 측정내용을 객관성 있고 정확하게 판독할 능력을

---

56) 김성룡, 전게논문, 219면; 최대호, 전게논문, 11-13면.
57) 1983.09.13. 선고 83도712 판결.

갖춘 경우라야만 그 정확성을 확보할 수 있는 것이다. 그러므로 이상과 같은
제반요건이 충족되지 않는 한 거짓말탐지기 검사결과에 대하여 형사소송법상
증거능력을 부여하기는 어려운 것이라고 보지 않을 수 없다.」

라고 판시한 바 있다. 이러한 판단방식은 거짓말탐지기검사와 관련한 이후 판례
에서도 동일하게 관찰할 수 있다.[58] 판례는 위 증거능력이 인정되기 위해서는
요증사실에 대한 필요 최소한도의 증명력(① 부분)이 필요하다고 하면서, ② 분
석기자재의 정확성, ③ 분석절차나 방식의 합리성 및 그 준수, ④ 분석자의 객관
성과 적격성을 구체적 판단요소로 제시하고 있다. 즉, ②, ③, ④의 요건이 충족
되지 못한 경우, 당해 증거는 요증사실의 입증에 아무런 도움을 줄 수 없음에서
사실적 또는 자연적 관련성이 부정되어 증거능력을 인정할 수 없다는 것이다.

이와 유사한 태도는 필적감정 등의 사례에서도 확인되는데, 대조 필의 확보
과정에서 객관성이 문제됨을 이유로 증거로 할 수 없다고 판단한 예가 있다.[59]

---

58) 대법원 1984.02.14. 선고 83도3146 판결, "거짓말탐지기의 검사는 그 기구의 성능, 조작기
   술등에 있어 신뢰도가 극히 높다고 인정되고 그 검사자가 적격자이며 검사를 받는 사람이
   검사를 받음에 동의하였으며 검사서가 검사자 자신이 실시한 검사의 방법, 경과 및 그 결
   과를 충실하게 기재하였다는 여러 가지 점이 증거에 의하여 확인되었을 경우에는 형사소송
   법 제313조 제2항에 의하여 이를 증거로 할 수 있다고 할 것이나 그와 같은 경우에도 그
   검사 즉 감정의 결과는 검사를 받는 사람의 진술의 신빙성을 가늠하는 정황증거로서의 기
   능을 다하는데 그치는 것이며……."; 대법원 2005.05.26. 선고 2005도130 판결, "거짓말
   탐지기의 검사 결과에 대하여 사실적 관련성을 가진 증거로서 증거능력을 인정할 수 있으려
   면, 첫째로 거짓말을 하면 반드시 일정한 심리상태의 변동이 일어나고, 둘째로 그 심리상
   태의 변동은 반드시 일정한 생리적 반응을 일으키며, 셋째로 그 생리적 반응에 의하여 피
   검사자의 말이 거짓인지 아닌지가 정확히 판정될 수 있다는 세 가지 전제요건이 충족되어
   야 할 것이며, 특히 마지막 생리적 반응에 대한 거짓 여부 판정은 거짓말탐지기가 검사에
   동의한 피검사자의 생리적 반응을 정확히 측정할 수 있는 장치이어야 하고, 질문사항의 작
   성과 검사의 기술 및 방법이 합리적이어야 하며, 검사자가 탐지기의 측정내용을 객관성 있
   고 정확하게 판독할 능력을 갖춘 경우라야만 그 정확성을 확보할 수 있는 것이므로, 이상
   과 같은 여러 가지 요건이 충족되지 않는 한 거짓말탐지기 검사 결과에 대하여 형사소송법
   상 증거능력을 부여할 수는 없다. 기록에 의하면, 피고인에 대한 거짓말탐지기 검사는 미국
   유타대학 심리학 교수 라쉬킨과 키셔 등이 연구개발한 유타구역비교검사법을 사용하였다
   는 것인바, 기록을 모두 살펴보아도 위 검사법이나 피고인에 대한 이 사건 거짓말탐지기
   검사가 위와 같은 세 가지 전제요건을 모두 갖추었음을 인정할 만한 아무런 자료가 없으
   므로, 피고인에 대한 거짓말탐지기 결과회시는 증거능력이 없다고 할 것이다."
59) 대법원 1976.11.23. 선고 76도2938 판결, "필적감정이란 감정의 대상이 되는 2개 이상의 필
   적의 동일 또는 상이여부를 과학적 또는 특별한 지식경험을 기초로 하여 판단하는 것이고,

반면, 증거능력이 아닌 증명력을 통해 과학적 증거의 건전성을 판단한 사례도 있다. 소위 불광동치과의사 모녀살인사건의 상고심판례에서[60] 원심판단을 인용하는 과정에서

> 「피고인에 대한 거짓말탐지기 검사결과는 증거능력이 인정되지 않거나 신빙성이 없고…」

라고 판시한 바 있다. 아울러, 최근 재심을 통해 무죄판결이 확정된 소쉬 강기훈 유서대필사건의 상고심판례에서,[61]

> 「필적은 ① 물리학적 입장에서 볼 때 점과 선이 합쳐서 성립되는 것이고, 그 구성은 개인차에 의하여 천태만상으로 표현되는 것으로서 이렇게 점과 선이 합친 대소의 형태에 개인의 특징이 현출되며, 필적감정은 이러한 고유의 특징을 발견하여 필적의 이동을 식별하는 것이나, 현재 그 필적감정의 정확성에는 한계가 있을 수밖에 없어 결국 ② 그 한계 내에서 객관성과 공정성이 보장되는 여러 가지 합당한 방법으로 감정이 이루어져야 하는 것인바, 이 사건 감정인 김형영이 뽑은 원심판결 첨부 별지 필적대조표의 희소성 있는 특징은 ③ 다른 사정이 없는 한 감정인의 감정경험 및 그 연구와 전문지식에 의하여 선정 제시된 것이고… 이 사건 감정서는 신빙성이 있다.」

라고 판단한 예가 있다. 위 두 판례를 보면 증거능력과 신빙성을 구별하는데, 특히 필적감정 사례의 경우, 분석원리나 기법에 일응 한계가 있더라도(위 ①부분) 경험적으로 확립된 공정하고 객관적인 분석절차에 의하고 감정인의 적격성이 인

감정 자료인 필적의 선정, 채취에 있어서는 객관성이 있는 타당한 방법에 의하여야 함이 상당하다 할 것이고, 어떤 문제된 필적과 피고인의 필적과의 동일여부를 감정함에 있어서 피고인으로 하여금 문제된 필적을 보면서 유사하게 시필하도록 하여 이와 같이 하여 채취한 필적과 문제된 필적과의 동일여부를 감정하게 하는 경우 2필적이 동일하다고 판정될 것은 당연하다고 할 것이므로, 이는 결국 감정자료 선정, 채취에 잘못이 있는 객관성을 결여한 감정 자료에 의한 감정이라고 할 것이고, 이러한 감정은 이를 증거로 할 수 없다고 함이 상당하다고 할 것인바".

60) 대법원 1998.11.13. 선고 96도1783 판결.
61) 대법원 1992.07.24. 선고 92도1148 판결.

정되는 때(앞서 ②, ③부분)는 감정결과의 신빙성을 인정할 수 있다고 판시한 점
에 특징이 있다.

아울러, 위와 같이 특별히 과학적 증거의 건전성에 대하여 특별히 증거능력
또는 증명력 차원에서 판단하지 않고, 여타 증거와 동일하게 증명력 평가를 통
해 요증사실의 입증과정에서 취사선택이 이루어진 판례가 보다 많은데, 이러한
의미에서 과학적 증거의 건전성과 관련하여 기존 판례는 증거능력을 특별히 문
제 삼기보다는 주로 증명력을 통해 해소하는 것이 아닌가라는 견해도 있다.[62]
그러나 증명력 차원에서 과학적 증거의 건전성을 판단하는 사례들은 당해 과학
적 증거의 배경원리나 분석기술 일반이 관련 학계나 축적된 활용사례 등을 통해
일정부분 인정돼 개별 사례에서 감정인의 적격성이나 확립된 분석절차의 준수여
부 등이 확인된 만큼, 증거능력을 인정할 수 있고, 단지 전체적인 입증구조나 여
타 증거와의 비교 등을 통해 요증사실에 대한 설명력이 부족하거나 그 신빙성에
의문이 제기되는 때는 증명력을 부정하거나 증거선택에서 배제하는 것은 아닌가
생각된다.

한편, 2000년대 중반 이후, 기존의 관련성 접근방식과 달리 미연방대법원이
제시한 Daubert test 등 신뢰성 접근방식(reliability approach)에 근접한 일련의 판
례가 제시되고 있다.

먼저 DNA profiling과 관련한 사례로 2007년 대법원 판례를 들 수 있는
데,[63] 피고인의 특수강간미수의 혐의와 관련하여, 피해자로부터 범인의 정액이
묻어있는 옷을 제출받아 DNA형 분석을 실시하고, 피고인과 범인의 동일인 여
부를 확인하기 위하여 피고인의 모발 및 타액에 대하여도 DNA형 분석을 하여
양 DNA형을 비교한 결과, 피고인과 범인이 상이하다는 감정결과가 1심 법원에
제출되었음에도 불구하고 피고인을 유죄로 판단하자, 피고인이 상고한 사안이
다. 상고심인 대법원은 무죄취지로 원심판결을 파기하면서, 다음과 같이 판시하
였다.

---

62) 황만성·이숭덕, "형사절차상 유전자정보의 관리 및 활용방안", 연구보고서 06 – 22, 한국형
   사정책연구원, 2006, 804면.
63) 대법원 2007.5.10. 선고 2007도1950 판결.

「과학적 증거방법은 그 전제로 하는 사실이 모두 진실임이 입증되고 ① 그 추론의 방법이 과학적으로 정당(괄호 내용은 필자부기: testability)하여 ② 오류의 가능성이 전무하거나 무시할 정도로 극소한 것(known & potential error rate)으로 인정되는 경우에는 법관이 사실인정을 함에 있어 상당한 정도로 구속력을 가진다 할 것이므로, 비록 사실의 인정이 사실심의 전권이라 하더라도 아무런 합리적 근거 없이 함부로 이를 배척하는 것은 자유심증주의의 한계를 벗어나는 것으로서 허용될 수 없다. … (중략) … DNA분석을 통한 유전자검사 결과는 ③ 충분한 전문적인 지식과 경험을 지닌 감정인이(qualification as expert) 적절하게 관리·보존된 감정 자료에 대하여(chain of custody) 일반적으로 ④ 확립된 표준적인 검사기법을 활용하여 감정을 실행하고, 그 결과의 분석이 적정한 절차를 통하여 수행(standard controlling analysis & technique)되었음이 인정되는 이상 높은 신뢰성을 지닌다 할 것이고, 특히 유전자형이 다르면 동일인이 아니라고 확신할 수 있다는 ⑤ 유전자감정 분야에서 일반적으로 승인된 전문지식에 비추어 볼 때(general acceptance), 위와 같은 감정 결과는 피고인의 무죄를 입증할 수 있는 유력한 증거에 해당한다고 할 것이므로…」

위 판시사항에서 제시된 ①, ②, ③, ④, ⑤ 요건을 미연방대법원이 Daubert 사건을 통해 제시한 기준과 비교하면, 'peer review & publication'이 제외되어 있을 뿐 거의 유사함을 확인할 수 있다. 다만, 차이가 있다면 미연방대법원은 이들 요건은 증거능력에 대비되는 과학적 증거의 허용성(admissibility) 문제로 파악한 반면, 대법원 판례의 경우는 명확하지 않지만 과학적 증거의 건전성 내지 신뢰성을 자유심증주의의 한계로 이해하는 점에서 증명력 판단을 통해 고려하는 것이 아닌가 추정된다. 또 한 가지 이 판례의 특징으로 종전의·과학적 증거 관련 판례들이 개별 증거별로 과학적 증거의 건전성을 판단한 반면, DNA profiling이 문제된 사안이지만 과학적 증거 일반에 대한 판단기준을 제시하려고 한 점을 지적할 수 있다. 위 판례 이후 DNA profiling이 문제된 사안이나[64] 폐수 수질검사

---

64) 대법원 2009.03.12. 선고 2008도8486 판결, "유전자검사나 혈액형검사 등 과학적 증거방법은 그 전제로 하는 사실이 모두 진실임이 입증되고 그 추론의 방법이 과학적으로 정당하여 오류의 가능성이 전무하거나 무시할 정도로 극소한 것으로 인정되는 경우에는 법관이 사실인정을 함에 있어 상당한 정도로 구속력을 가지므로, 비록 사실의 인정이 사실심의 전

사례[65] 등에서도 동일한 판단 예를 찾아볼 수 있다.

견해에 따라서는 2007년 대법원 판례 이후 과학적 증거와 관련한 일련의 사례를 놓고, 앞에서 언급한 것처럼, 과학적 증거의 건전성에 대해 증거능력 차원에서 관련성 문제로 이해하던 기존 태도와 달리 영미법에서 말하는 증거의 허용성에 있어서, 신뢰성 접근방식으로 전환한 것은 아닌가라고 진단하는 입장도 있다.[66] 반면, 자유심증주의의 한계 내지 사실인정에 있어서 법관에 대한 구속력 문제라는 점에서 증명력을 통해 과학적 증거의 건전성을 판단하고 있는 것은 아닌가라는 지적을 하는 견해도 있다.[67]

사실, 과학적 증거의 건전성 문제를 증거능력 또는 증명력 어느 한 영역으로 구분하여 판단하기는 모호하다. 판례가 때로는 사실적 관련성이 부족함을 이유로 증거능력을 부정하면서도 증명력 차원에서 신빙성을 문제 삼거나 반대로 자유심증주의의 한계로 충분히 건전성이 인정되는 과학적 증거의 경우 법관의 심증형성을 구속할 수 있다는 취지로 다소 일관성이 떨어지는 견해를 제시한 것은 이를 방증한다. 아울러, 일본의 경우와 유사하게, 사실판단주체로서 일반인인 배심원보다는 직업법관이 중심적 역할을 하는 점에서 증거능력 또는 증명력 어느 일방으로 획일적으로 판단하는 것은 큰 의미가 없다고 할 수 있다.

그러나 한국의 사법제도도 국민참여재판을 통해 배심제를 일정부분 흡수한 것은 물론, 자유심증주의하에서 사실판단주체인 법관의 증거취사선택에 광범위

권이라 하더라도 아무런 합리적 근거 없이 함부로 이를 배척하는 것은 자유심증주의의 한계를 벗어나는 것으로서 허용될 수 없는바….";

65) 대법원 2010.03.25. 선고 2009도14772 판결, "폐수 수질검사와 같은 과학적 증거방법은 전문지식과 경험을 지닌 감정인이 시료에 대하여 일반적으로 확립된 표준적인 분석기법을 활용하여 분석을 실행하고, 그 분석이 적정한 절차를 통하여 수행되었음이 인정되는 이상 법관이 사실인정을 함에 있어 상당한 정도로 구속력을 가지므로, 비록 사실의 인정이 사실심의 전권이라 하더라도 아무런 합리적 근거 없이 함부로 이를 배척하는 것은 자유심증주의의 한계를 벗어나는 것으로서 허용될 수 없는 것이다. 그러나 이러한 과학적 증거방법이 사실인정에 있어서 상당한 정도로 구속력을 갖기 위해서는 감정인이 전문적인 지식·기술·경험을 가지고 공인된 표준 검사기법으로 분석을 거쳐 법원에 제출하였다는 것만으로는 부족하고, 시료의 채취·보관·분석 등 모든 과정에서 시료의 동일성이 인정되고 인위적인 조작·훼손·첨가가 없었음이 담보되어야 하며 각 단계에서 시료에 대한 정확한 인수·인계 절차를 확인할 수 있는 기록이 유지되어야 한다."

66) 심희기, 전게논문, 286면.

67) 최대호, 전게논문, 13-14면.

한 재량이 인정되며, 법관 역시 과학적 지식에 정통한 전문가는 아니라는 점 등을 고려할 때, 과학적 증거의 건전성을 단순히 증명력 문제로 환원하여 접근하는 것은 적절한 방법은 아니다.

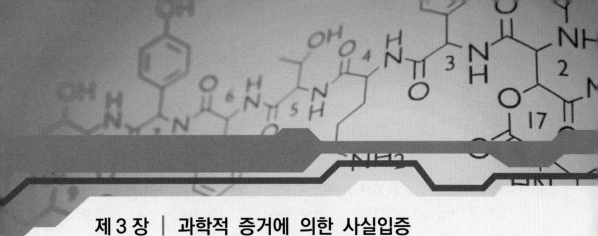

과학적 증거의 증명력 평가와 연장선상의 문제로 볼 수도 있는데, 이하에서는 과학적 증거에 의한 입증구조의 특징, 증명력 평가 시 유의하여야 할 사항, 과학적 증거의 보다 효과적인 현출과 관련하여 감정인(expert witness)에 대한 신문기법에 대하여 간략히 살펴보도록 한다.

제 1 절   과학적 증거에 의한 입증구조 증명력 평가

1. 입증구조

과학적 증거는 대부분의 사례에서 정황증거(간접증거)로 기능함으로써, 요증사실과의 관계에서 극히 일부분 또는 요증사실의 존부를 추론할 수 있는 간접사실에 대한 설명력만을 제공함으로써 공판절차에서 역할이 한정적일 수밖에 없다. 그러나 법관 등 사실판단주체는 '과학적'이라는 점에 대한 과도한 기대로 인하여 필요이상으로 당해 증거가 갖는 가치를 높게 평가할 수 있는 위험이 있고, 과학적 증거의 증명력 평가에서 가장 유의할 점이 바로 이러한 위험의 최소화이다.

그 방법으로, 먼저 과학적 증거에 의하여 명확히 입증될 수 있는 사실과 그렇지 않은 사실을 구별하고, 과학적 증거를 통해 입증되는 사실이 요증사실과 관련한 쟁점판단에 있어서 어떠한 역할을 하고 있는지를 파악하는 단계적 접근이 요구된다.

가령, 피고인이 피해자를 살해하기 위해 청산염이 들어간 음료수를 권하여 살해하였다는 공소사실과 관련하여, 감정인이 피해자가 범인과 함께 마신 음료수 병에서 청산염 성분과 함께 타액을 시료로 분석한 DNA profile과 피고인의 DNA profilie을 비교한 결과, 양 profilie이 일치하는 결론을 획득한 것으로 가정해보자. 여기서 검사가 입증하여야 할 요증사실은 피해자의 사망원인이 피고인이 준 음료수에 들어간 청산염에 의한 것으로, 이에 대하여 ① 피해자가 청산염이 포함된 음료수를 마시고 사망한 점, ② 피해자가 마신 음료수가 피고인이 권한 것이라는 점, ③ 피고인이 권한 음료수 외에 피해자가 달리 음료수를 마실 기회가 없었다는 점, ④ 피고인 이외에 음료수에 청산염을 넣을 수 있는 자가 없었다는 점, ⑤ 기타 피고인에게 피해자를 살해하기 위한 동기 등이 순차 입증됨으로써, 궁극적으로 요증사실에 대한 입증에 성공할 수 있다.

여기서 위 감정인의 감정결과를 통해서 입증할 수 있는 부분은 ①, ②에 한정된다. 따라서 나머지 ③, ④, ⑤에 대하여 별도의 증거를 통한 입증이 없다면 피고인의 범인성은 부정될 것이다. 감정결과는 피고인이 피해자와 함께 음료수를 마셨다는 것 외에는 달리 입증하는 것이 없기 때문이다. 그러나 청산염은 일반인이 구하기 힘들고, 피고인과 함께 마신 음료수를 통해 피해자가 음용, 사망하게 된 사실이 과학적 증거를 통해 입증된 반면, ③, ④, ⑤의 경우, 경험 측이나 상식 등에 기초하여 판단되는 점에서 피고인의 범인성을 부정하기는 매우 어려워진다. 결국, 과학적 증거가 올바로 평가되기 위해서는 요증사실과 관련한 기능과 한계를 명확히 전제한 뒤에 여타 증거와 정합적으로 판단되어야 할 필요성이 제기된다.

한편, 과학적 증거에 의해 직접 입증되는 사실과 그렇지 않은 사실의 구별과 함께 과학적 증거를 통해 직접 입증되는 사실과 이러한 직접 입증되는 사실 및 여타 증거로부터 인정되는 사실을 함께 고려함으로써 구성되는 간접사실을 구별할 필요도 지적된다.

앞서 예에서 감정결과를 통해 직접 확인되는 사실은 피고인과 함께 마신 자가 사용한 음료수 병에서 확보된 DNA 프로파일이 피고인과 동일하다는 사실 뿐이다. 따라서 위 감정결과는 피고인이 피해자와 음료를 마시면서 피해자에게 권했다는 사실을(위 ② 부분) 지지하는 하나의 증거에 불과하다고 볼 수 있다. 아울러, 당해 감정결과의 정확성도 이 과정에서 검토될 수 있는데, 이에 대한 판단이 바로 이제까지 살펴본 과학적 증거의 건전성 내지 신뢰성 판단문제라고 하겠다.

2. 증명력 평가에 있어서 유의점

과학적 증거의 증명력은 구체적인 분석결과로부터 어떠한 사실의 존부를 어느 정도의 개연성으로 설명할 수 있는가라는 문제로 볼 수 있다. 일반적으로 과학적 증거의 증명력 평가와 관련하여서, 다음 사항에 대해 유의할 필요가 있다.

첫째, 위에서 언급한 과학적 증거의 입증구조에서 확인할 수 있듯이, 최종적인 요증사실에 대하여 2단계의 평가과정을 거친다는 점에 유의할 필요가 있다. 정황증거로서 과학적 증거는 최종적인 요증사실에 대한 입증과정에서 불가피하게 추론(reasoning process)이 개입할 수밖에 없다(여기서 문제되는 것이 영미법상의 관련성(relevancy)이다. 원래 관련성은 증거능력에 해당하는 허용성 요건이지만, 증명력과도 일정부분 관계하는 점에서 증명력 판단 시에도 유용하게 활용할 수 있다).[1]

이러한 추론과정의 합리성과 관련하여 2가지가 고려될 수 있다. 먼저 당해 과학적 증거에 의하여 입증될 사실이 최종적인 요증사실 및 파생되는 쟁점사항과 일정한 관계를 갖고 있는지(중요성, materiality) 아울러, 요증사실의 존부에 대한 설명적 가치를 갖고 있는지(협의의 관련성, probative value) 여부이다. 여기서 materiality는 실체 법률관계를 통해 확정될 수 있기 때문에 주로 문제되는 것은 probative value의 판단으로 2가지 판단방식을 고려해볼 수 있다.

가령, 갑이라는 사람이 매우 선량하고 온순한 사람이라는 동네사람들의 평판을 갖고 있다는 사실(E, evidence)을 폭행죄로 기소된 갑의 죄책(H, hypothesis)

---

1) McCormick, op. cit, pp. 276-280.

을 부인하기 위한 증거로 활용한 예에서 통상 E와 같은 사실이 있다면 갑은 H와 같은 행위를 하지 않을 사람이라고 봄이 상식적(논리 내지 경험칙)으로, p(H | E) 〈 P(H)가 긍정되는 경우, 간접사실(E)은 협의의 관련성을 갖는다고 볼 수 있는데 이를 직접적 추론방식(direct mode of reasoning)이라 한다. 직접적 추론방식은 요증사실(H)에 대한 증거(E)의 영향력이 분명하지 않음에서 문제점이 있는데, 여기서 P(E | H) 〈 P(E | not H)가 긍정되는 경우에 probative value가 인정될 수 있다는 간접적 추론방식(indirect mode of reasoning)이 대안으로 제시될 수 있다.

보통 이와 같은 probative value는 추론과정이 추상적이거나 이격성(remoteness)을 갖는 경우 부정된다. 여기서 추상성(speculativeness)이란 당해 증거로부터 파생된 설명력이 모호하거나, 의문스러운 추정에 근거한 경우로 예를 들어, 손해배상소송에서 일실이익의 상실분을 환산함에 있어서, 원고 측의 급여가 근로가능시점까지 동일한 비율로 상승함을 전제로 환산한 경우를 들 수 있다. 이격성(remoteness)은 교통사고 시, 사고지점에서 2년 전 과속을 한 사실이 사고시점의 속도위반이라는 과실여부의 입증과 무관한 예와 같이 요증사실의 추론과정에 시간적, 공간적 이격성으로 인하여 그 추론의 합리성이 부정되는 경우를 의미한다.

과학적 증거의 경우, 증거 자체로부터 직접 어떠한 사실이 어느 정도 구체적으로 인정될 수 있는가를 먼저 검토한 후, 그 사실과 타 증거로부터 인정되는 사실에서 추론되는 간접사실이 최종 요증사실을 어느 정도 추인하는 힘을 갖는가를 위와 같은 판단요소를 고려하여 단계적으로 충분히 검토할 필요가 있다.

둘째, 과학적 증거를 통해 인정되는 사실은 어느 정도 구체성과 정밀성을 가져야 한다.[2] 다만, 고도의 정밀성을 갖는 분석기법이 활용되는 경우, 극히 미

---

2) 대법원 2011.05.26. 선고 2011도1902 판결, "2009. 2. 2. 이 사건 강판조각이 이 사건 철제구조물에 끼어 있는 것을 발견하고 감정인 공소외 1의 지시에 의하여 경찰관 공소외 2가 찍었다고 하는 사진(이하 '강판 끼어있음 사진'이라 한다)에 관하여 보건대, 위 사진으로 이 사건 사고 발생 당시부터 이 사건 강판조각이 이 사건 철제구조물에 끼어 있었음이 증명된다면 위 공소사실에 대한 유죄의 증거가 될 수는 있을 것이다. 그런데 이 사건 사고 직후에 촬영된 사진들 중 이 사건 철제구조물이 나온 사진들의 컴퓨터 파일을 확대·분석한 국과수 소속 감정인 공소외 3, 4 작성의 2010. 11. 16.자 감정서에는 이 사건 철제구조물과는 구분되는 '회색계통 물체'가 식별된다는 감정결과만 있을 뿐, 그 모양이 '강판 끼어있음 사진'상의 강판조각과 일치함을 인정할 만한 다른 객관적 자료는 없다. 그럼에도 원

세한 분석조건의 변화가 결과에 영향을 미칠 수 있다는 점에서 보다 신중한 검토가 필요하고 가급적 복수의 감정 자료를 통해 분석결과의 확실성이 담보될 수 있도록[3] 고려하는 것이 바람직하다.

셋째, 과학적 증거는 타 증거와의 종합적 평가에 의하여 심증형성을 하는 하나의 자료라는 점에 대한 인식이 필요하다. 즉, 지나치게 과대한 평가도 곤란하지만, 반대로 지나치게 엄격한 평가가 이루어지지 않도록 유의하여야 한다. 요증사실과 관련하여 각 개별 과학적 증거의 증명력을 지나치게 엄격하게 판단한다면, 그 후 사실인정과정에서 검토의 기초가 되는 사실의 확실성이 낮아지게

심이 육안에 의한 비교 관찰만을 근거로 위 '회색계통 물체'가 '강판 끼어있음 사진'상의 이 사건 강판조각과 매우 유사하다고 본 것은, 증거의 분석 과정에 과학적 근거가 없어 객관적으로 수긍하기 어려운 점이 있다. 따라서 '강판 끼어있음 사진'으로 이 사건 사고 발생 당시부터 이 사건 강판조각이 이 사건 철제구조물에 끼어 있었다는 사실이 증명되었다고 할 수는 없다. 또한 이 사건 강판조각이 이 사건 보강용 강판의 일부임을 증명하는 증거로는 감정인 공소외 1이 작성한 위 감정서의 감정결과가 있지만, 위 감정결과는 이 사건 강판조각의 일부 파단면을 이 사건 보강용 강판의 파단면에 비교하여 보거나 이 사건 강판조각과 이 사건 보강용 강판을 두들겨 펴서 상호 크기를 비교하는 육안 관찰의 방법에 따른 것일 뿐, 양자의 성분 비교 등 상고이유에서 주장하는 과학적 분석과정을 전혀 거치지 아니한 것임이 기록상 명백하다. 따라서 위 감정결과 역시 그 대상인 증거의 분석 과정에 수긍할 만한 과학적 근거가 부족하다고 하지 않을 수 없다. 나아가 이 사건 차량 우측면의 긁힌 흔적에 묻은 적색 페인트가 이 사건 철제구조물에 도색된 페인트와 같은 페인트이므로 부수적으로나마 1차 사고의 발생에 대한 근거가 될 수 있다고 본 원심판단을 뒷받침하는 증거로는, 감정인 공소외 1이 작성한 위 감정서의 감정결과가 있다. 그러나 기록에 의하면, 그 감정결과에 적외선 흡수 스펙트럼 실험 결과가 첨부되어 있지도 않아 어떤 근거에서 이 사건 차량에 묻은 페인트와 이 사건 철제구조물에 도색된 페인트의 적외선 스펙트럼 결과가 유사하다고 판단한 것인지 알 방법이 없다."

3) 대법원 2014.02.13. 선고 2013도9605 판결, "어떠한 과학적 분석기법을 사용하여 제출된 것으로서 공소사실을 뒷받침하는 1차적 증거방법 자체에 오류가 발생할 가능성이 내포되어 있고, 그와 동일한 분석기법에 의하여 제출된 2차적 증거방법이 공소사실과 배치되는 소극적 사실을 뒷받침하고 있는 경우, 법원은 각 증거방법에 따른 분석 대상물과 분석 주체, 분석 절차와 방법 등의 동일 여부, 내포된 오류가능성의 정도, 달라진 분석결과가 일정한 방향성을 가지는지 여부, 상반된 분석결과가 나타난 이유의 합리성 유무 등에 관하여 면밀한 심리를 거쳐 각 증거방법의 증명력을 판단하여야 한다. 이때 각 분석결과 사이의 차이점이 합리적인 의심 없이 해명될 수 있고 1차적 증거방법에 따른 결과의 오류가능성이 무시할 정도로 극소하다는 점이 검증된다면 공소사실을 뒷받침하는 1차적 증거방법만을 취신하더라도 그것이 자유심증주의의 한계를 벗어났다고 할 수는 없을 것이나, 그에 이르지 못한 경우라면 그 중 공소사실을 뒷받침하는 증거방법만을 섣불리 취신하거나 이와 상반되는 증거방법의 증명력을 가볍게 배척하여서는 아니된다."

되고, 쟁점판단의 안정성이 낮아지게 되어 결국 오판요인이 될 수 있다. 특히 점차 과학적 증거에 대한 의존도가 높아지는 현실을 비추어 볼 때, 과학적 증거의 증명력을 형식적으로 낮게 평가한다는 것은 오히려 신빙성이 낮은 목격진술이나 자백 등 진술증거에 의존하는 결과를 야기하게 된다.

넷째, 감정보고에 사용되는 용어나 표현에 주의를 기울일 필요가 있다. 가령, DNA 분석결과에 수반하여 통계적 평가가 보고되는 예가 있는데, 가령 피고인과 범인의 프로파일이 일치할 확률은 99.99%라고 보고한다면, 이는 일반인의 시각으로는 피고인이 사실상 범인이라는 것을 단정하는 결론으로 받아들이게 된다. 즉, 확률적 평가가 보고하고자 하는 과학적으로 정확한 의미와 다른 의미로 받아들일 위험이 있다는 것이다. 특히 이러한 문제점은 국민참여재판에서 부각될 수 있는데, 공판전 준비절차를 통해 감정보고의 언어사용이나 표현에 대해서 사전에 충분히 검토할 필요가 있다.

제2절 감정인에 대한 신문

감정인이 특정 학술분야 등에서 일반인에게는 없는 전문지식을 갖는 점에서 일반적인 증인과 차이가 있으며, 대다수 감정인이 연구논문의 발표 등을 통해 관련 학술분야에서 상당 시간 동안 훈련을 받아 왔기 때문에 관련 분야에 대한 전문성이 떨어지는 법원, 기타 소송관계인의 신문에 의해 그 진술내용을 탄핵하는 것은 극히 곤란하다. 따라서 감정인에 대한 신문에는 상당한 준비기간을 통해 그 전문분야에 대한 지식의 습득, 배경하는 학설, 원리, 분석기술의 문제점이나 미해결된 연구과제 등에 충분한 이해가 요구된다. 철저한 준비가 없는 감정인 신문은 오히려 공판정에서 감정인 진술의 신빙성을 높여주는 등으로 신문자의 의도와는 전혀 다른 효과를 가져올 수도 있다.

통상 감정인에 대한 신문에 있어서 준비하여야 할 세부사항을 예시하자면, 먼저 당해 전문분야에 대한 지식습득 외에 감정인의 전문분야에 있어서 능력, 역량에 관한 배경조사와 검토가 필요하다. 가령, 감정인이 기존에 발표한 논문, 업적, 과거 감정경력 등에 관한 자료를 수집하고 구체적 사안에서 감정인에게 어느 정도의 감정능력이 있는지를 파악할 필요가 있다. 이 경우 동일한 분야의 여타 전문가의 의견을 청취하는 것이 바람직하다. 다만, 새로운 분석기술과 관련하거나 감정인이 신진학자라는 점에서 감정경험이나 연구경력이 부족한 것을 소재로 감정능력의 저평가하려는 시도는 오히려 위험하다.

아울러, 감정대상인 시료 등의 적격성에 대한 검토도 필요한데, 가령, 시료의 혼동, 오염가능성 등에 유의하여 살펴볼 필요가 있다. 기타 감정에 기초한 이론이나 분석기술의 신뢰성에 대한 조사 및 검토, 구체적 사례에서 감정인이 사용한 분석절차와 관련하여 표준적 분석절차가 기확립되어 있는지 나아가 이를 준수하였는지 여부 등에 대한 조사가 필요하다. 또한 분석결과로부터 결론에 이르기까지 감정인 추론과정이나 해석의 합리성에 대한 사전검토 역시 필요하다. 이러한 사전준비 및 검토사항에 기초하여 신문자는 신문사항을 사전에 메모하는 것은 물론이고, 무엇보다도 신문의 포인트를 정확히 파악하여 법관, 기타 소송관계인 등이 이해하기 쉽도록 표현 등에 주의를 기울여야 할 것이다. 부가적으로, 이러한 신문준비의 목적은 감정결과의 문제점을 명확히 파악하여 이를 법관, 기타 소송관계인이 이해하기 쉽게 전달하고자 함에 있는 것이지 신문자 자신의 연구 성과를 노출하는 것은 아니라는 점에 유의하여야 한다.

아울러 신문 시에 감정인은 통상 자신의 전문분야에서 소송관계인 가운데 누구보다도 전문성을 갖고 있는 자라는 점을 분명히 기억하고, 신문자는 그에 상응한 표현, 태도 등으로 최대한 정중하게 신문하여야 한다. 이러한 배려가 결여된 경우, 감정인으로부터 불필요한 반감을 야기하여 결코 바람직하지 않은 결과를 가져올 수도 있다. 또한 특별히 성공할 확신이 없다면 감정인과 학술적인 논쟁이나 논의를 하는 것은 가급적 회피하여야 한다. 아무리 철저한 준비를 하였더라도 감정인의 전문성을 넘어서는 것은 극히 불가능하다. 마지막으로 법관, 기타 소송관계인이 이해하기 쉬운 신문이 되도록 전문용어, 개념정의 등에 유의할 필요가 있다.[4]

---

4) 山室惠, 刑事訊問技術 改訂版(東京 ぎょうせい, 2013), 175－179頁.

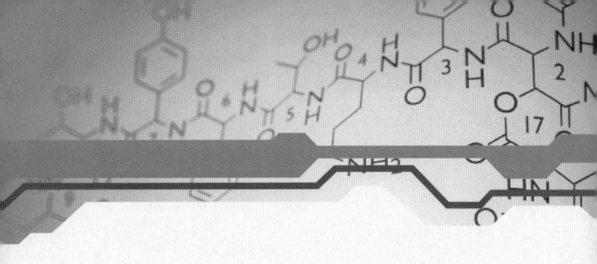

제 2 부

개 인 식 별

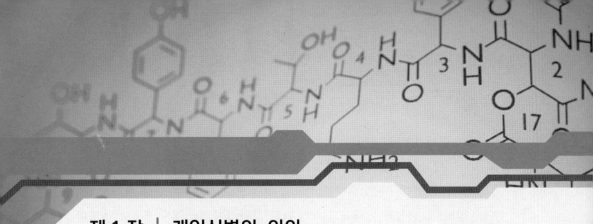

제 1 장 | 개인식별의 의의

제 1 절　개인식별(법)의 개념과 발전과정

　개인식별(personal identification)은 신원불명의 사체나 생체 등으로부터 채득한 각종 자료를 실종자 등 신원확인대상자의 자료와 비교 평가하여 동일 여부를 확인하는 과정을 의미하는데, 범인과 피의자, 피고인 간의 동일인 여부 판단을 특별히 범인식별(criminal identification)로 지칭하기도 한다.[1] 개인식별법은 이러한 개인식별과정에 활용되는 기법을 통칭한다.

　개인식별은 일상생활에서 거래관계 안전과 확실성의 확보라는 측면 외에도 조세, 병역관리, 형사사법 등 국가행정 및 사법작용의 기초를 형성하는 점에서 과거부터 매우 중요한 문제로 인식되어 왔고, 이에 동서양을 막론하고 다양한 개인식별법을 고안, 활용하였다. 그러나 현대에 있어서 개인식별법은 단순히 신원확인 등 법률관계의 기초형성이라는 기능만 수행하는 것은 아니고 미국의

---

1) 우상덕, 법의학(서울: 최신의학사, 1988), 197면; 인체에서 유래하는 지문, 혈흔, 기타 체액반 등이 특정 인물에 귀속하는가, 아니면 특정 인물에 귀속하지 않는가의 여부를 결정하기 위한 일련의 법과학적 평가를 개인식별이라 하고, 대체로 후자에 비하여 전자의 경우가 보다 신중한 판단이 요구된다고 한다. 瀬田季茂, "法科學における個人識別" 警察學論集 第44卷 第2号, 1999. 1, 3頁.

9·11 테러사건이나 동일본 지진해일사건과 같이 대규모 재난, 재해사건, 전쟁 등에서 대량 사상자발생 시, 사상자의 신원확인 등에서 중요한 기능을 수행한다.

중세 및 근대 이전, 인구도 작고 교통통신수단도 미비하여 개인의 활동범위도 한정되고, 상업적 거래규모나 범위도 제한적이어서 유동인구도 적었던 시기에는 낙형법(烙刑法), 삭발(decalvation, baldening)이나, 소설 주홍글씨에서 묘사된 깃과 같은 낙인(branding) 등 일종의 형벌적 성격(도편추방, ostracism)도 내포한 개인식별법이 활용된 바도 있지만, 통상 용모, 언어, 신분, 행동이나 습관 등에 대한 인간의 기억에 기초한 소박한 개인식별법으로 충분하였고, 국가행정 및 형사사법제도도 정비되지 않았으므로 보다 정교한 개인식별법에 대한 필요성을 인식하지 못하였다.[2]

그러나 근대 산업혁명기 이후 사회적 변화와 함께 이러한 상황은 달라지기 시작한다. 생산력의 증대와 더불어 인구가 증가하고, 산업화·도시화와 상업 및 통상규모 등의 발전에 따라 개인의 활동영역 확대에 따라 유동인구도 증가한 바, 프랑스 혁명 이후 유럽의 각국은 정치적 변혁기 가운데 적대국의 스파이활동에 대한 대처 및 유동인구 통제와 더불어 근대적 행정제도 및 형사사법제도의 구축에 관심을 갖게 됨으로써 보다 정교한 개인식별법의 필요성을 느끼게 되었는데 1792년 프랑스에서 최초로 passport(현재의 여권과 같은 공적 신분증제도)가 최초로 고안하게 된 배경도 여기에 있다.

나아가 18세기 산업혁명기 이후 대부분의 서구유럽국가가 경험하게 되는 인구의 도시집중과 범죄의 증가, 특히 높은 재범률은 소위 상습범죄자에 대한 관심이 고조됨에 따라 기존 Becarria류의 고전주의적 범죄이론 및 형사사법제도

---

2) 16세기 프랑스에서 있었던 마르탱 게르(Martin Guerre) 사건은 용모, 언어 등에 대한 타인의 기억에 바탕을 둔 개인식별의 어려움을 잘 보여준 사례라 하겠다. 집을 떠난 지 8년만에 돌아와, 자신을 '마르탱 게르'로 자칭하는데, 재산상속 등의 문제와 관련하여 이는 법적 분쟁으로까지 비화되었다. 장시간에 걸친 재판과정에서 150여명의 증인이 마르탱 게르임을 확인하기 위해 증언하였으나, 결국 절름발이가 된 실제 마르탱 게르가 나타나게 되고, 마르탱 게르임을 자처한 자는 '아르노 뒤 틸'이라는 사기꾼임이 밝혀지게 되었다. 프랑스 톨루즈 고등법원의 한 재판을 기록한 장 드 코라스의 '잊을 수 없는 판결'에 기초한 이 사건은 극적인 전개와 중세 프랑스 농촌지역의 생활상이나 당시의 여성관 등을 잘 보여주고 있어, Natalie Zeman Davis의 소설이나 제라 드 빠르듀가 주연한 "마르탱 게르의 귀향"이라는 영화로도 제작되었다. Natalie Zeman Davis(양희영 역), 마르탱 게르의 귀향(서울 : 지식의 풍경, 2000); https://en.wikipedia.org/?title=Martin_Guerre.

에 대한 개선의 필요성을 제기하게 되었다. 즉, 과학적 발견, 발명의 시대와 함께 Lombroso 등의 범죄생물학이나 범죄인류학으로 대표되는 실증주의적 범죄이론의 등장은 특별예방적 사고와 연결되어 범죄자 분류와 누범, 상습범에 대한 특별한 제재수단을 고안하면서 형사사법제도에 대한 개선을 시도하게 되었다. 이에 따라, 상습적 범죄자를 식별하기 위하여 그 전제로서 보다 정교한 개인식별법의 필요성이 부각되고, 극히 초보적이지만 형식적 개인식별법의 한 형태인 서면기록에 의한 범죄자 신원확인 및 기록제도를 갖추게 되었다. 예를 들어, 1797년 뉴욕 그리니치빌리지의 뉴게이트 교도소(newgate prison)에서는 1803년에 이르기까지 이름, 생년월일, 머리색, 신장, 출신지, 유죄판결이 확정된 법정의 판사 등을 서면으로 기록하여 재소자를 관리하였고, 비슷한 시기에 기결수의 등록제도(registaration system for the convicted)를 필라델피아의 펜실베이니아 교도소(pennsylvania penitentiary) 등에서 활용하게 되었다.

그러나 위와 같은 서면기록에 의한 형식적 개인식별법은 기록의 멸실이나 위변조, 오기 등에 따른 식별력의 한계가 있어 보다 정교한 개인식별법의 필요성이 대두되었다. 이에 따라, 1800년대 중반 이미 보편화되기 시작한 사진기술의 도입과 함께 범죄자의 신체적 특징을 중심으로 연구를 시도한 범죄생물학 및 범죄인류학적 관심과 연구 성과에 기초하여 인간의 신체적 특징을 기초로 과학적이고 계량적인 수단을 통한 보다 정밀한 개인식별법 즉 실질적 개인식별법이 고안되었는데, 이것이 추리소설인 셜록 홈즈 시리즈에서도 묘사된 바 있는 베르티옹식 신체측정법(bertillionage, bertillion system of criminal Identification)이다(그림 1-1 참조).[3]

---

3) 1880년경 프랑스 경찰청의 알폰즈 베르티옹(Alphonse Bertillon) 및 그의 부친인 Dr. Louis Adolph Bertillon에 의하여 고안된 개인식별법으로서, 머리, 손, 발, 얼굴윤곽, 신장, 몸무게 등 11가지 신체부위의 계측에 바탕을 두고, 인간을 크게 3가지 범주로 구분한 뒤, 통계적 방법에 의하여 이들 신체부위에 대한 계측치의 차이에 따라 개인식별을 행하는 방법이다. 프랑스, 영국, 독일, 미국 및 남미국가 등 대부분의 국가에서 이전의 사진법이나 Annual Alphabetical register 등에 비교할 때, 인류학, 통계학 등에 기초한 과학적 개인식별법으로 광범위하게 보급되어, 20세기 초까지 활용되었다. 그러나 지문법의 도입과 1901년 미국의 Leavenworth Prison에서 발생한 Will West 사례 등에서 보듯이 Bertillon system의 부정확성이 입증된 다수 사례에서 의하여 그 비과학성이 입증되어 곧 사라지게 되었다. Michael Mears & Therese M. Day, "The Challenge of Fingerprint Comparison Opinions in the Defense of Criminally charged Client", Georgia State University Law Review 19, Spring.

사진이나 베르티옹식 신체측정법은 인간의 기억이나 서면기록 등에 의한 이전 형식적 개인식별법에 비교하면 보다 정교하고 체계적인 개인식별법으로 볼 수도 있겠지만, 복잡한 체계로 실물적 활용이 불편한 것은 물론, 결정적으로 완벽한 식별력도 제공할 수 없음에서 일정한 한계를 가질 수밖에 없었다(그림 1-2 참조).

그림 1-1 | 베르티옹식 신체측정법의 활용 예

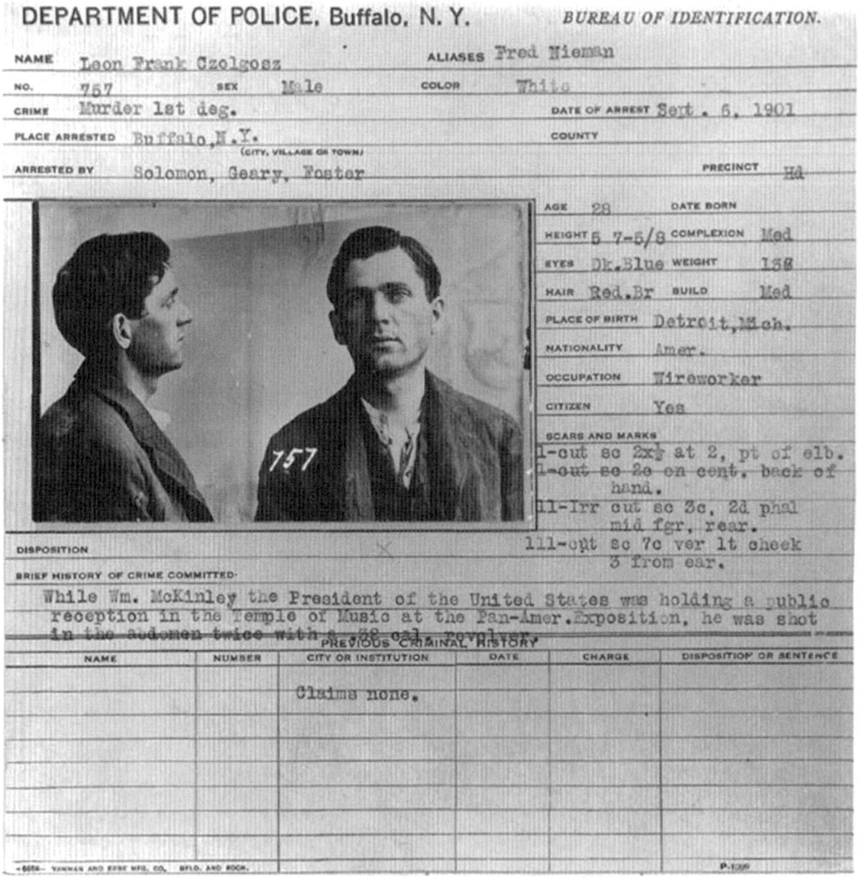

DEPARTMENT OF POLICE, Buffalo, N. Y.   *BUREAU OF IDENTIFICATION.*

NAME   Leon Frank Czolgosz   ALIASES Fred Nieman
NO.   757   SEX   Male   COLOR   White
CRIME   Murder 1st deg.   DATE OF ARREST Sept. 6, 1901
PLACE ARRESTED   Buffalo, N.Y.   COUNTY
                (CITY, VILLAGE OR TOWN)
ARRESTED BY   Solomon, Geary, Foster   PRECINCT   Hd

AGE   28   DATE BORN
HEIGHT 5 7-5/8 COMPLEXION Med
EYES   Dk.Blue WEIGHT   138
HAIR   Red.Br BUILD   Med
PLACE OF BIRTH Detroit,Mich.
NATIONALITY   Amer.
OCCUPATION   Wireworker
CITIZEN   Yes
SCARS AND MARKS
1-cut sc 2x½ at 2, pt of elb.
1-cut sc 2c on cent. back of
hand.
11-Irr cut sc 3c, 2d phal
mid fgr, rear.
111-cut sc 7c ver lt cheek
3 from ear.

DISPOSITION
BRIEF HISTORY OF CRIME COMMITTED:
While Wm. McKinley the President of the United States was holding a public reception in the Temple of Music at the Pan-Amer.Exposition, he was shot in the abdomen twice with a 38 cal. revolver

PREVIOUS CRIMINAL HISTORY
NAME | NUMBER | CITY OR INSTITUTION | DATE | CHARGE | DISPOSITION OR SENTENCE

Claims none.

2003, p. 712; Simon A. Cole, Suspect Identities —A History of Fingerprinting and Criminal Identification(Cambridge, Massachusettes: Harvard, 2001), pp. 32—59, 140—146.

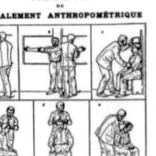

Bertillonage metrics

1. Height
2. Stretch:Length of body from left shoulder to right middle finger when arm is raised
3. Bust:Length of torso from head to seat, taken when seated
4. Length of head:Crown to forehead
5. Width of head:Temple to temple
6. Length of right ear
7. Length of left foot
8. Length of left middle finger
9. Length of left cubit:Elbow to tip of middle finger
10. Width of cheeks

그림 1-2   베르티옹식 신체측정법의 한계[4]

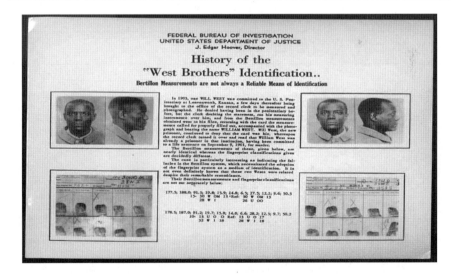

---

4) 베르티옹식 신체측정법의 한계와 관련하여 Will West 및 William West 사례와 관련한 보다 자세한 내용은 http://www.nleomf.org/museum/news/newsletters/online – insider/november – 2011/bertillon – system – criminal – identification.html?referrer = https://www.google.co.kr/ 참조.

그러나 형사사법절차에서 활용되었던 초기의 개인식별법은 이후 발전을 계속하여 1800년대 후반에는 현재도 보편적으로 사용되는 지문법(fingerprint)이 보급되면서 베르티옹식 신체측정법을 대체하게 되었다. 이후 유전학, 분자생물학 등의 발전을 배경으로 1980년대 후반에는 DNA profiling(DNA typing) 기법이 도입되면서, 개인식별분야 뿐만이 아니라 범죄수사기법을 획기적으로 전환시키는 계기가 되었고, 최근에는 안면인식, 홍채나 망막, 지장문, 음성 등 다양한 생체인식기법(biometrics)이 활용되면서, 형사사법분야 뿐만 아니라 군사작전, 보안산업(security) 등으로 응용범위가 확장되어 가고 있다.

결론적으로 근대 이후, 개인식별법은 ① 범죄생물학, 범죄인류학 등 실증주의 범죄학의 등장, ② 상습적 범죄자에 주안을 둔 범죄인의 분류체계와 다양한 처우수단을 연계시킨 형사사법제도의 구상과 제도화, ③ 의학, 생물학, 유전학 등에 기초한 과학적 분석기법의 발전을 배경으로 하여, ④ 보다 정교한 개인식별법의 필요성에 대한 인식과 사회적 요구에 기안하여 발전되어 온 것으로 평가할 수 있다.

제 2 절   개인식별(법)의 유형

개인식별법은 식별수단에 따라서 형식적, 실질적 개인식별법으로 분류하거나, 식별형태에 따라서 적극적, 소극적 개인식별법으로 구분할 수 있다.

1. 형식적·실질적 개인식별법

일반적으로 활용되는 개인식별법은 식별수단에 따라서 ① 형식적 식별법과 ② 실질적 또는 실체적 식별법으로 구분된다.[5] 전자의 예로 주민등록증, 운전면허증, 여권, 각종 신분증명서(ID cards) 등과 같은 제 증명문서에 의한 개인식별을 들 수 있다.

---

5) 김진대, 지문감식(서울 : 연합출판사, 1964), 23-25면.

반면 후자는 1700년대 후반까지 서구 유럽사회에서도 형벌적 속성과 함께 범죄자의 신체에 인위적 흔적(scar)을 남겨, 개인식별에 활용한 바 있는 낙형법(烙刑法)이나, 사진과 더불어 1900년대 초까지 유럽 및 영미 등 대부분 국가의 경찰기관에서 활용된 베르티옹식 신체측정법이나 이후 고안된 지문법은 물론 현재 가장 주목받고 있는 DNA profiling 등을 들 수 있다.

주의하여야 할 점은, 실질적 개인식별법 가운데 지문법과 관련하여 흔히 사용되는 '만인부동(萬人不同)', '종생불변(終生不變)'이란 표현에서 알 수 있듯이, 각 식별표지가 충분한 ① 다형성(多形性, polymorphism, uniqueness)과 ② 항상성(恒常性, persistency)의 요소를 갖추고 있을 때, 개인식별법으로서 완전한 기능을 발휘할 수 있다.

2. 적극적 · 소극적 개인식별법

개인식별의 목적, 기능 등 식별형태에 따라서 적극적(positive identification) 또는 소극적(negative identification) 개인식별법으로 구분할 수도 있다. 적극적 개인식별법은 동일성 식별대상이 되는 두 개체를 적극적으로 동일한 것으로 판정하는 형태로 식별목적을 달성하는 경우를 의미한다. 반면, 소극적 개인식별은 소극적으로 양자의 동일성을 부정함으로써 식별의 목적으로 달성하는 경우이다. 이러한 구분은 각 개인식별법이 갖는 식별력에 근거한 것으로, 충분한 식별력을 갖는 경우 즉, 긍정오류(false positive)가 최소화된 개인식별법은 적극적 개인식별의 형태로 활용할 수 있지만, 반대로 긍정오류가 빈번히 발생하는 기법이라면 소극적 개인식별에 한정한 활용방식을 고려할 수 있다.

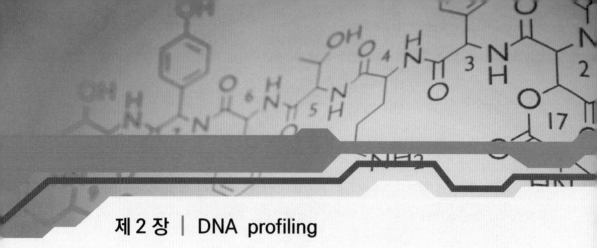

제 2 장 | DNA profiling

제 1 절　DNA profiling에 대한 이론적 기초[1]

1. DNA 및 DNA profiling의 개념

유전이란 선조의 생물학적 특징(유전형질)이 후손에게서 관찰되는 현상으로, 이러한 유전현상 내지 메커니즘을 담당하는 요소를 유전물질 또는 유전자라 한다. DNA(deoxyribonucleic acid)가 유전현상의 본체로 확인된 것은 1953년 James Watson과 Francis Click이 DNA의 이중나선구조 등을 해명하게 된 시점부터다.

DNA는 생명체의 기본적 구성단위(분자)로, 염기, 당, 인산의 3요소로 구성된 화학적 단량체(뉴클레오타이드, nucleotide, Nt)이다. DNA 분자와 그 구성단위가 어떻게 구조화되어 있는지 살펴보기 위하여, 먼저 염색체(chromosomes), 유전자(genes), 뉴클레오타이드(nucleotide), 염기쌍(base pair) 등 생물학, 분자생물학

---

1) Paul C. Giannelli, Edeward J. Imwinkelried, Andrea Roth, Jane Campbell Moriarty, Scientific Evidence Volume 2, 5th edt.(C.A.: LecixNexis, 2012), pp. 14-116; Norah Rudin & Keith Inman, an Introduction to Forensic DNA Anlysis 2nd edt.(N.Y.: CRC press, 2002), pp. 33-156; 安井亞希子(譯) F. B. Huyghe, DNAと犯罪搜査 －各國の現像とデータベースの發展－(東京 : 白水社, 2011), 12-60頁.

적 용어에 대한 이해가 필요하다.

인간의 DNA는 대부분 세포핵 내, 염색체에 존재하는데, 막대기 형의 구조로 DNA, RNA 그리고 단백질로 구성되어 있다. 인간은 22쌍의 상염색체(nonsexual or autosomal chromosomes) 그리고 2쌍의 성염색체(sex chromosomes)를 갖는다. 상염색체는 크기가 작아지는 순으로 1부터 22까지의 일련 숫자가 부여되고, 인간 염색체의 절반은 아버지의 정자(sperm)로부터 유래하는 반면 나머지 절반은 어머니 난자로부터 유래한다. 앞서 언급한 DNA의 이중나선구조(twisted DNA double spiral or helix)를 나선계단이나 엮여진 줄사다리에 비유하기도 하는데, DNA의 나선구조는 6~9피트 정도 길이의 분자로 세포핵 내에서 발견된다(그림 2-1 참조).

유전자(genes)는 염색체에 위치하고 있다. 대략 23,000개의 유전자가 존재하는데, 각 유전자는 효소를 만드는 것과 같이 각 세포의 기능을 통제하기 위한 지시정보를 담고 있다. 유전자는 염색체상에 일련의 뉴클레오타이드 기반 집합체(nucleotide base pair)로 그 길이는 수천 내지 수십만 개의 뉴클레오타이드 집합체에 달하며 나선형 구조를 띄며 결합되어 있다.

이러한 나선형 구조는 종종 측면과 가로발판을 갖고 있는 사다리에 비유되는데, 사다리의 측면에 해당하는 부분(strand)은 당 및 인산염 변환분자(alternating molecules)로 구성된다. 아울러 유기염기가 수소결합에 의해 가로발판에 해당하는 부분(rungs)을 형성하고 있다. 뉴클레오타이드는 5탄당 디옥시리보즈(five-sugar carbon deoxyribose), 인산염 그룹(phosphate group), 유기질소성염기(organic nitrogenous base)로 구성된다. 여기서 4개의 유기염기는 아데닌(adenine, A), 티민(thymine, T), 사이토신(cytosine, C), 구아닌(guanine, G)을 지칭한다. 사다리의 각 가로 발판은 2개(한 쌍)의 염기로 구성되고 일정한 결합규칙에 따라 A는 T, G는 C의 형태로 1개 쌍을 형성하고, 각 조합은 염기쌍(base pair)으로 불린다.

대략 3백만 개의 염기쌍이 46개의 염색체를 형성하는데, 유전체(genome)의 염기쌍 가운데 75% 정도는 유전적 기능을 수행하지 않는 부분(extragenic)에 해당한다. 대부분 염기쌍의 배열순서는 모든 인간에게서 공통하여 99.9% 이상에서 동일한 배열순서가 확인된다. 그러나 전체적인 배열순서는 각 개인별로 다른데, 약 하나의 DNA 분자 내에 30억 개의 염기쌍이 존재하고, 이 가운데 약 300만 개의 염기쌍이 각기 구별되는 정도로 볼 수 있다. 바로 이러한 차이가 다양한 형태, 변형 내지 유전형질을 만들게 되는 것이다. 특정 좌위에서 각 개인의 DNA는 분명히 단일하다고 할 수 없는데, 전체적으로 보아 (일란성 쌍둥이의 경우를 제외하고) 각 개인의 염기쌍은 독특한 형태(배열순서)를 갖는다. 결국 이러한 나선형 구조상의 염기배열 순서가 각 개인의 유전정보(genetic code)를 결정하게 된다. 따라서 일정한 유전자에 있어서 염기쌍 또는 그 일련의 배열순서가 유전정보를 코드화하고 머릿결이나 색상 등과 같이 개체 간 구별되는 특성을 유발하게 되는 것이다. DNA의 나선형 구조에 따라 개체 간 특성과 관련하는 염기배열 부분은 흔히 junk DNA라는 유전정보를 담고 있지 않은 부분(spacer noncoding DNA)과 분리되어 있다. 법과학적 개인 식별에 사용되는 DNA 염기배열은 유전자 사이 또는 유전자 내의 비기능지역에 위치한다.[2]

기존에 흔히 human genome으로 지칭되는 전체 DNA 나선구조의 지도를 작성하는 프로그램이 진행 중인데, 부분적 형태라도 genome 지도의 작성은 질병의 발병빈도나 유전적 특성의 발현가능성에 대한 예측과 진단 등을 가능하게 함으로써, 의학적 응용에서 매우 중요한 의미를 갖는다. 가령, 나선구조의 특정 좌위에 일련의 염기배열이 해당 개인에게 어떤 질병의 유발가능성을 예측할 수 있다는 점을 가정해 볼 수 있기 때문이다. 장래에는, 의료인이 유아기에 이미 발병가능성 등을 예측한다면, 실제 관련 징후가 나타나기 전에 예방적 치료와 처치가 가능하게 될 것이다. 더 나아가 자궁 내의 태아단계에서도 이러한 진단과 치료가 가능하게 될 수도 있다. 아울러 법과학적 개인식별에서도 이는 중요한 의미를 갖는데, 염기쌍 배열에서 확인되는 개체 간 차이(다형성, polymorphism)를 이용한 것이 바로 DNA profiling이다.

한편, 극히 드문 사례지만, 단일 신체 내에 2개의 분리되고 독특한 DNA를 갖는 자(chimera)도 있다. 이러한 현상은 자궁 내의 배아단계에서의 혼합으로부터 발생하는데, 이러한 현상은 특정인의 개인식별을 위한 DNA 분석기법의 활용을 더욱 복잡하게 만드는 요인이 될 수도 있다.[3]

---

2) People v. Buza, 197 Cal. App. 4th 1424, 129 Cal. Rptr. 3d 753, modified, 2011 Cal. App. LEXIS 1149(Cal. App. Aug. 31, 2011); Starras, "What Hath DNA Wrought", 35 Sci. Sleuthing Rev. 1, Spr. 2011, p. 3.

　　DNA도 몇 가지 유형이 있는데, 법과학적 개인식별에 가장 보편적으로 활용되는 것은 세포핵(nuclear) DNA이다. 모든 사람의 세포 －혈액세포, 정액 그리고 구강세포 등－ 는 genomic DNA를 지닌 세포핵을 갖고 있다. 이러한 DNA는 대변 등 배설물, 태반, 소변자국, 모근 주위의 세포물질 등 다양한 곳에서 발견될 수 있다. 또한 뼈, 골수, 척수나 척수 경막, 땀, 콧물, 치아 등에서도 발견된다. 특정 세포는 신체 내에서 특정 기능을 수행하는 데 필요한 유전정보만을 포함하는 예도 있지만, 통상 핵을 포함한 각 세포는 전체 유전정보를 내포하고 있다(적혈구 세포의 경우 핵을 포함하고 있지 않기 때문에 DNA가 추출될 수 없다). DNA는 매우 내구성이 높다. 즉, 치아, 비듬, 손톱, 지문, 유골 등에서 획득될 수 있는데, 탄화된 잔존물에도 남아있는 예도 있다. 아울러, 신체적 접촉 등을 통해 DNA가 유류될 수 있기 때문에 먼지나 일상 가정용품 등 다양한 경로를 통해 획득 가능하다.

> **그림 2-1**　　세포핵 DNA

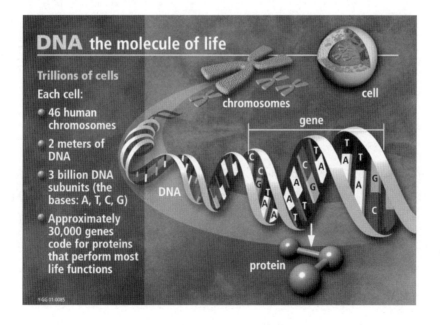

---

3) Catherine Arcabascio, "Chimeras : Double the DNA －Double the Fun for Crime Scene Investigators, prosecutors and Defense Attorney?" 40 Arkon L. Rev. 435, 2007, p. 437.

한편, 세포핵 외부의 미토콘드리아(mitochondrion)에서도 DNA가 확인되는데, 이를 미토콘드리아 DNA(mitochondrial DNA, mtDNA)라고 한다(그림 2-2). 미토콘드리아 DNA도 분석 가능하다. mtDNA는 세포핵 주위의 에너지 생성물질(세포기관)에서 발견되는데, 어머니의 난자세포에서 유래한다. 각 개인은 그의 어머니로부터 mtDNA를 물려받게 된다. 즉, 통상 세포핵 DNA가 양친으로부터 유래하는 것에 비교하여, 어머니로부터만 mtDNA가 그 자손에게 전달되고, 각 자손은 어머니의 mtDNA를 전달받는 것이다. 미토콘드리아는 주세포(host cell)로부터 산소와 영양분, 기타 보호를 받는데, 그 반대로 제공받은 영양분을 주세포가 활용할 수 있는 화학적 에너지로 전환시키는 역할을 한다.

mtDNA는 세포핵 DNA와는 차이가 있는데 우선, 세포핵 DNA는 30억 개 정도의 염기쌍을 갖고 있는 반면, mtDNA는 그보다는 훨씬 적은 수인 16,569개의 뉴클레오타이드 염기(neucleotide base)를 갖는다. 또한 mtDNA는 본질적으로 단일 유전좌위에 하나의 염기배열만을 갖고 있기 때문에, 세포핵 DNA와 달리 우연적 일치 가능성(random match probability, RMP)에 대한 통계적 검증을 위한 확률적 계산(multiplication 또는 products rule)이 활용될 수 없다. 따라서 통상적인 사례에서, mtDNA는 세포핵 DNA처럼 독립적으로 개인 식별에 활용될 수 없다. 나아가 돌연변이 발현속도가 훨씬 높다는 점도 특징으로 들 수 있다.

인간은 mtDNA 염기배열이 시간적 경과 및 개체 간에 따라 달라질 수 있다는 이종조직성(heteroplasmy)으로 알려진 현상을 경험하게 된다. mtDNA는 직선형태인 세포핵 DNA와 달리, mtDNA는 환 형태를 띠고 있다. 이러한 환형 구조가 mtDNA를 더욱 견고하고 내구성 높게 만드는데, 이로 인하여 세포핵 DNA가 지나치게 손상되거나 부패하여 분석이 불가능한 경우에 mtDNA분석에 활용될 수 있다. 예를 들어, 세포핵을 지닌 조직이나 모근부분이 포함되지 않은 상태로 탈락된 머리카락의 경우, 세포핵 DNA 분석은 불가능하지만, mtDNA 분석은 가능할 수 있다.[4]

법과학적 목적으로 최근 mtDNA의 활용과 관련하여 연구가 진행되는 것은 물

---

4) Terry Melton, Gloria Domick, Bonnie Higgins, Lynn Lindstrom & Kimberlyn Nelson, "Forensic Mitochondrial DNA Analysis of 691 casework Hairs", 50 J. Forensic Sci. 73(2005).

론 실무사례에서 활용되고 있는데, 대부분은 mtDNA의 과변이지역 1(Hypervariables – 1, HV – 1), 과변이지역2(Hypervariables – 2, HV – 2)에 집중하고 있다. 각각의 지역은 대략 300개 정도의 코드부호를 갖는 것으로 알려져 있다.

| 그림 2-2 | 미토콘드리아 DNA |

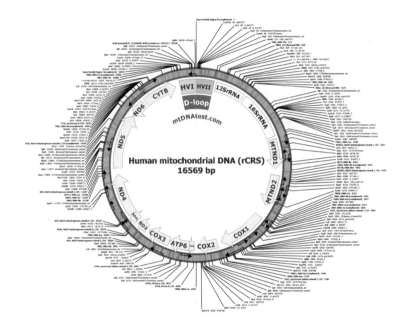

2. DNA profiling 분석기법

최초에 DNA 연구는 주로 의학적 목적에 집중되었는데, 1980년 초반에 들어서면서 앞서 언급한 바와 같이 DNA의 염기배열에 개인 간 다형성이 확인되면 이에 착안하여, DNA 분석기술의 법과학적 응용방법이 시도되었다.

보다 자세한 내용은 뒤에서 설명하겠지만, 현재 법과학적 분석에 주로 사용되는 13개의 genetic marker로 분석된 경우, 비교대상이 된 시료로부터 분석 프로파일이 우연히 일치할 확률(random match probability, RMP)을 1/10의 21제곱으로 파악한 예가 있으며,[5] 최근에는 이보다 희박한 random match probability(가령, 1/10의 27제곱)를 언급하는 연구결과도 일반적이다.

이처럼 DNA profiling은 강력한 개인 식별력을 제공함으로써, 피의자 등의 유죄입증만이 아니라 수사초기 단계에서부터 혐의해소를 가능하게 한다. 미국 National Academy의 NRC(national research council)가 발표한 1992년 보고서 제3장은 FBI가 현재 활용되고 있는 혈청학적 분석을 통해 범죄현장에 수거된 샘플과 일치하는 것으로 파악된 피의자의 약 33%가 DNA형 분석을 통해 혐의가 해소되어 배제되었음을 위원회에 보고된 사례를 소개한 바 있으며, 유죄로 오판된 200건 이상의 사례에서 유죄확정 후 무죄입증을 위한 DNA test(exculpatory DNA tests)를 통해 오판이 입증되어 무죄판결이 확정, 석방된 예도 있다.[6]

DNA profiling의 유용성에 관한 연구보고는 그간 양적 팽창과 함께 질적으로도 지속적 발전이 이루어지고 있는데, 이하에서 대표적 DNA 분석기법을 간단히 살펴보도록 한다.

다만, 1992년 NRC보고서 제3장에서 지적된 바와 같이, 현재 사용되고 있는 모든 DNA 분석기술은 단지 몇몇 (염기배열의) 변이지역만을 분석하고 있음에 유의할 필요가 있다. 인간의 46개 염색체 내에 대략 30억 개의 염기쌍이 존재하는데, 아무리 철저한 분석기법이라도 이 가운데 극히 일부분만을 분석하는 것이다. 이러한 제한점은 비교대상이 된 두 사람이 분석대상이 된 극히 적은 숫자의 유전 좌위에서 일치하는 DNA 패턴(genetic types)을 가질 가능성이 항시 있는데, 분석자들은 비교대상인 프로파일 간 일치결과를 확인하더라도 동일인으로 완벽하게 식별하는 것으로 증언하지 않고, 확률적 판단의 형태로 분석결과에 대한 의견을 제시하는 이유가 여기에 있다.

실무사례에서 활용되는 분석기법은 이른바 3세대 기법으로 분류되는 STRs (short tandem repeats) 분석으로 분석기법의 개발 초기단계에서 활용되던 제한효

---

5) Babara Dodd, "Editional DNA Fingerprinting in Matters of Familiy and Crime", 26 Med. Sci. Law 506, 1986, p. 506; Peter Gill, Alec J. Jeffery & David J. Werrett, "Forensic Applications of DNA Fingerprint", 318 Nature 577, 1985, p. 579; N. McLeod, "English DNA Evidence Held Inadmissble" Crim. L. Rev. August. 1991, p. 583.

6) Paul C. Giannelli, Edeward J. Imwinkelried, Andrea Roth, Jane Campbell Moriarty, Scientific Evidence Volume 2, 5th edt.(C.A.: LecixNexis, 2012), pp. 27−28.

소절편다형성 분석기법(restriction fragment length polymorphism, RFLP)은 다양한 단점을 내포하고 있기 때문에 현재는 거의 활용되고 있지 않다. 그러나 각 분석기법은 이전 세대의 분석기법이 갖는 문제점을 개선, 보완하는 과정에서 도출된 것으로 DNA 분석기법에 대한 이해의 편의를 위해 초기에 개발된 1세대 분석기법인 복합탐침에 의한 제한효소절편다형성 분석(복합탐침법, multi locus RFLP − restriction fragment length polymorphism − testing)부터 시작하여, 단일탐침법(single locus RFLP testing), 중합효소연쇄반응법(polymerase chain reaction, PCR) 그리고 현재 보편적으로 활용되는 STR(short tandem repeats) 등의 순서로 살펴보도록 한다.

　일단 DNA 분석기법은 크게 염기배열순서의 다형성(sequence polymorphisms) 또는 염기배열길이의 다형성(length polymorphism)에 의하는 2가지 방식으로 구분할 수 있다. 전자는 각 개인의 염기배열순서의 변이를 감지하여 개인 식별에 활용하는 것이고, 후자는 염기배열이 일정한 횟수로 반복되고, 그러한 반복횟수가 개체 간, 차이를 갖는 점에 착안한 분석기법이다. 현재 주로 활용되는 세포핵 DNA에 대한 분석기법은 후자에 해당하는데, mtDNA 분석은 염기배열순서 다형성을 활용한 분석기법에 해당한다.

1) 제한효소절편다형성법(Restriction Fragment Length Polymorphism, RFLP)

(1) 복합탐침법(multi Locus Restriction Fragment Length Polymorphism)

　영국의 Alex Jeffrey가 최초로 고안한 1세대 분석기법인 제한효소절편다형성(복합탐침법)은 현재 거의 활용되지 않기 때문에 현실적으로 실무적 의의를 상실하였지만, 이후의 발전과정과 분석기법에 대한 이해에 도움이 된다.[7]

　복합탐침법은 비교적 많은 양의 시료를 필요로 하는데, 일반적으로 비교적

---

7) M. N. Hockmeister, B. Budowle & F. S. Beachtel, "Effects of Presumptive Test Reagents on the Ability to Obtain Restriction Fragment Length Polymorphism(RFLP) Patterns form Human Blood and Semen Strains", 36 J. Forensic Scu. 656, 1991, pp. 656−661; Paul C. Giannelli, Edeward J. Imwinkelried, Andrea Roth, Jane Campbell Moriarty, op. cit., pp. 31−36; Norman Rudin & Keith Inman, An Introduction to Forensic DNA Analysis 2nd edt.(C.A.: CRC press, 2002), pp. 41−42; M. Krawczak & J. Schmidtke, DNA Fingerpinting 2nd edt.(Oxford, U.K. : Bio Scientific Publichers, 1998), pp. 86−87.

보존상태가 양호한 부패되지 않은 상태로 약 1~3마이크로그램의 시료(대략 혈흔
이나 정액흔으로 50원 정도 동전크기)를 필요로 한다(현재는 0.5~2.0나노그램 정도면
충분하다). 분석과정은 보통 「추출(extraction) → 절편화(fragmentation) → 전기영
동(electrophoresis) → 전이(transfer) → 변성 및 혼성(denaturation & hybridization)
→ 자기방사촬영(autoradiography)」의 순서로 진행되고, 최종적으로 일치(match)
여부를 판단하게 된다. 아래 [그림 2−3]은 제한효소절편다형성법에 의한 DNA
분석과정을 도식화한 것이다.

그림 2-3 복합탐침법

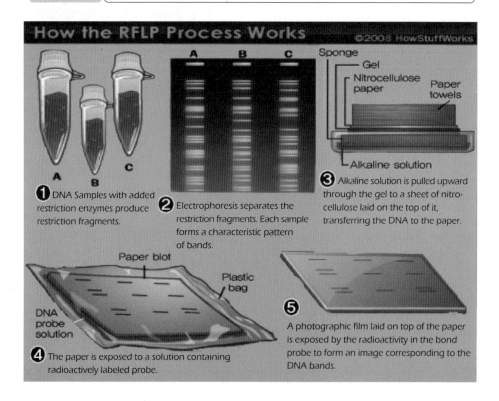

① **추출**(Extraction)

먼저, 확보된 시료에서 DNA를 추출하는 과정이 필요하다.[8] 강간사건 등의

---

8) 샘플로부터 DNA를 분리하는 방법은 ① Chelex가 첨가된 용해제에 샘플을 넣고 가열하면

경우와 같이 다수 사례에서 분석자는 남성과 여성의 혼합시료(mixed sample)를 분석시료로 받는 예가 많은데, 이 경우 남성시료에 존재하는 DNA를 식별하기 전에 혼합시료로부터 분리하여야 한다. 분리를 효과적으로 진행하기 위하여 다양한 세포용해(lysis)기법을 사용할 수 있는데, 먼저 여성의 상피세포로부터 DNA를 분리하기 위하여 약한 세척제를 사용한 뒤, 보다 강력한 세척제로 더욱 단단한 정자세포로부터 DNA를 분리하는 방법으로 진행한다.

② **절편화**(Fragmentation)

시료로부터 DNA를 분리 추출한 후, DNA를 끊어내는 역할을 하는 효소인 제한효소(restriction endonucleases, RE)에 의한 절편화 공정으로 이행한다. REs는 생물학적 가위로도 지칭되는데, 이미 인지된 특정 좌위(반복적 염기배열순서)별로 DNA를 절편화한다. 가령, RE HAE Ⅲ는 GGCC와 같이 특정한 염기배열을 인지할 때에만 DNA를 끊어내게 되는 것이다. HAE Ⅲ는 급성전염성결막염을 야기하는 원인균인 코흐-위크스균(또는 haemophilus aegypticus)으로부터 HAE Ⅲ 유전자를 운반하는 특정박테리아인 E. Coli strain에서 발견된 자연적 부산물로, HAE Ⅲ는 G, C염기 사이의 DNA 사다리구조를 끊어내기 위해 사용될 수 있다(이는 agarose 또는 polyacrylamide 젤을 사용하여 절편화 된 DNA가 이동한 거리를 파악하기 위하여 활용되는 일련의 DNA조각을 의미한다). 테스트가 적절하게 수행되었다면, RE는 매번 동일한 위치에서 동일인의 DNA를 끊어내어, 동일 크기의 절편을 만들게 된다.

제한효소절편다형성(RFLP)의 핵심은 비교대상이 된 2개의 시료로부터 획득한 절편의 길이 파악이다. 서로 다른 사람은 RE에 의하여 절편화 된 부분(restriction site) 간 염기배열수가 다르게 될 것이다. 각 절편은 염기쌍이 짧은 길이의 배열순서로 반복되어 있다(이를 과변이지역 즉, variable number tandem

---

DNA가 분리되고, 다른 물질은 동 화학물질과 결합하여 이를 여과해 순수한 DNA를 추출하는 방법(Chelex Extraction), ② 세포를 분해한 뒤, DNA가 silica column주위에 흡착되어 이를 분리하는 silica column method(QiaAmp Extraction), ③ 강간사건 등의 경우처럼 mixed sample의 경우에 많이 사용되는데, 샘플을 용해제에 투입 후, 가열하여 세포를 해체 DNA를 추출한 뒤, 여기에 다양한 organic solvent를 투입, DNA만을 흡착하여 이를 분리하는 방법(Organic Extraction), ④ 정액세포와 기타의 세포를 분리하여 DNA를 추출하는 방법(Differential Extraction) 등이 있다. Norman Rudin & Keith Inman, op. cit., pp. 65-69.

repeats, VNTRs라고 한다). 특정 염기배열부위는 머리색과 같이 육안으로 확인가 능하거나 또는 인슐린 생산과 같이 확인이 불가능한 개체 간 특성을 결정하는 부분도 있지만, VNTRs는 이러한 기능을 수행하지 않는 염기배열의 반복구간으로 어떠한 유전적 특성도 반영하고 있지 않는 것으로 이해된다. 바로 이러한 이유로, VNTRs는 종종 "junk DNA"로 지칭된다. 특정구간에서 VNTR의 반복횟수는 각 개인별로 다른데, 보통 절편화 된 DNA의 크기는 수백에서 수천 염기쌍에 이르게 되고, 각 절편은 킬로베이스(1000개 단위의 염기를 의미한다. kilobases, kb) 단위로 측정된다.

③ **전기영동**(Electrophoresis)

DNA의 추출 및 제한효소(REs)에 의한 절편화 이후, 각 절편의 분리에 전기영동법이 사용된다. 이러한 절편은 젤리와 같은 겔 상태의 요면장치(indentations 또는 wells)에 위치시키는데, 통상 1%의 agarose 용제로 14cm 정도 길이로 DNA 절편을 위치시킨 후 32볼트의 전압으로 16시간 정도 걸어두게 된다. 전형적인 gel 용기는 대략 5인치 정도의 길이, 4인치 정도의 넓이, 1/4인치 정도의 깊이다.

DNA 자체는 음전하를 띄고 있어 일단 겔에 위치하게 되면, 양극방향으로 이동하게 된다. 보다 긴 절편은 상대적으로 짧은 절편에 비하여 겔 위에서의 이동속도가 느리다. 분석자는 동일 겔 위에서 하나 이상의 시료를 사용하는데, 보통 3가지 형태의 선(line)이 겔 위에 형성된다. 이 가운데 evidential lined은 분석대상이 된 DNA 시료에 해당하는 하나의 라인과 피의자나 피해자로부터 확보한 시료에 해당하는 라인을 포함한다. 마지막 하나는 소위 control 또는 marker line 으로 이미 확인된 출처로부터 획득한 크기를 알고 있는 DNA 시료에 해당한다. 실험실에서는 보통 3~4개의 표준 marker를 사용하며, FBI도 동일한 방식으로 분석한다. 만일 피의자나 피고인이 범행현장에서 확보된 신원미확인의 DNA시료의 출처에 해당한다면, 피고인이나 피의자로부터 확보된 DNA는 하나의 라인에 포함될 것이다. 전기영동의 마지막 단계는 절편의 배열단계로 각기 다른 크기의 절편이 agarose gel에서 서로 다른 위치에 자리 잡게 된다.

④ **전이**(Southern Bloting or Transfer)

분석자는 배열된 DNA 절편을 southern transfer로 알려진 방법으로 나일론막(nylon membrane)으로 이동시키게 된다. 겔의 하부에는 고정용 흡착제가 있고 흡수력이 있는 나일론 막이 겔의 상부를 덮게 된다. 겔 위에 막이 덮여지게 되면 고정용 흡착제의 모세관 작용에 의해 절편이 겔로부터 나일론 막으로 이동하고 겔상에서 위치한 것과 동일하게 나일론 막의 동일한 위치에 고정된다.

⑤ **변성**(Denaturation)

이 단계의 공정에 앞서, DNA는 열이나 화학용제로 처리되어 이중나선구조가 해체되어 단일한 선 형태로 분리된다. 이러한 분리과정을 변성(denaturation)이라고 하는데, 대부분 실험실은 열처리보다는 화학적 처리에 의한 방법을 사용한다. 변성과정을 거치면서 DNA의 이중나선구조가 해체되어 단일한 선 구조로 바뀌게 된다.

⑥ **혼성**(Hybridization)

이 단계에서, 나일론 막은 혼성과정을 거치게 된다. 분석자는 현재의 DNA 절편을 확인하기 위하여 복합탐침(multi locus probe)을 사용한다. 이 탐침은 염기배열과 그 길이가 확인된 복제 DNA의 한 가닥으로, 분석자는 한 번에 하나의 탐침을 사용하는데, 경우에 따라서는 3~5개의 탐침을 사용하기도 한다. 각 탐침은 마치 자석과 같은 기능을 수행하여 DNA 절편의 특정염기배열과 결합한다.

각 탐침은 인간의 DNA 가운데 2가지 절편(대립형질, alleles)을 확인하는데, 하나는 부계 또 하나는 모계로부터 물려받은 것이다. 이러한 탐침은 이에 부합하는 DNA 절편과 결합 또는 변성된다. 앞서 서술한 것처럼, 일정한 결합법칙 즉, A-T, G-C만으로 결합되기 때문에 이미 염기배열순서가 확인된 탐침이 각 절편과 결합될 때, 분석자는 각 절편의 염기배열순서를 추론해낼 수 있게 된다. 나중에 육안확인(visualization)을 위하여, 각 탐침은 β선을 방사하는 phosphorous와 같은 방사성 물질로 처리될 수 있다. 일종의 라벨링이라 할 수 있다.

그러나 1992년 NRC보고서 제1장은 비방사성 동위원소 라벨링에 관심이 집중되고 있음을 언급한 바 있는데, 아직까지 복합탐침법을 수행하고 있는 법과학 실험기관에서 분석자의 안전을 위하여 형광성 marker나 화학적 발광물질이 점차 기존 방사성 동위원소 라벨링을 대체하고 있다. 화학적 발광처리는 절편으로 하여금 빛을 띄도록 하여 자기방사촬영(autoradiography)에서 각 절판의 육안관찰을 가능하게 한다.

⑦ **자기방사촬영**(Autoradiography)

변성 이후, 나일론 막은 세척되고, 변성되지 않은 잔여 DNA 절편은 떨어져 나가고 오직 변성된 절편만 남게 된다. 남아 있는 절편의 관찰을 위하여, 분석자는 자기방사촬영을 한다. 분석자는 나일론 막(blot 또는 membrane)을 X-ray film 지 위에 올려놓는데, 절편상의 방사성 동위원소 표식이 밴드문양으로 나타나고 막 위의 절편에 표시를 띄게 된디. 자기방시촬영상의 표식은 실제로는 그다지 선명한 형태는 아니지만 마치 수퍼마켓에서 판매되는 물건의 바코드와 같은 문양과 유사한 형태를 띄게 된다. 복합탐침법은 15개 이상의 밴드문양을 보이는데 (반면 후술하는 단일탐침 -single locus probe- 은 하나의 시료에서는 하나 또는 두 개, 혼합시료에서는 두 개 이상의 밴드문양을 갖는다), 자기방사촬영 결과는 분석대상이 된 DNA 시료에 대한 밴드와 다른 전기영동을 통한 라인에서 획득된 이미 신원 확인된 DNA 시료의 밴드를 제시하게 된다.

만일 두 시료가 같은 출처에서 유래된 것이라면, 각각의 밴드는 그 길이와 겔상에서의 위치가 완전히 일치하는데, DNA 절편의 크기가 겔상에서 각 밴드의 위치를 결정하는 것이다(그림 2-4 참조).

즉, 일치여부는 자기방사촬영결과 동일한 사이즈의 절편이 동일한 위치에서 확인되는지 여부에 의한다. 이를 확인하기 위해 분석자는 자기방사촬영을 통해 확인된 밴드를 측정하여야 하는데, 일부 실험실은 밴드를 2회 측정하고 그 실제 측정값이 아닌 평균값을 활용하기도 한다. 분석자는 분석대상이 된 신원 미확인 시료와 피고인 또는 피의자의 밴드가 일치하는지를 판별하게 된다. 이때 인근에 위치한 이미 알려진 크기의 marker 밴드가 신원 미확인 시료의 밴드 위치의 정확한 판독에 도움을 줄 수 있다.

통상 이와 같은 복합탐침법에 대하여 몇 가지 취약점이 지적된다. 일단, 복합탐침에 의하여 산출된 자기방사촬영 결과로 얻은 다수의 밴드로 인하여, 정확한 판별이 어렵다. 또한 탐침이 동일한 염색체의 가장 근접한 좌위에 혼성될 때, 일부 집단유전학자들은 marker의 독립성이 적절히 유지될 수 있는지 의문을 제기하고 있다. 사용된 marker는 독립성이 유지되어야 하는데(이를 linkage equilibrium 이라 하는데 자세한 사항은 후술한다), 이를 근거로 분석자가 multiplication이나 products rule을 활용하여 random match probability를 계산해낼 수 있기 때문이

다. 바로 이러한 문제점으로 인하여, 1992년 NRC 보고서는 이어서 설명하는 단
일탐침법의 활용을 권고한 바 있다. 또한 분석에 많은 양의 시료를 요하고 경우
에 따라서는 4~6주 정도까지 상당한 분석시간이 소요된다는 점도 단점으로 지
적될 수 있다.

그림 2-4 복합탐침법에 의한 개인 식별 예

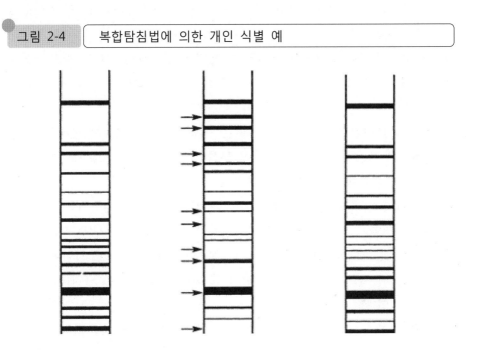

(2) **단일탐침법**(Single Locus Restrictions Fragment Length Polymorphism)

앞서 복합탐침법의 문제점을 개선한 2세대 기법에 해당하는 것이 단일탐침
법(single locus RFLP)이다. 역시 염기배열길이의 다형성에 의하고, 구체적인 분석
과정은 대부분 1세대 기법인 복합탐침법에 근거한다. 이 기법에 의한 분석결과
는 단지 하나 또는 두 개의 밴드만을 산출한다. 따라서 복합탐침의 예에 비하여
자기방사촬영결과의 판독이 용이하다는 장점이 있다. 보다 고도의 확률을 산출
하기 위하여, 분석자들은 수차례 분석을 수행하는데, 각 분석기회마다, 각기 다
른 염색체의 좌위에 대하여 분석한다. 예를 들어, 2번 염색체의 특정 좌위와 관
련하여 D2S44탐침(D는 DNA, 2는 2번 염색체, S는 short tandem repeat 또는 single
copy sequence를 44는 2번 염색체의 44번 좌위를 각기 의미한다)을 사용할 수 있다.

과거, Lifecodes 사 등에서 단일탐침법에 의한 일치여부의 판별기준으로 킬로베이스쌍(kilobase pair, kbp)으로 표시되는 각 대립유전형질의 절편 크기의 측정은 0.6%의 표준편차를 갖고 있는 것으로 보고, 각기 약 2% 범위 내로 측정되는 절편들(3 표준편자 또는 99.7% 신뢰도)은 구별이 불가능한 것으로 상정하는 방식을 사용하였다. 이 기준에 의하면, 각 측정값이 +/− 1.8% 이상의 차이를 갖지 않는 경우 비교대상의 두 밴드는 일치하는 것으로 인정된다. 따라서 1,000kbp의 밴드길이는 982~1,018kbp의 밴드와 일치하는 것으로 판정된다. 이와 유사하게, FBI 실험실은 일치판정을 위해 +/−2.5% 오차값(match windows)을 사용한다.

이러한 분석절차에서 확인할 수 있는 것처럼, 객관적 측정에 한계가 있음에서 오차 값을 활용하는데, 각 실험실은 분석절차나 분석기자재에 대하여 오차값을 입증하여야 한다. 즉, 반복적 분석을 통해, 동일하게 이미 식별된 시료로부터의 분석결과가 측정되었을 때 기대되는 측정값의 편차를 결정하여야 하는 것이다. 바로 이러한 오차 값의 활용이 분석자가 특정인이 분석된 DNA 시료와 완벽히 일치한다는 판단을 못하게 한다. 만일, 오차범위가 982~1,018 사이에 있다면, 실제로 36개의 서로 다른 크기의 절편이 그 범위에 있고, 모두 일치하는 것으로 판단되는 것이다.

1992년 NRC 보고서는 단일탐침법을 권고하는데, 각 탐침이 보다 적은 수의 밴드를 산출하고 따라서 판별을 보다 간결하게 할 수 있음을 강조하고 있다. 더욱이, 각 탐침으로 분석자는 서로 다른 염색체를 분석할 수 있기 때문에, 보다 확실하게 각기 독립적인 대립형질을 분석할 수 있다. 각기 서로 다른 염색체에 고정된 탐침의 사용은 linkage disequilibrium의 위험성을 낮추게 된다. 대부분 사례에서, 일치판단 이후, 실험실은 multiplication이나 products rule에 의하여 일치판단에 대한 확률적 평가를 하게 되는데, 곱해지는 각각의 확률이 서로 독립적일 때만 유효한 산출이 가능하다. 미국의 경우 종래 약 90% 이상의 실험실이 단일탐침법을 활용하고 있는데, 통상 4개 이상의 탐침을 사용하는 것으로 확인된다. 그러나 단일탐침법 역시 현재는 거의 사용되지 않는 분석기법으로 이후 등장한 중합효소연쇄반응법(PCR)과 STR 분석기법에 의해 대체되었다. 다음 [그림 2−5]는 단일탐침법에 의한 DNA 분석과정을 도식화한 것이다.

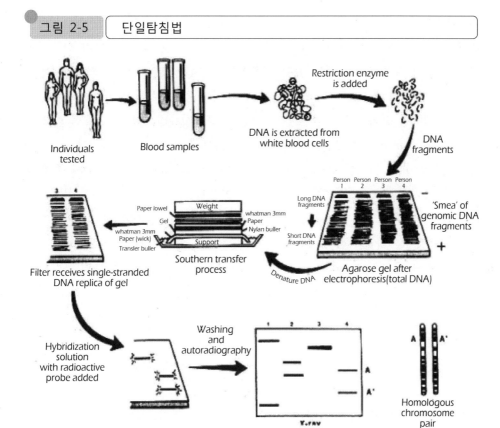

그림 2-5 　단일탐침법

(3) **중합효소연쇄반응법**(Polymerase Chain Reaction, Including Dot Blot and AMP－FLP)

소위 3세대 분석기법은 중합효소연쇄반응법(polymerase chain reaction, PCR) 에 기초한다. PCR은 1990년대 초반에 등장하였는데, 1991년에 이를 응용한 DQ－Alpha가 상용화되었다. DQ－Alpha PCR은 O. J. Simpson사건에서도 활용 되었는데, 이후 DQ－Alpha 좌위와 함께 다른 유전 좌위를 동시에 분석할 수 있 는 polymarker kit을 개발되기도 하였다.

PCR은 이전 세대의 제한효소절편다형성(RFLP) 분석기법과 비교하여 몇 가 지 장점을 갖는다. DQ－Alpha 분석은 분석완료에 수 시간 내지 하루 정도만을 요구하여 제한효소절편다형성 기법이 요구하는 4~6주보다 크게 앞당길 수 있다. 다만, 식별력은 제한효소절편다형성 기법에 비하여 크게 떨어진다. 그러나 PCR의 장점이 빠른 분석시간에만 있는 것은 아니다. 즉, 훨씬 소량의 시료만으로도 분석이 가능하다는 점이 최대의 장점이다. 예를 들어, 제한효소절편다형성 방식으로는 10~50나노그램(ng) 정도가 요구되는 것에 비해, 0.5ng로도 충분하다. 가령 RFLP 방식으로 분석이 불가능한 정도의 시료만 확보된 경우를 상정하면, PCR에 기초한 분석기법은 이를 충분히 분석헤낼 수 있다.

다양한 PCR 기법이 있지만, 어느 경우를 간략히 표현하자면, DNA 증폭(복제)기술(molecular xeroxing)을 의미하고 구체적 DNA 분석을 위해서는 dot blot 또는 현재 주류적으로 사용되는 STRs분석기법과 같은 염기배열길이 다형성에 의한 분석절차를 거쳐야 한다. dot blot는 AMP-FLP(amplified length polymorphisms)나 STRs가 등장하기 이전에 PCR 기법이 고안된 초기 단계에서 활용되던 방식이다. 한편, PCR은 시료의 유전적 프로파일 분석에만 사용되는 것이 아니라, 일부 사례에서는 각 시료의 성(sex)도 판별할 수 있음에서 또 다른 유용성도 있다[9]

① DNA 증폭

PCR공정의 핵심은 변성(denaturation), 가열 및 냉각(또는 풀림, annealing), 복제(extension)의 3단계로 구분된다(그림 2-6 참조). DNA의 이중 나선구조는 열에 의하여 분리되어 2개의 단일한 상보적 DNA 가닥이 된다. 여기에 염기배열 순서가 이미 확인된 플라이머(primer)가 더해지고, 변성과정을 통해 만들어진 단일한 각 DNA가닥에 플라이머가 냉각과정에 달라붙는다. 이때 각 DNA 가닥은 증폭과정의 원판 내지는 원형으로 기능하고, 여기에 추가된 중합효소가 새로운 DNA 가닥을 합성해내게 되는데 이 단계가 복제단계이다. 새롭게 합성된 DNA 가닥의 염기배열은 원형의 배열순서에 의한다. 분석자는 thermocycler로 이러한 순환공정을 수차례 반복하는데 이를 통해 DNA 증폭이 이루어지고, 반복횟수에 따라 DNA 가닥은 기하급수적으로 늘어나게 된다. 약 20회 정도 순환이 100% 완벽하게 이루어진다면, 거의 원래 DNA 시료를 100만 배 정도 증폭시킬 수 있다. 이와

---

9) R. Roy & D. L. Steffens, "Infrared Fluorescent Detection of PCR Amplified Gender Identifying Alleles", 42 J. Forensic Sci. 452, 1997, pp. 452-460; J. L. Finch, R. M. Hope & A. Daal, "Human Sex Determination Using Multiplex Polymerase Chain Reaction(PCR)", 36 Science & Justice 93, 1996, pp. 93-95.

같이 증폭된 DNA를 앞서 방법으로 분석하여 DNA marker를 통해 이동여부를 식별해낼 수 있다.

그림 2-6 │ PCR 공정

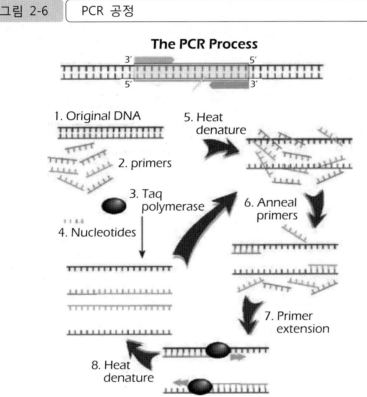

The PCR Process

1. Original DNA
2. primers
3. Taq polymerase
4. Nucleotides
5. Heat denature
6. Anneal primers
7. Primer extension
8. Heat denature

② **증폭된 DNA의 분석기법**(Reverse Dot Blot)

PCR 그 자체는 증폭기술에 불과한데, 증폭 후 분석자는 증폭된 시료를 식별하기 위하여 다양한 분석기법을 활용할 수 있다. 먼저, 활용될 수 있는 개인 식별기법으로 간단한 reverse dot-blot분석과정이 있다. 이 기법은 특정한 염기배열 순서를 현출하기 위한 방법으로, 특정 DNA 염기배열에 반응하는 탐침을 활용한다. 이 탐침은 특정 대립형질에 반응하는데(특정 염기배열순서에 상보적으로 결합), 분석자는 겨자무과산화효소(enzyme horseradish peroxidase)로 기존에 염기배열 순서를 확인, 표시한 탐침을 추가한다. dot blot 분석은 이분법적 결론을 산출한다. 즉, 분석결과는 특정 염기배열순서의 확인여부로 제시되는데, 만일 탐침이 DNA 가닥과 결합된다면, 육안관찰이 가능한 색상이 발현된다. 결합되지 않는다면 나일론 막에 DNA가 위치한 지점에서 어떠한 색상도 관찰되지 않는다. 물론, 색상변화의 감지과정에서 분석자의 주관적 판단요소가 개제될 수 있고, 이러한 점에서 실무사례에서 활용 시, 논란의 여지도 있지만,[10] 보다 적은 양의 시료도 분석할 수 있다.

이러한 분석방식의 최초 예가 바로 DQ−Alpha이다. 1990년대에 상용화되었는데, DQ−Alpha 좌위는 6번째 염색체에 위치하고, 4가지의 주요 변형 내지 대립형질이 있다. 즉, 1부터 4로, 1은 다시 1.1, 1.2, 1.3 그리고 4는 4.1과 (1.2와 동일하게 분석을 통해 구분되지 않지만) 4.2/4.3로 하위 유형으로 구분된다. DQ−Alpha blot strip은 3부분으로 구성된다. 먼저 ① 중간부분은 C 또는 control에 해당하는 dot가 있다. control 부분이 채광된다면, 반응이 적절히 이루어진 것으로 볼 수 있다. ② control 부분의 좌측에는 대립형질 1, 2, 3, 4에 대한 4가지의 dots가 있다. 마지막으로 ③ control 부분의 우측은 5개의 dots가 있다. 예를 들어, 1.1과 4.1에 대한 dots가 있다.

이후 polymarker(PM) test가 상용화면서 PCR 분석에 활용되었다. DQ−Alpha PCR 분석에서 분석자는 시료를 준비하기 위해 우선 PCR 증폭을 하고 다음으로 비교대상인 두 시료가 동일한 DNA 대립형질 조합을 갖고 있는지 여부를 판별하기 위해 reserve dot blot 절차로 이행한다. 반면 PM kits은 5개의 각기 다른 marker의 동시적 분석이 가능하다(이 kits은 1990년대 중반에 광범위하게 활용되었지만, 곧 후술하는 STR kits로 대체되었다. STR kits은 새롭게 보다 자동화된 설비, STR분석에 의한 보다 높은 식별력으로 인하여 PM kits을 대체하였다. 그림 2−7 및 2−8 참조).

---

10) Goodwin & Meintjes−Van der Walt, "The Use of DNA Evidence in South Africa: Powerful Tool or Prone to Pitfalls?", 114 South Africa L. J. 151, 1997, pp. 157−158.

그림 2-7　DQ-Alpha 분석의 예

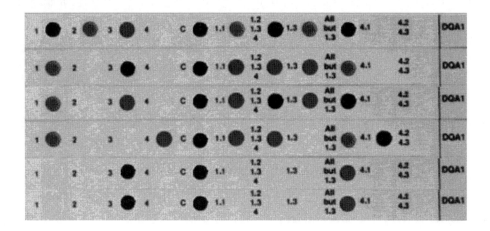

그림 2-8　RFLP, DQ-Alpha 및 STRs 분석예의 대비

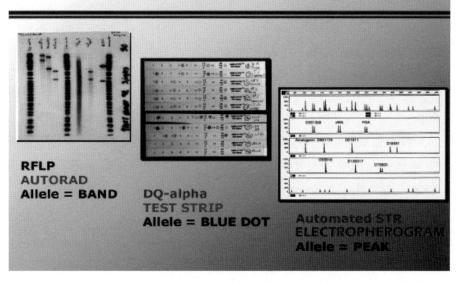

③ PCR 기법의 장단점 등

PCR에 기반한 분석기법은 과거 RFLP 방식에 비하여 보다 단시간 내에 분석이 가능하고 적은 양의 시료로도 분석이 가능한 점에 장점이 있다. 반면, dot blot 방식은 RFLP만큼 식별력이 높지 않다는 단점이 지적되는데, 특히 PCR에 기반을 둔 분석기법이 개발된 초기에서 더욱 현저하였다. 단지 적은 양의 시료를 증폭시켰을 뿐, RFLP와 관련하여 법과학 실험실에 의하여 제시된 수준의 RMP(random match probability)를 산출할 수 없었다. 가령 초기의 DQ-Alpha 분석에서, 분석자는 단일 유전자 가운데 단지 7개의 서로 다른 대립형질만을 발견할 수 있었다.[11]

한편, 이후 상용화된 PM kits는 추가적으로 5개의 유전자를 분석하기 때문에, 분석자는 수 만분의 1정도의 발현빈도를 달성할 수 있지만, 이 역시 RFLP 방식에 의해 산출되는 발현빈도보다는 훨씬 식별력이 떨어진다.

제한된 식별력 외에도 1992년 NRC 보고서 제2장에서 언급한 것처럼, 증폭과정의 오류와 오염에 대한 우려도 문제점으로 지적된다. 이론적으로 PCR은 최초 투입된 양의 대립형질에 비례하여 증폭할 뿐이다. 그러나 일부 대립형질은 다른 경우에 비해 보다 효율적으로 증폭된다. 즉, 일정한 온도에서는 신뢰할 수 있는 증폭이 일어나지만 다른 온도에서는 증폭결과가 달라질 수도 있다는 것이다. 나아가 증폭과정에서 오염(contamination)이라는 중대한 위험요소도 지적된다. 시료가 오염된 경우, PCR은 시료만이 아니라 오염물질도 함께 증폭시키게 되는데, 오염가능성은 실험실이나 현장에서 시료를 다루는 사람들로부터 DNA가 전이되는 예처럼 다양한 요인에 의하여 발생할 수 있다. 이점을 고려하여 1992년 NRC 보고서 제2장은 DNA 분석이 각기 독립한 2개의 실험실에서 수행될 것을 요구하는 안전지침을 제시한 바 있다. 다만, 동 보고서는 발간 당시를 기준으로 아직 초기 단계에서 분석기술을 고려하여 독립된 반복실험을 권고한 것이라는 점에서 현재의 분석기술에서는 동일한 의미로 고려할 수 없다.

---

11) 각 개인은 부모로부터 2개의 대립형질을 물려받는데, 따라서 분석을 통해 28개의 서로 다른 유전자형(genotypes)을 구별해낼 수 있다. 전체 인구에서 다양한 유전자형의 발현빈도는 대략 1에서 15%로, 서로 다른 구별되는 시료의 우연적 일치가능성은 RFLP 기법에 비하여 매우 높다고 하겠다. Thompson & Krane, "DNA in the Courtroom", in J. Moriarty, Psychological and Scientific Evidence in Criminal Trials §11:21, 2003. http://www. bioforensics.com/articles/Chapter11.pdf(2014. 5. 28).

2) AMP-FLP, STR 분석기법, 기타(Short Tandem Repeat, Including Low Copy Number(LCN) and Y-STR)

PCR 기법은 이후 RFLP의 식별력과 조합한 AMP-FLP기술로 이어지게 되었다. 이 기법에서 분석자는 먼저 준비단계에서 PCR을 통해 시료를 증폭하고 이후, 앞서 언급한 dot blot 기법을 사용하지 않고 오히려 기존 RFLP 분석기법으로, 분석자는 절편의 크기를 측정함으로써 증폭된 시료를 분석한다. 이러한 분석방식에 기초한 변형이 바로 AMP-FLP와 STRs 분석기법이다.

amplified-fragment length polymorphisms(AMP-FLP)기법은 D1S80과 같은 marker를 분석하는데, RFLP의 주요 강점인 절편의 길이 다형성을 분석함으로써 얻은 식별력과 함께 DNA 증거의 복제판을 만들어내는 PCR의 능력을 조합한 것이다.[12] PCR을 통해 시료를 증폭시키고(AMP), 동시에 RFLP와 같이, marker의 식별은 대립형질 간 길이의 차이에 근거한 것이다(FLP 즉, fragment length polymorphism or difference). 가장 작은 과변이지역(VNTRs)은 보통 50~1000염기쌍의 길이를 갖는데, D1S80 분석에서 기본 염기배열은 16염기쌍으로, 14~41회 정도 반복하는 길이를 갖는다.

한편, short tandem repeat(STR) 분석은 종종 RFLP 막(membranes)으로부터 재생된 DNA 물질에 대하여 시행되는데, 역시 염기배열의 길이다형성에 근거한다. 1990년대 후반 개발된 이후 현재 법과학 분야에서 가장 주류적으로 광범위하게 활용되는데, 개인식별 이외에[13] 성별(sex), 기타 논란의 여지가 있지만 인종식별(racial profiling)에도 활용될 수 있다.[14]

---

12) "DNA Technology Update", 61 F.B.I. Law Enf. Bull. 5(Apr. 1992); A. M. Gross, G. Carmody & R. A. Guerrieri, "Validation Studies for the Genetic Typing of the D1S80 Locus for Implementation into Forensic Casework", 42 J. Forensic Sci. 1140, 1997, pp. 1140-1146.

13) P. E. Roffey, C. I. Eckhoff & J. L. Kuhl, "A Rare Mutation in the Amelogenin Gene and Its Potential Investigative Ramifications", 45 J. Forensic Sci. 1016, 2000, 1016-1019; H. Andreasson & M. Allen, "Rapid Quantification and Sex Determination of Forensic Evidence materials", 48 J. Forensic Sci. 1280, 2003, pp. 1280-1287.

14) T. Frudakis, K. Venkateswarlu, M. J. Thomas, G. Gaskin, S. Ginjupalli, S. Gunturi, V. Ponnuswamy, S. Natarajan & P. K. Nachimuthu, "A Classifier for the SNP-Based Inference of Ancestery", 48 J. Forensic Sci. 771, 2003, pp. 771-782.

STRs 분석도 먼저 몇몇 염기배열 반복구간에 대한 증폭에서 시작하고, D1S80 분석과 같이, 이후 염기배열반복의 길이를 측정하는 방식으로 진행된다. 다만, STR 분석은 염기배열반복이 짧은 코어구간(short core sequences)을 분석하는 점에 차이가 있다. STR 절편은 D1S80 분석에 활용되는 구간보다 훨씬 짧다. 즉, 이러한 micro repeat units은 2~5염기쌍 정도의 길이인데, 법과학적 분석 kits에서는 보통 4염기쌍 정도가 활용된다. 상업적 분석 kits으로 9~15개의 STR marker에 대한 동시 분석이 가능한데, Profiler Plus tests는 10개의 유전 좌위에 대한 분석이 가능한 반면, Cofiler는 추가적으로 4개의 좌위 그리고 Identifiler는 성별식별 marker를 포함하여 16개 좌위에 대한 분석이 가능하다. Applied Biosystems사는 부패, 손상된 시료분석을 위하여 STR MiniFiler PCR Amplification kit이라는 새로운 분석kit을 개발한 바 있다.[15]

미연방정부가 운영하는 CODIS(Combined DNA Index System)도 13개 STR 유전 좌위에 관한 정보를 보유하는데, 각 좌위는 7~23개의 대립형질을 갖고 있다. 13개 좌위가 사용되면, 식별력은 4개 이상의 RFLP 좌위와 대등한 정도가 된다. 이러한 분석기법은 전체 프로파일에 대하여 극히 낮은 random match probability를 산출할 수 있는데, 통상 10억분의 1에서 10의 18제곱분의 1 내지 그 이하 정도에 해당한다.[16] RFLP 분석이 보통 4~6주 정도의 시간이 걸리는 것에 비하여, STR은 하루 이내의 짧은 시간 내에 분석을 마칠 수 있다. 더 나아가 STR은 1ng 이하 극히 미량의 시료로도 분석이 가능하다.

1996년 미국 national academy of science 산하의 NRC(National Research Council)는 앞서 몇 차례 언급한 1992년 NRC 보고서에 이어서 두 번째 개정판 보고서를 발표한 바 있는데, 동 보고서 제4장에서 STRs 분석기법 전반에 대해 언급하고 있는데, 발간 당시는 아직 개발 초기단계였음에도 법과학적 분석기법으로서 매우 긍정적인 평가를 한 바 있다.[17] 현재 STRs 분석에 관한 연구는 보

---

15) http://www.hartnell.cc.ca.us/faculty/jhughey/Files/minifilervalidation.pdf(2014. 5 28).

16) United States v. Pool, 621 F. 3d 1213(9th Cir.), vacated, remanded, 2011 U.S. App. LEXIS 19260(9th Cir. Sep. 20, 2011).

17) 주. 127, National Research Council, The Evaluation of Forensic DNA Evidence 0−27(Pre−Pub. draft 1996), https://www.ncjrs.gov/pdffiles1/Digitization/166538NCJRS.pdf (2014. 5. 28); K. A. Mantz−Press & J. Ballantyne, "Performance Characteristcs of

다 빠르게 발전하고 있으며, 각 실험실 간 편차를 감소시키는 것은[18] 물론 현재 활용되고 있는 대립형질의 발현빈도표의 정확성을 개선시키기 위하여 다양한 STR marker에 대한 집단유전학적 발현빈도에 대한 연구가[19] 이루어지는 등 보다 정교하고 세련된 분석기법으로 진화하고 있다.

앞으로도 상당기간 STRs은 거의 모든 국가의 법과학 실험실에서 주류적 분석기법으로 활용될 것으로 예상되는데, 분석기법이 표준화를 통해 각 실험실 간에 DNA profiling 기법과 통계적 검증의 개선을 위한 대규모 데이터베이스 구축을 위한 협력도 가능하리라 예상된다. 각국의 정부기관도 짧은 분석시간만이 아니라 보다 안정적 통계적 검증결과를 산출할 수 있기 때문에 데이터베이스 구축에 STR 분석기법을 도입, 활용하고 있다. 가령 미 연방정부의 CODIS는 13개 STR 유전 좌위에 대한 데이터베이스를 구축, 운용하고 있으며, 대부분 주 정부도 CODIS와의 연계통합을 위해 동일한 13개 STR 유전 좌위에 대한 데이터베이스로 이행하고 있으므로 CODIS의 팽창을 가속화시키고 있는 점도 이를 방증한다.

(1) STRS 분석기법(Automated STR Analysis)

최초의 STR 분석기법인 CTT silver stain procedure는 검출된 절편 줄과 함께 X-ray 촬영필름의 형태로 RFLP 방식과 거의 유사한 결과물을 산출하였다. 그러나 곧 자동화된 분석방식을 변화하는데 가령, CellMarks사에서 개발된 Applied Biosystems ABI Prism 310 Genetic Analyzer 등이 그 예로, 현재 미국 내 법과학 실험실의 약 85%가 유사한 분석기자재를 사용하고 있다. STRs 분석은 일반적으로 다음의 절차로 진행된다(그림 2-9 참조).[20]

Commercial Y-STR Multiplex Systems", 52 J. Forensic Sci. 1025, 2007, pp. 1025-1034.

18) M. C. Kline, D. L. Duewer, P. Newall, J. W. Redman, D. J. Reeder & M. Richard, "Interlaboratory Evaluation of Short Tandem Repeat Triplex CTT", 42. Forensic Sci. 879, 1997, pp. 897-906; M. C. Kline, D. L. Deuwer, J. W. Redman & J. M. Butler, "Results from the NIST 2004 DNA Quantitation Study", 50 J. Forensic Sci. 570, 2005, pp. 570-578.

19) Paul C. Giannelli, Edeward J. Imwinkelried, Andrea Roth, Jane Campbell Moriarty, op. cit., p. 51, fn. 130.

20) John Peterson & Amin A. Mohammad, Clinical and Forensic Applications of Capillary Electrophoresis 1st Edition(N. Y. : Humana Press, 2001) 참조.

① 우선, 분석자는 DNA를 추출하고 PCR에 의해 시료를 증폭한다. PCR 단계에서 분석자는 사후 식별에 용이하도록 형광물질로 표식이 이루어진 플라이머 (primer)를 사용한다. 각 유전좌위는 컬러 염료를 이용하여 라벨링화한다.

② PCR 증폭 후, 분석자는 분석기자재의 가동을 위해, 용기(tray) 위의 분석 튜브에 DNA 시료를 위치시킨다. 분석자는 시료를 통상 ROX라고 하는 사전에 컬러염료로 염색한 내부분자량표식자(internal molecular weight marker)와 혼합한다. 이러한 marker는 STRs의 길이를 비교하기 위한 표준 척도로 활용된다.

③ 분석자는 용기를 ABI Prism 310 Genetic Analyzer에 위치시킨다. 이 기자재는 자동적으로 DNA 분자를 추출하여 투명한 모세관 튜브로 이동시킨다. 이 튜브에 대하여 전기영동이 이루어지는데, 이 과정에서 각 절편이 크기별로 분류된다. 전기영동과정에서 시료가 모세관의 일정한 위치에 도달하면, 분석장치가 레이저로 시료를 스캔하고 형광물질을 활성화시키게 된다. 이를 통해 형광물질이 빛을 방사하게 된다. 방사된 빛이 프리즘을 통과하고, 분석장치는 빛의 밝기, 색상 그리고 튜브 내의 특정 지점까지 분자들이 이동하는데 걸린 시간을 측정한다. 이 과정을 통해 각 절편이 특정 위치에 언제 도달했는지를 판단하게 된다.

④ 다음으로 Gene Scan software가 절편의 크기를 측정한다. 이 소프트웨어는 각 시료와 염색된 내부 분자량 표식자에 대한 그래프와 전기영동도 (electropherogram)를 산출한다. 각 유전 좌위에 있어서, 하나는 부계 또 하나는 모계로부터 물려받은 대립형질에 각기 해당하는 부분을 하나 또는 두 개의 정점으로 표시한다. 그래프상의 각 정점은 빛의 밝기를 표시하는데, 수직 축은 DNA의 양을 의미한다. 즉, 각 정점에서 그래프상의 박스는 기준선으로부터 정점의 높이를 측정에 활용한다. 각 정점의 높이에 대한 측정단위를 relative fluorescent unit(RFU)라고 하는데, 빛의 밝기를 의미한다. 수평 축은 STR의 길이를 표시한다. 즉, 각 정점에서 그래프상의 또 다른 박스는 대립형질을 의미한다. STRs는 염색된 ROX 그래프로 비교될 수 있다.

⑤ Gene Scan을 통해 절편의 크기가 측정된 후, Geno Typer라는 두 번째 프로그램이 시료와 가장 일반적인 대립형질을 비교한다. 이 소프트웨어는 대립형질을 확인하는데, 이 분석자료는 일련의 정점으로 갖는 그래프인 전기영동도에 표시된다.

그림 2-9 STR 분석의 예

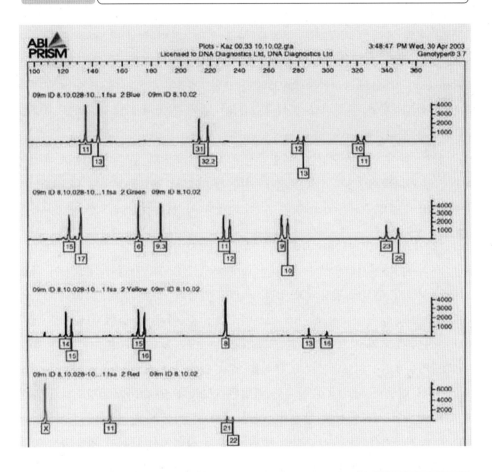

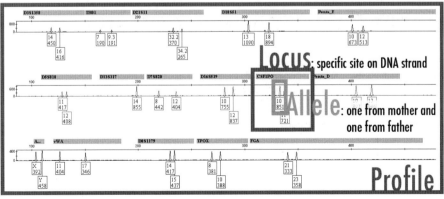

분석결과는 보통 분석에 활용된 각 marker에 관한 집단유전학적 발현빈도와 함께 표의 형태로 제공된다. 미국이나 영국 등 거의 대부분 국가의 상당수 실험실도 이와 유사한 자동화된 분석을 하고 있다. 가령 영국의 FSS(the Forensic Science Service, Ltd.)는 DNA 분석능력을 향상시키기 위하여 the laboratory information management system(LIMS)를 개발, 운영하고 있는데,[21] 이러한 자동화된 분석시스템은 실험실로 히여금 24시간 내에 경찰에게 분석결과를 제공할 수 있도록 한다.[22]

한편, 앞서 언급한 것처럼 미연방정부의 경우, FBI가 운영하는 DNA 데이터베이스인 CODIS에 13개 STR 유전 좌위에 관한 분석 자료를 수집, 저장하고 있는데, FBI 실무연구진은 marker의 수를 24개로 확장할 것을 권고한 바 있다.[23]

(2) Low Copy Number(LCN) STR Testing

또 다른 분석기법으로 low copy number(LCN) STR 기법이 개발되어 극히 미량의 시료가 분석에 활용되고 있다.[24] PCR 기법이 개량되면서, 더욱더 미량의 시료만으로도 분석이 가능해지고 있는데, 영국 및 미국 내 일부 실험실은 단지 6개 분자의 정도의 시료(LCN), 즉, 30picogram(1picogram은 1조분의 1그램을 의미)에 해당하는 DNA 시료만으로도 분석을 하고 있다. 'touch' 내지 'trace'로도 지칭되는 극히 미량의 시료에 대한 분석기법은 1/2ng나 500picogram정도의 통계적 한계점 이하의 시료에서도 활용가능하다. 2009년 미국의 한 사례에서 피고인이 LCN의 증거능력을 문제 삼았지만 법원은 실제 사례에서 LCN이 활용되지 않았고 단지 판결이유 중 방론으로 활용가능성을 언급한 바 있는데, 다만 캘리포니아 주 법원 판례 가운데 LCN 증거의 증거능력을 부정한 사례가 있기는 하다.[25]

21) S. Kemp & R. Pinchin, Using LIMS to Decrease Turnaround Time of DNA Analysis, http://www.docstoc.com/docs/84157817/Decreasing−Turnaround−Time−of−DNA−Analysis−by−Improving−Processes(2014. 5. 28)
22) ibid., http://www.docstoc.com/docs/84157817/Decreasing−Turnaround−Time−of−DNA−Analysis−by−Improving−Processes(2014. 5. 28).
23) FBI's DNA Database Upgrading Plans Come Under Fire, BBC News, Oct. 16, 2011. http://www.bbc.co.uk/news/science−environment−15311718(2014. 5. 28).
24) United States v. Davis, 602 F. Supp. 2d 658, 667(D. Md. 2009).
25) People v. Espino, No. NA076620(Cal. Super. Ct. Mar. 18, 2009).

현재 LCN typing의 증거능력 등에 대하여 판단사례가 거의 없고, 미국판례에서도 상반된 견해가 존재한다. 아직 LCN 분석기법은 발전과정에 있으며, 개념 정립도 충분치 않다. 가령, 일부 실험실은 분석을 위한 순환과정을 늘리거나 탈염과 같이 분석의 민감도를 높이는 특별한 분석절차를 지칭하는 의미로 이를 정의하는 반면, 다른 실험실은 분석에 사용된 시료 양과 관련하여 극히 엄격한 기준을 채용하여 0.1~0.2ng(100~200picogram) 정도 이하의 시료에 대한 분석을 LCN으로 지칭한다.

결론적으로 각 실험실이 LCN 분석기법을 서로 달리 정의할 정도로 과학적 유효성이 충분히 검증된 단일한 LCN 분석기술이 정립되지 않은 것으로 이해할 수 있다. 나아가 LCN의 경우 극히 미량의 시료를 사용함으로 인하여, 불완전한 증폭에 의하여 야기될 수 있는 위험성이 더욱 높다는 점이 지적되기도 한다.[26]

3) 혼합시료의 분석(The Analysis of Suspected Male/Female Mixtures)과 Y-STR

강간사건 등의 경우, 실험실은 용의자의 정자와 피해여성의 상피세포가 혼합된 시료를 받게 되는데, 용의자인 남성에 한정한 특별한 분석기법을 생각해 볼 수 있다. 첫 번째 방법은 분석대상인 유전 좌위의 하나로 amelogenin(Amel)이 있는데, 제공된 시료의 성별을 분석하기 위해 사용된다. 남성은 위 유전 좌위에 X와 Y형의 대립형질을 갖는 반면, 여성은 X염색체 한 쌍으로 물려받기 때문에 오직 X형만 갖게 된다. 이 분석기법은 분석자로 하여금 시료가 남성을 포함하고 있는지를 판단할 수 있도록 한다.

두 번째로, STR 분석기법의 변형이 있다. 만일 시료가 남성이라면, 분석자는 Y-STR 분석을 활용할 수 있다. 이 기법은 분석자로 하여금 혼합시료에 남성 DNA를 확인할 수 있게 하는데, 오직 남성만이 갖고 있는 Y염색체의 다형성이 있는 부분을 분석한다. Y-STR marker는 상염색체 DNA marker와는 차이가 있

---

26) J. Butler, Forensic DNA Typing : Biology, Technology and Genetics of STR Markers 2d ed.(Waltham, Massachusetts: Academic press, 2005), pp. 167-168, 170; Bruce Budowle, J. Eisenberg, Angela van Daal, "Validity of Low Copy Number Typing and Applications to Forensic Science", 50(3) Croat Med. J. 207, June. 2009, pp. 207-217; http://www.nfstc.org/pdi/Subject09/pdi_s09_m01_03.htm(2014. 5. 28).

다. 부모는 각기 자신이 갖고 있는 상염색체 DNA marker의 절반을 자손에게 물려주는데, Y−STR은 오직 부계를 통해 유전된다. 따라서 동일한 부계 내의 모든 남성들은 자신의 Y염색체 내에 독특한 Y−STR marker를 보유하게 된다.[27] 따라서 각 Y−STR의 유전적 정보는 하나의 haplotype에 해당한다. 즉, 오직 하나의 대립형질만 갖고 있는 것이다.

보통, 실험실에서 강간사건과 관련하여 남성 및 여성이 혼합된 시료를 받게 되면, 이 둘을 분리하여 추출하기 위해 상당히 정교한 분석기술을 사용하여야 한다. 반면 Y−STR 분석에서는 이러한 분리추출의 필요가 없다. Y−STR 프로파일은 여성시료의 양이 남성보다 1,000배 이상 많은 경우에도 산출해낼 수 있다. 분석기법은 통상의 상염색체 STR 분석과 거의 동일하다. 수백 개의 Y−STRs 유전 좌위가 이미 확인되었는데, Promega사의 Powerplex Y와 Applied Biosystems사의 Y−Filter와[28] 같이 상업적으로 개발된 분석kits는 SWGDAM(Scientific Working Group for DNA Analysis Methods)가 추천하는 일련의 Y−STRs core set에 초점을 맞추어 분석을 하고 있다.

Y−STR 분석은 독립적으로도 활용할 수 있지만, 현재 다수의 연구자들이 또 다른 활용가능성을 모색하고 있다. 특히, 후술하는 바와 같이 DNA 데이터베이스 검색과 관련하여 가계검색(또는 가족검색, familial search)에 활용가능성이 고려되고 있다.[29]

core Y−STRs는 변형이 매우 많다. Y−STR 프로파일의 희소성은 실증적 검토를 통해 확인되어야 한다. 아울러 발현빈도 역시 통상의 STR 분석의 경우보다도 그리 긍정적이지 못하다는 점이 지적된다. mtDNA의 경우와 같이, 대립형질의 발현빈도표도 없으며, multiplication 또는 products rule이 적용될 수도 없다. 직접 부계를 통한 유전으로 인하여 products rule이 적용될 수 없고 분석대상이

27) Thompson & Krane, DNA in the Courtroom, in J. Moriarty, Psychological and Scientific Evidence in Criminal Trials §11:7, 2003, http://www.bioforensics.com/articles/Chapter11.pdf(2014. 5. 28).

28) http://kr.promega.com/~/media/files/resources/protocols/technical%20manuals/101/powerplex%20y%20system%20protocol.pdf(2014. 5. 28).

29) B. Budowle, Familial Searching : Extending the Investigative Lead Potential of DNA Typing, http://www.promega.com/resources/articles/pofiles−in−dna/familial−searching−extending−the− investigative−lead−potential−of−dna−typing/(2014. 5. 28).

된 모든 좌위가 하나의 단위로 전이되는 점에서 haplotype의 희소성을 추산함에 있어서 본질적으로 단일 대립형질로 취급된다(통상 발현빈도 계산의 첫 단계는 데이터베이스 내에서 특정 haplotype을 검색하고, 일치판단이 이루어진 사례의 숫자를 환산하고, 그 총수를 데이터베이스 내의 모든 프로파일 수로 나눈 뒤, 마지막으로 그 몫에 대하여 신뢰구간이 계산된다).

X염색체 STR 분석도 활용가치도 최근 주목받고 있다. Y-STR과 달리 남성과 여성 모두 X-STRs를 물려받지만 다소 차이가 있는데[30] 최근 연구자들은 X염색체 STRs에 대한 유전학적 데이터를 수집하고 있는 것으로 확인된다.[31]

4) 염기배열순서 다형성에 의한 개인식별과 mtDNA(Directing DNA Sequencing, including mtDNA)

DNA profiling과 관련한 또 다른 접근방법으로 직접 DNA 염기배열순서를 이용하는 방식(direct DNA sequence)을 들 수 있다. 이는 염기길이 간 다형성이 아닌 염기배열 순서 간 다형성(sequence polymorphism)을 활용한 것이다.

이러한 분석방식은 플라이머(primer)와 중합효소를 사용하는 점에서 PCR과 유사한 면이 있다. 플라이머는 두 개의 DNA 가닥(strand)에 붙게 되는데, 새로운 가닥을 만들어 내는 DNA의 4가지 염기(DNA letters) 외에 4가지 염기의 합성된 부산물(synthesized derivatives)도 있다. 보통의 DNA 염기 외에 이러한 부산물도 연쇄반응과정에 있기 때문에, DNA 중합효소가 부산물을 보통 염기에 대신하여 합성된 DNA 가닥에 결합시킬 수 있다. 만일 부산물이 결합되면, DNA 가닥의 합성은 그 지점에서 중단된다. DNA 가닥의 성장종료는 부산물의 혼입과정에서 매번 발생하게 될 것이다. 부산물에 대한 보통 염기의 비율은 각 DNA 가닥의 특정 염기위치합성이 종료되는 것과 일치하거나 보통의 염기가 혼합됨으로써 합성이 종료되지 않는 경우의 비로 볼 수 있다.

---

30) D. Hatsch, C. Keyser, R. Hienne & L. Bertrand, "Resolving Paternity Relationships Using X-Chromosome STRs and Baynesian Networks", 52 J. Forensic Sci. 895, 2007, pp. 895-897.

31) L. M. Caine, L. Pontes, D. Abrantes, G. Lima & F. Pinheiro, "Genetic Data of Four X-Choromosomal STRs in a Population Sample of Santa Catarina, Brazil", 52 J. Forensic Sci. 502, 2007, pp. 502-503.

합성과정이 종료될 즈음, 몇몇 다른 길이의 합성된 DNA 절편이 연쇄반응 튜브에 나타날 수 있다. 각 절편의 마지막 염기는 부산물이다. 분석자는 전기영동을 이용하여 절편을 분리하는데, 가장 빨리 움직이는 절편은 DNA 중합효소가 가닥 내의 첫 번째 순서의 염기와 결합하고 마지막 염기와도 결합하게 될 때, 합성이 종료될 것이다. 반면, 가장 느린 것은 DNA 가닥 내의 마지막 염기에 도달할 때까지 부산물이 경합되지 않는 절편이 된다. 몇몇 상업적 실험실에서 채용된 분석절차에서, 절편들이 전기영동 겔 내의 고정된 지점을 통과함으로써, 스캔된다. 각 부산물 염기는 각기 구분되는 형광물질로 라벨링되어 스캐너가 해당 염기가 통과할 때 이를 확인할 수 있다. 따라서 스캐너는 염기들의 완전한 배열순서를 확인할 수 있게 해준다.

염기배열 순서다형성에 근거한 분석기술로 가장 대표적인 예가 미토콘드리아 DNA(mitochondrial DNA)를 분석하는 방법을 들 수 있다. Y-STR과 마찬가지로, mtDNA는 부모 중 일방으로부터 유전되는데, 이 경우는 어머니의 난자로부터 유전된다. 남성에게서만 발견되는 Y-STR과 달리, mtDNA는 남성과 여성 모두에게서 발견된다. mtDNA는 세포핵(nucleus) 주위의 세포질(cytoplasm)에 존재한다. mtDNA는 상당히 세포핵 DNA와 비교할 때 매우 견고하고, 다형성도 높으며 PCR 증폭에도 좋은 반응성을 보여준다. §18.02에서 설명한 것처럼, 미토콘드리아는 인간의 세포 내에 있는 세포기관으로 대사에너지를 생성, 공급하는 핵심적 역할을 담당한다. 미토콘트리아 DNA의 특정 부위에서의 염기배열순서는 개체 간 상당한 다형성을 갖고 있다.

mtDNA는 환형 형태를 갖는다. 세포핵 DNA와 같이, mtDNA도 사다리 구조를 갖지만 사다리의 끝부분이 연결됨으로써 환형과 같은 구조를 취한다. 환형 구조는 세포핵 DNA에 비하여 mtDNA를 보다 안정적으로 만든다. mtDNA는 16,569 염기쌍으로 이루어졌는데, 염기쌍은 37개의 유전형질을 코드화하고 있다. 1981년 mtGenome의 염기배열순서가 최초로 분석되었는데, 각 염기쌍은 1부터 16,569번까지 일련의 번호가 부여된다. mtDNA의 환형구조는 coding과 control이라는 2개의 부분으로 나뉘는데 control이 바로 다형성을 갖는 부분이다. mtDNA 분석은 D-loop 또는 displacement의 HV1(hypervariable region 1), HV2(hypervariable region 2)를 대상으로 한다. 이 두 지역은 347개의 염기쌍을 갖고 있다. HV1은 16,024~16,635번 위치에 있고, HV2는 73~340번 위치에 있다. FBI는 수개 지역에 mtDNA 분석이 가능한 실험실을 갖고 있으며, 상당수 주 정부도 이를 따르고 있다. 최근 일부 연구자들은 HV3에 대한 조사도 시작하고 있다.[32]

일단 mtDNA가 증폭되면, Sanger sequencing chemistry에 의하여 염기 배열순서를 확인하게 된다. 분석자는 형광 염색된 단일한 플라이머로 분리 연쇄반응을 시켜 각 mtDNA 가닥의 배열순서를 확인한다. 이 때 각 염기별로 구별되는 색상(가령, A: 녹색, G: 황색, C: 청색, T: 적색)을 활용한다. 각 염료는 chain terminator(염기 배열순서를 종결하는 기능을 수행)로 기능하는 dideoxyribonucleotide triphosphates(ddNTPs) 부분에 부착된다. 이는 ddNTPs와 만나게 될 때마다 복제 절차가 종결되고 염료로 염기배열부위에 표시를 하게 된다. 분석자는 이러한 과정을 4개의 모든 염기배열부분에 반복한다. 이후 레이저 스캐너가 염색된 부분을 읽어내고 분석대상이 된 mtDNA의 부분의 염기배열순서를 확인할 수 있게 된다.

법과학자들은 소위 Anderson sequence라고 지칭되는 표준 염기배열과 어느 정도 다른가를 설명함으로써 mtDNA 프로파일을 산출한다.[33] 이러한 분석기술은 순서 다형성이 아닌 길이 다형성이 근거한 RFLP나 STR과는 다르다. Y-STRs처럼, 미토콘드리아의 염기배열순서의 희소성은 실증적 연구를 통해 입증되어야 함은 물론이며, 데이터베이스의 규모나 관련 통계적 검증도 STR 분석기법에 비하여 산출된 수치에 비해 그다지 인상적이지 않다.[34] 또한 통계적 검

---

32) S. Cardoso, M. T. Zarrabeitia, L. Valverde, A. Odriozola, M. A. Alfonso-Sanchez & M. N. De Pancobro, "Variability of the Entire Mitochondrial DNA Control Region in a Human Isolate from the PasValley(Northern Spain)", 51 J. Forensic Sci. 1196, 2010, pp. 1196-1201; G. G. Paneto, L. V. Longo, J. A. Martins M. A. De Carmago, J. C. Costa, A, C. De Meollo, B. Chen, R. N. Oliveria, R. N. M. H. Hirate & R. M. Cicarelli, "Heteroplasmy in Hair: Study of Mitochondrial DNA Third Hypervariable Region in Hair ans Blood Sample", 55 J. Forensic Sci. 715, 2010, pp. 715-718.

33) Thompson & Krane, DNA in the Courtroom, in J. Moriarty, Psychological and Scientific Evidence Trials § 11:8, 2003, http://www.bioforensics.com/articles/Chapter11.pdf(2014. 5. 28).

34) F. Kaestle, R. Kittles, A. L. Roth & E. Ungvarsky, "Database Limitations on the Evidentiary Value of Forensic Mitochondrial DNA Evidence", 43 Am. Crim. L. Rev. 53,

증결과는 동일 모계에 속하는 사람들이 동일한 mtDNA 염기배열 순서를 갖게 되어, 상대적으로 그 의미가 반감된다.[35] Y-STR 사례와 마찬가지로, haplotype 의 희소성을 추정하기 위하여 multiplication이나 products rule의 활용은 불가능 하다. 해당 염기배열이 어머니로부터 하나의 단위형태로 물려받게 되어, 본질적 으로 하나의 대립형질로 취급되기 때문이다. 따라서 Y-STR과 유사하게, 분석자 는 다른 계산방식을 사용해야만 한다. 분석자는 분석된 염기배열순서의 발편빈 도를 판단하기 위해 데이터베이스를 활용한다. 그러나 미국 SWGDAM(The Scientific Working Group on DNA Analysis Methods)의[36] mtDNA 데이터베이스에 대하여 의문이 제기되는데, 먼저 동 데이터베이스의 대표성이 문제된다. 예를 들어, 미 국에서 필리핀인들이 두 번째로 큰 아시아 인종집단을 형성하고 있지만, SWGDAM 데이터베이스는 분명히 동 집단으로부터 유래하는 mtDNA 시료를 포함하고 있 지 않다. 또 다른 문제로 데이터베이스의 규모를 들 수 있다. SWGDAM 데이터 베이스는 4,000개의 시료를 포함하고 있다. 그러나 2004년에 만들어진 이래 극히 짧은 시간에, EMPOP(European DNA Profiling Group)은 17,000개의 haplotypes에 대한 데이터베이스를 구축하고 있다.

mtDNA 분석은 특히 모발분석에 적합한데,[37] 사람의 모발은 물론 개의 모 발 분석에도 활용될 수 있다.[38] 그러나 mtDNA분석은 세포핵 DNA 분석에 비하 여 많은 시간과 비용이 소모되는 단점을 갖는다.

mtDNA와는 구별되지만 유사하게 직접 염기배열순서의 다형성을 이용하는 Minisatellite Veriant Repeat(MVR)분석기법도 있다. 다소 오래된 기법이긴 한데, 준비단계에서 PCR 증폭을 활용하는 점에서도 유사성이 있다. 증폭 이후, 분석자

2006, pp. 73-78.

35) D. Hatsch, S. Amory, C. Keyser, R. Hienne & L. Bertrand, "A Rape Case Solved by Mitochondrial DNA Mixture Analysis", 52 J. Forensic Sci. 891, 2007, pp. 891-894.

36) http://www.swgdam.org/(2014. 5. 28).

37) K. A. Roberts & C. Calloway, "Mitochondrial DNA Amplification Success Rate as a Function of Hair Morphology", 52 J. Forensic Sci. 40, 2007, pp. 40-47.

38) A. L. Himmelberger, T. F. Spear, J. A. Satkoski, D. A. George, W. T. Garnica, V. S. Malladi, D. G. Smith, K. M. Webb, M. W. Allard & S. Kanthaswamy, "Forensic Utility of the Mitochondrial Hypervariable Region 1 of Domestic Dogs, in Conjunction with Breed and Geographic Information", 53 J. Forensic Sci. 81, 2008, pp. 81-89.

는 실제 DNA 염기배열 순서를 조사하는데, 반복된 코드의 순서로 판단한다. 다만, 현 시점에서 법과학적 목적으로는 활용이 제한적이다.[39)]

5) Single Nucleotide Polymorphism

처음에 살펴본 제한효소절편다형성(RFLP) 분석기법은 종종 minisatellite로 지칭되기도 하는 과변이지역(VNTRs)을 사용한다. VNTRs는 상당히 큰 DNA 절편으로 사람의 경우 보통 20~100염기쌍의 길이를 갖고 100회 이상 반복된다. STRs는 microsatellite로도 불리는데, minisatellite의 보다 적은 버전으로 보면 좋다. 구조적으로는 VNTRs에 가깝지만, STRs는 2~8염기쌍 정도로 보다 짧고 2~20회 정도로 반복된다. 따라서 STRs는 VNTRs에 비해 보다 짧고 작은 반복회수를 갖는다.

기존 분석기법은 바로 VNTRs와 STRs를 대상으로 하지만, 여기에 제한되는 건 아니다. 이외에 이른바 단일염기다형성으로 지칭되는 single nucleotide polymorphism(SNP)도 있다. SNP은 유전자의 특정 부분에 있는 단일 염기쌍의 대체물(substitution), 삽입물(insertion) 내지 추출물(deletion)을 지칭한다. SNP는 유전자의 특정 부위에서 개인적 수준의 변형(다형성)이 있는 좌위를 말한다. 이러한 좌위에서 유전적 배열순서에 따라 단일 염기쌍이 변형된다.

VNTRS와 STR 분석은 시료의 출처인 특정인을 식별하는데 유용하지만, 분석대상의 조상과 같은 배경에 대한 정보는 거의 산출하지 못한다. SNPs는 VNTRs나 STRs보다 상대적으로 낮은 돌연변이 발생률을 갖기 때문에 돌연변이가 발생할 가능성이 낮다. 만일 다형성이 무작위적인 돌연변이에 의한 것이 아닌 경우, 그러한 다형성은 분석대상이 된 자가 소속한 인구집단으로부터 물려받았을 가능성이 높다. 낮은 돌연변이 가능성을 고려할 때, 동일한 SNP 유전자타입은 세대 간으로 적절히 전달될 것이고 지리생물학적인 조상에 대한 추론을 가능하게 한다. 이러한 점에서, SNP 다형성은 STR 다형성에 비해 분석대상자의 조상에 대한 분석을 가능하게 할 수 있다.

현재 각국의 연구자들이 Ancestry Informative Markers(AIMS)로 기능하는

---

39) Paul C. Giannelli, Edeward J. Imwinkelried, Andrea Roth, Jane Campbell Moriarty, op. cit., p. 70.

SNPs 집단을 확인하기 위한 시도를 계속하는데, 34 SNPs, 56 SNPs, 128 SNPs, 176 SNPs 등과 같이, 다양한 크기의 AIMS 집단으로 실험이 이루어지고 있다. 연구자들은 일정한 집단에 있어서 조상그룹 간 정확한 식별에 충분히 크면서도 효용성과 경제성이 높은 가장 적합한 SNPs를 찾기 위해 노력하고 있다.

현재까지 SNPs의 활용에 대한 증거능력에 관하여 특별히 제시된 견해는 없다. 그러나 이 분석기술은 이미 범죄수사 목적으로 활용되고 있다. 가령, 2003년 미국의 Baton Rouge 경찰은 연쇄살인범을 추적하고 있었는데[40] 목격자 진술은 살인범이 백인남성이라고 묘사하고 있었다. 이러한 목격진술에 근거하여 수사가 이루어졌지만 범인확보에 실패하였다. 이때 경찰이 인종을 확인을 위하여 연쇄살인범의 DNA를 플로리다 주 사라소타에 있는 실험실로 보냈는데, 실험실은 AIMS를 이용하여 시료를 분석하고 범인이 아프리카계 미국인임을 통보하였다. 이러한 수사정보를 통해 범인인 Derrick Todd Lee를 검거한 사례가 있다.

특히, 소형화된 SNP chip 기자재는 경찰로 하여금 범죄현장에서 곧바로 DNA typing을 가능하게 하는 점에서 주목받고 있는데, 일부 chips은 이미 질병연구와 같은 의료목적을 위해 상업적으로 상용화되어 있다.[41]

제 2 절 DNA profiling의 기술적 취약성

1. 분석절차상의 문제점

다양한 분석기술이 아무리 강력하더라도, 결국 분석을 진행하는 분석자는 여전히 인간이기에 언제나 오류가 개재할 가능성은 개방되어 있다. DNA testing에 있어서 이미 캘리포니아,[42] 일리노이, 노스캐롤라이나, 텍사스, 워싱턴 주 등

---

40) Goulelock, Chief: DNA Links Yoder to Serial Killer, The Advocate, Mar. 19, 2003, http://crime.about.com/od/serial/a/DerrickToddLee.htm(2014. 5. 28).

41) David H. Kaye & George Sensabaugh, "Reference Guide on DNA Identification Evidence", in Reference Manual on Scientific Evidence 3rd edt. 2011, p. 129, 140. http://www.fjc.gov/public/pdf.nsf/lookup/SciMan3D06.pdf/$file/SciMan3D06.pdf(2014.5. 28).

42) Peter Jamison, "Crime Lab Confidential : DNA and SFPD Withheld Damaging Memo

다수의 실험실에서 발생한 문제점들이 공간된 바 있다.[43] 이러한 문제점들에 대한 보고서는 뉴욕, 텍사스, 버지니아와 워싱턴의 DNA 분석 실험실에 대한 감사를 유발시켰다. RFLP나 PCR 등은 복잡하고 다수 단계의 분석절차를 갖는 분석기법이다. 실험실의 분석자들은 시료의 오염이나 여타 기술적 오류발생을 피하기 위해 극도의 주의를 기울여야 한다. 그러나 1987~1988년 사이에 걸쳐 이루어진 DNA 분석자에 대한 숙련도 테스트(proficiency test)는 이러한 오류발생 가능성을 상당히 드라마틱하게 경고한 바 있다.[44] 이 연구에서 49 또는 50개의 무작위 시료를 DNA 분석기관인 Cellmark, Lifecodes, Cetus사에 의뢰하여 분석을 실시한 결과, Lifecodes사는 정확하게 50개의 모든 시료를 분석했지만, Cellmark와 Cetus사는 각기 전달받은 시료 가운데 하나에 대하여 부정확한 분석결과를 제시하였다. 이처럼 블라인드 테스트에서 발생한 잘못된 분석결과에 대한 설명 요청과 관련하여, Cellmark사의 관계자는 오류가 발생한 원인을 분석자가 실수로 시약이나 시료를 담은 병의 라벨링을 잘못한 점에 있는 것으로 설명하였다. 1990년 3월에도 유사한 형태로 진행된 3개 실험실에 대한 블라인드 테스트 결과가 발표되었는데, 여기서 Cetus사는 50개의 모든 시료를 정확히 판별하였으나 Lifecodes사는 2개의 시료에 대해서 분석결과를 제시하지 못하였고 Cellmark사는 1개 시료에 대해서는 판별오류, 2개의 시료에 대해서는 불확정적인 판별결과를, 5개 시료에 대해서는 분석결과를 제시하지 못하였다. 또한 실제 법과학적 분석사례에서, Lifecodes사 소속 분석자가 자기방사촬영에 의한 밴드문양 크기의

About DNA Lab Failings", http://www.sfweekly.com/2011−08−24/news/dna−lab−san−francisco−rockne−harmon−memo−peter−jamison/92014. 5. 28)

43) William C. Thompson, Tarnish on the Gold Standard: Understanding Recent Problems in Forensic DNA Testing, 30 The Champion 10, Jan.−Feb. 2006, http://www.nasams.org/forensics/for_lib/Documents/1138913547.79/DNA%20Problems1.pdf(2014. 5.28); Tresa Baldas, "CSI Dffect? It May be Litigation", Nat'l J. J., Oct. 13, 2008, p. 1, 18; Paul C. Giannelli, "Wrongful Convictions and Forensic Science: The Need to Regulate Crime Labs", 86 N.C. L. Rev. 163, 2007, pp. 172−206; Erin Murphy, "The New Forensics : Criminal Justice, False Certainty and the Second Generation of Scientific Evidence", 95 Cal. L. Rev. 721, 2007, pp. 745−755, 754, 773, 785.

44) Paul C. Giannelli, Edeward J. Imwinkelried, Andrea Roth, Jane Campbell Moriarty, op. cit., pp. 74−75; Hayes v. State, 660 So. 2d 257(Fla. 1995); Henderson v. Smith, 128 Idaho 444, 915 P.2d 6(1996).

판별을 잘못한 예도 있다.[45] 1992년 NRC 보고서 제3장은 초기의 숙련도 테스트 결과는 상당히 높은 수준의 실험실 내 오류를 제시하고 있다고 밝힌 바 있다. 물론 현재는 분석기법이나 절차의 표준화, 실험실 및 분석자 간의 자격인증 등을 통해 분석절차에 발생할 수 있는 오류개재 가능성을 낮추기 위한 다양한 노력을 계속하고 있지만, 여전히 여러 가지 실험실 내 오류개재 가능성은 항시 존재한다.

1) 시료오염 등(Contamination)

분석과정의 여러 단계에서 분석자의 실수에 의한 다양한 오류개재 가능성이 있다. 가령, 범죄현장에서 확보한 시료가 박테리아나 바이러스, 기타 인간 DNA가 아닌 물질과 뒤섞일 수 있다. 연구보고 사례에 의하면, 박테리아나 바이러스의 염기배열은 인간의 DNA와 크게 다르기 때문에 현재는 구별에 특별한 문제는 없는 것으로 확인된다. 오히려 예상하기 어려운 오염가능성은 실험실 내에 존재한다. 이러한 오염을 방지하기 위하여, 실험실은 각 분리된 시료를 다룬 후 실험용 장갑을 파기하면서 분석을 진행하는 등 분석과정에서 다양한 통제(controls)를 한다. Cellmark사와 같은 몇몇 실험실은 시료취급과정의 무결성을 보다 확실히 하기 위해 보증절차(witnessing procedure)를 설정하고 있다. 최근에는 Biotx사 등 다수의 실험실은 보다 개선된 보증절차를 운용하고 있지만, 이러한 개선에도 불구하고 오염에 대한 우려는 여전히 지적된다.[46]

2) Band Shifting

과거 제한효소절편다형성(RFLP) 기법의 경우, band shifting 현상이 문제점의 하나로 지적되었다. 전기영동에서 사용되는 겔의 농도가 다르거나 특정부분

---

45) James E. Starrs, "The Fallibility of Forensic DNA Testing : of Proficiency in Public and Private Laboratories, Part 1", 15 Sci. Sleuthing Rev. 10. Spring, 1990, at Paul C. Giannelli, Criminal Discovery, Scientific Evidence, and DNA, Faculty Publication the School of Law, Case Western Reserve University, 1997, p. 797, http://scholarlycommons. law.case.edu/cgi/viewcontent.cgi?article=1358&context=faculty_publications

46) People v. Leiterman, No. 265821, slip op., at 2(Mich. Ct. App. July 24, 2007); William C. Thompson, op. cit., pp. 10, 13-14.

이 과도한 양의 DNA로 덮이게 되면, 절편들이 겔 위에서 정확하게 이동하지 못하는 경우가 발생할 수 있다.[47] 가령, 어떤 한 선의 시료가 더 빠르게 움직일 수도 있다. 이러한 현상을 band shifting이라고 하는데, 보고사례에 따라서는 훨씬 적은 수치로 언급한 예도 있지만, 일부 연구자들은 DNA fingerprint 분석사례의 30% 정도에서 발생하는 것으로 보고한 바 있다.[48] 이러한 현상이 발생한다면, 동일한 대상으로부터 나온 DNA 시료라도, 자기방사촬영에서 밴드가 완벽하게 일치하지 않을 수 있다.

People v. Caldwell 사건에서,[49] band shifting 현상에도 불구하고 Lifecodes사의 분석자는 일치판단을 제시하였다. 분석자는 모든 밴드의 위치보정을 위해 수정인자를 사용하고 보정된 밴드가 일치하는 것으로 판단한 것이다. 무보정상태의 실험결과가 일정 값을 유지하고 모든 밴드의 상대적 이동거리가 동일하게 유지되는 때라면 단일 수정인자의 활용이 유효할 수 있다. 그러나 1980년대 후반, 연구결과들은 band shifting이 하나 또는 그 이상의 수정인자의 적용을 요구하는지 여부에 대하여 아직 연구 중이었고, 1992년 NRC 보고서 제2장은 겔의 서로 다른 위치에서 시료의 양에 따라 이동속도가 다르다는 점을 언급하였다.

band shifting 현상을 극복하기 위하여, Lifecodes사는 균일밴드(constant band) 또는 단형탐침(monomorphic probe)을 사용하기 시작하였다. 이 탐침은 항상 특정한 길이의 DNA 절편을 확인하고 이미 확인된 위치에 밴드를 형성한다. NRC 보고서 제2장은 이러한 탐침이 모든 사람에게 있어서 동일한 위치에서 항시 동일한 길이의 절편을 확인할 수 있다고 설명한다. 이러한 밴드가 겔상의 이동정도와 방향을 결정함에 있어서 일종의 기준점으로 기능하게 될 것이다. 1992년 NRC 보고서는 아래와 같이 설명한다.

---

47) William C. Thompson & Simon Ford, "The Meaning of Match: Sources of Ambiguity in the Interpretation of DNA Prints", in J. Farley and J. Harrington, Forensic DNA Technology (N.Y.: CRC press, 1991), pp. 93, 100.
48) C. Norman, "Maine Case Deals Blow to DNA Fingerprinting", 246 Science 1556, Dec. 22, 1989, p. 1557.
49) People v. Caldwell, No. 8892938, Superior Court of Georgia, Cobb County(1989).

「몇 개의 단형절편이 각 이동선상에 동일한 위치에 있다면, band shifting 현상이 발생하지 않은 것으로 추정할 수 있다. 반면 다른 위치에 있다면, band shifting이 발생한 것이다.」

band shifting 현상에 대한 연구사례가 축적될 때까지 앞서 NRC 보고서는 각 실험실이 분석된 시료에 대하여 명백한 band shifting 현상이 발생하였는지 단정할 수 없다는 태도를 취하도록 권고한 바 있다.

3) Southern Blotting

전기영동과정에서 band shifting 현상이 발생하는 것처럼, 제한효소절편다형성(RFLP) 기법의 southern blotting 단계에서 또 다른 문제가 발생할 수 있다. 겔이나 나일론막에 일종의 결함이 있을 수 있는데, 1992년 NRC 보고서 제2장은 모든 southern blotting 과정에서 혼성(hybridization)이 적절히 이루어졌는지를 확인하기 위하여 (분석대상이 된 시료 외에) 이미 파악된 DNA 시료를 사용하도록 원고하였다.

과학계는 band shifting이나 southern blotting과정의 결함과 같은 분석절차상의 문제점을 해소하고자 노력하였다. National Institute of Justice(NIJ)는 National Institute of Standard and Technology3에 DNA 실험실을 위한 표준적 분석 프로토콜 개발을 의뢰한 바 있고, 또한 관련 전문가를 중심으로 TWGDAM (Technical Working Group in DNA Anlysis Methods)를 구성하였다. 아울러, 1990년 9월, the American Society of Crime Laboratory Directors3는 DNA 분석 실험실에 대한 주기적인 숙련도 테스트를 포함하여 품질보증 프로그램 개발을 결정하였다. 또한 International Society of Forensic Haemogenetics에 의해 구성된 DNA Commission은 DNA 분석의 신뢰성을 확보하기 위하여 고안된 일련의 권고사항을 제안하였고, the Council of Europe과 the European Network of Forensic Sciences Institutes도 권고안과 함께 DNA 분석을 위한 최적의 분석절차를 제시하였다. 1992년 NRC 보고서 제4장에서, NRC Committee는 위 TWGDAM가 제시한 가이드라인을 제안하고 DNA 분석과 관련한 각 실험실이 품질보증과 숙련도

테스트와 관련하여 동 가이드라인을 준수하도록 추천하였다.[50] 아울러 1996년에
발간된 NRC 보고서 역시 동일한 권고안을 재차 강조하였다. the American Bar
Association's Guidelines on Biological Evidence도 또한 자체 품질관리와 외부기
관에 의한 숙련도 테스트의 중요성을 강조한 바 있다.[51]

2. 분석결과에 대한 일치판단과 관련한 문제점(Determining Whether There is a Match)

앞서 지적한 바와 같이 제한효소절편다형성(RFLP) 방식은 더 이상 주류적인
분석기법이 아니며 현재는 거의 사용되지 않는다. 그러나 미국의 사례에서 확인
할 수 있듯이, 재판지연이나 상소, 재심절차에 따라, 여전히 실무사례에서 동 방
식이 사용된 사건이 쟁점화 될 가능성이 있다. 따라서 역사적 관점만이 아니라
실무적으로도 제한효소절편다형성(RFLP) 사례에서의 일치판단의 결정방식을 살
펴볼 필요는 있다.

보통 분석결과에 따른 일치여부를 결정하기 위하여, 분석자는 자기방사촬영
결과를 육안으로 비교하거나 컴퓨터를 통한 자동식별하는 방식을 활용한다. 중
합효소연쇄반응(PCR) 분석에서는 dot blots 방식을 활용하기도 하며, 최근 주류
적 분석기법인 STRs 분석에서는 자기영동법(electropherograms)으로 육안으로 비
교하거나 역시 컴퓨터화 된 자동식별을 통해 판단한다.

1) 제한효소절편다형성 분석에 따른 자기방사촬영결과의 육안비교(Visual Comparison of the Autorads in RFLP Analysis)

NRC 보고서 제2장은 각 실험실이 객관적이고 계량화된 일치판단기준을 갖
추도록 요구하는데, 초기의 제한효소절편다형성(RFLP) 분석과 관련하여 자기방

50) Scientific Working Group on DNA Analysis Methods, Validation Guidelines for DNA Analysis Methods, http://swgdam.org/SWGDAM_Validation_Guidelines_APPROVED_Dec_2012.pdf(2014. 5. 28).
51) the American Bar Association's Guidelines on Biological Evidence, http://www.americanbar.org/publications/criminal_justice_section_archive/crimjust_standards_dnaevidence.html (2014. 5. 28).

사촬영결과에 나타난 일련의 밴드를 육안으로 판단함에 있어서 극히 주관적인
요소가 대량으로 개입할 우려가 있다는 문제점이 제기되었다. 종종 밴드가 명확
히 형성되지 못하거나 전기영동과정에서 분리되기도 하며, 밴드의 밝기가 떨어
지는 등 식별결과가 불명료할 수 있다. 이처럼 DNA 분석결과가 때로는 모호하
거나 판독이 어렵기 때문에, 분석자들은 결과해석을 놓고 오류를 범할 수 있다.
즉, 두 시료가 일치하는지 결과도출에 주관적 판단과 결부될 수 있다. 실제로
1991년 알칸사스 주 대법원은 DNA 증거의 증거능력을 인정하면서도 아래와 같
이 판시하여 일치여부의 판단에 문제가 있을 수 있다는 점을 시인한 바 있다.[52]

「당해 증거는 자기방사촬영결과가 때로는 모호하고 판독하기 어려우며, 분
석자가 밴드의 측정과 분석결과의 판독에서 오류를 범할 수 있음을 분명히
하고 있다. 두 시료가 동일한지의 여부는 주관적 판단기준과 결부될 수 있는
것이다.」

육안관찰에 의한 자기방사촬영결과의 판독오류라는 위험성의 견지에서,
American Association of Blood Banks(AABB)의 Parentage Testing Committee의
기준은 먼저, 자기방사촬영 또는 막(membrane)은 각기 다른 분석자에 의하여 독립
적으로 판별되어야 하고, 각기 독립적 판별결과가 일치여부의 결정에 있어서 주관
적 판단개재에 대한 이중적 안전장치로 기능할 수 있어야 함을 강조하였다.[53]

2) 컴퓨터에 의한 자동비교판단(Computerized Comparison of Autorads)

비교판독과정에서 주관적 판단기준의 개재를 최소화하기 위하여, FBI나
Lifecodes사 등 대부분 실험실들이 더욱 객관적인 제한효소절편다형성(RFLP) 방
식에 의한 판독결과를 확보하기 위하여 컴퓨터화된 디지털 시스템을 도입, 활용
하고 있다. FBI 실험실은 밴드를 정확히 측정하기 위하여 자기방사촬영결과를
스캔하는 비디오 시스템을 사용한다.[54] 즉, 절편의 길이를 측정한 후, 판독기준

---

52) Prater v. State, 820 S.W. 2d 429(Ark. 1991).
53) http://www.gep-isfg.org/archivos/201301/aabb.pdf(2014. 5. 28)
54) C. Bufefrey, T. Catterick, M. Greenhalgh, S. Jones & J. R. Russell, "Assessment of a
    Video System for Scanning DNA Autoradiographs", 49 Forensic Sci. Int'l 17, 1991, pp.

(match window 또는 criterion)을 적용하는 것이다. 그러나 제 아무리 조심스럽고 과학적인 측정이라도 부정확성은 문제될 수 있다. 이러한 이유로, 동일한 시료에 대한 반복적 테스트로, 각 실험실은 분석 기자재나 절차에 대하여 판독기준의 유효성을 검증하여야 한다. 동일 시료의 절편에 대하여 어느 정도의 편차가 기대될 수 있는가? 한 때, FBI는 2.5%의 편차기준을 채택한 바 있는데, Lifecodes사는 각 절편크기의 측정값이 약 2% 편차 내에 있다면 식별할 수 없다는 판독기준 (99.7% 신뢰도의 3표준편차)을 발표한 바 있다. 그러나 1989년 당시 Castro 사건에서 Lifecodes사가 발표한 일치판단기준은 1.8%였다.[55]

뉴욕 주 브루클린 주 법원의 Castro 사건에서, Lifecodes사 소속 분석자가 제시한 증거는 실제로는 밴드의 육안비교에 근거한 것이었다. 이 사건에서 4명의 분석자가 감정에 응하여 다음과 같은 감정결과를 보고하였다.

「지방검사에 제출된 공간된 자료 및 법과학적 보고서에 따르면, Lifecodes 사의 판단기준은 3표준편차 이하이다(즉, 밴드 사이즈 평균 1.8%). 비록 D2S44에서 단일 밴드가 관찰되고 D17S79에 기록된 보다 낮은 밴드가 육안으로 볼 때 근접하지만, 컴퓨터 판독은 기록된 밴드위치가 3표준편차 이상 차이가 있음을 제시하고 있다. Lifecodes사의 기준에 의하면, 이러한 밴드는 일치하지 않는다. 만일 실제 밴드의 길이가 100염기쌍이라면, 2.5% 편차는 최저 97.5, 최고 102.5의 측정값을 포함하게 된다.」

1992년 NRC 보고서 제2장은 각 실험실의 판별기준이 동일인으로부터 획득한 수개의 시료가 전형적인 실험조건에서 분리, 준비 그리고 분석될 때 관찰되는 실제 편차정도를 제시하는 재현검증(reproducibility studies)에 근거하도록 권고하였다. 과거 일부 실험실들이 겔상의 일정 지역에서 절편 크기의 평균 값 범위에 근거한 판단기준을 사용했던 반면, 다른 실험실은 순수하게 육안 판단기준을 사용하였으나, 동 보고서는 이러한 접근방식이 부적절한 것으로 거부하고, 판단기준으로 납득할 수 있는 재현검증을 통해 도출된 객관적 기준에만 근거하도

---

17 - 20.
55) People v. Castro, 545 N.Y.S.2d 985(Sup. Ct. 1989).

록 권고한 것이다.

위의 관점에서 Castro사건과 같이 분석과정에서 컴퓨터를 사용하지 않고 분석자의 최종결론도출의 유효성에 의문을 제기할 수 있지만, 컴퓨터의 활용 역시 문제점을 내포한다. 가령, 메릴랜드 주 경찰 범죄분석실은 DNA 분석에 히타치사의 FMBIO 시스템을 사용하였는데, 이 시스템은 겔을 스캐닝하고 분석자로 하여금 밴드의 신호강도를 조정할 수 있도록 하는 소프트웨어를 채용하고 있다. 이러한 편집특성은 원 데이터의 극단적 가공도 허용하는데, 전기영동파일에 대해 접근할 수 없다면, 원본 이미지인지 아니면 수정된 이미지인지 판별이 불가능하다. 이점은 볼티모어 Forensic Division of the Office of the Public Defender 의 분석자가 결국 이 소프트웨어를 입수하였는데, 원본 이미지와 가공된 이미지 사이의 차이를 극명하게 대조할 수 있었던 점에서 확인할 수 있다.[56]

3) PCR 공정상의 문제점(Examination of the Dot Blots in PCR testing)

앞에서 살펴본 것처럼 PCR 분석의 핵심단계로 색상변화를 야기하는 탐침의 추가여부를 결정하는 것이다. 이 경우, 분석결과 해석에 주관적 요소가 개재될 수 있다.

4) 자기영동도에 의한 STRs분석(The Analysis of the Electropherograms in STR Analysis)

STR 분석에서 원 분석정보 제시하기보다는 그래프 해석에 어려움을 야기하는 자기영동도(electropherogram)에 실제 정점(peak)값 판단을 어렵게 하는 가짜 정점(spurious peaks)이나 여타 기술적 오류(technical artifacts)가 발생할 수 있다. 즉, 예기치 못한 PCR 부산물이나 기자재의 한계, 기타 분석상 오류로 인하여 정점값 판단에 영향을 줄 수 있다.[57]

예를 들어 ① stutter라는 것이 있는데, 합성과정(synthesis)에서 DNA 가닥의

---

56) Michele Nethercott, "Faulty Forensic Evidence", 27 Champion 61, June 2003, http://www. nacdl.org/Champion.aspx?id=816(2014. 5. 28)

57) Paul C. Giannelli, Edeward J. Imwinkelried, Andrea Roth, Jane Campbell Moriarty, op. cit., pp. 81-83.

미끌림 현상(strand slippage)에 의하여 야기된다. 실제 정점(peak)값의 전후에 작은 정점으로 나타나는데, 마치 혼합시료에서 또 다른 시료제공자로부터 야기된 반응(secondary contribution)으로 오해될 수 있다.

다음으로, ② 차트상에 노이즈(noise)가 발생할 수 있다. 노이즈는 작은 배경 정점(small background peaks)의 형태로 차트의 기준선을 따라 나타난다. 다양한 원인이 있는데, 공기방울(air bubble), 요소결정(urea crystals), 오염 등을 지적할 수 있다. 노이즈는 불규칙적으로 작게 발생하지만 종종 실제 정점값으로 혼동되거나 이를 덮어버릴 정도로 큰 경우도 있다. 또한 ③ 시료의 양이 부족하거나 부패, 훼손되었을 경우, 대립유전자 탈락현상(allelic dropout)도 발생할 수 있는데, STR 분석 시 일정한 좌위에서 시료제공자의 2개 대립형질 가운데 하나 또는 어느 것도 검출되지 않는 경우를 말한다. 그리고 ④ 한 색상의 정점값이 다른 색상의 정점값으로 잘못 해석되는 경우가 발생할 수 있는데, 이를 pull-ups 또는 bleed-through라고 한다. 이 현상은 각기 다른 염료를 구별하는 소프트웨어의 오류에 의하여 발생하며, ⑤ 모세관 이동과정에서 미세한 공기방울이 포함되거나 과전압에 의하여 발생하는 spikes, narrow peaks 현상도 있다. 이외에 ⑥ 가짜 정점값에 해당하는 blobs가 있다. 이 현상은 염료가 DNA 시료로부터 이탈하고 이것이 감지기를 통해 확인되면서 나타나는 현상이다. 통상 정상적인 정점값보다 넓은 형태를 띠는데, 실제 정점값을 가려버릴 수도 있다.

이러한 기술적 문제점이 현실화하면, 자기영동도를 해석하기는 매우 어려워진다. 가짜 정점은 분석시료에 또 다른 출처(기여자, contributor)가 있는 것으로 해석되기도 하고,[58] 실제 모든 대립형질에서 일치함에도 용의자를 잘못 배제하거나 정확한 정점을 가려버려 잘못된 해석을 야기할 수 있다. 이러한 기술적 문제를 해결하기 위하여, 실험실은 상대적 발광인자(Relative Fluorescence Units, RFU)를 일정 수준 이하 정점값을 무시하도록 소프트웨어를 설정하는 방법을 취하고 있다. 또한 실제 PCR 결과에 따른 정점값과 가짜를 구별하기 위하여 Peak Amplitude Threshold(PAT)를 이용할 수 있는데, 프린트되지 않는 RFU 이하로 임계값을 조정한다. 에를 들어, Applied Biosystems는 ABI Prism 310 Genetic

---

58) M. Dolan & J. Felch, "The Danger of DNA : It Isn't Perfect", L. A. Times, Dec. 26, 2008, http://articles.latimes.com/2008/dec/26/local/me-dna26(2014. 5. 28).

Analyzer에 대하여 150 RFU로 임계값을 조정하도록 권고하였다.[59] 그러나 어느 정도 이상 높이가 실제 정점값인지에 대하여 임계값에 대한 합의는 없는 상태이다. 따라서 주관적 판단개재의 여지가 있는 것이다. 또한 자기영동도가 크고 짧은 정점 모두를 제시한 경우, 분석자는 혼합시료를 상정하여 큰 쪽은 주된 기여자, 작은 쪽은 이차적 기여자로 판단할 수 있다. 그러나 일부 사례에서 이러한 판단은 잘못된 것일 수도 있다.[60] 많은 사례에서 유일한 해결책은 시료를 재분석하는 것이다.[61]

실험실의 분석결과를 재검토하기 위하여, 당해 실험실에 대하여 원 자료 파일의 제출을 요구하여야 한다. 최종 분석결과로 증거개시 과정에서 공개되는 자기영동도는 비교적 판독하기 쉽다. 그러나 원본 파일을 본다면, 실제 완전한 자기영동도는 훨씬 분석하기 어려울 뿐만 아니라, 분석자도 반박할 수 없을 정도로 단순한 추론을 한하기도 곤란하다.

3. 혼합시료 분석의 문제(Mixed Samples)

성폭력 사건에서, 분석자는 종동 용의자의 정액이 피해자의 상피세포와 혼합된 시료를 분석하게 되는데 분석과정은 단일시료보다 더욱 복잡하다. 일반적으로 3단계 분석과정을 거치는데, ① 분석된 데이터로부터 각 기여자의 유전형(genotype)을 추론하고, ② 추론된 유전형을 용의자의 유전형(때로는 비교시료의 유전형)과 비교한다. 그리고 ③ 통계적으로 유전형의 일치정도를 판단하게 된다.

---

59) Allan Jamieson, "The Philosophy of Forensic Science Identification", 59 Hastings L. J. 1031, 2008, pp. 1040 – 1041, http://www.academia.edu/216906/The_Philosophy_of_Forensic_Scientific_Identification(2014. 5. 28).

60) D. R. Paoletti, T. E. Doom, C. M. Krane, M. L. Raymer & D. E. Krane, "Empirical Analysis of the STR Profiles Resulting from Conceptual Mixtures", 50 J. Forensic Sci. 1361, 2005, pp. 1361 – 1366, http://www.bioforensics.com/leiden09/empirical_mixtures.pdf (2014. 5. 28).

61) Thompson & Krane, DNA in the Courtroom, in J. Moriarty, Psychological and Scientific Evidence in Criminal Trials §11:26, at 11 – 49, 2003, http://www.bioforensics.com/articles/Chapter11.pdf(2015. 5. 28).

1) 통상적 분석방법으로서 각 기여자의 유전형 추론(The Prevailing Practice: Inferring the Genotype of Each Contributor)

전형적 사례에서 만일 시료가 단일 출처로부터 유래된 것이라면, 각 좌위에서 하나 또는 두 개의 정점만 자기영동도에 나타날 것이다. 또 유전형이 동형접합체(homozygote)인 경우, 하나의 정점만 나타날 수 있다. 그러나 하나는 아버지 또 하나는 어머니로부터 물려받은 경우(이형접합)는 두 개로 나타난다. 그러나 자기영동도가 단일 좌위에서 다수의 정점을 포함하고 있다면, 분석자는 혼합시료를 의심하게 된다. 다만, 이를 단정할 수는 없는데 앞서 살펴본 바와 같이, 과전압이나 모세관 이동과정에서의 공기방울 등에 분석과정에서 발생한 오류가 포함될 수 있기 때문이다. 이러한 정점은 통상 5~10 RFU 정도의 높이로, 일반적인 혼합시료 분석프로토콜하에서, 분석자는 이러한 정점값은 버리거나 분석결과에서 무시할 수 있다.

분석과정의 결함으로 판단하여 정점값을 버린 후, 분석자는 타당한 유전형질을 확인하기 위한 절차로 이행한다. 하나 또는 그 이상의 좌위에 2 또는 그 이상의 유전형질이 확인이 결론지어진 때는 이 시료는 혼합시료로 본다.[62] 그러나 다수의 유전형질의 확인이 곧바로 이러한 결론을 의미하는 것은 아니다. 우선, 일부의 경우, 3개의 유전형질을 갖고 있는 사람(tri-allelic pattern)도 있다. 즉, 흔한 사례는 아니지만 단일시료로부터 유래한 프로파일 내 1개 좌위에서 3개 유전형질의 정점이 관찰되기도 한다. 더욱이 앞서 언급한 것처럼, 상당수 실험실이 50~100 RFU와 같이 사전에 결정된 정점높이의 임계값을 활용하고 있다. 이들은 PCR 증폭이 유전형질을 충분히 증폭시킬 수 없다는 내재적 가변성으로 인하여 발생하는 확률적 효과에 대한 고려로 이러한 방법을 사용하는 것이다. 즉, PCR 증폭은 불규칙적 공정으로 100% 유효한 것이 아니다. 특정 정점값이 임계값보다 낮다면, 재차 분석자는 그 정점값과 데이터를 당해 분석과정에서 버린다. 임계값

---

62) B. Budowle, A. J. Onorato, T. F. Challagham, A. D. Manna, A. M. Gross, R. A. Guerrieri, J. C. Luttman & D. L. McClue, "Mixture Interpretation: Defining the Relevant Features for Guidelines for the Assessment of Mixed DNA Profiles in Forensic Casework", 54 J. Forensic Sci. 810, 2009, p. 811.

을 초과하는 정점에 대한 분석이 계속됨으로써 마치 남아 있는 정점은 모두 같은 높이인 것처럼 취급될 수 있는 것이다.

여기서 분석자는 최종 유전형질 리스트로 나타난 모든 정점에 대하여 가능한 모든 유전형질을 목록화하고, 극히 불가능한 경우도 포함하여 모든 가능성을 가설화한다. 또한 주요 기여자로부터 유래한 보다 큰 정점이 이차적 기여자로부터 유래한 낮은 값의 정점을 가릴 수 있는 가능성도 분명히 고려하여야 한다. 만일 두 기여자가 모두 같은 유전형질이라면, 주요 기여자의 정점이 이차적 기여자의 정점을 가릴 수 있다. 분석자는 기여자의 최소수를 결정한다(최대수는 판단될 수 없다). 이렇게 추정된 최소수는 가장 많은 수의 유전형질을 보여주는 좌위에 근거하여 이루어진다.

다음으로, 분석자는 각기 가능한 유전형질 쌍에 대한 발현빈도(확률)를 지정한다. 현재 보편적으로 활용되는 기법에 의하면, 각 쌍에 동일한 비율(모든 쌍이 동일한 비율을 갖는다)로 지정된다. 이 접근방식은 전부 아니면 '0'이라는 식으로, 분석자가 모든 정점을 버리던지 아니면 각 유전형질쌍에 동일한 가능성비를 부여하게 된다. 불가능한 유전형질 쌍은 그 발현빈도가 '0'으로 지정된다. 베이즈 정리에 따라, 유전형의 유전형질 쌍 사후확률(발현빈도)은 특정 인구집단 내에서 해당 유전형질이 확인될 사전확률(발현빈도)과 함께 앞서 전부 아니면 '0' 확률의 곱에 비례한다. 단순화한 균일확률을 사용하면 분석자는 단지 내포된 유전형질을 나열하게 될 뿐이다. 유전형의 발현빈도는 포함 일치 통계(inclusion match statistics)는 유전형질의 발현빈도 합의 제곱으로 계산될 수 있음에서 명확하게 고려될 수 없다.

만일 시료가 피해자의 DNA를 담고 있고, 피해자의 유전형도 이미 알고 있다면, 일부 실험실은 피해자의 유전형을 제외(substraction)한다. 이러한 제외는 분석자가 용의자의 유전형이 혼합시료의 잔여부분에 반드시 포함되어 있음을 분명히 하는 유전형질을 확인할 수 있게끔 한다. 이러한 제외가 유전형질 쌍의 발현가능성을 제외하면, 남아있는 유전형질은 보다 높은 확률을 갖게 된다. 보다 고도화된 확률적 배분은 최종 일치 확률의 식별력을 높이게 된다. 그러나 제외와 관련하여 상당한 논란이 있다. 따라서 많은 실험실이 피해자의 유전형을 제외하지 않고 있다.

2) 추론된 유전형과 피의자 유전형 간의 비교(Comparing the Inferred Genotyped to the Suspect's Genotype(the Reference Sample))

①단계 과정에서, 분석자는 피의자의 유전형(또는 참고시료)에 대한 고려 없이 기여자의 유전형을 추론할 수도 있겠지만, 현재 분석자는 혼합시료에 기여자의 유전형에 대하여 용의자의 유전형을 비교한다. 전통적인 분석절차에서, 이러한 비교는 3가지 결론 가운데 하나를 도출할 수 있는데, 첫 번째는 결론을 내리지 못하는 경우, 두 번째는 배제이다. 분석자는 피의자의 유전형이 갖고 있는 유전형질을 혼합시료에서 확인할 수 없는 때는 배제판단을 한다. 반면, 피의자의 시료에서 관찰되는 유전형질이 혼합시료에서 확인된다면 포함된 것으로 결론 내릴 수 있다.

3) 통계적 검증을 통한 증거의 증명력 보완(Expressing the Weight of the Evidence in Statistical Terms)

만일 용의자와 일치하는 유전형이 있다면, 분석자는 사실판단 주체인 배심 또는 법관에게 충분한 증명력을 제공하기 위하여 다음 단계로 이행한다. 이 단계에서 두 가지 접근방식을 고려할 수 있는데, ① 배제가능성 계산-분석된 혼합시료에 부분적 기여자로 무작위적으로 선정된 사람이 포함될 가능성과 ② 용의자가 포함될 가능성비의 계산이다. 이러한 접근방식들은 종종 이니셜만으로 RMNE(random man not excluded) 및 LR(likelihood Ratio)이라고 하는데, LR은 용의자 이외의 제3자가 기여자가 아닐 것이라는 가설하에 배제될 가능성비와 용의자가 시료(DNA 증거)의 기여자일 것이라는 가설하에 용의자가 포함될 가능성비를 대조함으로써 파악될 수 있다.

4) 컴퓨터에 의한 분석(The Emerging Computer-Based Approach)

미국 등에서 혼합시료의 분석 프로토콜로 위 방식이 널리 활용되지만, 다수의 실험실은 다른 접근방식으로 컴퓨터에 의한 양적 접근방식으로 선회하고 있다.

기존 방식에 대한 본질적 문제점으로 자기영동도에 현출된 데이터의 일부

를 버림으로써 충분한 판단자료를 제공하지 못한다는 점을 들 수 있다.[63] 앞서
살펴본 것처럼, 전통적 접근방식에서는 분석자가 분석과정에서 발생한 부산물
등에 의한 노이즈나 통계적 효과를 고려하여 임계값보다 낮다는 이유로 정점값
의 일부를 포기한다. 더욱이 이미 확인된 유전형질의 정점값의 차이가 무시된다.
과학에서 데이터를 포기하는 방법으로는 의문을 해소할 수 없다. 이러한 이유로
CyberGenetics사와 같은 DNA 해석 전문가들은 TrueAllele Casework system을
개발하였다. TrueAllele는 모든 정점값을 활용하는 확률적으로 유전형 모델의 컴
퓨터 계산 장치다. 현재의 주류적 방식에서 무시될 수 있는 정점을 포기하기보
다는 TrueAllele는 모든 데이터를 활용하여 유전자형의 발현빈도를 가령 어떤 염
기쌍의 경우 70%의 사후확률을 갖는 것과 같이 추정해낸다.

컴퓨터에 근거한 이러한 접근방식은 최종 LR에 대하여 극적 효과를 가져올
수 있다. 혼합시료와 관련한 펜실베이니아 주 사례인 Commonwealth v. Foley에
서,[64] 배심원은 3가지 형태의 LR을 제공받았는데, 첫 번째 감정인은 기존 방식
을 사용하여 피해자의 유전형을 제외하지 않고 LR을 계산하였다. 그 결과 코커
사스인 인구집단과 관련하여 1/13,000의 LR을 산출하였다. 두 번째 감정인은 기
존 방식을 따르되, 피해자의 유전형을 제외하고 LR을 산출하였다. 그 결과
1/23,000,000의 LR을 산출, 보고하였다. 마지막 세 번째 Cybergenetics사의 감정
인은 TrueAllele를 활용하여 1/189,000,000,000,000으로 LR을 확인하였다.

현재 혼합시료를 분석, 해석하는 접근방식에 다양한 변형이 있는데, 보다
새로운 혼합시료 해석방법은 데이터상에 나타난 모든 식별정보에 근거한 반면,
현재의 방법은 확률적 효과 등을 고려함으로써 개별 분석자의 판단을 단순화시
키기 위한 시도로 이해할 수 있다.[65]

---

63) P. Gill, C. H. Brenner, J. S. Buckleton, A. Carracedo, M. Krawczak, W. R. Mayr, N.
Morling, M. Prinz, P. M. Schneider & B. S. Weir, "DNA Commission of the International
Society of Forensic Genetics: Recommendations on the Interpretation of Mixtures", 160
Forensic Sci. Int'l 90, 2006, pp. 90−101.

64) Commonwealth of Pennsylvania v Foley, Case No. 2039 WDA 2009(PA Superior Ct., Feb.
15, 2012).

65) J. Buckleton & J. Curran, "A Discussion of the Merits of Random Man Not Excluded and
Likelihood Ratios", 2 Forensic Sci. Int'l: Genetics 343, 2008, pp. 343−348.

4. 일치판단에 관한 통계적 평가(Evaluating the Statistical Significance of a Match)

DNA profile의 일치판단이 갖는 의미에 대한 통계적 평가 내지 검증과 관련하여 종래 몇 가지 의문이 제기되어 왔다. 통계적 평가나 검증과정 없이 DNA 증거를 제시하는 경우(물론 상반되는 예도 있지만), DNA 증거의 증거능력을 인정할 수 있다는 선례도 있다.[66] 그러나 실제로 검증되지 않은 분석자의 일치판단을 증거로 제시하는 자의 경우는 거의 생각하기 어렵다. 아울러 미국 등의 경우 실무적으로도 통상, 증거를 제시하는 자는 보통 전체 유전형의 발현빈도를 추정하는 진술을 제시하고 있다. 1996년 NRC 보고서는 통계적 평가의 제시를 권고하고 있다. 1992년 NRC 보고서 제3장이 지적하는 것처럼, 의료목적을 위한 유전학적 상담사례 등에서 이러한 문제는 결코 일어나지 않는다. 의료현장에서 문제가되는 것은 부모가 특정한 유전형질을 자식에게 물려줄 수 있는지의 여부에 통상 국한한다. 따라서 상담자는 전체 인구집단에서 해당 유전형질의 발현빈도를 고려하지 않고서도 질문에 답할 수 있기 때문이다. 반면, 범죄사건과 같은 법과학현장에서, 검찰측은 DNA 시료의 출처가 될 수 있는 자의 집단을 최소화시키는데 상당한 관심을 갖는다. 따라서 전형적인 법과학적 분석사례에서, 분석자는 우연적 일치확률(random match probability)을 추정하기 위하여 곱의 법칙(multiplication or products rule)을 활용하게 된다. DNA marker의 일치여부를 판단한 후, 분석자는 각 marker의 발현빈도를 결정하고 모두 곱한다. 일부 견해는 베이즈 정리나 LR의 활용을 주장하기도 하지만, 미국 등에서는 multiplication이나 products rule 쪽이 보다 광범위하게 활용되고 있는 것으로 확인된다.

다만, multiplication이나 products rule은 일정한 조건이 갖추어진 경우에만 유효하게 사용될 수 있다. 즉, 각 marker의 개별 발현빈도가 신뢰할 수 있고 marker별로 상호 독립적이어야 한다. 또한 확률적 평가결과는 사실판단 주체에 대하여 정확히 설명되고 이해될 수 있어야 한다. 이하에서는 이점에 대하여 보다 상세히 살펴보도록 한다.

---

66) Turner v. State, 2002 Ala. Crim. App. Lexis 245(Ala. Crim. App. Nov. 22, 2002); 반대 견해로, United States v. Yee, 134 F.R.D. 161, 181(N.D. Ohio 1991).

1) 개별 DNA Marker의 발현빈도 추정의 신뢰성(Trustworthiness of the Individual Frequencies)

multiplication이나 products rule의 활용을 위한 하나의 필수조건은 각 DNA marker의 발현빈도(frequency) 추정이 신뢰할 수 있어야 한다는 점이다. 우선, 다양한 DNA 염기배열의 인구학적 발현빈도를 추정하기 위하여 제한된 데이터베이스가 요구된다. 대체로 분석에 필요한 데이터베이스는 헌혈자의 시료로 구성되는데, Lifecodes사의 데이터베이스는 2,400명을 포함하는 반면, Cellmark와 그 모 기업인 영국의 ICI사는 5,000명을 대상으로 10,000건의 테스트를 수행한 바 있다. 이러한 데이터베이스는 적혈구 항원(RBC antigen)과 같이 여타 많은 genetic marker에 대한 데이터베이스와 비교할 때 다소 그 규모가 작다. 그러나 AABB(Amenrican Association of Blood Banks)는 통상 한 집단 내에 200명을 대상으로 한 데이터베이스라도 그 집단에 대한 발현빈도의 유효적 통계적 검증을 산출할 수 있다는 입장을 취한다.[67] 또한 1992년 NRC 보고서 제3장은 다음과 같이 설명한 예가 있다.

「어떤 유전형질이 특히 높은 발현빈도를 갖는지 여부의 판단에 극히 대규모의 시료를 요하지 않는다. 무작위로 선정된 100명이 200개 유전형질에 대한 시료를 제공하고, 이 정도면 각 유전형질의 발현빈도를 추정하는 데 매우 충분하다.」

더 중요한 점은, 1990년대 이후에 들어서 분석에 활용된 대부분 데이터베이스가 상당한 규모로 확장되었다는 사실이다(참고로 미국의 CODIS 데이터베이스는 현재 7,000,000명의 범죄자 프로파일을 포함하고 있지만, 유전형질의 발현빈도를 산출하기 위해 사용되지 않는다).[68]

---

[67] JoAnn M. Longobardi, "DNA Fingerprinting and the Need for a National Data Base", 17 Ford. Urb. L. J. 323, 1989, p. 331, 349, http://ir.lawnet.fordham.edu/cgi/viewcontent. cgi?article=1334&context=ulj(2014. 5. 28).

[68] Paul C. Giannelli, Edeward J. Imwinkelried, Andrea Roth, Jane Campbell Moriarty, op. cit., p. 89.

2) 데이터베이스의 대표성

데이터베이스 규모에 대한 양적 관심과는 별개로, 그 대표성에 대한 심각한 양적 의문이 제기될 수 있다. FBI에서 사용되는 미 국민의 4개 주요 인종 카테고리(Caucasians, Blacks, Southwest Hispanics and Southeast Hispanics)에 대한 인구학적 발현빈도가 예를 들어, Hispanics in Miami, Huston, Blacks in isolated, rural community, American Asians 등과 같은 하위인구집단(subpopulation)에서도 유효한지 여부에 대한 연구가 여전히 진행 중이다.

3) 하디바인베르크 평형(Hardy-Weinberg Equilibrium)

하위인구집단 내에서 서로 다른 인종 간의 결혼 또는 동일 인종 간 결혼의 정도에 관한 몇몇 실증 예가 있다. 결혼이 무작위적이지 않다면, 하위인구집단은 소위 하디바인베르크평형(hardy-weinberg equilibrium) 상태가 아닐 수 있다.[69]

---

[69] 하디바인베르크평형이란 어떤 집단(population)에서의 일정한 유전형질이 세대변화에도 불구하고 동일하게 유지된다는 집단유전학적 원칙을 말한다. 1908년 영국의 수학자 G.H. Hardy와 독일 의학자인 W. Weinberg에 의하여 각기 거의 동시에 발표된 이론으로, 영국 케임브리지 대학의 멘델학파 유전학 교수인 Punnet은 멘델의 유전법칙에 따른 분리 비에 따라, 유전적으로 짧은 손가락이 긴 손가락에 비하여 우성이므로, 세대가 거듭된다면, 짧은 손가락을 가진 사람의 수가 많아져야 하는데, 실제로는 그렇지 않다는 점에 의문을 품고, 스스로 이 문제를 논리적으로 설명할 수 없게 되자, 같은 학교의 동료교수인 수학자 하디에게 도움을 청하여 그가 이 문제를 수학적 논리에 의하여 간단하게 설명하게 되는데 이 것이 바로 하디바인베르크평형이다.

예를 들어, 인간이 유전자가 두 개의 대립유전자 A, a로만 이루어져 있다고 가정하고, 개체 간 번식은 생식세포에 의한 유성생식을 한다고 가정하면, 멘델의 분리 비에 따라 자손은 각각 1 : 2 : 1의 형태를 갖는다.

[예]

부모 Aa × Aa

자손 AA Aa As aa

이때, 대립유전자 A의 발현빈도를 p, a의 발현빈도를 q라고 하면, $p+q=1$이라는 등식이 성립하게 된다. 그렇다면, AA유전자형의 발현빈도는 p2의 빈도로, Aa유전자형의 발현빈도는 2pq로 파악될 수 있다. 그렇다면, A대립유전자의 발현빈도는 p2+2pq/2가 된다. 따라서 $p+q=1$인 점을 고려한다면, 자손집단에서의 A유전자형의 발현빈도는 p2+pq= p(p+q)=p라는 결론에 도달할 수 있게 된다. 그렇다면 결국 특정 유전좌위에 대한 대립유전자의 출현빈도는 세대에 관계없이 일정하게 유지될 수 있다는 결론에 도달할 수 있다.

따라서 이러한 하위인구집단 내의 발현빈도는 보다 광범위한 집단의 발현빈도와 달라지게 된다.[70] 앞서 언급한 Castro사건에서 피고인 측이 이러한 쟁점을 지적한 바 있는데, 법원은 이에 대하여 1989년 Wesley 사건에서 제기된 문제점을 지적한 바 있다.[71] 이 당시, NRC는 DNA 분석에 대한 1992년 첫 보고서를 준비하던 중으로, DNA 발현빈도에서 일부 하위구조가 존재한다는 지적이 있었다.

「인구집단의 구조화 범위에서 지표는 동형접합의 수이다. 즉, 부모로부터 동일한 유전형질을 물려받음으로 인하여 일정한 탐침에 대하여 두 개가 아닌 하나의 밴드만을 갖는 개인의 수를 말한다. 만일 유전적으로 유사한 사람들이 서로 결혼하게 되면, 동형접합은 증가하게 된다. 몇몇 집단유전학자들은 최근 Lifecodes사와 Cellmark사의 데이터베이스를 조사하였고, 이러한 데이터베이스가 무작위적으로 결혼한 인구집단 내에서 기대되는 동형접합 수의 몇 배를 갖고 있는 것으로 결론내렸다. 인구집단의 구조화와 관련한 또 다른 지표는 마이애미와 휴스톤으로부터 수집된 FBI의 히스패닉 데이터베이스에서 발견된다. 상당수 유전형질의 발현빈도에서 두 도시 간에 현격한 차이가 있다.[72]」

결국, 모집단의 유전적 특성이 균질하여야 한다는 하디바인베르크평형이 유지될 수 있어야 지만, 특정 유전형질의 발현빈도에 관한 통계적 검증은 일단 신뢰할 수 있게 된다. 그러나, 하디바인베르크 법칙이 긍정될 수 있기 위하여 몇 가지 전제조건이 필요하다. 먼저, ① 모집단의 집단구성원 내의 생식은 반드시 무작위적 유성생식에 의하며, ② 집단구성원의 이주 등의 현상이 없어야 하며, ③ 돌연변이가 발생이 없어야 한다. 또한 ④ 집단의 크기가 무제한이어야 한다는 점과 ⑤ 2배체 염색체(즉, 성염색체가 아닌)에만 적용할 수 있고, ⑥ 자연선택에 해당되지 않는 유전적 특성이어야 한다는 점도 중요하다. 이러한 전제조건이 유지되는 집단을 이상집단(ideal population)이라고 하는데 이러한 집단은 개념상으로 일 뿐 실제로는 존재할 수 없다. 최상규, 과학수사 -이론과 실제- (서울: 법문사, 1998), 297면; 김승현 외 7인 공저, 유전자감식(서울: 탐구당, 2001), 156-159면; Geroge B. Smith & Janet A. Gordon, "The Admission of DNA Evidence in State and Federal Courts", Fordam Law Review 65. 2465, May. 1997, pp. 2473-2477.

70) Halverson & Basten, "A PCR Multiplex and Database for Forensic DNA Identifiaction of Dogs", 50 J. Forensic Sci. 352, 353(2005).

71) People v. Wesley, 533 N.Y.2d 643(Misc. 1989).

72) M. Allen, T. Saldeen, U. Petterson & U. Gyllensten, "Genetic typing of HLA Class Ⅱ Genes in Swedish Populations : Application to Forensic Anlysis", 38 J. Forensic Sci. 554, 1993, pp. 554-570; 하위인구집단이 존재할 가능성에 대한 우려를 제시한 예로, Commonwealth v. Curnin, 565 N.E.2d 440(Mass. 1991).

  1992년 NRC 보고서 제3장은 대규모 인구집단에서 어떤 유전형질이 1%의 발현빈도를 갖더라도, 특정 하위그룹에서는 20%의 발현빈도를 가질 수 있다는 가설을 제시하였다. 이러한 가설적 추정에 따르면, 유전형질에 대한 동형접합의 발현빈도는 대규모 집단에서 1/10,000로 계산될 수 있지만 하위집단에서는 실제로 1/25이 될 수도 있다.

  제한효소절편다형성(RFLP) 분석에서 하위 인구집단의 문제점을 해소하기 위하여, FBI 실험실은 발현빈도를 산출하기 위해 소위 'fixed bin'절차를 개발하였다.

> 「'bin'은 자의적으로 정의된 염기쌍 범위를 의미한다. 예를 들면, FBI가 사용하는 하나의 bin은 872~963 염기쌍 범위를 갖는다. 따라서 이 범위 내의 염기쌍을 갖는 어떤 유전형질이라도 모두 동일한 bin에 속하는 것으로 분류된다. 다음으로 FBI는 유전형질의 발현빈도에 관한 데이터베이스를 구축하기 위해 특정 인구집단을 대상으로 시료를 수집한다. FBI는 코카서스, 흑인, 히스패닉, 아시안에 대한 데이터베이스의 구축을 완료하거나 구축 중으로, 코카서스 데이터베이스는 미국 전역의 약 225명의 연방요원의 혈액시료로 구축하였다. 이후 각 혈액시료에 대한 자기방사촬영을 하고 유전형질을 측정하여 적절한 bin 내로 카테고리화 하였다. 따라서 각각의 bin 내에 해당하는 유전형질의 발현빈도가 계산될 수 있다.[73]」

  만일 밴드의 실제 길이가 100염기쌍이라면, 2.5% 편차는 97.5~102.5염기쌍을 동일한 측정값으로 묶을 것이다.

  FBI는 fixed bin 접근방식이 하위집단에서 발생할 수 있는 잠재적 오류에 대한 보상 이상으로 발현빈도에 관한 극히 보수적 추정치를 제시하는 것으로 주장하였다.[74] 즉, bin 범주는 염기쌍 수의 측정에서 발생할 수 있는 오류의 2배 이상에 해당한다는 것이다. 한 전문가에 의하면, 각 bin에 속하는 유전형질의 발현빈도는 하위집단에서의 실제 발현빈도보다 평균 최소 2배 이상이며, 유전형질

---

73) United States v. Jakobetz, 747 F. Supp. 250, 253(D. Vt. 1990), aff'd, 955 F.2d 786(2d Cir. 1992).
74) People v. Lindsey, 868 P.2d 1085(Colo. App. 1993), aff'd, 892 P.2d 281(Colo. 1995).

이 하나의 bin에 포함된다면, FBI는 그 유전형질을 보다 높은 발현빈도의 bin에 속하는 유전형질로 카테고리화 하게 되는 것이다.

그러나 일부 전문가들은 fixed bin 기법에 대해 의문을 제기하였다.[75] 이들은 한 인구집단이 하디바인베르크 평형상태에 있지 않다면, 그 집단의 발현빈도는 하위집단에서 타당성을 상실한다는 점을 지적하였다.[76] 평형상태가 추정되기 위한 요건의 하나는 집단 내에 무작위적 교배가 있어야 한다는 점이다. 그러나 가령 미국의 경우에도 소속한 집단 내에서 결혼하는 인구집단 내 관행인 족내혼 (endogamy)이 있으며, 다인종사회의 특성을 강조하면서, 히스패닉과 같은 거대 집단에 대한 발현빈도를 푸에르트리코, 멕시칸 등과 같은 독특한 하위집단에 적용하는 것이 과연 타당한지 의문을 제기하였다. 아울러 1992년 NRC 보고서도 히스패닉과 같은 거대 집단은 다소 다른 발현빈도의 유전형질을 갖는 하위집단의 혼합체라고 명시한 바 있다.[77]

반면, FBI의 binned allele frequency 활용을 옹호하면서 이 기법이 오히려 피고인 측의 방어활동에 유리할 수 있다는 견해도 있다. 즉, 극히 보수적으로 발현빈도를 높게 평가하여 random match probability의 가치를 낮추게 되는 결과를 가져올 수 있다는 것이다.[78]

이러한 논란과 관련하여, FBI 국장인 William Sessions은 DNA 일치판단에 관한 통계적 평가에 관한 아래와 같은 견해를 발표하였다.[79]

「Lewontin과 Hartl에 의하여 제기된 우려는 새로운 것이 아니며 DNA 일치 판단에 관한 FBI의 계산방식을 승인한 수 많은 법원에 의하여 이미 고려된 것이다. 이들은 DNA 분석과 관련한 쟁점에 대하여 장황한 견해를 제시한

---

75) United States v. Yee, 134 F.R.D. 161, 182(N.D. Ohio 1991).

76) 주. 256, Lewontin & Hartl, "Population Genetics in Forensic DNA Typing", 254 Science 1745(Dec. 20, 1991).

77) Paul C. Giannelli, Edeward J. Imwinkelried, Andrea Roth, Jane Campbell Moriarty, op. cit., pp. 92−93.

78) R. Chakraborty & K. K. Kidd, "The Utility of DNA Typing in Forensic Work", 254 Science 1735, Dec. 20, 1991, pp. 1735−1739.

79) Paul C. Giannelli, Edeward J. Imwinkelried, Andrea Roth, Jane Campbell Moriarty, op. cit., p. 93.

United States v. Yee, 48 CrL 1193(DC. N. Ohio, 1990)사건에 특별히 주목한 것에 불과하다. Lewontin과 Hartl은 그 사건에서 피고인을 위해 진술하였으나 법원은 궁극적으로 FBI의 판단결과와 통계적 분석을 승인하였다.」

상당한 시간적 경과에 따라 보다 규모가 큰 데이터베이스의 개발은 이러한 우려의 상당 부분을 해소할 수 있고, 다수의 주 정부가 보다 신뢰할 수 있는 발현빈도의 추정을 위한 대규모 데이터베이스 구축과정에 있다. 결국, 대부분 하위인구집단에 대한 많은 수의 시료를 포함할 수 있도록 데이터베이스가 팽창한다면, 분석자는 용의자를 직접 그가 소속된 하위인구집단에 대한 데이터베이스와 비교할 수 있게 될 것이다. 대부분 주 정부가 현재 유죄확정판결을 받은 모든 범죄자 또는 성범죄와 같이 특정범주의 범죄자들에게 DNA 분석 및 데이터베이스 구축에 필요한 시료제공을 요구하고 있고,[80] 나아가 25개 주는 또한 피의자로부터 시료를 수집하고 있으며,[81] 2010년을 기준으로 할 때, 약 78,000,000명의 범죄자 프로파일이 CODIS에 포함되어 있다.[82] 그러나 original population database는 범죄자 데이터베이스에 의하여 구축되는 것이 아니다. 다만, 데이터베이스의 확장이 보다 정확한 발현빈도의 개발을 용이하게 할 수는 있다. 물론, 현 시점에서도 하디바인베르크 평형과 연관평형(linkage equilibrium)의 가정에 대하여 일부 의문제기가 있다.[83] 또한 애리조나 주 Dept. of Public Safety Crime Lab.에 대한 조사를 진행하는 과정에서, 기대보다 훨씬 빈번하게 9개 유전 좌위가 일치하는 점이 발견되기도 하였는데, 이는 추가적인 증명의 필요성을 반증하는 예로 이해될 수 있다.

---

80) 버지니아 주의 DNA 데이터베이스법에 대하여 합헌으로 판단한 사례로, Jones v. Murray, 763 F. Supp. 842(W.D. Va. 1991).

81) DNA Resource.com, Quarterly Forensic DNA Resource Report, Jan. 2012, http://www. dnaresource.com/documents/2012_1.pdf(2014. 5. 28)

82) Andrea L. Roth, "Safety in Numbers? Deciding When DNA Alone Is Enough to Convict", 85 N.Y.U.L. 1130, 2010, pp. 1140−41.

83) L. D. Mueller, "Can Simple Population Genetic Models Reconcile Partial Match Frequencies Observed in Large Forensic Databases?", 87 J. Genetics 101, 2008, pp. 101−108.

4) 통계적 평가와 관련한 1992년 및 1996년 NRC 보고서

1992년 NRC 보고서는 제3장에서 각 실험실이 발현빈도를 추정함에 있어서 한계설정원칙(ceiling principle)을 사용할 것을 권고하였다.[84] 동 보고서의 집필위원회의 ceiling principle 접근방법은 다음 절차를 수반한다.

「연구자들은 상대적이지만 유전적으로 각기 동일한 15~20개 인구집단으로부터 추출한 100명을 대상으로 테스트를 진행하여야 한다. 위원회는 영국, 독일, 이탈리아, 러시아, 나바호, 푸에르트리코, 중국, 일본, 베트남 및 서아프리카와 같은 예시적 그룹으로 들고 있다.

발현빈도의 추정에 있어서, 실험실은 일반적으로 어떠한 인구집단에서 발견되는 가장 높은 발현빈도를 사용하여야 한다. 이 수치는 95% 신뢰한계까지 올라가게 된다.[85] 이 수치가 ceiling이 된다. 보다 구체적으로, 어느 인구집단 중에서 가장 큰 발현빈도 또는 5%로 보다 더 큰 쪽이 ceiling frequency가 된다.[86]」

이 절차는 실험실이 피고인의 인종적 배경에도 불구하고 보고할 발현빈도를 보수적으로 산출하기 위해 고안되었다. 아울러, 단기적으로는 수정된 한계설정원칙(modified ceiling principle)의 활용을 권고하였다.

「실험실은 먼저 복합탐침법에 의한 관찰된 유전형이 데이터베이스에 보존된 샘플과 일치하는지를 확인한다. 만일 일치하지 않는다면, 실험실은 사실판

---

84) ceiling principle은 Baylor College의 Thomas Caskey 교수에 의하여 제안되었는데, DNA 분석에 따른 일치결과가 갖는 의미에 대한 통계적 평가와 관련하여 모집단 선정 시, sub-racial group의 문제를 해소하기 위하여, 먼저 동질적인 인종별 sub-group으로부터 random DNA type sample을 확보하고, 범행현장에 확보된 샘플과 관련하여 모든 인종별 sub-group에 대하여 가장 높은 발현빈도 값을 구하여 이를 기준으로 random matching probability 값을 확정하는 것을 말한다. Sue Rosenthal, "My Brother's Keeper: A Challenge to the Probative Value of DNA Fingerprinting", American Journal of Criminal Law 23. 1995, pp. 134, 204-205.

85) State v. Johnson, 992 P.2d 294, 299 n.5(Ariz. 1996).

86) People v. Prince, 156 P.3d 1015 n.22(Cal. 2007).

단주체에게 데이터베이스 조회에도 불구하고 일치결과를 확인할 수 없음을 통보할 수 있다. NRC 보고서는 FBI 데이터뱅크에 대하여 최근 보고된 분석에서, 5개 좌위의 DNA 프로파일에서 정확히 일치하는 염기쌍이 확인되지 않았고 가장 근접한 일치는 7,600,000쌍과의 비교 가운데 단 하나의 3개 유전 좌위 일치결과였다는 점을 언급하였다. 이러한 유형의 진술은 사실판단주체에게 유전형의 희소성에 대한 일정한 이해를 제공하게 된다.

주어진 어떤 조건하에, 실험실은 ceiling principle의 보수적 수정을 토대로 인구집단 내 발현빈도를 산출해낼 수 있다. 여기서 부여된 조건은 실험실이 최소한 3개 이상의 주요 인종에 대하여 분석하고 데이터베이스가 하디바인베르크 평형상태에 있는지가 검토되어야 한다는 점을 포함한다.

실험실은 이후 현재의 각 인구집단시료에서 유전형질의 발현빈도에 대하여 95% 이상의 신뢰한계로 계산하고, 이러한 수치 가운데 가장 큰 수치 또는 10% 가운데 보다 큰 쪽으로 발현빈도를 추정해낼 수 있다.」

그러나 이와 같은 1992년 NRC 보고서의 제안은 극히 강하게 비판되었다. 우선, ceiling principle은 과학으로 가장된 정책적 판단이며, 위원회는 인구집단 내 하위집단과 관련한 위험성을 과대평가하고 이를 극복하기 위하여 비과학적 기법에 의존하였다는 점이 지적되었다. 나아가 몇몇 연구결과의 예외와[87] 함께 가장 최근의 연구결과는 1992년 보고서가 하위인구집단의 위험성을 지나치게 과대평가한 것으로 지적하였다.[88] 또한 ceiling principle은 지나치게 엄격하여 과학적인 발현빈도를 추정해낼 수 없다는 문제점도 제기되었다.[89] 아울러, The

---

87) Springfield v. State, 860 P.2d 435, 446(Wyo. 1993); G. Mertens, E. Jeheas, S. Rand, K. Van Russel, W. Jacobs & E. Van Marck, "Population Genetic Analysis of Moroccans Residing in Belgium Using 15 STRs of the Identifier Kit", J. Forensic Sci. 442,(2006), p. 443.

88) D. Marjanovic, N. Pojskic, J. Davoren, L. Kovacevic, A. Durmic, N. Bakai, K. Drobnic, D. Primorac, V. Skaro, K. Bajrovic & R. Hadziselimovic, "Population Data at Two Short Tandem Repeat Loci D2S1338 and D19S433 in the Sample of Multinational Bosnia and Herzegovina Residents", 51 J. Forensic Sci. 1219, 2006, pp. 1219−1220.

89) TWGDAM, "Consensus Approach for Applying the Ceiling principle to derive Conservative Estimates of DNA Profile Frequencies", Crime Lab. Digest Vol. 21 No. 2, 1994, pp. 21−26, https://www.ncjrs.gov/pdffiles1/Digitization/149587NCJRS.pdf(2014. 5. 28); D. H. Kaye , "The Forensic Debut of The National Research Council's DNA Report:

DNA Commission of the International Society for Forensic Haemogenetics도 ceiling principle의 문제점을 지적한 바 있다.[90]

한편, 더 중요한 점은 DNA 분석에 관한 1996년 NRC 보고서는 ceiling에 관한 종전 입장을 번복하였다는 것이다. 1996년의 동 보고서는 최신 연구결과에 기초하여, 앞서 권고한 원칙을 활용할 필요가 없다고 하였다.[91] 또한 1980년대 후반의 일부 연구사례들이 데이터베이스가 하디바인베르크 평형상태인지 여부에 대하여 의문을 제기하였지만, 평형상태로부터의 이탈은 문제되지 않는 것으로 드러났다.[92] 이와 같은 수정과 함께, 동 보고서는 random match probability의 계산에 전통적인 products rule의 사용을 권고하였다. 나아가 하위인구집단의 데이터베이스가 구축되기 시작하고 있으며,[93] mtDNA 데이터베이스도 구축, 지속적으로 보완되고 있는 점도 이러한 변화의 배경요인으로 볼 수 있다.

5) 인종적 카테고리 설정과 관련한 새로운 문제제기(The New Controversy over the Use of Racial Categories)

1996년 NRC 보고서 이후, 대부분 실험실은 광범위한 인종적 카테고리에 대한 인구발현빈도(population frequency)를 활용하는 관행이 다시 자리 잡게 되었다. 그러나 최근 법원에 대하여 이러한 통계적 검증결과를 배척하고 대신 구별되지 않은 일반적 인구집단에 대한 인구발현빈도(population frequency)를 활용하

Population structure, Ceiling Frequencies and the Need for Numbers", 96 Genetica 99, 1995, pp. 99−105; D. H. Kaye, "DNA Evidence : Probability, Population Gentics and the Courts", 7 Harv. J. of Law & Tech. 101, 1993, p. 168.

90) Paul C. Giannelli, Edeward J. Imwinkelried, Andrea Roth, Jane Campbell Moriarty, op. cit., p. 102.

91) National Research Council, The Evaluation of Forensic DNA Evidence ES−2. ES−3, 0−21, 0−32, 5−32, 5−33(Pre−pub. draft 1996), http://www.nap.edu/openbook.php?record_id=5141&page=R9 및 https://www.ncjrs.gov/pdffiles1/Digitization/166538NCJRS.pdf (2014. 5. 28).

92) D. H. Kaye, "Bible Reading : DNA Evidence in Arizona", 28 Ariz. St. L.J. 1035, 1996, p. 1056.

93) 주. 276, S. J. Walsh, C. M. Triggs, J. M. Curranm, J. R. Cullen & J. S. Buckleton, "Evidence in Support of Self−Declaration as a Sampling Method for the Formation of Sub−Population DNA Databases", 48 J. Forensic Sci. 1091, 2003, pp. 1091−1093; Dayton v. State, 89 P.3d 806(Alaska Ct. App. 2004).

여야 한다는 견해가 제시되고 있다. 이들은 인종적 카테고리의 활용은 특정 인종과 유전 및 폭력범죄의 불필요한 연관으로 인하여 극히 편견적이고 차별적이라는 점을 주장한다.[94] 또한 인종은 생물학적 의미는 없고 사회적이고 정치적 구성물임을 주장하기도 한다.[95] 그러나 현재까지 어떤 법원도 이러한 주장을 인정한 바 없고 DNA 분석과 관련한 사례에서 인종집단에 대한 random match probability에 관한 진술을 금지한 예도 없다.

6) 개별 Marker간의 독립성(The Independence of the Markers Identified)

각 좌위의 유전형에 대한 개별적 발현빈도의 신뢰성은 multiplication rule의 적용에 필수적 요소는 아니고 오히려 각 좌위별 독립성이 중요하다. 앞서 설명한 바와 같이, 기존에 대부분 실험실은 발현빈도보고에서 products rule에 따라, 전체 우연적 일치확률(random match probability)을 산출하기 위하여 DNA 시료에서 확인한 각 좌위별 type에 대한 발현빈도를 곱한다. 그러나 products rule은 각 개별인자가 독립적인 경우에만 활용할 수 있다. 각기 다른 좌위의 유전형이 통계적으로 독립적일 때, 이를 연쇄평형(linkage equilibrium)이라 하는데,[96] 평형상태가 유지되지 않는다면 각 인자가 의존적으로, multiplication rule의 적용은 부적절하다.

독립성에 관한 대다수 실험실의 주장과 관련하여, 특히 다른 염색체의 유전좌위에 대하여 단일탐침을 사용한 때는 일정부분 설득력이 있다.[97] 각기 다른 염색체상의 genetic marker사용은 각 marker 간에 연관성이 있을 가능성을 낮춘다. 1992년 NRC 보고서 제1장은 서로 다른 염색체의 유전좌위를 분석하도록 권고하였다(분리된 염색체의 좌위를 분석할 수 있는 능력은 1992년 NRC 보고서도 권고하는 단일탐침법의 장점 가운데 하나이기도 하다). 미국에서 최초로 법과학적 DNA 분

---

94) Dov Fox, "The Second Generation of Racial Profiling", 38 Am. J. Crim. L. 49, Nov. 2010, pp. 52-66.
95) Christian Sundquist, "Science Fictions and Racial Fables: Navigating the Final Frontier of Genetic Interpretation", 25 Harv. Balckletter L. J. 57, 2009, pp. 60-66.
96) J. Halverson & C. Basten, "A PCR Multiplex and Database for Forensic DNA Identification of Dogs", 50 J. Forensic Sci. 352, 2005, p. 353.
97) Willliam C. Thompson & Simon Ford, "DNA Typing: Acceptance and Weight of the New Genetic Identification Tests", 75 Va. L. Rev. 45, 1989, pp. 85-86.

석이 이루어졌을 때, 각 좌위별 독립성에 관한 가설을 검증하기 위하여 극히 제
한적인 실험이 있었을 뿐으로, 영국의 연구자들로 단지 20명의 코커사스 인종의
피실험자와 관련한 실험결과에 근거하였다. 초기 사례들에서, 대부분 법원은 전
문가가 이러한 독립성을 추정하고 곱의 법칙(multiplication rule)을 활용하는 것을
허용하였지만, 이러한 가정은 곧 의문시되었다.[98] 1980년대 후반 People v.
Wesley 사건에서,[99] 상염색체와 Y-STRs은 독립적으로 products rule의 적용이
가능하다는 연구결과가 제시된 바 있는데, 법원은 밴드의 독립성에 관한 명확한
증거가 부족한 점에 우려를 표명하였다. 1992년 NRC 보고서는 복합탐침법으로
동일 염색체의 상호 근접한 좌위를 분석하게 되어 독립성의 추정에 의문이 제기
될 수 있음을 인정하였다.[100]

「각 좌위가 동일염색체에서 서로 근접한 경우, 연쇄평형(linkage disequlibrium)
현상이 발생하여 두 좌위에서 특정 유전형질로 함께 전달되는 독립적 유전으
로부터 이탈을 야기할 수 있다.」

이러한 이유로, 동 보고서는 단일탐침에 의한 RFLP 방식을 강력히 권고하
였고, 각 실험실에서는 이러한 권고를 광범위하게 받아들였다.

7) 통계적 평가의 중요성(The True Significance of the Resulting Probability)

일단 DNA분석결과 일치(match) 판단을 내린다면, 동 판단이 갖는 통계적
의미가 중요해진다. 다양한 통계가 공판과정에서 현출되는 통상 우연적 일치확
률(random match probability), 가능한 출처로서의 확률(souce probability), 발현빈
도(likelihood retio) 등이 문제가 된다.

① Random Match Probability

앞서 multiplication 또는 products rule에 대하여 간략히 언급하였는데, 대

---

98) D. H. Kaye, "DNA Parternity Probabilities", 24 Fam. L.Q. 279, Fall 1990, p. 299 n.80.
99) People v. Wesley, 533 N.Y.2d 643(Misc. 1989), aff'd sub nom. People v. Bailey, 549 N.Y.S.2d 846(App. Div. 1989).
100) Paul C. Giannelli, Edeward J. Imwinkelried, Andrea Roth, Jane Campbell Moriarty, op. cit., p. 104.

부분 사례에서 DNA 분석자는 random match probability(RMP) 즉, 인구집단에서 무작위적으로 선별한 사람이 시료에서 분석된 DNA 프로파일과 일치할 가능성을 산출하기 위해 이를 활용한다. 만일 분석에 활용된 좌위별 발현빈도가 신뢰할 수 있고 각 좌위별 marker가 독립적이라면(독립사건), 감정인은 각 발현빈도를 곱함으로써 RMP를 적절히 산출할 수 있다. 분석을 통해 확인된 일련의 DNA marker가 우연히 일치할 수 있는 사람이 어느 정도 발생할 수 있는가? 실제로 RMP는 용의자와 특정 인구집단 내에서 무작위적으로 선별된 사람 간, 또는 피고인과 어떤 인구집단, 더 정확히 말하자면 일반적 또는 특정 인구집단에서 무작위로 선별된 사람 간의 비교를 의미한다.

물론, 이러한 비교가 적절치 못한 예도 있다. 가령, 다수 증거가 피고인의 친척(동일한 유전형을 공유하는 집단에 속한 사람으로 볼 수 있다)이 범인일 가능성이 있음을 제시하는 경우를 상정해보자. 적절한 비교는 동일한 유전형 집단으로부터 선별된 두 사람 간의 비교가 되어야 한다.[101]

또한 RMP가 분석을 실시한 실험실에 대한 위(僞)일치가능성비(false positive rate)와 함께 고려될 수 있는지가 또 다른 문제로 제기된다. 일부 논자들은 false positive rate이 대략 1~4%로 추정하고 있다.[102] 다수의 논자는 false positive rate와 random match probability의 조합을 주장한다. 즉, false positive rate에 관한 정보 없이, RMP에 관한 확률적 검증결과만으로는 자칫 사실판단주체인 배심이나 법관을 잘못된 판단으로 유도할 수 있고, DNA 증거의 가치를 과대평가할 수 있다는 것이다. ABO식 혈액형과 같은 가장 일반적인 생물학적 분석과 달리, 법과학적 DNA 분석에서, 위(僞)일치가능성은 단순히 우연적으로 일치할 가능성보다는 훨씬 높다. 그러나 1996년 NRC 보고서는 실험실에서 발생하는 분석과정의 오류율에 대한 정확한 추정치를 획득하는 것이 어렵다고 결론내리면서 이에

---

101) Jonathan J. Koehler, "DNA Matchs and Statistics: Inportant Questions, Surprising Answers", 76 Judicature 222, Feb.–Mar. 1993, p. 224, 229; Jonathan J. Koehler, "Error and Exaggeration in the Presentation of DNA Evidence at Trial", 34 Jurimetrics J. 21, Fall 1993, p. 27.

102) Thompson & Krane, "DNA in the Courtroom", in J. Moriart, Psychologicla and Scientific Evidence in Criminal Trial §11:38, at 11–63 n.7(2003), http://www.bioforensics.com/articles/Chapter11.pdf(2014. 5. 28).

반대하였다. 실험실의 연구 인력이나 분석절차가 지속적으로 발전, 개선되는 점에서 초창기 실험실의 오류율을 활용하는 것은 확실히 의문이다.[103] 미국의 경우, 대부분 법원이 피고인에게 실험실의 오류를 추정할 수 있는 과거 사례를 제시하거나 관련 통계 가운데 선택적으로 제시하는 것을 허용하고 있다.[104]

② Source Probability

random match probability(RMP)가 적절히 계산되었더라도, 이는 가능한 출처로서의 확률(source probability)과는 구별되어야 한다.[105] 시료가 특정 출처로부터 유래할 수 있는가? 그 가능성을 판단하기 위해, 감정인은 연관된 인구집단의 크기를 특정하여야 하고, 이때 베이즈 정리를 활용할 수 있다. 인구집단의 크기는 사전확률을 설정한다. 가령, 여타 다른 유죄입증 증거를 배제한 상태에서 인구집단이 1,000명을 포함한다면, 사전확률은 단지 0.1%가 된다. 다음으로 감정인은 사후확률을 도출하기 위해 유전적 정보를 고려하게 된다. 분석자나 의료상담자 어느 쪽도 random match probability와 source probability를 동시에 고려하지 않는데, 다양한 오류를 야기할 수 있기 때문이다.[106] source probability를 산출하기 위하여, 통계학자는 인구집단 내 발현빈도(population frequency)와 인구집단(size of population)의 크기를 알아야만 한다. 만일 인구집단 발현빈도가 1/100이고 집단크기가 1,000명이라면, 동일한 marker를 가진 10명이 있을 수 있다. 이러한 발현빈도와 크기하에, 피고인은 피고인이 시료의 출처에 해당한다는 DNA 이외의 증거 없이는, 피고인이 시료의 출처일 가능성은 단지 1/10임을 주장할 수 있다.

소위 '검사의 오류(prosecutor's error)' 또는 '뒤바뀐 조건의 오류(the fallacy of transposed condition)'는 RMP와 역전된 source probability를 함께 고려한다. RMP는 어떤 인구집단 내에서 무작위로 선별된 사람이 일치하는 프로파일을 가질 기

---

103) Margret A. Berger, "Laboratory Error Seen Through the Lens of Science and Policy", 30 U.C.Davis L. Rev. 1081, 1997.

104) Paul C. Giannelli, Edeward J. Imwinkelried, Andrea Roth, Jane Campbell Moriarty, op. cit., p. 106.

105) David H. Kaye, Valerie P. Hans, Michael B. Dann, Erin Farley & Stephanie Albertson, "Statistics in the Jury Box : How Jurors Respond to Mitochondrial DNA Match Pobabilities", 4 J. Emp. Legal Studies 797, 2007, p. 803.

106) Mcdaniel v. Browon, 130 S. Ct. 665, 175 L. Ed. 2d 582(2010).

회로(따라서 동 인구집단 내에서 프로파일 발현빈도의 추정치라 하겠다), 피고인이 증거로 제시된 DNA의 출처가 아닐 가능성과 동일한 개념이 아니다. 1/1,000의 RMP가 1,000명 중 1명의 가능성으로 피고인 외에 다른 사람이 DNA의 시료출처가 될 수 있다는 것을 의미하는 것은 아니다. 그보다는 인구집단에서 무작위로 선별된 사람이 1/1,000의 가능성으로 프로파일이 일치할 수 있다거나 매 1,000명당 1명꼴로 프로파일을 공유할 수 있다는 것이 예측된다는 의미일 뿐이다. 이러한 예에 의하면, 20,000명의 인구집단에서, 대략 20명에서 프로파일 일치를 예상할 수 있다. 따라서 이 결과만 놓고 본다면, 피고인이 단지 20명의 가능한 집단에 속한다는 것으로 피고인이 출처가 아닐 수 있는 가능성이 단지 1/1,000이라는 의미와는 거리가 멀다.

추가적인 문제점으로 인구집단의 크기를 설정함에 있어서 개재할 수 있는 자의적 요소를 들 수 있다. 과연 관련성 있는 인구집단이 무엇이며 그 규모가 어떻게 파악될 수 있는지 과학적으로 명확한 기준은 없다. 가령, 고속도로에서 발생한 살인사건의 경우, 사건 당시 고속도로에 있었던 모든 사람으로 볼 수 있는가? 만일 아동에 대한 성폭행사건이라면, 피해아동에게 접근한 모든 사람이라고 보아야 하는가?

따라서 통상 사실판단주체에 일임된 판단문제 뿐이다. 공판절차의 감정인에 대한 반대신문과정에서, 반대당사자의 변호인이 감정인에게 다양한 인구집단 규모의 추정을 요구할 수 있다. 가장 작은 인구집단에서, 피고인 외에 10명이 동일한 DNA marker를 갖는 것으로 예측될 수 있고, 그 다음으로 작은 집단에서는 100, 그 다음은 1,000 등으로 추정될 수 있다. 이러한 반대신문기술은 주신문과정에서 제시된 외형상 인상적인 RMP에 관한 감정결과보고 효과를 감소시킬 수 있다. 거대한 고층건물에서 공판이 이루어지는 경우, 반대 신문자는 공판이 이루어지는 이 시점에서 이 건물 내의 누군가도 동일한 marker를 갖는 사람이 있을 수 있다는 식의 지적도 할 수 있다(이러한 일련의 반대신문기술이 과거 종종 효과적인 경우도 있었지만, RMP가 10의 9제곱 또는 10의 27제곱과 같이 극히 낮은 빈도로 계산된 사례에서는 그리 효과적이지 않다).[107]

---

107) Paul C. Giannelli, Edeward J. Imwinkelried, Andrea Roth, Jane Campbell Moriarty, op. cit., p. 108.

③ Guilt Probability

RMP나 source probability 모두 유죄확률(guilt probability)과는 구별되어야한다. 피고인이 출처에 해당하더라도, 무죄일 수 있는 예외가 있다. 피고인이 범행 이전 또는 이후에 DNA를 현장에 무고하게 유류한 경우일 수 있다. 예를 들어, 누군가 숲으로 들어가 비명을 지르며 도움을 요청하는 여성을 구했다고 하자. 이 과정에서 나무에 긁힐 수도 있고, 구조과정에서 피를 여성에게 흘릴 수도 있다. 또한 피고인이 출처에 해당하더라도, 피고인이 먼저 흔적을 남긴 장소와 경찰이 발현한 흔적을 발견 장소 간에 이동에 따른 제2, 제3의 흔적전이(transfer)가 있을 수 있다. 이런 가능성을 산출하기 위해, 감정인은 베이즈 정리를 사용할수 있겠지만, 이러한 사건에서 감정인은 반드시 DNA 증거 외의 여타 증거도 고려하여 추정하여야 한다. 법과학자들은 보통 확률적이지 않은 것도 산출하고자하는 경향이 있는데, 미국 등에서도 아직 guilt probability에 관하여 감정인 진술이 이루어진 사례는 확인되지 않는다(다만, 영국의 하급심 사례에서 피고인 측이 관련 진술을 증거로 제시하는 것을 허용한 사례가 있지만, 항소심에서 이를 번복하여 그 증거능력을 부정한 바 있다).[108)

1996년 NRC 보고서는 DNA 일치판단의 통계적 평가에 대한 논쟁과 관련하여 많은 부분을 소개하고 있는데, 아직도 많은 논점이 남아있다.

8) 소위 저인망식 DNA 프로파일 검색과 관련한 문제(The Probability in Trawl Searches)

또 하나의 논점으로 소위 저인망(trawl) 방식에 의한 데이터베이스 검색으로부터 일치판단의 결과가 획득된 경우의 적절한 확률계산 문제이다.

1992년 및 1996년 NRC 보고서는 2가지 상황 즉, ① 피고인으로부터 분석에 필요한 시료를 확보하기 이전에 비 유전적 증거가 경찰에게 피고인의 혐의를 충분히 의심할 수 있는 사례(conformation or probable cause cases)와 ② 경찰이 단지 범죄현장에 확보한 시료만을 갖고 있는 사례(cold hit cases)로 구분한다. 저인 망식 사례에서의 적절한 통계적 접근에 대하여 기존 판단방식은 여러 가지가 있

---

108) ibid., p. 109.

겠지만,[109] 대충 4가지 형태가 제안되고 있다.

「1992년 NRC 보고서에 따르면, 저인망식 검색사례에서, 법원은 검색결과 최초 일치판단에 근거한 확률적 검증에 대한 어떠한 증거도 그 증거능력을 인정하여서는 안 된다고 한다. 그러한 일치판단 결과는 단순히 다른 유전 좌위에서 시료의 추가적 분석의 정당성을 제공하는 것에 불과한 것으로, 추가 분석이 일치판단결과를 도출하더라도, 공판절차에서 배심은 새로운 좌위에 대한 분석과 관련하여, RMP에 대한 감정인의 진술만을 들어야 한다.

1996년 NRC 보고서는 데이터베이스 검색에 따른 일치판단결과나 특정 데이터베이스 검색에서 일치판단결과를 획득할 확률적 가능성에 대하여 언급하였다. 여기서 취한 접근방식에 의하면, 저인망식 검색사례에서, 전통적 방식으로 계산된 RMP는 데이터베이스에 포함된 사람 수에 의하여 배가된다. 가능성비(likelihood ratio, LR)의 형태로 증거가 제시된다면, 동 비는 데이터베이스 내에 포함된 프로파일 수로 나뉘어져야 한다. 어느 쪽이든, 마지막 수치는 그 이전에 비하여 피고인에게 훨씬 유리하다. 이러한 통계적 검증방식의 제안자들은 데이터베이스의 활용이 우연적 일치판단의 가능성(likelihood of coincidental match)을 높일 수 있다고 주장한다. 한편, 이들은 소위 생일문제(birthday problem)를 언급한다. (366명이 있다고 상정할 때) 특정인이 다른 특정인과 같은 생일을 공유할 확률은 단지 1/365이다. 그러나 한 방에 23명으로 구성된 집단에서, 한 특정인의 생일이 다른 사람과 같을 확률은 대략 1/16로, 어떤 사람이 다른 어떤 사람과 생일을 같이할 확률은 50% 이상이다.

위 두 보고서가 저인망식 검색이 우연적 일치에 관한 각기 다른 확률을 산출할 이론적 가능성을 논의하면서, 애리조나 주 Department of Public Safety Crime Laboratory 소속 분석자인 Kathryn Troyer에 의한 발견이 이러한 가능성을 검증하였다. DNA 분석과정에서, 그녀는 2명의 상호 관련 없는 사람의 DNA 시료가 9개 좌위에서 일치하는 것을 확인하였다. 확률적 검증 모델을 활용하여, 무작위적으로 선별된 사람이 9개 유전 좌위에서 일치하는 경우는 코

---

109) United States v. Jenkins, 887 A.2d 1013(D.C. 2005); People v. Coy, 669 N.W.2d 831(Mich. App. 2003), appealed denied, 679 N.W.2d 65(Mich. 2004); Erin Murphy, "The New Forensics: Criminal Justice, False Certainty, and the Second Generation of Scientific Evidence", 95 Cal. L. Rev. 721, 2007, p. 794, http://scholarship.law.berkeley.edu/cgi/viewcontent.cgi?article=1217&context=californialawreview(2014. 5. 28).

카서스인의 경우 1/754,000,000, 아프리칸 미국인의 경우는 1/561,000,000,000, 남서부 히스패닉의 경우는 1/113,000,000,000,000에 해당한다. 단순히, 의심스럽다는 이유로, 그녀는 데이터베이스 내 60,000명 가운데 나머지를 검토하고, 9개 유전 좌위가 일치했던 사람들에게서 6개 90개 염기쌍, 그리고 10개 또는 11개 좌위에서 수개의 염기쌍을 발견하였다. 이러한 일치결과는 수많은 재판에서 사용된 통계적 검증의 정확성 더 나아가 유전형질 발현빈도표의 정확성에 대해 심각한 의문을 야기하였다.[110]

이 문제에 관한 연구는 현재 중단된 상태인데, 다만 일부 사례에서 데이터베이스 검색에 따른 일치결과에 대한 확률적 평가 자료의 증거적 활용이 지지를 받고 있기도 하다.[111] 2004년 Sir. Alec Jeffrey는 잘못된 결론에 대한 보완으로 15~16개 marker를 사용할 것으로 권고하였다.

통상의 RMP 활용을 제안하는 자들은 생일문제에 근거한 논란에 대해 반론을 제기한다. 이들은 비교가 더 많이 이루어질수록, 우연적 일치를 확인할 가능성은 더 커진다는 점만을 증명할 뿐이라고 지적한다. 따라서 1대1 비교는 우연적 일치가능성을 최소화하고, 1대23 비교는 비교적 양호한 정도, 23대23 비교는 그 가능성을 최대화하게 된다. 그러나 이점이 상관성 있는 인구집단 내에서 발견된 프로파일의 희소성을 변화시키는 것은 아니다. 이러한 접근방식은 판례를 통해서도 지지되고 있다.[112]

이러한 마지막 접근방식을 넘어서, 일부 논자들은 데이터베이스 검색이 다른 잠재적 용의자를 제거함으로써, 통상의 RMP에 비하여 일치결과가 보다 설득력 있다는 점을 주장한다. 만일 그렇다면, 이는 증거 전체의 가치를 감소시키는 것으로 데이터베이스 일치가능성에 관한 확률적 검증의 활용은 잘못된 것이라 하겠다. 이를 흔히 Balding—Donnelly position이라고 한다. 이러한 논자들은 극히 최소로 데이터베이스 일치결과 확률이 계산되면, 그 결과는 데이터베이스 내 등록된 사람의 전체 수에 기초하여서는 안 된다고 주장한다. 결

---

110) Edward Humes, "Guilt by the Numbers", Cal. Lawyer, Apr. 2009, at 20, https://www.callawyer.com/clstory.cfm?eid=900572&ref=updates(2014. 5. 28); Jason Felch & Maura Dolan, "How Reliable Is DNA in Identifying Suspects," L.A. Times, July 20, 2008, http://www.nogw.com/download2/%5E8_how_reliable_is_dna.pdf(2014. 5. 28); Erin Murphy, op. cit., p. 782.

111) United States v. Jenkins, 887 A.2d 1013(D.C. App. 2005).

112) David H. Kaye, "Rounding Up the Usual Suspects: A Legal and Logical Analsis of DNA Trawling Cases", 87 N.C.L.Rev. 425, 2009, pp. 453—488.

국, 데이터베이스에 포함된 일부 사람들은 범행시간에 교도소에 수감되어 있
을 수도 있고, 이미 사망했을 수도 있으며 범죄를 저지르기에는 너무 어릴 수
도 있다. 즉, 이런 사람들이 고려되어서는 안 된다는 것이다.」

보다 본질적으로, 이러한 4번째 접근방식을 지지하는 자들은 저인망식 검색
이 다른 가능한 용의자를 제거할 때, 증거 전체는 보다 설득력을 얻게 된다고 주
장한다. 나아가 앞서 유죄입증이 가능한 여타 증거가 있는 사례에서, 전체 증거
는 더욱 설득력 있게 된다. 결국, DNA 분석에 앞서 여타 증거가 있는 사례에서,
경찰은 피고인을 지목하는 다른 증거를 갖고 있다. 따라서 항시 DNA 분석결과
가 나중에 경찰이 획득한 경우로, 피고인에게 불리한 증거를 오염시킬 수 있는
가능성이 있다. 예를 들어, 만일 DNA 분석결과를 알았다면, 최소한 무의식적으
로라도 감정인은 피고인을 지목할 수 있을 것이다. 그럼에도 불구하고, 이들 논
자는 저인망식 검색 사례에서 증거의 조합(전통적으로 계산된 RMP와 데이터베이스
다른 사람을 제거하는 것)이 전통적인 RMP만 제시하는 경우보다는 더욱 효과적이
라고 주장한다.

한편, 최근에는 다양한 확률적 검증의 유효성이 아니라 관련성이라는 견해
가 점차 지지를 받고 있다. 2009년 메릴랜드 주 법원은 콜롬비아 특별지구 법원
의 판례를 인용하면서, 다음과 같이 판시한 바 있다.[113]

「이러한 질문에 답변하기 위하여 사용된 방법론으로, 희소성 통계(rarity
statistic), 데이터베이스 일치가능성(database match probability) 그리고 Balding-
Donnelly approach 모두 각기 독특하고 잠재적으로 상호 연관된 문제점을 답
하고 있다. 보다 중요한 것으로, 다양한 계산방식의 정확성에 대하여 관련 과
학계에서 논쟁이 없다. 달리 말하자면, 계산을 뒷받침하는 수학적 방법론에
대해 의문이 제기되지 않고 있다. 소위 cold hit DNA match가 갖는 의미에
대한 각 접근방식은 나름대로의 답변을 하고 있다. 희소성 통계는 정확히 사
회 내에 희소한 유전적 프로파일이 얼마나 존재하는가를 설명한다. 데이터베

---

113) United States v. Davis, 602 F.Supp. 2d 658, 676-77(D. Md. 2009); United States v.
Jenkins, 887 A.2d 1013(D.C. 2005); People v. Nelson, 185 P.3d 49(Cal.), cert. denied,
555 U.S. 926(2008).

이스 일치가능성은 특정한 데이터베이스 검색으로부터 우연적 일치를 확인하게 될 가능성을 언급한다. Balding-Donnelly approach는 우연적 일치결과를 통해 확인된 사람이 데이터베이스 검색을 통해 이미 확인된 잠재적 용의자들이 제외될 수 있다는 점에서 실제 DNA 시료의 출처일 가능성에 대하여 언급한다. 이러한 이론들은 모두 각기 다른 이론에 근거에서 산출된 결과의 유효성에 의문이나 문제점을 제기하지 않는다. 대신 각 이론을 지지하는 자들이 제시하는 논쟁은 단순히 자신의 산출방식이 보다 설득력 있다는 것으로 정확한가의 여부는 다투지 않는다. 따라서 논쟁은… 방법론의 문제보다는 관련성에 관한 것일 뿐이다.」

9) 혼합시료와 관련한 문제(Mixed Samples Cases) 및 기타

또 다른 문제는 DNA 혼합시료의 해석에 있어서 적정한 통계적 방법론에 관한 것이다. 분석자가 실제로 다수의 기여자가 있는 것으로 결론내린 경우를 상정하자. 문제는 통계적으로 어떻게 혼합시료를 평가할 것인가로, 일부 감정인은 RMNE(Random Man Not Excluded) 통계적 검증에 대하여 진술하거나 LR(likelihood Ratio)로 의견을 진술할 수도 있다.

1992년 NRC 보고서는 혼합시료에 포함 또는 배제될 인구집단만을 계산할 것으로 권고한 바 있다. 즉, 용의자의 패턴이 혼합시료에서 발견되었다면, 그러한 일치결과를 지지하는 적절한 발현빈도는 혼합시료에 포함된 모든 유전형의 발현빈도의 합이라는 것이다.

그러나 LR을 더욱 선호하는 견해도 있다. 일정한 조건하에 증거로 활용되는 프로파일의 발현빈도를 비교하는 형태로, 1996년 NRC 보고서는 이러한 방식을 제안하였다. 1996년 보고서는 1992년 보고에서 제안된 계산방식에 대하여, 용의자의 유전형과 같은 가용한 정보의 일부를 활용하지 않는 점에서 비판을 하였다. 현재 LR 방식에 대해 점차 지지하는 입장이 늘고 있다.[114]

---

114) Coy v. Renico, 414 F. Supp. 2d 744, 762(E.D. Mich. 2006); People v. Smith, 132 Cal. Rptr. 2d 230, 249-50(App. 2003); Wynn v. State, 791 So. 2d 1258, 1259(Fla. Dist. Ct. App. 2001); Commonwealth v. McNickles, 753 N.E.2d 131, 139(Mass. 2001); Commonwealth v. Rocha, 784 N.E.2d 651, 657-58(Mass. App. 2003); State v. Ayers, 68 P.3d 768, 776-77(Mont. 2003).

한편, 베이즈 이론의 활용을 포함하여 추가적 쟁점이 있다. 가령, FBI는 DNA는 현재 흔적 증거 내의 DNA가 특정인으로부터 유래한 것이라는 점을 합리적이고 과학적이며 신뢰성 있게 증명할 수 있다고 발표한 바 있다. 이러한 이유에서 FBI는 소속 감정인이 더 이상 단순히 일치여부만을 보고하지 않는다고 한다.115) 종전에는, 일단 일치결과가 확인되면, 분석자는 데이터베이스와 프로파일을 비교하게 된다. 다만, 혼합시료의 경우, 감정인은 더 나아가는데, 만일 숫자가 미국 내 인구집단에 속한 사람들의 수와 비교할 때 극히 희귀하다면, 증거가 된 시료의 출처로 판단된다. RMP에 근거하여 FBI가 설정한 극히 단순한 기준에 의하면, 발현빈도가 1/280,000,000,000 이하(대략 미국 인구의 1000배 정도)일 때, 일치하는 것으로 최종 판단하게 된다. 현재 FBI의 용어로 이를 source attribution 이라 한다. 현재 미국의 실무적 태도가 분석자에게 RMP와 미국의 인구규모에 대한 언급을 허용하고 있기 때문에, FBI 감정인이 이러한 단계를 취하도록 강제할 필요성이 있는지에 대해 논란의 여지가 있다. 이러한 추가적인 노력이 데이터의 증거 가치에 거의 기여하는 바는 없다. 또한 법관이나 배심원 모두 증거가치를 적절히 평가하는 데 있어서 이를 요구하지도 않는다고 한다.116)

---

115) United States v. Davis, 602 F. Supp. 2d 658, 680−85(D. Md. 2009).
116) Paul C. Giannelli, Edeward J. Imwinkelried, Andrea Roth, Jane Campbell Moriarty, op. cit., pp. 115−116.

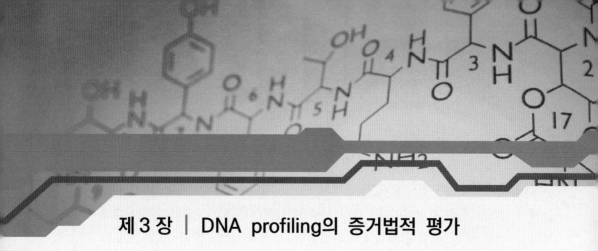

제 3 장 | DNA profiling의 증거법적 평가

앞서 서술한 DNA profiling에 대한 이론적 기초를 전제로 이하에서는 과학적 증거로서 DNA profiling에 내재된 증거법적 쟁점을 검토하도록 한다. DNA profiling이 범죄수사에 최초로 활용된 것은 1980년대 중반 영국에서부터 이지만, 가장 많은 활용사례와 판례를 축적하고 있는 국가는 역시 미국으로, 먼저 미 연방 및 각 주의 주요 판례사안 등을 살펴보고, 일본, 독일 및 한국의 예와 비교하도록 한다.

다만, 용어이해와 관련하여 주의하여야 할 사항이 있는데, 통상 DNA profiling이라면 개인식별을 위한 법과학적 분석기법을 지칭하는데, 분석결과를 수사, 형사공판실무에서 증거로 사용하는 때는 DNA 증거(DNA evidence)를 의미할 수도 있다. 아울러, 증거방법으로서 DNA 증거는 범죄현장 등에서 확보된 시료(sample)나 분석결과가 기재된 감정보고서 등을 지칭할 수도 있고, 증거자료를 지칭하는 의미로는 감정보고서나 감정인을 통해서 보고되는 분석결과를 뜻할 수도 있다.

제 1 절   미국에 있어서 DNA 증거의 증거능력 및 증명력

미국의 경우,[1] 이미 지적한 바와 같이 사실판단주체로서 배심제와 함께 당사자의 공격방어활동을 중심으로 사실인정절차가 이루어지는 점 등을 배경으로 과학적 증거의 건전성은 증거능력 개념에 비교되는 증거의 허용성 문제로 검토되는 것이 일반적이다. 이는 DNA 증거에서 동일하게 관찰되어, DNA 증거와 관련한 대부분의 쟁점은 증거의 허용성 즉, 증거능력 판단에 집중되어 있다. 미국의 경우 DNA 증거를 포함하여, 과학적 증거의 증거능력이 인정되는 방식으로 후술하는 바와 같이 법률의 제정 등 입법에 의하거나 공지의 사실(judicial notice)을 통해 증거능력이 인정되는 예도 있지만, 주로 판례를 통해 증거능력이 판단, 인정되었다. 결론부터 말하자면, DNA 프로파일링이 활용되기 시작한 초기단계에는 다소 무비판적으로 증거능력이 긍정되면서 논란이 야기된 사례도 있었지만 이론적 논의의 축적과 분석기술의 발전을 배경으로 보다 정교한 분석결과에 근거하여 현재는 거의 대부분 실무사례에서 증거능력이 인정되고 있다.

1. DNA 증거의 증거능력

DNA 분석기술이 활용되기 시작한 초기단계에서 대부분의 판례는 DNA 증거에 대해 극히 긍정적이었다.[2] 미국에서 DNA testing이 처음 소개된 후, 몇 년 지나지 않아 미 상원 Constitution of Judiciary Committee의 분과위원회에서의 증언에서, James Starrs 교수는 "20건 이상의 범죄사건과 관련한 보고서를 통해, 7개 주 사실심에서 DNA 일치결과가 증거로 허용되었고 어디에서도 이에 반대하는 견해를 찾아볼 수 없다"고 진술하였다.[3] 그러나 초기 판례들 거의 대부분

---

1) Paul C. Giannelli, Edeward J. Imwinkelried, Andrea Roth, Jane Campbell Moriarty, Scientific Evidence Volume 2, 5th edt.(C.A. : LecixNexis, 2012), pp. 116-164.

2) Robert A. Fital, "DNA Testing and the Frye Standard", 59 F.B.I Enf. Bull. 26, June 1990, p. 31 n. 20; Debra C. Moss, "DNA The New Fingerprints", 74 A.B.A.J. 66, May 1. 1988, p. 68.

3) Paul C. Giannelli, Edeward J. Imwinkelried, Andrea Roth, Jane Campbell Moriarty,

은 공간, 발표되지 않았다.

그러나 일부 공간된 판례 가운데 중요한 사례로 1988년 Andrews v. Florida 사건을 들 수 있다.[4] Andrew사건에서 이루어진 모든 분석은 Florida Department of Law Enforcement 소속 분석자에 의한 것으로, 분석결과가 피고인의 혐의를 해소하지 못하였다. 이 사례에서 Lifecodes사 소속 전문가가 피고인의 혈액과 현장시료로부터 분석된 DNA 간 일치결과는 시료분석을 통해 제시된 DNA 밴드와 동일한 형태를 갖는 인구비는 0.0000012%라는 의미를 갖는 것으로 진술하였는데(즉, 피고인의 혈액으로부터 분석된 DNA 프로파일이 다른 사람에게서 동일하게 확인될 가능성은 1/839,914,540에 해당한다), 항소심법원은 동 사건의 판결이유에서 DNA 증거가 Frye test를 충족할 필요는 없다고 판시하고, 과학적 증거의 증거능력에 대해 보다 유연한 relevancy test를 채택, 증거능력을 인정하였다(다만, 판결이유에서 DNA 증거가 Frye test를 통과할 것이라는 견해를 제시한 바 있다).

또 다른 사례로 1989년 People v. Wesley사건을 들 수 있다.[5] 이 사례 역시 법원이 DNA 증거의 증거능력을 인정하였는데, 다만, 공판과정에서 검찰 측이 제시한 DNA 증거와 관련하여, 동 분석결과가 백인의 경우는 1/840,000,000, 흑인의 경우는 1/1,400,000,000 이하로 정확성을 갖는다는 통계적 평가를 배심에게 증거로 제시하는 것을 허용하지 않았다. 이 사건에서, 피고인 측 감정인은 각 유전형질이 독립적이라는 점을 제시하는 공간된 데이터가 없음을 지적하였는데(소위 linkage equilibrium), 이러한 독립성의 입증이 불충분한 점을 법원이 인정한 것이다.

이처럼 미국의 초기 판례는 대부분 DNA 증거의 증거능력을 인정하였다. 이러한 사례들은 피고인 측이 증거의 증거능력에 대하여 정교한 공격을 하지 않은 예가 대부분이어서 선례적 가치가 그리 높지 않지만,[6] 초기 판례들이 DNA 증거

Scientific Evidence Volume 2, 5th edt.(C.A. : LecixNexis, 2012), p. 117.

4) Andrews v. Florida, 533 So. 2d 841(Fla. Dist. Ct. App. 1988); Baldas, "First DNA Conviction Case Returns : Found Guilty in 1988, an Inmate Says Modern Tests Will Exonerate Him", Nat'l L.J. Feb. 9, 2004, at 5.

5) People v. Wesley, 533 N.Y.S.2d 643(Misc. 1988), aff'd sub nom., People v. Bailley, 549 N.Y.S.2d 846(App. Div. 1989).

6) Barry C. Scheck & Peter J. Neufeld, "Riding the Double Helix", 16 The Champion 31, Jan./Feb. 1992, p. 32.

의 증거능력에 대해 극히 긍정적 시각을 갖고 있었음을 짐작할 수 있다.

물론 증거능력이 부정된 사례도 있지만, 분석기술의 유용성 등에 대한 회의적 시각에 의하기보다는 주로 분석자가 적절한 분석절차에 따르지 않았거나 통계적 평가결과가 몇 가지 점에서 오류를 갖고 있었던 점 등을 이유로 한다. 즉, DNA 프로파일링의 배경 이론이나 분석기술의 건전성 내지 신뢰성에 대하여 지극히 긍정적인 이해를 갖고 있었던 것으로 볼 수 있다.

다음에서는 DNA 분석기술의 발전과정에 따라서 초기 제한효소절편다형성 (RFLP), PCR 기법, mtDNA 및 STRs 등 분석기법별로 세분하여 보다 자세히 살펴 보도록 한다.

1) 제한효소절편다형성(RFLP) 분석기법

미국의 경우, 제한효소절편다형성(RFLP) DNA 증거의 증거능력을 지지하는 공간된 견해는 무수히 많다.[7] 일부 주에서는 Frye test에 따라 DNA 증거의 증거능력을 인정하는 반면,[8] 다른 주 법원은 미연방대법원이 Daubert 사건에서 제시한 실증적 신뢰성 판단기준(empirical reliability standard)에 따라 증거능력을 인정하고 있다.[9] 현재 RFLP 방식은 법과학 실무에서 사실상 사용되고 있지 않는 분

---

7) Purnell v. Arkon, 925 F.2d 941(6th Cir. 1991); Tripps v. Metropolitan Life ins. Co., 768 F.Supp. 577(S.D. tex. 1991); USA v. Young, 754 F. Supp 739(D.S.D. 1990); United States v. Jakobetz, 747 F. Supp. 250(D. Vt. 1990), aff'd, 955 F.2d 786(2d Cir. 1992); District of Columbia ex rel. J.A.B. v. W.R., 60 U.S.L.W.(BNA) 2175, 17 Fam. L. rep. 1499(D.C. Super. Ct. Aug. 2, 1991); Yelder v. States, 630 So.2d 92(Ala. Crim. App. 1991), rev'd, 630 So. 2d 107(Ala. 1992), cert. denied, Alabama v. Yeder, 510 U.S. 1214(1994); Snowden v. State, 574 So. 2d 960(Ala. Crim. App. 1990); Perry v. State, 586 So. 2d 236(Ala. Crim. App. 1990); Prater v. State, 820 S.W.2d 429(Ark. 1991); People v. Axell, 1 Cal. Rptr. 2d 411(App. 1991); People v. Fishback, 829 P.2d 489(Colo. Ct. App. 1991), aff'd, Fishback v. People, 851 P.2d 884(Colo. 1993); Martinez v. State, 549 So. 2d 694(Fla. Dist. Ct. App. 1989); People v. Thomas, 561 N.E.2d 57(Ill. 1990); Hopkins v. State, 579 N.E.2d 1279(Ind. 1991).

8) Harmon v. State, 908 P.2d 434(Alaska Ct. App. 1995); State v. Bogan, 905 P.2d 515(ariz. Ct. App. 1995); People v. Venegas, 954 P.2d 525(Cal. 1998); Polk v. State, 612 So. 2d 381(Miss. 1992); Commonwealth v. Rodgers, 605 A.2d 1228(Pa. Super. 1992).

9) United States v. Bonds, 12 F.3d 540(6th Cir. 1993); United States v. Martinez, 3 F.3d 1191(8th Cir. 1993); United States v. Coronado-Cervantes, 912 F.Supp. 497(D.N.M. 1996); Mitchell v. Commonwealth, 908 S.W.2d 100(Ky. 1995); State v. Wright, 593 So.

석기법으로 미국을 포함하여 거의 대부분 국가의 실험실이 현재는 보다 새로운 STR 분석기술을 활용하고 있지만, 사실심과 상소심 간에 상당한 시간적 경과로 인하여 기존에 공간된 다수의 미국판례는 제한효소절편다형성(RFLP) 방식에 의한 분석기법에 대해 판단을 하고 있다. 따라서 동 방식에 의한 DNA 분석결과와 관련하여 증거능력을 인정한 판례가 극히 상당수로 축적되어 있는데,10) 이러한 점에서 DNA 증거의 증거능력을 인정하는 것이 적법절차 원칙에 위배되지 않는다고 판시한 예도 충분히 이해할 수 있다.11)

　　FBI에 의하면, 제한효소절편다형성(RFLP) 방식의 DNA 증거가 모든 주에서 증거능력이 인정되고 있다. 1994년 FBI의 DNA Legal Assistance Unit(DNALAU)에 의하여 Legal Aspects of Forensic DNA Evidence가 준비되었는데, 이 과정에서 이루어진 동년 2월 조사결과에 의하면, 제한효소절편다형성(RFLP) 관련 감정인의 진술은 37개 주 법원에서 최종적으로 증거능력이 인정된 것은 물론, 5개 연방 항소법원 및 55개 주 항소법원, 4건의 공간된 연방 사실심 판결이유, 주 사실심 판결이유에 관한 1건의 보고서에서 증거능력이 인정되었다. 1998년 5월 조사결과는 동 증거가 83개 주 법원, 12개 연방 항소법원, 132개 주 항소법원, 공간된 5건의 연방 사실심판결과 4건의 주 사실심판결에서 증거능력이 인정되었다. 아울러 1999년에 이루어진 FBI의 조사결과는 제한효소절편다형성(RFLP) 증거가 258건의 사례에서 증거능력을 인정받은 것으로 확인되었다. 한편, FBI의 Office of General Counsel에서 수차례 법과학적 DNA 프로파일링에 관한 요약 보고서가 작성되었는데, 1999년 7월에서 발표된 조사결과는 다음 [표 3-1]과 같다.12)

2d 759, 764(La. App.), cert. denied, Wright v. Louisiana, 506 U.S. 922(1992); State v. Jobe, 486 N.W.2d 407(Minn. 1992).

10) John T. Syvester & John H. Stafford, "Judicial Acceptance of DNA Profiling", 60 F.B.I. Law Enf. Bull. 266, July 1991, http://cdn.preterhuman.net/texts/law/judna.txt(2014. 5. 28).

11) Spencer v. Murray, 5 F.3d 758(4th Cir. 1993); Reid v. Page, 47 F. Supp. 2d 1008(C.D.Ⅲ. 1999); Armstead v. State, 673 A.2d 221(Md. 1996).

12) Paul C. Giannelli, Edeward J. Imwinkelried, Andrea Roth, Jane Campbell Moriarty, op. cit. pp. 120-121.

표 3-1	제한효소절편다형성(RFLP) 관련 미국판례

RFLP	admission	admitted with limited statistics or without statistics	remands and/or exclusions based upon DNA evidence	total
state courts of last resort	95	21	14	130
federal appellate courts	13	0	1	14
state intermediate appellate court	141	6	9	156
reported federal trial court	5	2	0	7
reported state trial courts	4	2	1	7
total RFLP decisions	258	31	25	314

이후, 2000년 12월 the American Prosecutors Research Institute(APRI)도 제한효소절편다형성(RFLP) 사례와 관련한 통계를 조사하여, 17개 연방항소법원, 7개 연방 사실심법원, 136개 주 대법원, 165개 주 항소법원, 7개 주 사실심 법원으로 발표한 바 있다.

일리노이 주 대법원은 앞서 서술한 것처럼 제한효소절편다형성(RFLP) DNA 식별에서 사용되는 전기영동과정의 일반적 신뢰성과 관련하여 사실심 법원이 공지의 사실(judicially notice)로 인정할 수 있다고 판시한 바 있으며,[13) 제2 순회 연방항소법원, 웨스트버지니아 주 대법원 그리고 켄터키 주 대법원 역시 동일한 태도를 취하였다.[14) 이러한 일련의 판례와 함께, 장래에 대부분 법원이 공지의 사실로서 RFLP DNA 분석의 유효성을 인정하게 될 것으로 예측한 견해도 있다.[15) 1992년 NRC 보고서 역시 발간 당시의 시점에서 법원은 DNA 다형성 분석

---

13) People v. Thomas, 561 N.E.2d 57, 63–64(Ill. 1990); State v. Payne, 943 S.W.2d 338(Mo. Ct. App. 1997).

14) United States v. Jakobetz, 955 F.2d 786, 799–800(2d Cir. 1992); Fugate v. Commonwealth, 993 S.W.2d 931(Ky. 1991); State v. Woodall, 182 W. Va. 15, 385 S.E.2d 253(1989).

15) Sthephane B. Godberg, "A New Day for DNA?", 78 A.B.A.J. 84, Apr. 1992, p. 85, http://heinonline.org/HOL/LandingPage?handle＝hein.journals/abaj78&div＝88&id＝&page＝ (2014. 5. 28).

기술은 시료 간 이동식별비교에 있어서 신뢰할 수 있는 방법으로, 일란성 쌍둥이의 예외를 제외한다면, 각 개인의 DNA는 독특하며 DNA(band shifting 현상에 관한 증거 없이 southern blot방식에 근거한 단일탐침법에 의한) 분석에 대하여 현재 각 실험실의 분석절차는 공지의 사실로서 인정하여야 한다는 견해를 제시하였다.

과학적 증거로서 DNA 프로파일링은 건전성은 이처럼 미국 내에서 비교적 용이하게 받아들어졌고 일부 판례에서는 DNA 증거를 통해 피고인의 혐의기 조기에 명확히 해소될 수 있음에서 피고인의 방어권 보장을 위하여 DNA 분석에 필요한 기금을 조성하도록 정부에 요구한 예도 있다.[16]

아울러, 제한효소절편다형성(RFLP)에 의한 분석기술의 향상도 판례를 통해 빠르게 받아들여졌는데, 연방법원 판례 가운데 종래의 방사성 동위원소에 의한 라벨링이 아닌 화학적 발광을 이용한 분석에 관한 감정인 진술에 대해 증거능력을 인정한 예도 있다.[17] 물론, 제한효소절편다형성(RFLP) 분석기법에 대하여 부정적 시각도 있다. 가령 1992년 NRC 보고서는 band shifting 현상을 수정하기 위하여 단일탐침(monomorphic probes)의 사용이 증거능력을 인정받을 수 있을 정도로 충분히 정립된 분석방법인지에 대해 의문을 제기하였고, 개(K-9)의 이동식별과 관련한 사례이기는 하지만, DNA 분석에 근거한 감정결과의 증거능력을 부정한 사례도 있다.[18]

2) PCR 기법

그만큼 많은 활용사례가 있다는 의미이기도 하겠지만 미국에서 기존에 공간된 판례나 연구사례의 대부분은 제한효소절편다형성(RFLP)에 대한 것이다. 그러나 1999년 FBI의 조사결과에 의하면, PCR기법과 관련하여 98건의 사례에서 증거능력이 인정된 것으로 확인된다.[19] 버지니아 주 대법원이 PCR 증폭에 근거

---

16) Dubose v. State, 662 So. 2d 1156(Ala. Crim. App. 1993), Aff'd, 662 So. 2d 1189(Ala. 1995); Cade v. State, 658 So. 2d 550(Fla. Dist. Ct. App. 1995); Pork v. State, 612 So.2d 381(Miss. 1992); Washpon v. State Dist. Attorney, 625 N.Y.S.2d 874(Misc. 1995); Commonwealth v. Brison, 618 A.2d 420(Pa. Super. 1992).

17) United States v. Lowe, 954 F. Supp. 401(D. Mass. 1996).

18) State v. Leuleaialii, 77 P.3d 1192(Wash. App. 2003).

19) Campbell v. Rice, 408 F.3d 1166, 1171(9th Cir.), cert denied, 546 U.S. 1036(2005); State v. Cunningham, 105 P.3d 929(Or. App.), cert. denied, 544 U.S. 931(2005); People v.

한 감정결과에 대한 증거능력을 먼저 인정함에 따라,[20] 많은 수의 법원이 동일한 태도를 취하였다. 1994년 FBI DNA Legal Assistance Unit(DNALAU)의 조사결과에 의하면, PCR기법은 3개 주 법원에서 최종적으로 그 증거능력이 인정된 것은 물론, 5개 주 항소법원, 1건의 공간된 주 사실심 법원 판례에서 증거능력이 인정되었다. 1999년 6월에 실시된 조사결과에 의하면 39개 주 법원에서 최종적으로 증거능력을 인정받았는데, 이외에 5개 연방 항소법원, 46개 주 항소법원 그리고 3건의 주 사실심 법원 판례에서 증거능력이 인정되었다. 2003년의 경우, 45개 주 법원이 PCR기법에 근거한 DNA 분석결과의 감정결과에 대한 증거능력을 인정하였다.

그러나 상반된 견해도 있다. 1990년대 초반 캘리포니아 주 대법원은 PCR 기법이 Frye test를 아직 통과하지 않았다고 판시한 바 있는데,[21] 캘리포니아 주의 경우, Frye test를 채용하여 과학적 증거의 증거능력이 인정되기 위해서는 관련 학계 등에서의 일반적 승인(general acceptance)을 요구하는 점에 주의할 필요가 있다. 즉, 상대적으로 새롭게 개발된 과학적 증거의 경우, 일반적 승인을 얻기까지 극복하여야 할 장애요소가 많기 때문이다. 또한 1992년 NRC 보고서도 발간 당시를 기점으로 PCR기법이 법과학계에서 아직까지 완전한 지지를 얻어내지 못하고 있다고 지적한 바 있다.

그러나 캘리포니아 주 법원은 이후 기존 입장을 번복하여 증거능력을 인정하였고,[22] 현재 연방법원을 포함하여,[23] 앨라배마,[24] 아리조나,[25] 네바다,[26] 뉴

Hill, 107 Cal. Rptr. 2d 110(App. 2001); People v. Coy, 669 N.W.2d 831(Mich. App. 2003), appeal denied, 679 N.W.2d 65(Mich. 2004); State v. Hannon, 2003 Minn. App. Lexis 805(Minn. Ct. App. July 1, 2003)(citing State v. Traylor, 656 N.W.2d 885(Minn. 2003)); State v. Reid, 2003 Tenn. Crim. App. Lexis 1086(Tenn. Crim. App. Dec. 29, 2003); State v. Reid, 164 S.W.3d 286(Tenn. 2005); Ford v. State, 2005 Tex. App. Lexis 3151(Tex. App. Apr. 27, 2005).

20) Spencer v. Commonwealth, 393 S.E.2d 609(Va. 1990).

21) People v. McCord, 2003 Cal. App. Unpub. Lexis 11326(Dec. 3. 2003); People v. MsSherry, 14 Cal. Rptr. 2d 630, 634(App. 1992).

22) People v. Roybal, 966 P.2d 521(Cal. 1998); People v. Brown, 110 Cal. Rptr. 2d 750(App. 2001); People v. Hill, 107 Cal. Rptr. 2d 110(App. 2001).

23) United States v. Allison, 2006 CAAF Lexis 1054(Aug. 8, 2006); United States v. Boswell, 270 F.3d 1200(8th Cir. 2001); United States v. Shea, 159 F.3d 37, 41(1st Cir. 1998); Wilson v. Sirmons, 2006 U.S. Dist. Lexis 55850(N.D. Okla. Aug. 8, 2006); United States

멕시코,27) 뉴욕,28) 테네시,29) 워싱턴30) 등 거의 대부분의 주 법원에서 PCR 기법에 근거한 분석기법을 받아들이고 있다. 또한 1996년에 발간된 NRC 보고서는 PCR 기법에 관한 감정결과의 증거능력을 인정하는 견해를 지지하였다.

참고로 1999년 7월에 발표된 FBI의 조사결과에 의하면, PCR 기법은 이미 90년대 후반의 시점에서도 광범위한 지지를 받고 있었던 점을 확인할 수 있다.31)

표 3-2 PCR 기법과 관련한 미국판례

PCR	admission	admitted with limited statistics or without statistics	remands and/or exclusions based upon DNA evidence	total
state courts of last resort	42	1	4	47
federal appellate courts	5	0	0	5
state intermediate appellate courts	47	2	2	52
reported federal trial courts	0	2	0	2
reported state trial courts	3	0	0	3
total PCR decisions	98	5	6	109

참고: total PCR decisions에는 2가지 이상의 분석방식이 혼용된 사례가 17건이 포함되어 있다.

---

v. Trala, 162 F. Supp. 2d 336(2001), mot. denied, 2002 U.S. Dist. Lexis 21624(D. Del. 2002), aff'd, 386 F.3d 356(3d Cir. 2004); United States v. Cuff, 37 F.Supp. 2d 279(S.D.N.Y. 1999).
24) Ex parte Taylor, 825 So. 2d 769(Ala. 2002).
25) State v. Tankersley, 956 P.2d 486(Ariz. 1998).
26) Bolin v. State, 960 P.2d 784(Nev. 1998).
27) State v. Stills, 957 P.2d 51(N.M. 1998).
28) People v. Owens, 725 N.Y.S.2d 178(Misc. 2001).
29) State v. Begley, 956 S.W.2d 471(Tenn. 1997).
30) State v. Gore, 21 P.3d 262(Wash. 2001).
31) Paul C. Giannelli, Edeward J. Imwinkelried, Andrea Roth, Jane Campbell Moriarty, op. cit. pp. 124-125.

아울러, 2000년 12월 the American Prosecutors Research Institute(APRI)는 PCR 기법이 활용된 사례에 대한 통계를 업데이트하여, 8개 연방 항소법원, 3개 의 연방 사실심 법원, 52개 주 대법원과 69개 주 항소법원 그리고 12개 주 사실 심 법원에서, 부가적으로 STRs 기법의 경우, 1개 연방 사실심 법원, 5개 주 대법 원, 5개 주 항소법원, 21개 주 사실심 법원에서 그 증거능력을 인정받고 있었던 것으로 확인하였다.

3) 미토콘드리아 DNA(mtDNA) 분석기법

2000년 12월 31일 The American Prosecutors Research Institute(APRI)는 mtDNA분석과 관련한 사례를 조사하여, 2개 주 대법원 및 4개 주 항소법원 그리 고 4개 주 사실심 법원에서 증거능력을 인정한 바 있는 것으로 조사결과를 발표 하여, 다수의 법원이 mtDNA 분석결과에 대한 감정결과의 증거능력을 인정하는 것으로 확인하였다.[32] 또한 동물의 mtDNA 분석에 관하여도 증거능력을 인정한 다수의 공간된 견해가 있다.[33]

4) STRs, Y-STR, LCN분석기법 등

STRs 분석에 대하여도 미국의 대다수 판례가 증거능력을 인정하고 있다.[34]

---

32) People v. Sutherland, 2006 Ill. Lexis 1109(Ill. Sup. Ct., Sept. 21, 2006); People v. Klinger, 713 N.Y.S.2d 823(Misc. 2000); State v. Underwood, 518 S.E.2d 231(N.C. App. 1999); State v. Council, 515 S.E.2d 508(S.C. 1999).

33) United States v. Beverly, 369 F.3d 516(6th Cir.), cert. denied, 543 U.S.910(2004); State v. Pappas, 776 A.2d 1091(Conn. 2001); State v. Leuluaialii, 77 p.3d 1192(Wash. App. 2003).

34) United States v. Adams, 189 Fed. Appx. 120, 2006 U.S. App. LEXIS 17291(3d Cir. July 10, 2006), cert. denied, 127 S.Ct. 989(2007); United States v. Trala, 386 F.3d 536(3d Cir. 2004); United States v. Gipson, 383 F.3d 689(8th Cir. 2004); Geroge v. Almager, 674 F.Supp. 2d 1160, 1189(S.D. Cal. ra2009); United States v. Davis, 602 F. Supp. 2d 658, 672 n. 8(D. Md. 2009); United States v. Morrow, 374 F. Supp. 2d 51(D.D.C. 2005); United States v. Ewell, 252 F. Supp. 2d 104(D.N.J. 2003); United States v. Trala, 162 F.Supp. 2d 336(D. Del. 2001), mot. denied, 2002 U.S. Dist. Lexis 21624(D. Del. Nov. 8, 2002), aff'd, 386 F.3d 536(3d Cir. 2004); People v. Jackson, 77 Cal. Rptr. 3d 474(App. 2008), review denied; People v. Henderson, 132 Cal. Rptr. 2d 255(App. 2003); People v. Allen, 85 Cal. Rptr. 2d 655(App. 1999); People v. Shreck, 22 P.3d 68(Colo. 2001); Commonwealth v. Rosier, 685 N.E.2d 739(Mass. 1997); State v. Jones, 2004 Minn. Lexis 207(Minn. Apr. 20, 2004); State v. Traylor, 656 N.W.2d 885(Minn. 2003); State v. Nose,

나아가 상당수 판례가 혼합시료에 대한 STRs 분석결과에 대하여도 증거능력을 인정하고 있다.[35] 아울러, 캘리포니아, 플로리다, 미시건, 텍사스 주 항소법원은 오직 남성만이 갖고 있는 Y−염색체에 대한 Y−STR 분석기법에 근거한 감정결과의 증거능력을 인정한 바 있으며,[36] 캘리포니아 주 법원판례와는 상반되지만,[37] 뉴욕 주 법원판례와[38] 오스트레일리아 판례의 경우[39] LCN(low copy number) DNA 분석기법의 증거능력도 인정한 예가 있다. 아울러 ABO−B DNA 증거도 증거능력이 인정된 사례가 있다.[40]

그러나 미국 판례는 대체로 새로운 분석기법에 근거한 감정결과의 증거능력에 대해서는 극히 신중한 태도를 보이고 있는데, 해당 분석기법에 대하여 입법적으로 직접 증거능력을 인정할 근거가 없다면, 당해 증거를 제출한 측은 Daubert 또는 Frye test 등을 통해 증거능력에 관한 입증을 하여야 한다.[41]

---

649 N.W.2d 815(MInn. 2002); State v. Faulkner, 103 S.W.3d 346, 357 n. 9(Mo. Ct. App. 2003).

35) Coy v. Renico, 414 F.Supp. 2d 744, 762(E.D. Mich. 2006); People v. Smith, 132 Cal. Rptr. 2d 230, 249−50(App. 2003); Wynn v. State, 791 So. 2d 1258, 1259(Fla. Ct. App. 2001); Commonwealth v. McNickels, 753 N.E.2d 131, 139(Mass. 2001); Commonwealth v. Rocha, 784 N.E.2d 651−58(Mass. App. 2003); State v.Ayers, 315 Mont. 395, 2003 MT 114, 68 P.3d 768, 776−77(2003); People v. Brown, 2005 Cal. App. Unpub. Lexis8698(Cal. App. Sept. 26, 2005); People v. Smith, 132 Cal. Rptr. 2d 230(App. 2003).

36) Y−STR 증거를 피고인이 활용한 사례로, State v. Dedge, 873 So. 2d 338(Fla. Dist. Ct. App. 2004); United States v. Trala, 162 F.Supp. 2d 336, 349(D. Del. 2001), vacated, remanded on the other grounds, 546 U.S. 1086(2006); People v. Henderson, 132 Cal. Rptr. 2d 255(App. 2003); People v. Smith, 132 Cal. Rptr. 2d 230(App. 2003); State v. Calleia, 997 A.2d 1051(N.J. Super. 2010); People v. Dyleski, 2009 WL 1114077(Cal. App. Apr. 27, 2009); Shabazz v. State, 265 Ga. App. 64(2004); Commonwealth v. Bizanowicz, 459 Mass, 400, 407(2011); State v. Truitt, 2011 WL 6749811(Ohio 2011); State Calleia, 414 N.J. Super. 125, 148−49, rev'd on the gounds(citing nemerous scientific publiucations on Y−STR); State v. Emerick, 179 Ohio App. 3d 647, 651(Ohio App. 1007); Curtis v. State, 205 S.W.2d 656, 661(Tex. App. 2006); State v. Russell, 141 Wash. App. 733, 742(2007).

37) People v. Espino, No. Na076620(L.A. County Cal. Super. Ct. Mar. 18, 2009).

38) People v. Megnath, 898 N.Y.S.2d 408(Sup. Ct. 2010).

39) R. v. Murdoch, (2005)NTSC 76(Austl].

40) Moeller v. Weber, 635 F.Supp.2d 1036(D.S.D. 2009).

41) 새로운 DNA 분석기법에 대한 관련 학계에서 유효성을 검증한 연구결과가 부족한 점에서 증거능력을 배제한 사례로, AG of Okla. v. Tyson Food, Inc., 565 F.3d 769, 779−781 (10th Cir. 2009).

5) DNA 증거에 관한 미국의 입법례

미국의 경우, 판례 외에 입법을 통해 DNA 증거의 증거능력을 인정하기도
한다.[42] 1989년 메릴랜드 주 의회는 메릴랜드 주 법원 및 소송절차법을 보완하

---

42) Elizabeth M. Bezak "DNA Profiling Evidence: The Need for a Uniform and Workable
Evidentiary Standard of Admissibility", 26 Val. U. L. Rev. 595 1992, p. 620; 가령 인디애
나 주의 경우 주 법률을 통해 DNA 증거의 증거능력을 인정하고 있다.
IC 35−37−4−13 "Forensic DNA analysis" defined; admissibility
Sec. 13. (a) As used in this section, "forensic DNA analysis" means an identification
process in which the unique genetic code of an individual that is carried by the
individual's deoxyribonucleic acid (DNA) is compared to genetic codes carried in DNA
found in bodily substance samples obtained by a law enforcement agency in the
exercise of the law enforcement agency's investigative function.
(b) In a criminal trial or hearing, the results of forensic DNA analysis are admissible in
evidence without antecedent expert testimony that forensic DNA analysis provides a
trustworthy and reliable method of identifying characteristics in an individual's genetic
material.
As added by P.L.1−1991, SEC.194.
; 댈라웨어 주의 경우는 Title 11−crimes and criminal procedure, subchapter 1, title 315
admissibility of DNA profile에서 DNA 증거의 증거능력에 대한 규정을 두고 있다.
3515. Admissibility Of DNA Profiles
(a) Definitions −− In this section the following words have the meanings indicated.
(1) "Deoxyribonucleic acid (DNA)" means the molecules in all cellular forms that contain
    genetic information in a patterned chemical structure of each individual.
(2) "DNA profile" means an analysis that utilizes the restriction fragment length
    polymorphism analysis of DNA resulting in the identification of an individual's
    patterned chemical structure of genetic information.
(b) Purposes −− In any criminal proceeding, the evidence of a DNA profile is
    admissible to prove or disprove the identity of any person, if the party seeking to
    introduce the evidence of a DNA profile:
(1) Notifies in writing the other party or parties by mail at least 45 days before any
    criminal proceeding; and
(2) Provides, if requested in writing, the other party or parties at least 30 days before
    any criminal proceeding with:
a. Duplicates of the actual autoradiographs generated;
b. The laboratory protocols and procedures;
c. The identification of each probe utilized;
d. A statement describing the methodology of measuring fragment size and match criteria;
   and
e. A statement setting forth the allele frequency and genotype data for the appropriate

database utilized.

(c) Prerequisites －－ If a party is unable to provide the information required under subsection (b) of this section at least 30 days prior to the criminal proceeding, the court may grant a continuance to permit such timely disclosures as justice may require.

69 Del. Laws, c. 249, § 2.;

; 메릴랜드 주 역시 DNA 증거의 증거능력을 주 법률로 규정하고 있다. courts and judicial proceedings, subtitle 9 section 10－915 admissibility of DNA profile

§ 10－915. Admissibility of DNA profiles.

(a) Definitions. －

(1) In this section the following words have the meanings indicated.

(2) "Deoxyribonucleic acid (DNA)" means the molecules in all cellular forms that contain genetic information in a chemical structure of each individual.

(3) "DNA profile" means an analysis of genetic loci that have been validated according to standards established by:

(i) The Technical Working Group on DNA Analysis Methods (TWGDAM); or

(ii) The DNA Advisory Board of the Federal Bureau of Investigation.

(b) In general. － A statement from the testing laboratory setting forth that the analysis of genetic loci has been validated by standards established by TWGDAM or the DNA Advisory Board is sufficient to admit a DNA profile under this section.

(c) Purposes. － In any criminal proceeding, the evidence of a DNA profile is admissible to prove or disprove the identity of any person, if the party seeking to introduce the evidence of a DNA profile:

(1) Notifies in writing the other party or parties by mail at least 45 days before any criminal proceeding; and

(2) Provides, if applicable and requested in writing, the other party or parties at least 30 days before any criminal proceeding with:

(i) First generation film copy or suitable reproductions of autoradiographs, dot blots, slot blots, silver stained gels, test strips, control strips, and any other results generated in the course of the analysis;

(ii) Copies of laboratory notes generated in connection with the analysis, including chain of custody documents, sizing and hybridization information, statistical calculations, and worksheets;

(iii) Laboratory protocols and procedures utilized in the analysis;

(iv) The identification of each genetic locus analyzed; and

(v) A statement setting forth the genotype data and the profile frequencies for the databases utilized.

(d) Prerequisites. － If a party is unable to provide the information required under subsection (c) of this section at least 30 days prior to the criminal proceedings, the court may grant a continuance to permit such timely disclosures.

(e) Discovery. － Except as to the issue of admissibility under this section, subsection (c)

여 House Bill 711 section 10-915를 통과시켰다. 이 법안은 DNA 증거가 주 법원에서 증거능력을 인정받은 것으로 규정하였는데, 유사한 법령이 루이지애나,[43] 미시건,[44] 미네소타와[45] 미주리 주[46] 등에서도 제정되었다. 일부 법령은 민사상 친자확인 소송 등에 제한되기도 하지만, 형사사건에 적용되는 예도 상당수 있다.[47]

한편, 미연방하원도 DNA 분석을 통제하기 위한 법령제정을 고려한 바 있는데 이점에 대해서는 후술하는 DNA 데이터베이스에 대한 부분에서 언급하도록 한다.

---

of this section does not preclude discovery under the Maryland Rules relating to discovery, upon a showing of scientific relevance to a material issue regarding the DNA profile.

[1989, ch. 430; 1991, ch. 631; 1997, ch. 440; 1998, ch. 21, § 1.]

; 기타 DNA의 증거능력에 관한 주 법률의 적용과 관련한 판례로, Satcher v. Netherland, 944 F. Supp. 1222(E.D. Va. 1996), aff'd in part, rev'd in part, Satcher v. Pruett, 126 F.3d 561(4th Cir. 1997); Armstead v. State, 342 Md. 38, 673 A.2d 221(1996); Jones v. State, 161 S.W.3d 685(Tex. App. 2005) Article of 67.03 of the Code of Criminal Procedure, etc.

43) La. Rev. Stat. Ann. §444.1.
44) Mich. Stat. Ann. §25.496(1990).
45) Minn. Stat. Ann. §634.25.
46) S.B. No. 152 DNA Profiling, 26 Missouri Bar Legislative Digest 14-15(July 1991).
47) 가령, 알칸사스 주의 경우는 민사소송에 한하여 DNA 증거의 증거능력을 인정하고 있다.
title 9 code of civil procedure chapter 09.25, section 09.25.051 admissibility of DNA profile
Sec. 09.25.051. Admissibility Of DNA Profiles
(a) In a civil action or proceeding, evidence of a DNA profile is admissible to prove or disprove any relevant fact if the court finds that the technique underlying the evidence is scientifically valid. The admission of the DNA profile does not require a finding of general acceptance in the relevant scientific community of DNA profile evidence.
(b) In this section,
(1) "deoxyribonucleic acid" means the molecules in all cellular forms that contain genetic information in a patterned chemical structure for each individual;
(2) "DNA profile"
(A) means an analysis of blood, semen, tissue, or other cells bearing deoxyribonucleic acid resulting in the identification of the individual's patterned chemical structure of genetic information;
(B) includes statistical population frequency comparisons of the patterned chemical structures described in (A) of this paragraph.

6) DNA 분석절차상의 오류와 증거법적 평가

(1) 증거보관의 연속성(chain of custody)

보다 신뢰할 수 있는 DNA 분석결과가 도출되기 위해서는 무엇보다 잘 보존된 시료확보가 중요하다는 점은 주지하는 바와 같다. 문제는 채증기법의 발전에 따라 다양한 미세증거 등에서도 시료가 확보될 수 있게 된 점에서는 긍정적이지만 그만큼 정교하고 복잡한 기법이 활용되면서 시료의 오염, 부패나 변질, 시료 간 혼동 등의 위험성이 상대적으로 더욱 높아졌다. 아울러 시료의 보관, 실험실로의 이동과정은 물론이거니와 DNA 분석기법 역시 보다 정교한 형태로 발전하면서 분석절차에서도 분석자의 실수 등에 기안하여 동일한 문제가 발생할 수 있다.

이와 관련한 증거법적 쟁점이 바로 증거의 연속성(chain of custody, 일본의 경우는 '明認의 法理'라고도 한다)이다. 흔히 물증(증거물)이 수집, 보관, 분석되어 최종적으로 공판절차에서 현출되기까지의 전 과정에서 당해 증거물의 존재와 상태가 동일하게 유지되었음을 당해 증거물을 제출한 자가 입증하여야 한다는 원칙으로 정의된다.[48] 통상 증거는 증거방법의 형태에 따라서 인증 또는 물증으로, 증거자료의 형태에 따라서 진술증거와 비진술증거로 구분할 수 있다. 가령, 검사 또는 사법경찰관이 작성한 피의자신문조서라면 증거방법으로는 물증(특히 서증)이자, 증거자료로는 진술증거에 해당한다. 영미 증거법의 경우, 물증에 대비되는 유형을 real evidence라고 하고 주로 서증이 여기에 포함되겠지만 물증 가운데 진술증거로서의 성격을 갖는 유형을 demonstrative evidence라고 한다. 이러한 real 또는 demonstrative evidence가 증거로 허용되기 위해서는 그 진정성(genuine)이 인정되어야 하는데 이를 authentication이라고 한다(미연방증거규칙 제901조 참조).[49] 가령 공판정에서 피고인이 강도행위 시에 사용한 칼이 제시되

---

[48] 이성기, "증거물 보관의 연속성(chain of custody)원칙과 증거법적 함의", 경찰학연구 제11권 3호, 경찰대학, 2011. 9, 54면.

[49] RULE 901. AUTHENTICATING OR IDENTIFYING EVIDENCE

(a) In General. To satisfy the requirement of authenticating or identifying an item of evidence, the proponent must produce evidence sufficient to support a finding that the item is what the proponent claims it is.

고 그 증거능력이 인정되고자 한다면, 공판절차에서 제시된 칼이 범인이 사용한 칼로 범행현장에서 수거된 칼과 동일한 것이라는 점이 입증되어야 한다. 한국의 형사소송법에서 전문서류의 경우, 원진술자의 진정 성립을 증거능력의 요건으로 하는데, 여기서 말하는 진정 성립도 서증과 관련한 authetication 문제로 이해할

(b) Examples. The following are examples only — not a complete list — of evidence that satisfies the requirement:

(1) Testimony of a Witness with Knowledge. Testimony that an item is what it is claimed to be.

(2) Nonexpert Opinion About Handwriting. A nonexpert's opinion that handwriting is genuine, based on a familiarity with it that was not acquired for the current litigation.

(3) Comparison by an Expert Witness or the Trier of Fact. A comparison with an authenticated specimen by an expert witness or the trier of fact.

(4) Distinctive Characteristics and the Like. The appearance, contents, substance, internal patterns, or other distinctive characteristics of the item, taken together with all the circumstances.

(5) Opinion About a Voice. An opinion identifying a person's voice — whether heard firsthand or through mechanical or electronic transmission or recording — based on hearing the voice at any time under circumstances that connect it with the alleged speaker.

(6) Evidence About a Telephone Conversation. For a telephone conversation, evidence that a call was made to the number assigned at the time to:

(A) a particular person, if circumstances, including self—identification, show that the person answering was the one called; or

(B) a particular business, if the call was made to a business and the call related to business reasonably transacted over the telephone.

(7) Evidence About Public Records. Evidence that:

(A) a document was recorded or filed in a public office as authorized by law; or

(B) a purported public record or statement is from the office where items of this kind are kept.

(8) Evidence About Ancient Documents or Data Compilations. For a document or data compilation, evidence that it:

(A) is in a condition that creates no suspicion about its authenticity;

(B) was in a place where, if authentic, it would likely be; and

(C) is at least 20 years old when offered.

(9) Evidence About a Process or System. Evidence describing a process or system and showing that it produces an accurate result.

(10) Methods Provided by a Statute or Rule. Any method of authentication or identification allowed by a federal statute or a rule prescribed by the Supreme Court.

수 있다.

authentication은 증거의 관련성이 인정되기 위한 조건임에서 증거의 허용성 즉, 증거능력과 관련한다. 피고인의 강도행위를 입증하기 위해 범행에 사용된 칼을 제시하였으나, 범행현장에서 범인으로부터 압수된 칼과 다른 칼이 제시되었다면, 이는 요증사실과 관련하여 어떠한 설명력도 제공할 수 없음에서 관련성이 없는 증거로 증거능력이 부정되어야 한다. 이러한 의미에서 authentication을 조건부 관련성으로 파악하기도 한다.[50]

authentication의 구체적 방식은 증거의 유형에 따라 달라질 수 있는데, real evidence 즉, 비진술증거인 물증인 경우, 먼저 당해 증거를 제시하는 자는 목격증인 등을 통해 제시된 증거물이 입증하고자 하는 사실관계에서 나타난 물건과 동일하다는 점을 그 형상 등 세부적 특징의 일치여부를 확인하는 등의 방식으로 동일함을 입증하는 방법을 취할 수 있다. 이를 ready identifiability(또는 unique identifiability)라고 한다. 두 번째 방법으로 증거의 연속성에 해당하는 chain of custody가 있다. 이 방법은 당해 증거물이 별다른 특징을 갖지 못하거나 이전에 목격증인 등이 목격한 사례가 없음에서 ready identifiability가 불가능하거나, 요증사실의 입증과 관련하여 당해 증거물의 존재가 중요한 것이 아니라 그 증거물로부터 분석되는 사실(예를 들어, 범행현장에서 확보된 분석대상인 DNA 시료가 있다면, 그 시료로부터 분석된 결과물로서 프로파일의 일치여부)이 중요한 경우에 활용되는데, 당해 증거물을 범행현장에서 최초 획득한 순간부터 공판절차에 현출되는 전 과정에서 동 증거물에 접촉한 모든 사람을 통해 증거의 이동, 보관 과정에 연계성(link)이 입증되어야 한다.

(2) 분석절차상 오류에 대한 증거법적 평가유형

DNA 분석과정에서 이러한 증거보관의 연속성과 관련하여 발생하는 다양한 오류에 대하여 미국판례는 크게 4가지 유형으로 구분될 수 있다.

① 분석절차의 부적절성을 이유로 증거능력을 부정하는 유형

첫 번째 유형은 DNA 분석절차를 이행함에 있어서 분석자가 적절한 분석프로토콜을 준수하였다는 점을 입증하지 못한 것으로 증거능력을 부정하는 경우

---

50) 光藤景皎, 刑事證據法の新展開(東京 : 成文堂, 2001), 7-12頁.

다. 미국의 경우 상당수 판례가 DNA 증거의 증거능력이 인정되기 위한 기초로 당해 분석절차에서 분석자가 프로토콜을 정확히 준수하였다는 점에 대한 입증이 필요한 것으로 판시하고 있다.[51] 이러한 기초요건의 입증에 실패를 이유로 DNA 증거의 증거능력을 부정한 대표적인 초기 판례사안으로 People v. Castro사건을 들 수 있다.[52]

   Castro 사건에서, 사실심 법원은 DNA 증거는 분석 실험실이 확립된 분석절차에 따라 분석한 경우에 한하여 증거능력이 인정될 수 있다고 하면서, 피고인 측이 당해 실험실이 몇 가지 측면에서 과학적으로 확립된 분석기술을 활용하지 못하였다는 점에 대하여 성공적으로 입증함으로써, Lifecodes사가 분석에 사용한 분석절차에 문제를 제기하였다. 특히, 자기방사촬영결과의 평가와 관련하여 3가지 표준편차와 관련한 일치판단기준을 사용하지 못한 점을 지적하였다.

   항소심에서 증거능력을 배제한 사례로 State v. Schwartz사건을 들 수 있는데,[53] Castro 사건과 마찬가지로, 동 사건에서 미네소타 주 대법원은 DNA 분석에 대하여 일반적 신뢰성을 인정하면서도, 실험실에서 사용된 구체적 분석절차를 신뢰할 수 있고 정확한 경우에만 분석결과의 신뢰성이 인정될 수 있다고 판시하였다. 동 사건에서는 Cellmark사의 분석자가 분석을 담당했는데, 법원은 TWGDAM(Technical Working Group-Interagency Working Group of DNA Methodology)의 권고안을 언급하면서, Cellmark사의 분석프로토콜에 몇 가지 결함이 있음을 지적하였다.

   「Cellmark사 분석 및 개별 실험실 책임자인 Dr. Robin Cotton은 동 사가 관련 저널 등에서 발표된 실험결과나 방법론적 유효성과 같은, 최소한의 권고기준을 충족하지 못하였기 때문에, FBI가 그들의 분석결과를 법정에서 곧바로 사용하지는 않을 것으로 판단된다고 인정하였다. 아울러 분석자들은 또한

---

51) United States v. Two Bulls, 918 F.2d 56(8th Cir. 1990), vacated, 925 F.2d 1127(1991); United States v. Jakobetz, 747 F.Supp. 250(D. Vt. 1990),aff'd on the grounds, 955 F.2d 786(2d Cir. 1992); Ex parte Perry, 586 So. 2d 242(Ala. 1991); State v. Schwartz, 447 N.W.2d 422(Minn. 1989); State v. Houser, 490 N.W.2d 168(Neb. 1992); State v. Fortin, 843 A.2d 974(N.J.).

52) People v. Castro, 545 N.Y.S.2d 985(Sup. Ct. 1989).

53) State v. Schwartz, 447 N.W.2d 422(Minn. 1989)

CACLD(the California Association of Crime laboratory Directors)가 정한 DNA 분석에 대한 유사기준도 검토하였는데, Dr. Cotton은 Cellmark사가 이러한 모든 기준을 충족하지 못한 것으로 인정되었다.」

또 다른 판례로 United States v. Two Bulls를 들 수 있는데,[54] 동 법원은 하급심 법원의 판단에 DNA 분석을 함에 있어서 표준적 분석절차가 있고 동 절차가 준수되었는지를 판단하지 않고 증거능력을 인정한 것은 위법하다고 판단하였다. 아울러 분석절차의 적절성에 관한 판단문제는 사실심인 하급심 법원의 판단 영역임을 지적하면서도, 최종 판단 전에 사실심 법원은 양당사자의 주장을 충분히 심리하고 법률적 판단문제로서 관련 쟁점에 대한 판단을 제시하여야 함을 강조하였다. 결과적으로 동 법원은 원심을 파기환송하면서 사실심이 이 문제에 대해 보다 신중한 심리를 하도록 하였다.

이와 유사하게, 아이다호 주 대법원도 DNA 증거의 증거능력에 대한 판단과정에서 사실심 법원은 실험실의 분석프로토콜을 상세히 검토하여야 한다고 판시하였다.[55] 또한 미시시피 주 대법원 역시 방론의 형태지만 판시사항에서 DNA 분석 실험실에 대하여 엄격한 품질통제를 위한 가이드라인을 제시한 예가 있다.[56] 1992년 NRC 보고서는 이러한 일련의 판례가 제시한 입장을 지지하면서, 적절한 분석절차에 따르지 않은 경우 증거능력을 인정하여서는 안 된다고 서술하였다.

통상 분석자에 의하여 사용된 분석기술의 유효성을 입증하고자 하는 경우, 당해 증거를 제출하는 당사자는 분석과정이 규정된 분석조건에서 통제된 가운데 이루어졌다는 점을 입증하여야 한다. 만일 분석결과의 유효성을 보장하기 위한 핵심적 통제조건으로서 분석절차를 준수하지 않았다면, 감정인의 감정보고에 대한 신뢰성을 전혀 보장할 수 없게 된다. 더 나아가 숙련도에 대한 연구결과들(proficiency studies)은 부적절한 분석절차가 법과학적 분석에서 극히 부정적으로 작용한다고 설명하고 있다.[57] 미연방증거규칙 702(d)는 연방법원에서 이러한 쟁

---

54) United States v. Two Bulls, 918 F.2d 56(8th Cir. 1990), vacated, 925 F.2d 1127(1991).
55) State v. Horsley, 792 P.2d 945(Idaho 1990).
56) Polk v. State, 612 So. 2d 381(Miss. 1992).
57) Edward J. Imwinkerlied, "The Debate in the DNA Cases the Foundation for the

점으로 입법적으로 해결하고 있다.[58] 동 규칙은 증거제출자가 당해 감정인이 분석대상에 대하여 적용된 기초 원리와 분석방법, 절차 등의 신뢰성을 입증하도록 규정하고 있다.

② 분석절차의 적절성을 증거능력 요건으로 파악하면서, 당사자 간 입증 책임을 분배하는 유형

두 번째 유형으로 증거능력의 전제로, 분석절차의 정확한 이행여부에 대한 증명이 있는 것을 전제로 증거능력을 인정하는 유형이 있다.[59] 미국의 경우 다수 판례가 분석절차의 적절한 이행여부가 증명력이 아닌 증거능력 문제로 파악하면서도 당해 증거의 제출자 측이 적절한 분석절차의 이행에 관한 최소한의 입증을 하였다면, 그 불이행에 대한 입증책임을 반대 당사자에게 일정 정도 부여하는 태도를 취하기도 한다.[60]

Admission of Scientific Evidence : The Importance of Human Error as a Cause of Forensic Mis-analysis", 69 Wash. U. L. Q. 19, 1991, pp. 19-47.

58) RULE 702. TESTIMONY BY EXPERT WITNESSES

A witness who is qualified as an expert by knowledge, skill, experience, training, or education may testify in the form of an opinion or otherwise if:

(a) the expert's scientific, technical, or other specialized knowledge will help the trier of fact to understand the evidence or to determine a fact in issue;

(b) the testimony is based on sufficient facts or data;

(c) the testimony is the product of reliable principles and methods; and

(d) the expert has reliably applied the principles and methods to the facts of the case.

59) United States v, Martinez, 3 F.3d 1191(8th Cir. 1993); United States v. Coronado-Cervantes, 912 F.Supp. 497, 500(D.N.M. 1996); Ex parte Turner, 746 So. 2d 355(Ala. 1998); Ex parte Perry, 586 So.2d 242, 250(Ala. 1991); Moore v. State, 915 S.W.2d 284(Ark. 1996); People v. Venagas, 954 P.2d 525(Cal. 1998); People v. Lindsey, 868 P.2d 1085(Colo. App. 1993); aff'd, 892 P.2d 281(Colo. 1995); People v. Fishback, 829 P.2d 489(Colo. App. 1991), aff'd 851 P.2d 884(Colo. 1993); Hopkins v. State, 579 N.E.2d 1297(Ind. 1991); Armstead v. State, 673 A.2d 221(Md. 1996); Jackson v. State, 608 A.2d 782(Md. App. 1992); Polk v. State, 612 So.2d 381(Miss. 1992): State v. Davis, 814 S.W.2d 593, 603(Mo. 1991); State v. Houser, 490 N.W.2d 168, 181(Neb. 1992); State v. Hariss, O4 JE 44(Ohio App. June 27, 2006).

60) State v. MOntano, 65 P.3d 61(Ariz.), sentencing vacated, remanded, 77 P.3d 1246(Ariz. 2003); State v. Pennington, 393 S.E.2d 847, 854(N.C. 1990); State v. Ford, 392 S.E.2d 781, 784(S.C. 1990); State v. Wimberly, 467 N.W.2d 499, 506(S.D. 1991); State v. Woodall, 385 S.E.2d 253, 260(W. Va. 1989); J.H.H. v. State, 897 So.2d 419(Ala. Crim. App. 2004).

일리노이 주 법원 판례로,[61] Cellmark사의 분석결과에 대한 증거능력을 인정하면서, 그 이유로 동 사의 감정인이 과거 오류사례를 보완하여 TWGDAM (Technical Working Group‒Interagency Working Group of DNA Methodology)가 제시한 분석절차 기준을 채용하고 서면화 된 분석프로토콜을 설정, 이행한 점을 제시한 예가 있다.

> 「사건이 Cellmark사에 의뢰되었을 당시, 분석을 담당할 책임자와 분석절차가 지정되었다. Cellamark사는 분석을 수행함에 있어서 소속 분석자에게 서면화 된 프로토콜을 따르도록 하고 있다. 분석과정에서 사용기한이 명기된 시약을 사용하는 것은 물론, 분석기자재도 적절히 작동하도록 유지되고 있다. 두 번째, Cellmark사의 감정인들은 분석절차만이 아니라 증거보관의 연속성 (chain of custody)과 관련한 절차도 준수하고 있다. 자기방사촬영장치가 개발된 이래, 분자생물학자들은 그 검토를 위해 박사급 연구원을 제공하고, 이들이 자기방사촬영결과의 해석에서 사건파일 전체를 검토하고 있다. 또한 두 명의 박사급 연구원이 별도로 각 사건을 검토하고 분석결과에 대한 보고서를 작성한다. 이러한 보고서는 최종보고서로 정리되어 의뢰자에게 전달된다. 실험실의 최종책임자는 의뢰인에게 동 보고서가 전달되기 이전에 이를 다시 검토하고 있다.」

한편, 위 판례와 상반되는 시각에서 인디애나 주 법원 판례의 경우,[62] 법원은 시료가 장갑을 착용하지 않은 분석자에 의하여 부적절하게 다루어졌음에도 불구하고 증거능력을 인정한 바 있다.

③ 분석절차의 부적절성을 증명력 문제로 파악하는 유형

3번째 유형으로, 분석절차에서의 결함이 증거능력이 아닌 증명력에 영향을 주는 것으로 판단하는 예가 있다. United States v. Jakobetz 사건에서,[63] 연방 제2순회 항소법원은 DNA 분석의 이론적 유효성은 이미 공지의 사실(judicial

---

61) People v. Miles, 577 N.E.2d 477(Ill. App.), appeal denied, 584 N.E.2d 136(Ill. 1991).
62) Smith v. State, 702 N.E.2d 668(Ind. 1998).
63) United States v. Jakobetz, 955 F.2d 786(2d Cir. 1992); 동일한 취지의 판례로, State v. Smith, 2006 Wash. App. LEXIS 2368(Oct. 24, 2006).

notice)로 별도의 입증이 필요 없다고 판시하였다. 나아가,

> 「공지의 사실을 넘어서, 증거능력의 최소요건으로 가령, 실험실의 분석 작업이 어떻게 이루어졌는지와 같이 단지 제출된 특정 데이터의 신뢰성에 관한 기초사항이 요구될 뿐이다. 감정서는 보통 증거능력에 관한 충분한 기초를 제공한다. DNA 프로파일링 증거는 단지 검사가 신뢰성의 최소한도를 입증하지 못한 경우에만 배제되어야 한다. 하급심 법원은 현재 통용되는 분석프로토콜이 당해 사례에서 적절히 이행되었는지에 주목하여야 하는데, 그 판단재량과 관련하여 이 문제는 증거능력보다는 증명력에 관한 것이라는 점에 주의하여야 한다. 그와 같은 사실판단문제가 배심의 고려범위에서 제외되어서는 안 된다.」

대체로 분석절차상의 결함을 증명력 문제로 파악하는 것이 현재 미국 판례의 경향으로 이해되는데,[64] 앞서 살펴본 Castro 사건에서도 법원은 이 문제를 증거능력이 아닌 증명력 차원에서 접근할 수도 있다고 판시한 바 있다.[65]

물론, 전통적 영미 보통법(common law)의 관점에서, 분석절차가 정확히 이행되었는지 여부는 증거능력 판단의 기초라고 하겠지만, 증명력에만 영향을 줄 수 있다는 반론도 있다. 이미 살펴본 바와 같이 Daubert 사건에서, 미연방대법원은 과학적 증거의 증거능력에 관한 전통적 판단기준인 일반적 승인원칙(general acceptance test)을 포기하였다. 즉, 미연방대법원은 연방증거규칙 제402조가 명문화되지 않은 증거능력배제법칙(Frye test)을 폐지한 것으로 해석한 것이다.[66] 일반적 승인원칙과 같이, 적절한 분석절차 이행에 관한 요건 역시 판례를 통해 제시된 규칙으로 볼 수 있다. 만일 일반적 승인원칙이 연방증거규칙의 제정을 통

---

64) Edward J. Imwinkerlied, op. cit., pp. 19−47.
65) People v. Castro, 545 N.Y.S.2d 985(Sup. Ct. 1989).
66) Rule 402. General Admissibility of Relevant Evidence
   Relevant evidence is admissible unless any of the following provides otherwise:
   · the United States Constitution;
   · a federal statute;
   · these rules; or
   · other rules prescribed by the Supreme Court.
   Irrelevant evidence is not admissible.

해 폐지되었다면, 분석절차의 적절한 이행여부와 관련한 문제에도 동일하게 연방증거규칙의 적용이 가능하다. 다만, 연방증거법칙 제702조 원안은 분석절차가 적절히 이행되었는지 여부가 입증되어야 한다는 요건은 포함되어 있지 않았지만, 2000년 개정과정에서 702조(d)에 이러한 내용이 포함되었다.

그러나 이러한 쟁점은 여전히 다수의 주 법원판례에서 등장하고 있다. 미국 내 43개 주가 연방증거규칙 제정 이후에 제정된 개별 증거법규를 갖고 있고, 연방증거규칙 제702조에 상응하는 성격의 규정을 두고 있지만, 2000년 연방증거규칙의 개정사항과 같은 내용은 거의 반영되어 있지 않다. 결국 관련 논쟁은 여전히 각 주에서 진행 중인 것으로 평가할 수 있다.

④ 분석절차상 치명적인 오류가 개재한 경우에만 증거능력을 부정하는 유형

1998년 캘리포니아 주 대법원은 People v. Venegas 사건에서,[67] 4번째 유형에 해당하는 판단방식을 제시한 바 있다. 이 판례는 DNA 증거의 증거능력 분석과 관련하여 사실심 법원이 당해 사건에서 실제 활용된 분석절차가 확립된 분석방법론과 일치하는지 여부를 검토하여야 한다고 하였다. 아울러 지문이나 족적 등 각종 흔적증거가 탄도분석 등 배심이 직접 관찰 가능한 유형의 증거와 달리, 실험실이 자기방사촬영이나 일치여부의 판단을 위해 기 확립된 분석절차를 정확하고 적절히 이행했는지 여부가 온전히 분석자에게 의존하는 점에서 DNA 증거는 구별되는 특징을 갖고 있음을 지적하였다.

동시에 분석프로토콜을 준수하지 않은 점이 증거능력에 치명적인 것은 아니라고 하였다. 즉, 라벨링을 잘못한 것과 같이, 혼합을 잘못하거나 오염에 대비한 사전적 주의절차를 따르지 못하는 등의 예는 감정인의 관련 진술 없이도 배심에 의하여 충분히 평가될 수 있기 때문이다. 따라서 이러한 분석과정상의 실수가 DNA 관련 감정보고 제시를 사전에 배제하는 것은 아니라는 것이다.

이러한 유형의 판례와 관련하여 제기될 수 있는 또 하나의 논점으로 분석자가 분석과정에서 실수를 한 것이라는 추론을 입증하기 위하여 동일한 분석자가 앞서 분석에서 오류를 범한 사실을 증거로 제시할 수 있는지 여부이다. 이는 연방증거규칙 제401조에서 논리적 관련성이 인정될 수 있지만,[68] 증거의 증명력이

---

67) People v. Venegas, 954 P.2d 525(Cal. 1998).
68) Rule 401. Test for Relevant Evidence

쟁점이 되고 있는 점에서, 성격 또는 유사사실 증거 금지원칙(character or similar facts evidence prohibition)에 따라 관련 증거의 제시는 금지하여야 한다는 견해도 있다.[69] 그러나 논리적 관련성의 이론적 배경은 분석자가 전에도 실수한 일이 있음에서, 다시 실수할 가능성이 높다는 전형적인 금지된 선례의 추론에 근거하는데, 성격 또는 유사사실 증거 금지원칙은 도덕적 색채가 강한 성격에 적용되는 점에 비하여 분석기술은 이와 성격을 달리하여 충분히 적용가능하다는 것이다.

현재까지 미국 내 판례에서 이러한 쟁점은 거의 다루어진 예가 없는데, 1998년 몬태나 주 대법원은 성격 또는 유사사실 증거 금지원칙이 과학적 증거와 관련하여서도 적용될 수 있는 것으로 판시한 예가 있다.[70] 또한 메릴랜드 주 법원도 반대당사자는 동일한 실험실에서 다른 분석자에 의하여 야기된 오판사례와 관련하여 감정인에 대해 반대신문을 할 수 있다고 판시한 바 있다.[71]

법원이 DNA 증거의 증거능력을 결정하면서 위와 같은 증거를 고려하는 것은 별개 문제다. 이 경우, 연방증거규칙 104(a)의 후단이 적용될 수 있는데, 동조는 증거능력을 위한 기초사실을 판단함에 있어서, 사실심 법원이 증거배제규정에 구애받지 않는 것으로 규정하고 있다.[72] 즉, 연방증거규칙 104(a)는 법원이 DNA 증거의 증거능력을 결정함에 있어서 성격 또는 유사사실 증거금지원칙을 적용하지 않을 수 있는 광범위한 재량을 규정하고 있다.

Evidence is relevant if:
(a) it has any tendency to make a fact more or less probable than it would be without the evidence; and
(b) the fact is of consequence in determining the action.

69) Edward J. Imwinkerlied, "Coming to Grips with Scientific Research in Daubert's Brave New World : The Courts' Need to Appreciate the Evidentiary Differences Between Validity and Proficiency Studies", 61 Brooklyn L. Rev. 1247, 1995, pp. 1247−1281.

70) Unmack v. Deaconess Med. Ctr., 967 P.2d 783(Mt. 1998).

71) Williams v. State, 679 A.2d 1106(Md. 1996).

72) Rule 104. Preliminary Questions
(a) In General. The court must decide any preliminary question about whether a witness is qualified, a privilege exists, or evidence is admissible. In so deciding, the court is not bound by evidence rules, except those on privilege.

7) 피고인에 의한 DNA 재분석

미국의 경우, 피고인 측이 시료를 재분석할 수 있었음에도 이를 하지 않거나 또는 재분석 결과를 증거로 제시하지 않은 점을 검사가 반대증거로 활용할 수 있는지 여부가 쟁점으로 지적된다. 한국 등과 달리, 피고인 측도 과학적 증거에 대한 접근기회가 풍부한 점에서, 피고인 측이 재분석 기회가 있었음에도 이를 활용하지 못한 것은 일정부분 관련성을 긍정할 수 있다.[73] 만일 검사가 제시한 감정인의 분석절차에 문제가 있다면 산출된 분석결과에도 문제가 있을 것이고 재분석의 기회를 갖는 점에서, 피고인이 재분석 기회를 이용할 수 있다는 것은 극히 상식적이다. 단순히 이론적 수준을 넘어서 분명 분석절차에 문제가 있다면, 피고인은 재분석을 할 것이고, 이러한 재분석은 훌륭한 과학적 방법론에 해당하는 것은 물론 재분석 가능성을 고려하여 검찰 측 감정인은 보다 조심스럽게 분석절차에 임하도록 동기부여가 가능하다.

반면, 검사가 피고인의 재분석 기회와 관련하여 이를 반대증거로 활용 가능하다면, 피고인에 대한 무죄추정 내지 입증책임과 관련하여 헌법적 원칙과 충돌 가능성도 있고, 법원이 증거능력을 인정하기는 곤란할 것이다. 즉, 법원이 배심에 대하여 피고인이 재분석할 법적 의무는 없다고 설시해 준다면, 피고인이 어떤 의미로는 그러한 의무를 부담하는 것으로 이해될 수도 있다. 나아가, 재분석을 하지 않기로 한 피고인의 결심이 재분석 과정에서도 앞서의 오류가 반복될 것으로 피고인이 합리적으로 믿고 있는 경우라면, 피고인이 재분석 기회를 활용하지 않은 사실은 그다지 높은 설명적 가치를 갖고 있지 않다. 가령, 피고인은 앞서 검찰 측의 분석이 영구적으로 범죄현장에서 확보된 시료를 오염시킨 것으로 의심할 수도 있기 때문이다.

어떤 경우는 법원이 피고인 측이 재분석에 실패한 것과 관련한 검사의 반대증거에 대한 적절성을 비교적 용이하게 지지할 수도 있다. 반대신문과정이나 최후변론을 통해 피고인 측은 검찰 측 감정인의 분석과정에서 오류가 있음을 주장하게 된다. 이에 대한 방어차원에서, 법원은 검찰 측에 반박기회를 허용할 수 있

73) State ex rel. McDougall v. Corcoran, 735 P.2d 767, 770-71(Ariz. 1987).

는데,[74] 이 때 검사는 피고인 측의 주장이 어떠한 형태의 독립적인 재분석 결과에 근거하지 않는다는 점을 지적하여 반격할 수 있다.

다소 시각을 달리하는 유형으로, 피고인 측은 표면적으로든 우회적으로든 검찰 측 감정인에 의한 분석방법에 대하여 공격하지 않았음에도, 검사가 배심에게 피고인 측이 독립적으로 시료를 재분석하지 않았다는 점을 언급할 수 있는지 여부도 문제가 될 수 있다. 이에 대하여, 미국의 경우, 판례의 태도가 나뉘는데, 피고인 측의 반격이 없는 이상, 검사는 위와 같은 언급을 할 수 없다는 견해도 있다. 미주리 주 법원 판례에서,[75] 법원은 분석과정의 오류에 관한 피고인 측의 주장이 없다면, 피고인 측의 재분석이 결여된 점을 검사가 언급할 수 없다고 판시한 바 있다. 동 판례는 이러한 쟁점을 curative admissibility doctrine으로 분석하는데, 피고인 측이 그 자신이 분석한 증거를 제시하지 않는다면, 검찰 측의 관련 언급은 허용되지 않는다는 것이다. 반면, 애리조나 주 법원 판례에서는[76] missing witness doctrine을 응용하여, 특별히 피고인 측의 반격이 없더라도 가능하다는 견해를 제시한 바 있다.

미주리 주 법원 판례가 제시한 견해는 헌법상 피고인에 대한 무죄추정 내지 입증책임분배원칙에 상응한다. 반면, 애리조나 주 판례의 경우, 검사에게 일응 유리한 면이 있다. 즉, 검사는 피고인에 대하여 missing witness 추론을 야기할 수 있게 된다. 비록 미연방헌법 수정 제5조 자기부죄거부특권은 피고인의 특권 사용에 대하여 불이익한 추정을 금지하고 있지만, 통상 법원은 피고인 측의 반대 증인(rebuttal witness)이 피고인 외의 제3자인 경우, 검찰 측이 자기 측 증거가 모순되지 않는다는 점에 대해 언급할 수 있다고 한다. 여기서 반대 증인은 피고인 측의 DNA 분석전문가라 하겠다.

이러한 쟁점과 관련한 미국판례가 앞으로 어떻게 변화할 것인지 명확하지 않은데, 다만 분명한 것은 먼저 피고인 측이 명백히 또는 우회적으로 검찰 측 감정인에 의한 분석절차를 공격하는 때는, 검사는 피고인 측의 주장에 객관적 근

---

74) People v. Oliver, 713 N.E.2d 727, 735−36(Ill. App. 1999); People v. Hall, 743 N.E.2d
    521, 545−46(Ill. 2000).
75) State v. Norton, 949 S.W.2d 672(Mo. Ct. App. 1997).
76) State ex rel. McDougall v. Corcoran, 735 P.2d 767, 770(Ariz. 1987).

거가 결여되어 있음을 지적할 수 있다.[77] 나아가, 법원은 배심에 대하여 검사가 궁극적으로 입증책임을 부담하여야 하며, 피고인에게 합리적 의심을 해소할 수 있을 정도의 증거를 제시할 의무가 없다는 점을 분명히 설시(jury instruction)하여야 한다.[78] 아울러, 법원이 검찰 측 감정인이 건전한 과학적 방법론을 준수하였는지를 판단하기 위한 제한적 목적으로 관련 증거를 고려하도록 배심에게 제한적으로 설시하는 것도 바람직하다고 하겠다.[79]

8) 통계적 평가와 관련한 문제

적절한 분석절차 이행여부에 대한 증명과 마찬가지로, DNA marker의 일치결과의 의미를 평가하는 통계적 평가의 증거능력과 관련하여 미국판례에서 시기별 변화가 관찰된다.

통계적 평가와 관련한 쟁점은 감정인이 이에 관한 언급 없이 단순히 marker 간 일치결과만 보고하는 사례에서는 문제되지 않는다.[80] 일부 판례의 경우, 통계적 평가 없이 DNA 일치결과에 관한 감정결과의 제시도 허용한 예가 있다.[81] 그러나 대부분 사례가 통계적 평가가 수반되지 않는 한, DNA 증거의 증거능력은 부정되는 것이 일반적이다.[82]

---

77) United States v. Wimbley, 553 F.3d 455, 461−62(6th Cir.), cert. denied, 129 S.Ct. 2414, 173 L.Ed.2d 1320(2009); Skinner v. McLemore, 551 F. Supp. 2d 627, 643−46(E.D. Mich. 2007); People v. Bennett, 199 P.3d 535, 548−49(Cal. 2009), cert. denied, 130 S.Ct. 68, 175 L.Ed.2d 50(2009); People v. Cook, 47 Cal. Rptr. 3d 22, 57−58(Cal. 2006).
78) State ex rel. McDougall v. Corcoran, 735 P.2d 767, 770(Ariz. 1987).
79) Rockne P. Harmon & Edward J. Imwinkeried, "The Admissibility of Evidence of the Accused's Oppotunity to Retest Physical Evidence in Criminal Cases", 37 New Engl. J. Criminal & Civil Confinement 3, 2011, pp. 3−31.
80) Sholler v. Commonwealth, 969 S.W.2d 706(Ky. 1998); People v. Coy, 620 N.W.2d 888(Mich. App. 2000).
81) Young v. State A.2d 44(Md. App. 2005); Commonwealth v. Mattei, 892 N.E.2d 826(Mass. App. 2008).
82) United States v. Davis, 602 F.Supp. 2d 658, 679(D. Md. 2009); People v. Rocafort, 2005 Mich. App. Lexis 3274(Mich. App. Dec. 27, 2005); State v. Tester, 968 A.2d 895(Vt. 2009).

(1) 통계적 평가에 대한 초기 수용단계

초기 미국판례의 대다수는 DNA 일치결과가 갖는 의미에 대한 통계적 평가와 관련한 감정결과의 증거능력을 그대로 인정하였다.[83] 일부 판례는 Frye test에 따라 증거능력을 인정한 사례도 있으며,[84] 또 다른 판례는 이른바 신뢰성 접근방식(reliability test) 즉, 미연방대법원이 제시한 Daubert test에 따라 증거능력을 인정하기도 하였다.[85] 이처럼 초기판례의 대부분은 피고인 측이 통계적 검증결과에 대한 공격을 하지 않았기 때문에 증거능력을 거의 그대로 인정하였다.

그러나 일부 판례는 DNA 일치결과에 대한 통계적 검증의 신뢰성에 대해 회의적 시각을 표명한 예도 있다. 1988년 Wesley 사건에서,[86] 뉴욕 주 법원은 DNA 분석결과는 백인의 경우는 1/840,000,000, 흑인의 경우는 1/14,000,000,000 이하의 정확성을 갖는 것으로 진술한 검찰 측 감정인의 DNA 증거에 대한 증거능력을 인정하면서도 통계적 평가결과를 배심에 제시하는 것을 허용하지 않았다. 동 사건에서 피고인 측 감정인은 다양한 유전형질의 독립성을 지지하는 공간된 연구결과가 부족한 점을 지적하였다. 이러한 독립성에 대한 증명부족을 보완하기 위하여, 동 법원은 통계적 검증결과를 배심에게 제시되기 전에 하향 조정하도록 명령하였다.

1990년 Caldwell v. State 사건에서도[87] Wesley사건과 동일하게, 조지아 주

---

83) 주. 492, Snowden v. State, 574 So.2d 960(Ala. Crim. App. 1990); Prater v. State, 820 S.W.2d 429(Ark. 1991); People v. Axell, 1 Cal. Rptr. 2d 411(App. 1991); District of Columbia ex rel. J.A.B. v. W.R., 60 U.S.L.W.(BNA) 2175, 17 Fam. L. Rep. 1499(D.C. Super. Ct. Aug. 2, 1991); Martinez v. State, 549 So. 2d 694(Fla. Dist. Ct. App. 1989); State v. Brown, 470 N.W.2d 30(Iowa 1991); Smith v. Deppish, 807 P.2d 144(Kan. 1991); People v. Shi Fu Huang, 546 N.Y.S.2d 920(Misc. 1989); King v. Tanner, 539 N.Y.S.2d 617(Sup. Ct. 1989).

84) People v. Wesley, 633 N.E.2d 451(N.Y. 1994); People v. Wesley, 589 N.Y.S.2d 197(App. Div. 1992).

85) Goverment of the Virgin Islands v. Penn, 838 F.Supp. 1054(D.V.I. 1993); Prater v. State, 820 S.W.2d 429(Ark. 1991); State v. Brown, 470 N.W.2d 30(Iowa 1991); People v. Adams, 489 N.W.2d 192(Mich. App. 1992), modified, 497 N.W.2d 182(Mich. 1993); State v. Houser, 490 N.W.2d 168(Neb. 1992); State v. Pierce, 597 N.E.2d 107(Ohio 1992).

86) People v. Wesley, 533 N.Y.S.2d 643(Albany County 1988), aff'd sub nom. People v. Bailey, 549 N.Y.S.2d 846(App. Div. 1989).

87) Caldwell v. State, 393 S.E.2d 436(Ga. 1990).

대법원은 DNA에 의한 개인식별은 건전한 과학적 이론에 근거한 것은 물론, Lifecodes사가 시행한 분석은 납득할 수 있는 방법으로 진행된 것으로 판단하였다. 그러나 검찰 측 감정인이 제시한 통계적 평가는 일정한 결함을 갖는 것으로 지적하였는데, 동 사건에서 분자생물학자인 Dr. Jung Choi는 피고인 편에 서서, Lifecodes사의 데이터베이스는 하디바인베르크 평형상태에 있지 않다고 진술을 히였다. Lifecodes사 소속 감정인은 random match 가능성을 1/24,000,000으로 계산하였지만, Dr. Choi는 데이터베이스를 극히 보수적으로 활용한다면, 그 수치는 1/250,000으로 볼 수 있다고 지적하였다. 결국 법원은 하디바인베르크 평형상태를 가정하여 추정한 식별력을 설명한 Lifecodes사 소속 감정인 진술의 증거능력을 부정하고 보다 엄격한 수치의 진술만을 허용하였다.

1991년 Massachusetts v. Curnin 사건의[88] 경우도 Caldwell 사건과 유사하다. 공판과정에서 Cellmark사 소속의 검찰 측 감정인이 피고인의 DNA 형의 발현빈도를 1/59,000,000으로 산출하였다. 그러나 피고인 측 감정인은 검찰 측 감정인의 산출결과를 비판하였다.

「피고인 측 감정인은 Cellmark사의 데이터베이스가 인구집단 내에서 특정 유전형의 발현빈도를 추정하기 위한 목적으로는 적절치 않다고 진술하였다. Cellmark사는 그 데이터베이스에 반영된 어떤 분석에서 누락된 유전형질에 관한 데이터를 보유하고 있지 않다. 게다가, 발현빈도의 판단에 영향을 미칠 수 있는 인종집단 내에 중요한 하위집단이 존재하는지 여부에 대한 의문도 있다.」

동 판례는 검찰 측이 Cellmark사가 동일한 유전형으로 우연히 일치할 가능성을 단지 1/59,000,000으로 산출한 점과 관련하여 그 산출과정에 내재된 합리성이나 일반적 승인을 충분히 제시하지 못한 것으로 판단하였다.

통계적 평가결과와 관련하여 피고인 측이 승리한 사례로 People v. Despain 사건을 들 수 있다.[89] 동 사건에서 사실심 법원은 Frye test에 따라 검찰 측 증거

---

88) Massachusetts v. Curnin, 565 N.E.2d 440(Mass. 1991).
89) People v. Despain, No. 15589(Ariz. Super. Ct., Feb. 12, 1991).

의 증거능력을 부정하였다. 피고인 측은 우연적 일치가능성에 관한 FBI의 추정 방식을 공격하였는데, 판례는 과학적 증거가 배심에 미치는 영향을 언급하면서 과학기술의 유효성에 대한 논쟁이 해소되었음을 입증하기 위해서 검사는 단순히 증거의 우월보다 본질적인 정도로 입증하여야 한다고 판시하였다. 또한 증거의 우월이라는 판단기준에 의하더라도, 관련한 현재 논쟁은 법률적으로 중대한 문제로, 당해 증거의 증거능력이 인정되기 위한 조건으로 현 시점에서 FBI의 분석 절차에 관련된 과학계의 일반적 승인이 없음을 지적하였다.

FBI의 분석절차는 1991년 United States v. Porter et al. 사건에서도 유사하게 증거능력이 부정되었다. 동 사건에서 법원은 DNA 프로파일의 우연적 일치가 능성에 관한 통계적 평가결과를 산출하기 위한 FBI 분석방식의 신뢰성에 강력한 논쟁이 있음을 확인하였다. 특히 각 marker 간 독립성과 하위 인구집단에 대한 발현빈도의 신뢰성에 주목하면서, 이러한 문제는 극히 중요하여 증거능력에 영향을 미칠 수 있고 단순히 DNA 증거의 증명력 문제로 볼 수 없다고 판시하였다.

Porter 사건 등의 예에도 불구하고, 예외적 사례도 있는데, 상당수 판례가 전통적인 방식(products rule)으로 계산된 random match probability가 허용될 수 있다고 판시하기도 하였다.

(2) 1992년 NRC 보고서 발간 이후 단계

NRC(National Research Council)는 1992년 최초의 DNA 보고서를 발간하였다. 동 보고서 제3장에서, 일부 판례가 유전형질의 독립성에 기초하여, 곱의 법칙(multiplication rule)을 받아들이고 있는데, 여타 판례는 비 독립성을 고려하여 다양한 임시적 수정방법을 활용하거나 통계적 검증결과의 활용을 거부하고 있다고 하였다. 이와 관련하여 동 보고서는 우연적 일치가능성에 관한 전통적인 통계적 산출방식에 대한 몇 가지 문제점을 열거하였다. 우선, 복합탐침방식의 제한 효소절편다형성(RFLP) 기법을 사용할 경우, 각 유전형질의 독립성을 명확히 확인할 수 없고, 각 유전형질 간, 발현빈도에 대하여도 의문을 제기하였다. 극히 광범위한 카테고리의 인종집단에 기초하여 발현빈도가 산출됨으로써 하위 인구 집단(sub-population)에 대한 고려가 부족하였다. 이러한 점을 고려하여 보고서를 작성한 National Research Committee(NRC)는 발현빈도가 신뢰할 수 없는 것으로 평가하였다. 이후 상당수 미국판례가 1992년 NRC 보고서를 인용하여 검찰 측 감정결과에 대한 통계적 검증평가의 증거능력을 부정하였다.[90]

DNA 분석에 따른 일치판단결과에 대한 통계적 평가와 관련하여 피고인 측의 부정적 주장은 특히 Frye test가 기준이 된 사법권역에서 강력히 제기된다. 일부 Frye 사법권역은 일반적 승인원칙을 DNA 분석에서 통계적 평가와 관련한 문제까지 확장시키기도 히였다.[91]

이러한 의미에서 본다면, 1992년 NRC 보고서는 발현빈도를 산출하기 위한 방법론과 일반적 승인원칙의 적용과 관련한 논쟁을 그대로 반영한 것으로 볼 수 있다.

(3) 소위 Modified Ceiling principle에 의해 수정된 통계적 평가의 수용단계

제한효소절편다형성(RFLP) 분석과 관련하여 이 단계에서, 미국판례는 대체로 NRC 권고에 따르지 않은 통계적 평가의 증거능력을 배제할 뿐만 아니라, 1992년 NRC 보고서에 의하여 추천된 '수정된 한계설정원칙(modified ceiling principle)'에 따라 산출된 결과를 긍정적으로 받아들였다.[92] 가령 1998년 캘리포

---

90) 주. 502, State v. Boles, 905 P.2d 572(Ariz. 1995), vacated, 933 P.2d 1197(Ariz. 1997); State v. Hummert, 905 P.2d 493(Ariz. App. 1994), vacated, 993 P.2d 1187(Ariz. 1997); State v. Bible, 858 P.2d 1152(Ariz. 1993); People v. Barney, 10 Cal. Rptr. 2d 731(App. 1992); United States v. Bridgett, 61 L.W.(BNA) 2046(D.C. Super. Ct. May 29, 1992); Murray v. State, 692 So. 2d 157(Fla. 1997); People v. Watson, 629 N.E.2d 634(Ill. App.), appeal denied, 642 N.E.2d 1299(Ill. 1994), vacated, 650 N.E.2d 1037(Ill. 1995); Commonwealth v. Lanigan, 596 N.E.2d 311(Mass. 1992); State v. Carter, 524 N.W.2d 763(Neb. 1994); State v. Buckner, 890 P.2d 460(Wash. 1995), aff'd. 941 P.2d 667(Wash. 1997).

91) People v. Johnson, 43 Cal. Rptr. 3d 587, 594(App. 2006).

92) State v. Johnson, 905 P.2d 1002(Ariz. 1995), aff'd, 992 P.2d 294(Ariz. 1996); People v. Venegas, 954 P.2d 525(Cal. 1998); People v. Taylor, 40 Cal. Rptr. 2d 132(App. 1995); United States v. Porter, 618 A.2d 629(D.C. 1992); United States v. Bridgett, 51 Crim. L.(BNA) 1304, 61 L.W.(BNA) 2046(D.C. Super. Ct. May 29, 1992); Brim v. State, 695 So.2d 268(Fla. 1997); Vargas v. State, 640 So. 2d 1139(Fla. App. 1994); State v. Montalbo, 828 P.2d 1274(Haw. 1992); People v. Waston, 629 N.E.2d 634(Ill. App. 1994); Commonwealt v. Fowler, 685 N.E.2d 746(Mass. 1997); Commonwealth v. Lanigan, 641 N.E.2d 1342(Mass. 1994); State v. Bloom, 516 N.W.2d 159(Minn. 1994): State v. Alt, 504 N.W.2d 38(Minn. 1993); State v. VandeBogat, 652 A.2d 671(N.H. 1994); State v. Jones,

니아 주 대법원의 Venaga 사건에서 이러한 시각을 관찰할 수 있는데,[93] 다만 산출된 확률적 평가결과가 당해 DNA 증거의 설명력(증명력)을 감쇄시키는 점에서 논란이 제기되었다. 일반적으로 이 단계에서 Frye 사법권역에서도 확률적 평가결과는 적절한 수준의 보수적 추정에 의하여 증거능력이 인정되어졌다.

(4) 1996년 NRC 보고서 발간 이후 단계

당초 1992년 NRC 보고서가 추정하는 것보다 하부 인구집단이 그리 큰 문제가 되지 않음을 지적하는 연구결과들에 주목하면서, 다수의 미국판례가 현재는 완전히 선회하여 통계적 평가결과의 증거능력을 긍정적으로 파악하고 있다. 이러한 판례의 변화는 1996년 NRC 보고서가 본질적으로 1992년 보고서를 압도하는 것으로 보고 수정된 ceiling principle이 아닌 전통적인 방식으로 산출된 확률적 평가결과의 활용을 허용하고 있는 점에 근거한다. 이러한 판례들 가운데는 Frye 사법권역에 속한 예도 있다.[94] 반면 여타 판례는 Daubert test를 따르는 사법권역에 속한다.[95]

1996년 National Academy of Science의 National Research Council은 새로운 DNA 보고서를 발간하였다. 이 보고서는 1992년 이후 연구결과에 근거하여 법원이 한계설정원칙(ceiling principle)을 활용할 필요가 없게 되었음을 지적하였다. 아울러, 일반적으로 DNA 프로파일의 발현빈도는 곱의 법칙(products rule)에 의해 산출될 수 있어, 우연적 일치확률(random match probability)에 관한 평가결과의 증거능력을 인정하는 판례의 경향을 가속화시켰다.

---

922 P.2d 806(Wash. 1996); Washington v. Cauthron, 846 P.2d 502(Wash. 1993).

93) People v. Venegas, 954 P.2d 525(Cal. 1998).

94) People v. Wright, 72 Cal. Rptr. 2d 246(App. 1998); Brim v. State, 654 So. 2d 184(Fla. App. 1995); Keirsey v. State, 665 A.2d 700(Md. Spec. App. 1995), vacated, 674 A.2d 510(Md. 1996); People v. Chandler, 536 N.W.2d 799(Mich. App. 1995); State v. Freeman, 571 N.W.2d 276(Neb. 1997); State v. Gore, 143 Wash. 2d 288, 21 P.3d 262(2001).

95) United States v. Davis, 40 F.3d 1069(10th Cir. 1994); United States v. Chischilly, 30 F.3d 1144(9th Cir. 1994); United States v. Bonds, 12 F.3d 540(6th Cir. 1993); State v. Anderson, 881 P.2d 29(N.M. 1994); State v. Futrell, 436 S.E.2d 884(N.C. App. 1993); State v. Loftus, 573 N.W.2d 167(S.D. 1997).

(5) 통계적 평가를 위한 적절한 데이터베이스 구축의 필요성

곱의 법칙(products rule)을 적용하기 위하여 감정인은 적절한 데이터베이스를 활용할 필요가 있다. 데이터베이스가 적절히 구축되지 못한 경우, 이에 근거하여 산출된 통계적 평가결과에 대하여 법원이 증거능력을 인정하기는 어렵다. 미국판례 가운데는 Athabascan,[96] Cellmark Diagonostics,[97] FBI 등에 의하여 구축된 데이터베이스가 통계적 평가에 활용되기에 적절한 것으로 판단한 예가 있다.

먼저 데이터베이스는 당해 사건과 관련성을 갖고 있어야 한다.[98] 2003년 캘리포니아 주 항소법원은 데이터베이스 선택은 피고인의 특징이 아닌 실제 범인을 묘사하는 목격증인 등의 진술에 근거하여 결정되어야 한다고 판시한 바 있다.[99] 동 사건에서 법원은 검찰 측에 대해 ① 범인이 특정 인종집단에 속하지 않는 것 이상으로 특정하여, 특정된 인종집단에서의 발현빈도를 제시하거나, ② 인종집단에 대한 언급 없이 가장 보수적으로 산출된 발현빈도를 제시하는 방법, ③ 인종을 고려하지 않은 인구집단을 상정하여 일반적 발현빈도를 제시하는 방법의 3가지 선택적 조건을 부여하였다. 항소심에서 검사는 범인의 인종에 대한 고려 없이도, 다양한 인구집단을 전제로 한 데이터베이스를 통해 산출된 결과는 논리적으로 범인 DNA 프로파일의 발현빈도에 대한 배심의 이해에 도움이 될 수 있다고 주장하였다. 아울러 검사는 People v. Soto사건에서[100] 제시된 관행 즉, 1992년 NRC 보고서에서 제시된 논란이 많은 한계설정원칙(ceiling principle)에 해당함을 지적하였다. 이에 대하여 판례는 제시된 산출결과가 어떠하든지, 하나 또는 그 이상의 인종집단에 근거한 데이터로부터 산출된 것으로, 배심원은 산출에 근거가 된 데이터베이스가 어떻게 구축된 것인지 알아야 한다고 하였다. 아울러, People v. Prince 사건에서도[101] 감정인은 범인의 인종집단과 관련성이 인정되는 데이터베이스를 사용하여야 한다고 판시하면서, 다만 검사 범인의 인종

---

96) Dayton v. State, 89 P.3d 806(Alaska Ct. App. 2004).
97) Commonwealth v. Gaynor, 820 N.E.2d 233(Mass. 2005).
98) Everett v. State, 893 So. 2d 1278(Fla. 2004).
99) People v. Pizarro, 3 Cal. Rptr. 3d 21(App. 2003).
100) People v. Soto, 21 Cal. 4th 512, 532 n. 27(1999).
101) People v. Prince, 36 Cal. Rptr. 3d 300(App. 2005)

에 관한 직접적 증거를 제시할 필요는 없다고 하였다. 즉, 정황증거만으로도 충분하다는 것이다.

그러나 2004년 또 다른 캘리포니아 주 판례는 상반된 입장을 취하였다.[102] 동 판례에서 범인의 인종이 확인되지 않은 경우, 배심이 유전적 프로파일의 희소성을 평가하는데 도움이 될 수 있는 점에서 다양한 인종집단에 근거한 발현빈도들이 관련성을 갖는 것으로 판시하였다. 2006년 캘리포니아 주 대법원도 이러한 시각을 지지함으로써, 하급심 간 견해불일치를 해소한 바 있다.[103]

앞서 사례들 대부분은 우연적 일치확률(random match probability)에 관한 감정결과의 증거능력과 관련한다. 대부분 주 법원 판례는 혼합시료에서 발현빈도(likelihood ratio)에 관한 진술의 증거능력 또한 인정하고 있다.[104] 또한 공간되지는 않았지만, 또 이른바 cold hits 또는 저인망 검색방식이 활용된 사례에서 random match probability에 관한 진술의 증거능력도 인정한 바 있다.[105]

2. DNA 증거의 증명력

DNA 증거에 대한 통계적 평가에 대한 신뢰는 증거능력에 관한 의심의 상당 부분을 해소할 뿐만 아니라, 이를 통해 DNA 증거가 유죄인정을 위한 충분한 증명력을 제공할 수 있는 것으로 평가하는 계기가 되고 있다.[106] 실제로, 검찰 측 DNA 분석 감정인이 공판과정에서 확률적 평가결과를 잘못 도출한 사례와 관련하여 미연방대법원은 그럼에도 불구하고 당해 증거가 유죄를 인정하기에 충분한 것으로 판단한 예도 있다.[107] 즉, 판례는 잘못된 통계적 평가결과에도 불구하고, DNA 증거가 본질적으로 극히 강력한 유죄입증 증거로 인식하는 것으로 추

---

102) People v. Wilson, 21 Cal. Rptr. 3d 102(2004), superseded, 106 P.3d 305(Cal. 2005).
103) People v. Wilson, 136 P.3d 864(Cal. 2006); People v. Cua, 119 Cal. Rptr. 3d 391(App. 2011).
104) State v. Garcia, 3 P.3d 999(Ariz. Ct. App. 1999).
105) People v. Nelson, 48 Cal. Rptr. 3d 399(App.), depublished, 2006 Cal. Lexis 13522(Cal. Nov. 15, 2006).
106) People v. Rush, 630 N.Y.S.2d 631(N.Y. Sup. Ct. 1995), aff'd 672 N.Y.S.2d 362(App. Div. 1998); Roberson v. State, 16 S.W.3d 156(Tex. App. 2000).
107) Mcdaniel v. Brown, 130 S.Ct. 665, 175 L. Ed. 2d 582(2010).

정될 수 있다.[108]

이처럼 미국의 경우, 종래 상당수 판례와 연구사례는 DNA 증거의 증거능력 문제에 대해서는 상당한 관심을 기울이면서도 현실적으로 유죄를 인정하기에 충분한 증거라는 증명력과 관련한 쟁점에 대해서는 거의 주의를 기울이지 않은 것으로 볼 수 있는데, 이는 DNA 증거와 관련하여 제기될 수 있는 쟁점(그 대부분은 과학적 증거로서 건전성 내지 신뢰성 판단에 대한 쟁점이 될 것이다)이 증명력보다는 증거능력 즉, 허용성 판단을 통해 해소되고 있기 때문으로 추정할 수 있다.

제 2 절   일본에 있어서 DNA 증거의 증거능력 및 증명력

1. DNA 증거의 증거능력

일본의 경우, 1985년 이후 과학경찰연구소에서 DNA 분석기술의 개발, 연구가 시작되면서, 1989년 10월에 표준적 분석기법을 확립하면서 DNA 분석이 최초로 시작되었다. 이후 1991년 5월에는 DNA 분석기법을 과학경찰연구소가 제시한 방식으로 통일하면서, 본격적으로 범죄수사에 활용되고 다시 1992년 4월에는 DNA 분석의 통일적 운용을 통해 분석결과의 신뢰성을 확보하고자, 경찰청형사국통달인 DNA형감정의 운영에 관한 지침(DNA型鑑定の運用に関する指針)이 하달, DNA 감정실무에 반영하게 되었다.[109] 이후 분석기법의 지속적인 개선이 이루어지면서 2003년 8월부터 PCR 기법에 의한 9개의 STRs marker를 동시에 분석하는 기법이 수사실무에 도입되었는데, 현재 일본에서는 주로 STRs 기법에 의한 분석이 활용되고 있다. 분석실적을 간단히 살펴보면, 平成원년에 1건으로 출발하여 꾸준히 증가, 平成20년(2008년)에는 30,074건(122,372개의 감정시료) 그리고 平成(2012년)에는 41,192건(267,494개의 감정시료)에 대한 감정이 이

---

108) Andrea L. Roth, "Safety in Numbers? Deciding When DNA Alone Is Enough to Convict", 85 N.Y.U.L. Rev. 1130, 2010, p. 1130.

109) 平成22年(2010년) 改正, http://www.npa.go.jp/pdc/notification/keiji/kanshiki/kansiki201010 21-1.pdf.

루어졌다.[110)]

한편, 1997년 12월에는 법의학, 법과학 전문가 외에 과학경찰연구소 관계자 및 변호사 등의 회원으로 구성된 일본 DNA형 학회에서 DNA 분석과 관련하여 일종의 가이드라인이라 할 수 있는 DNA형감정에 대한 지침(DNA型鑑定について の指針)이 발표되었고,[111)] 경찰청도 앞서 발표한 경찰청형사국통달인 DNA형감 정의 운용에 관한 지침(DNA型鑑定の運用に関する指針)에 수반하여, 일종의 자체 가이드라인인 DNA형감정의 운용에 관한 지침의 운용상 유의사항에 대하여(DNA 型鑑定の運用に関する指針の運用上の留意事項等について)를 추가로 하달하였다.[112)]

DNA 증거와 관련하여, 역시 과학적 증거라는 점에서 최소한도의 증명력(자 연적 관련성)이 인정되는 것을 조건으로 증거능력을 인정할 수 있다고 하면서 도, 사실인정주체로서 재판관도 전문가가 아닌 문외한이라는 점에서 극히 엄격 한 증거능력의 판단이 필요하다거나,[113)] 배경이 되는 과학기술이 일반적으로 신 뢰될 수 있고, 당해 사안에서 활용되는 방법이 상당한 것으로, 그 분석방법이나 결과의 당부를 사후적으로 평가, 검증할 수 있는 경우에는 증거로서 관련성을 인정할 수 있다고 하면서, DNA 증거의 경우 과학적 원리나 분석기법 자체의 유 용성이 부정될 수 없지만, 구체적으로 감정시료의 적정한 보관, 자격이 있는 분 석자에 의한 정확한 분석 작업과 해석이 이루어지는 점 등을 전제로 자연적 관 련성 즉, 증거능력이 인정될 수 있다는 견해,[114)] 이외에, 과학적 증거의 경우, 증 거능력이 인정되기 위해서는 관련성이 인정되어야 하는데, 통상 요증사실을 추 인하는 것이 불합리한(소위 법률적 관련성) 과학적 증거가 제시되는 예는 거의 생 각하기 어려운 점에서 최소한도의 증명력을 갖고 있는지 여부(자연적 관련성)에 의하여 판단하되, 일반적 승인(Frye test)과 경직된 판단요소를 고려할 필요는 없 다는 견해,[115)] 또는 DNA 증거의 자연적 관련성은 일반적으로 인정하면서도, 분

110) 平成25年 警察白書, 96頁.
111) 2012년 개정판, http://dnapol.umin.jp/contents/guideline-2012.pdf; 아울러 1997년 발표당 시의 자료는, http://www.meti.go.jp/committee/downloadfiles/g41001a61j.pdf.
112) 平成22年(2010년) 改正, http://www.npa.go.jp/pdc/notification/keiji/kanshiki/kansiki201010 21-2.pdf.
113) 白取祐司, 刑事訴訟法 第5版(東京 : 日本評論社, 2008), 346頁.
114) 池田修・前田雅英, 刑事訴訟法講義 第4版(東京 : 東京大學出版會, 2012), 475-477頁.
115) 寺崎嘉博, 刑事訴訟法 第3版(東京 : 成文堂, 2013), 392-393頁.

석자의 적격성, 분석기기의 성능, 작동상태의 정확성, 분석절차 및 결과보고의 충실성을 DNA 증거의 증명력을 담보하기 위한 요건으로 하되, 재감정이 가능한 환경을 갖출 필요가 있음에서 감정시료의 보존이 필요하다는 견해[116] 등이 있다.

정리하자면, 배경원리나 분석기술 일반과 함께 구체적 사안에서 분석절차의 정확한 준수여부, 시료의 보존, 보관상태, 분석자의 적격성과 감정보고내용의 충실성 등의 DNA 증거와 관련하여 괴학적 증기의 건전성 판단요소로 히되, 이를 증거능력만이 아니라 증명력 판단에서도 일정부분 고려하는 것으로 이해된다.

이 점은 판례에서도 유사하게 관찰될 수 있다. 이하에서 서술하는 최고재판소판례를 포함하여 상당수 하급심 판례가 DNA 증거의 증거능력을 무리 없이 인정하고 있는데, 다만, 최고재판소는 구체적인 증명력 판단요소에 대해서는 언급하지 않고, 이를 하급심의 판단에 일임하고 있는 듯한 태도를 보여주고 있다.

DNA 증거의 증거능력 판단과 관련하여 중요한 일본판례를 간추려서 살펴보면 다음과 같다. 먼저, 최고재판소가 최초로 DNA 증거의 증거능력에 대해 판단한 사례로 2000년 7월 17일 최고재판소 제2소법정은 소위 足利事件(1990년 5월에 발생한 여자어린이 강제추행유괴, 살인, 사체유기사건)을 들 수 있다.[117] 사실관계를 소개하면 다음과 같다.

平成2년, 당시 4세인 피해자가 栃木縣 足利市에서 행방불명된 후, 다음날 하천 둑방의 풀숲에서 전라의 사체로 발견되고, 하천 바닥에서 피해자가 착용했던 하의(반바지) 등이 발견되었다.

경찰청 과학수사연구소는 平成3년 본건 하의에 부착된 정액과 피고인이 쓰레기 집적소에 버린 비닐봉투에 있던 화장지에 부착된 정액에 대하여 혈액형감정 및 MCT118형에 의한 DNA형 감정을 하였다.

DNA형 감정은 본건 하의 및 화장지에 정자를 확인하고 단백(蛋白)소거 등의 처리를 한 후, PCR증폭을 행하고, 이를 123염기서열 marker와 함께 폴리아크릴아미드겔로 전기영동을 걸어 염색처리한 후, 영동사진의 네거티브 필림을 화상 해석 장치에 위치시켜 밴드의 농도가 최고에 달한 점을 이동한 위치로 하여 측정하고, 그 영동거리로부터 자료밴드의 염기수를 산출하는 등의 방법으로 실

---

116) 安富潔, 刑事訴訟法講義 第2版(東京 : 慶應義塾大學出版會, 2009), 272頁.
117) 最決平成12·7·17刑集54卷6号550頁, 判時1726号177頁.

시하였다. 그 결과, 각 정액의 DNA형은 모두 MCT118형이 16-26형으로 동형으로(이하 원감정), 혈액형감정에 대하여는 모두 B형의 Le(a-b+)형: 분비형으로, 이러한 혈액형 및 DNA형을 가진 자의 출현빈도는 감정 시까지 명확한 수치에 기초하여 계산한다면, 일본인으로는 1000인 중 1.2인 정도로 산출되었다.

경찰의 피의자신문과정에서 피고인은 당초 범행을 부인하였지만, 그 후 자백하며 태도를 바꾸면서, 체포된 후에도 계속하여 범행을 인정하고, 추행목적의 유인, 살인, 사체유기의 공소사실로 宇都宮地方裁判所에 기소되었다. 平成4년 2월의 제1회 공판기일에 피고인은 공소사실을 모두 인정하였지만, 동년 12월 제6회 공판기일 피고인신문 중에 부인으로 태도를 바꾸었다. 그 후, 平成5년 1월 제7회 공판기일에는 재차 공소사실을 인정하는 취지가 기재된 상신서 등이 조사된 뒤에, 피고인은 피고인신문에서도 공소사실을 인정하고, 그 후 이를 유지하여 공판절차는 일단 결심단계에 이르렀다. 그러나 동년 5월 피고인은 변호인 편의 편지로 공소사실을 부인하고, 최후변론에서도 이를 유지하였다. 동년 7월 선고된 제1심 판결은 원 감정 및 피고인의 자백을 주된 증거로 무기징역을 선고하였다.

피고인이 東京高等裁判所에 항소하였지만, 동 재판소는[118] 平成8년 5월에 원감정의 증거능력 및 증명력에 대하여, ① 통상 오감의 인식을 넘어선 수단, 방법으로 인지, 분석한 판단결과를 형사재판에서 증거로 허용하기 위하여는 그 기초 원리에 과학적 근거가 있고, 나아가 그 수단, 방법이 타당하며, 정형적으로 신뢰성이 있어야만 하고, ② 보다 우월한 검사방법이 금후 개발된 여지가 있더라도 원감정은 일정한 신뢰성이 있는 것으로 전문가에게 수용될 수 있는 방법으로, 이를 담당한 자도 필요한 전문적 지식 및 기술경험을 갖고 있음에 인정되어, 원 감정에 특단의 문제는 없다. 또한 ③ 원감정은 대상 자료가 상온에서 보존되었다는 점이나 추시를 위한 잔여자료가 없다는 점이 증거능력을 부정하는 것은 아니라는 점을 근거로 항소기각판결을 하였다.

이러한 항소심 판결에 불복하여 피고인이 상고한 사안으로 위 최고재판소 판례로, 동 재판소는 피고인의 상고를 기각하여 유죄를 확정하면서 다음과 같이 판시하였다.

---

118) 東京高判平成8·5·9高刑集49卷2号181頁.

「본건 증거의 하나로 채용된 소위 MCT118 DNA형 감정은 그 과학적 원리가 이론적 정확성을 갖고, 구체적 실시방법도 그 기술을 습득한 자에 의하여 과학적으로 신뢰할 수 있는 방법으로 행하여 진 것으로 인정되어진다. 따라서 위 감정의 증거가치에 대하여는 그 후 과학기술의 발전에 따라 새롭게 해명될 사항 등도 가미하여 신중히 검토되어져야 하지만, 이를 증거로 사용하는 것이 허용된다고 한 원판결은 상당하다.」

위의 최고재판소 판례 이전, 하급심 판례는 대체로 DNA 증거의 증거능력을 긍정적으로 평가하였다. 가령, 東京地判昭和63·8·12에서는[119] 강간치상사건과 관련하여 피해자의 목격진술, 현장지문 및 피고인의 팬티에 부착된 혈흔이 피해자의 것과 동일하다는 혈액형 판정결과와 함께 대학실험실에서 분석된 DNA형 분석결과를 (변호인의 증거동의가 있었다)의 증거능력을 인정하여 피고인과 범인의 동일성을 긍정, 유죄를 인정한 바 있다. 또한 강간사건과 관련하여 水戸地下妻支判平成4·2·27의 경우,[120] 역시 변호인의 증거동의하에 증거로 채용된 사례로 random match probability를 각각 1600만분 1 및 7000만분의 1로 제시된 DNA형 분석결과와 함께 혈액형분석, 목격자진술, 기타 범행현장에서의 유류물과 범행수법 등의 증거를 토대로 피고인과 범인의 동일성을 긍정, 유죄로 인정하였다. 강간치상과 관련한 사안으로 那覇地判平成8·3·7은 피고인이 공소사실에 대한 혐의를 전면적으로 부인하면서도 DNA형 분석결과에 대하여는 증거동의를 한 특이한 사례인데, 피고인의 팬티에 부착된 혈흔이 피해자의 DNA형과 일치한다는 감정결과에 근거하여 유죄를 인정한바 있으며, 소위 名古屋バラバラ 살인사건에서 발견된 시신일부가 피해자의 것인지 여부에 관한 DNA감정의 신용성을 인정한 名古屋高判平成8·3·18도 있다.[121]

이처럼 하급심 판례의 상당수는 DNA 증거의 증거능력과 관련하여 특별한 판단 없이(이 가운데는 피고인의 증거동의가 전제된 사례가 많다) 증거능력을 인정하였다.[122]

119) 東京地判昭和63·8·12昭和63年合(わ) 94号.
120) 水戸地下妻支判平成4·2·27判時1413号35頁.
121) 名古屋高判平成8·3·18判時1577号129頁
122) 旭川地判平成3·12·18平成3年(わ)146号; 熊本地判平成4·3·18平成3年(わ)32号; 山形地判平

물론, 宇都宮地判平成5·7·7과[123] 같이 비교적 상세한 판단기준을 제시한 예도 있는데, 동 판례는 MCT118형 감정에 대하여, DNA 프로파일링의 이론적 기초부분에서도 언급된 것처럼 미국에서 지적된 기술적 문제점 즉, 밴드문양의 판독 시, 판독기준의 모호성을 표준밴드의 사용 등의 방법으로 충분히 극복하였고, 분석결과의 오류나 오 판독 등의 선행사례가 없는 점, 시료오염이나 혼입 등이 검사결과에 영향을 주었다고 판단되지 않으며, 동시에 그에 대한 적절한 대책이 강구되어 있는 점, random match probability 계산에 활용된 모집단에 관한 샘플 수에도 특별한 문제가 없으며, 분석실험을 담당한 자의 기술습득 및 추시(追試, 재분석)가능성 등에도 특별한 하자가 없다하여 그 일반적 신뢰성을 긍정적으로 판단하면서, DNA 감정에 대한 전문적 지식과 기술 및 경험을 가진 자에 의하여, 적절한 방법에 의해 감정이 행하여졌다면, 감정결과가 재판소에 대하여 부당한 편견을 줄 우려가 없음(소위 법률적 관련성)에서 증거능력을 인정할 수 있다고 판시하여, 관련성 접근방식(relevancy approach)에 유사한 기준을 제시한 것으로 추정해 볼 여지가 있다.

반면, 제한된 예지만 증거능력을 부정한 사례도 있다. 여자단대생이 아파트 내에서 강간, 살해된 みどり장 사건은 대표적인 역전무죄판결 사례로[124] ACTBP2법(제6염색체에 있고 통상 4염기가 반복하지만 반드시 4염기에 한정하지 않는다)에 의하여 현장유류모발의 DNA형과 피고인의 DNA형이 일치한다는 대학교수인 감정인의 감정결과에 대하여 위 모발이 피고인의 모발과 길이가 다르고 오차가 존재하는 등을 이유로 증거능력을 부정하였다.

위 최고재판소 판례와 기존 하급심 판례를 종합하여 살펴보면, DNA 증거의 증거능력과 관련하여 그 전제로서 배경원리나 분석기술 일반에 대한 과학적 건전성을 긍정하되, 구체적 사례에서 분석자의 적격성, 관련 전문가층으로부터 지지를 받는 일응 신뢰할 수 있는 분석절차를 전제로 동 절차의 적절한 이행여부와 함께 재판소에게 부당한 편견을 야기할 우려 등에 대한 검토에 기초하여 증

成4·2·12平成3年(わ)83号; 高松高判平成7·3·30平成6年(う)72号; 最判平成12·2·4平成7年(わ)388号 등.
123) 宇都宮地判平成5·7·7判タ820号177頁.
124) 福岡高判平成7·6·30判時1543号181頁.

거능력을 판단함으로써, 관련성 접근방식에 유사한 판단기준을 취하는 것으로
해석된다.

　다만, 위 최고재판소 및 원심판례는 DNA 분석기술이 빠르게 발전하고 있다
는 점을 인정하면서도 의도적으로 피고인의 추시(재분석) 가능성을 차단하는 것
과 같은 특단의 사정이 없는 한, 분석시료에 대한 추가 분석이 불가능한 사정이
증거능력을 부정하는 요인이 될 수 없다고 판시한 점에 특징이 있다.125)

　그러나 사례에서 위의 최고재판소 결정에 따라 제1심의 유죄확정판결이 있
은 후, 피고인의 모발에 대한 DNA형 감정결과 등을 신 증거로 하여 宇都宮地方
裁判所에 재심청구가 신청되었다. 동 재판소는 이를 기각하였지만,126) 피고인이
즉시항고하였다. 항고심인 東京高等裁判所는 본건에서 DNA형 감정의 중요성 및
그에 관한 이론과 기술의 발전을 고려하여, 2인의 감정인에게 피고인 및 본건 하
의에 대한 DNA형의 재 감정을 명하였다. 그 결과, 하의에 부착된 DNA형을 가
진 남성의 DNA가 적출되어, 그것이 범인의 것으로 사료되는 유류정액으로부터
적출될 가능성이 높은 한편, 그 형이 피고인의 DNA형과 일치하지 않는 점이 인
정되어, 동 재판소는 平成21년 6월, 원 결정을 취소하고 본건에 대하여 재심을

---

125) DNA 증거의 증거능력이 인정되기 위한 요건으로 추시(재분석 또는 재감정)가능성과 관련
　　하여, 증거능력을 재감정이 가능한 경우에만 인정한다면, 중대사건의 경우 사실해명이 곤
　　란한 경우가 발생할 수 있고, 재감정에 필요한 시료보존을 위해 현재의 분석에 사용할 시
　　료를 제한한다면, 오염위험성이 높아질 수 있으며, 감정기술변화에 따라 재감정가능성이
　　유동적인 점에서 안정적인 판단이 요구되는 증거능력 요건으로 재감정가능성을 고려하는
　　것은 적절치 않다는 지적도 있다. 그러나 시료전체를 소비하여 재감정이 불가능하더라도
　　기존 감정결과를 수사과정에서 사실해명에 활용하지 못하는 것은 아니며, 따라서 그 증거
　　능력이 부정되더라도 사실해명을 방해하는 것은 아니다. 아울러, DNA 증거 외에 여타 보
　　강증거가 부재한 상황이라면, 사실상 혐의입증은 곤란하다고 하겠다. 또한 반드시 시료전
　　량을 사용하는 것이 오염을 최소화하는 것도 아니며, 오히려 시료를 분할하여 다수의 분석
　　과정에 따른 분석결과의 차이를 통해 오염여부 등이 더욱 정확히 판별될 수 있다. 또한 감
　　정결과의 확인과 오판방지, 분석기술 발전에 따라 사용되는 시료양이 보다 적어지고 있는
　　점 등을 고려할 때, 추시가능성을 증거능력 요건으로 인정하는 것은 일정부분 합리성이 있
　　다는 지적도 가능하다. 또한 증거능력 판단요건의 불안정성에 관한 지적과 관련하여서도,
　　분석기술과 시료보존능력의 진보에 따라서 충분히 해소될 수 있어, 결코 수사기관에게 불
　　리한 것도 아니라는 반론제기가 가능하다. 和田俊憲, "遺伝情報 · DNA鑑定と刑事法", 慶應
　　法學第18号, 2011. 1, 104－107頁.

126) 宇都宮地決平成20年2月13日LEX/DB25451092.

개시함과 동시에 피고인의 형 집행을 정지하는 결정을 하였다.[127] 이어진 재심
에서[128] 平成23년 3월 상기 항고심에서의 감정결과는 충분히 신뢰할 수 있다고
한 뒤에, 원감정이 본 결정에 말하는 구체적인 실시방법도, 그 기술을 습득한 자
에 의하여 과학적으로 신뢰할 수 있는 방법에 의하여 행하여졌다고 인정한 점에
의문이 남아있다고 하지 않을 수 없다 하고, 그 결과를 기재한 감정서를 증거배
제하고 이를 전제로 한 자백의 신용성도 없는 것으로 하여 피고인에게 무죄를
선고, 이를 확정하였다.

　　사안을 좀 더 자세히 살펴보면 다음과 같다. 피고인에 대한 유죄확정판결은
平成元年에 실용화된 MCT118형[129] DNA형 감정은 당시로서는 도입된 지 얼마
되지 않은 점에서 그 신뢰성이 관련 학계일반에 의해 완전히 승인된 것으로 평
가할 수 없다고 하면서도, 平成4년 3월까지 실시된 동 감정 법에 의한 63건의 감
정에 특단의 문제는 발생하지 않았고, 원 감정을 담당한 2명의 분석자 중 1명이
이 중, 22건을 담당한 점을 거론하여, 감정방법은 과학적 근거에 기초하여, 전문
지식과 기술 및 경험을 갖춘 자에 의하여 적절한 방법에 의해 실시된 것으로 인
정하여 원 감정에 증거능력을 인정하였다. 이에 대하여 변호인이 DNA형 감정의

---

127)　東京高決平成21年6月23日判夕1303号90頁・判時2057号168頁.
128)　宇都宮地判平成22・3・26判例時報2084号157頁.
129)　MCT118형 감정은 일본 과학경찰연구소에서 개발된 DNA형 감정기법으로 제1염색체의 단
　　완(短腕)80번 부위(유전정보를 담고 있지 않는 부위인 intron에 해당)이다. 여기서는 16개
　　의 일정 염기배열(VNTR)이 반복하고 반복횟수는 14회에서 41회까지와 42회 이상의 29종
　　류가 있으며, 이에 따라 길이가 다르다(반복횟수는 부, 모에서 유래한 것으로 2종류가 된
　　다). 그 부분을 연쇄반응에 의하여 100만 배 이상으로 증폭한 뒤에(PCR), 제한효소에 의하
　　여 반복부분의 전후를 절단하면 일정 길이의 단편이 다수 획득될 수 있다. 이 단편을 겔
　　중에 전기영동을 시키면, 짧은 것은 빠르게 이동하여 원거리에 도달한다. 이와 동시에
　　ladder marker를 영동시키는 것에 의하여 marker의 어느 위치까지 도달하였는가에 의하여
　　단편의 길이 즉, 반복횟수가 파악된다. 이 패턴을 발광 내지 발색시킨 후에 사진촬영에 의
　　하여 가령, 16-29형이라는 형(패턴)을 판정하게 된다. 이외에 제11염색체에 있는 TH01부
　　위의 AATG라는 4염기배열(STR)의 반복횟수를 조사하는 TH01형, 제6염색체에 있는 인간
　　백혈구항원(HLA) class Ⅱ의 DQα 1좌위의 배열다형(8종의 대립유전자가 있다)을 판별하는
　　HLADQα형, 동시에 5가지의 DNA형 검사를 하는 PM(poly-marker)검사 등도 행하고 있
　　다. 또한 미토콘드리아 DNA의 D루프 부위에 대하여 그 염기배열(개인차이가 현저하다)을
　　직접 조사하는(sequence polymorphism) 방법도 활용되고 있다. 日辯連人權擁護委員會編,
　　DNA鑑定と刑事辯護(東京：現代人文社, 1998), 3, 39頁; 押田茂實・大野曜吉, "DNA鑑定の
　　読み方" 季刊 刑事辯護 12号, 1997, 現代人文社, 139頁.

과학적 근거 자체는 인정하면서도, 원감정이 사용한 감정방법에는 아직 전문분야에서 일반적 승인을 얻지 못한 점 등을 주장하여 반론을 제시하였으나, 원심은 그 심리의 시점에서는 동 감정법에 의한 형 판정의 시약키트가 이미 시판되고, 일정한 학술적 수련을 거친 자가 매뉴얼에 따라 작업한다면 DNA형 분석이 가능한 단계에 이른 점을 거론하고, 이는 전문가에 수용된 방법으로 보다 우수한 방법이 금후 개발될 여지가 있더라도 그 수단, 방법은 확립된 일정한 신뢰성이 있고, 타당한 것으로 인정되며, 전문지식과 경험, 숙달된 분석자에 의하여 행하여진 것으로 증거능력이 인정될 수 있다고 증거능력을 인정하였고 최고재판소도 원심의 이러한 판단을 상당한 것으로 지지한 것이었다.

   그러나 재심청구항고심인 東京高等裁判所가 명한 감정인은 이후 개발된 STR형 감정(MCT118부위에 비하여 대상 부위의 염기반복배열의 길이가 짧아, 보다 오래된 시료에서도 감정이 가능하다. 일본 경찰청에서는 平成8년부터 도입하였다)을 행하여, 본건 하의에서 적출된 남성에서 유래한 DNA형과 피고인의 DNA형이 상이하다는 결론을 얻었다. 동 감정인은 재심공판에서의 증언으로 확정심에서 제출된 원감정의 감정서첨부의 전기영동사진의 불선명을 지적하고, DNA형 이동식별판정의 적절성에 대하여 중대한 의문을 제기하였다. 이에 대하여 재심공판에서 검찰관이 청구한 감정인도 전기영동상이 불선명하여 이동식별에 적절치 못하다는 취지로 증언을 하고 경찰청보고서에 첨부된 의견서도 이점을 지적한 점을 근거로, 재심개시 결정에 이르게 된 것이다.130)

---

130) 일본 DNA多形學會 DNA鑑定檢討委員會 「DNA鑑定についての指針」(1997년 12월 5일)은 "재차 채취가 불가능한 시료의 경우는 가능한 한 재감정의 가능성을 고려하여 DNA 미추출 시료 일부가 보존되는 것이 바람직하다. 시료의 전량을 소비하는 경우, 감정인 그 부득이한 상황을 포함하여 감정경과를 상세히 기록하도록 노력하여야 한다."고 하며, 형사감정에 대하여 "재차 시료를 채취하는 것이 불가능하기 때문에, 재감정에 대하여 배려하여야 한다."고 하고 있다. 그러나 원안(1996년 12월 5일)에서는 "DNA형 감정에 사용된 방법은 적어도 2개소 이상의 독립된 기관에서 실시하여야 한다. 증거시료가 미량으로 모두를 사용하여 검사하여야만 하는 경우는 장차 고감도의 검사법이 개발되기 전까지 검사를 실시하지 않는 것이 바람직하다. 부득이 시료 전량을 사용하여야 하는 경우는 시료의 DNA양과 개별검사에서 사용된 DNA양을 명시함과 동시에 감정경과를 상세히 기록한 실험노트를 개시하여야 하고 나아가 가능한 한 관계자 내지 외부의 제3자의 입회하에 실시하는 것이 바람직하다."고 하고, 형사감정에 대하여는 "미량의 자료로 검사가능한 PCR법을 사용한다면 재검사를 위한 시료의 일부를 남겨두는 것이 충분히 가능하다."고 하고 있다. 이러한 원안의 원칙이 변경된 배경으로 일본 과학경찰연구소 소속 위원의 강경한 반대에 기인한 것으

2. DNA 증거의 증명력

일본의 경우, 최근 DNA형 감정의 증거능력보다는 증명력과 관련하여 그 신용성(신빙성)이 다투어진 사례가 많다.

먼저 신용성을 긍정한 사례를 살펴보면, 시료의 오염가능성이 문제된 사안으로, 피고인이 유류한 운동화에 부착된 혈흔과 피해자의 혈액 간 DNA형이 일치하는 것으로 보고한 감정결과에 대하여 시료오염가능성을 부정할 수 없다 하여 증명력이 다투어진 사례가 있다.[131] 판례는, 운동화가 압수된 시점부터 일관되게 증거보관용 비닐에 포장되어 보관이 이루어진 점, 운동화에 부착된 혈흔과 범행현장에서 채취된 혈흔이 각기 혈액형감정이 이루어진 장소가 다르고, DNA형 감정이 이루어진 장소도 구별되는 점, PCR공정과정에서 분석순서와 분석기기가 각기 구별되고, 각 증거물에 대한 분석이 병행되지 않은 점 등에서 시료의 혼입기회가 없던 것으로 인정, 신용성을 긍정한 바 있다.

또한 DNA형 판정의 불명확성이 문제된 사안도 있다.[132] 피고인으로부터 압수된 손전등에서 발견된 피고인 및 피해자의 혈흔에 대한 STRs 분석결과와 관련하여, 피고인 측이 적정값 판단 시, 분석자가 형 판정의 하한 한계치 값인 RFU를 150으로 하여 일응 분석결과로 얻어진 데이터를 모순 없이 설명하는데 집중함으로써 판정결과의 정확성에 의문을 제기하였으나, STRs 분석에 활용된 ABI사의 AmpFISTR profiler kit의 운용매뉴얼 및 과학경찰연구소의 검토결과 RFU 150값은 적정하고 이를 반박하는 문헌도 발견되지 않는 점, 정점값이 숫자로 표기되지는 않지만 그래프상의 파형으로는 표시되는 점 등을 근거로 피고인 측의 주장을 일축하여 신용성을 긍정하였다.

로 설명된다. 日辯連人權擁護委員會編, 前揭書, 228頁; 그러나 재감정을 봉쇄하는 검사방법은 과학적 증거의 이름에 어울리지 않은 것은 물론, 분석절차상의 오류 등을 고려하여 처음부터 복수의 감정인으로 하여금 교차분석하도록 하거나, 배경이론이나 분석기술 등에 중요한 변화가 있는 점이 일응의 증명된 때는 보다 재판소가 적극적으로 재감정을 명하는 자세가 요청된다고 하겠다. 淺田和茂, "DNA型 鑑定", 刑事訴訟法の爭點 第3版 ジュリスト, 有斐閣, 2002, 166－167頁; 小木曾稜, "DNA型鑑定", 刑事訴訟法 判例百選 第9版 別冊ジュリスト No. 2003, 有斐閣, 2011. 3., 142－143頁.

131) 東京高判平成21·4·13LLI/DB06420230; 원심은 橫浜地川崎支判平成20·7·14LLI/DB06350311.

132) 名古屋高金沢支判平成20·3·4LLI/DB06320204.; 원심은 福井地判平成19·5·10LLI/DB06250152.

반대로 신용성을 부정한 경우를 살펴보면, 가령, 강간살인사건에 관한 사례로 福岡高判平成7·6·30은[133] 대학부설 연구소에서 이루어진 DNA형 감정 (ACTP2−VNTR형 감정) 결과에 대하여 분석 작업 중 잘못하여 다른 시료의 혼입 등 분석과정에서의 오류가능성을 배제할 수 없으며, 감정서상에 DNA 밴드측정에서 상당정도 오차가능성이 있는 부정확한 측정을 하는 점 등을 이유로 DNA형 감정결과의 증명력을 부인하였다.

이외에 강도살인사건에 관한 사안으로 제1심인 橫浜地小田原支判平成8·3·8은[134] 피고인의 자백이 부자연스럽고 합리적이지 못한 점을 근거로 무죄로 판단하였다. 이에 대한 검사의 항소 이후, 항소심에서 위의 사유와 함께 피고인의 DNA형이 범인이 유류한 것으로 추정되는 담배꽁초에서 확보한 DNA형과 서로 일치하지 않는다는 감정결과에 기초하여 무죄를 주장하였으나 항소심인 東京高判平成11·4·28은[135] 유류된 담배꽁초에 부착된 DNA가 분해되거나 타인의 DNA에 의하여 오염되었을 가능성을 배제할 수 없다는 점에서 오히려 원심을 파기하고 유죄로 인정한 예도 있다.

한편 DNA 증거의 증명력 평가와 관련하여 문제되는 것으로 분석결과에 대한 통계적 평가가 있다. 원래 증거의 증명력은 이른바 자유심증주의의 문제로 객관적 검토에 적합한 대상이 아니어서, 구체적으로 이를 검토한 사례가 많지 않다. 다만, 비진술증거의 증명력의 경우, 확률적 평가를 통해 검토를 심화시킬 필요가 있다는 견해도 있다.[136]

DNA형 감정결과 피고인과 범행현장에 유류된 (범인의 것으로 추정되는) 시료 간에 일치하는 것으로 판단된 경우, 시료의 출처가 피고인임을 인정하기 위해서는 통상 2가지 방법을 고려해 볼 수 있다. 먼저, DNA형이 일치하는 경우, "당해 시료가 피고인으로부터 유래한 것이다."라는 경험칙을 적용하여 인정하는 방법이 있다. 다음으로 일치판정을 한 분석결과를 "당해 DNA형의 출현빈도는 4조7천억 분의 1"이라는 통계적 평가결과와 합쳐서, 피고인이 아닌 제3자가 "당해 유

---

133) 福岡高判平成7·6·30判時1543号181頁.
134) 橫浜地小田原支判平成8·3·8判時1543号181頁.
135) 東京高判平成11·4·28判夕1013号245頁.
136) 松尾浩也, 刑事訴訟法 (下Ⅰ)(東京 : 弘文堂, 1982), 104頁.

류시료의 출처가 될 가능성은 4조7천억 분의 1"로 극히 희박하여 경험칙상 피고인을 유류시료의 출처로 인정하는 방법을 들 수 있다. 여기서 전자의 방법은 과학적 증거에 대한 무비판적 맹신과 함께 사실인정을 사실상 감정인에게 일임하게 되는 것으로 적절치 않다.

　일본의 경우, 과학경찰연구소 등에서 실시된 DNA형 감정관련 보고서에 일반적으로 당해 DNA의 발현빈도를 기재하지 않는다고 한다. 이러한 실무적 관행은 발현빈도가 높은 DNA형의 경우, 그 발현빈도를 기재하는 것은 감정결과가 단순히 유형비교에 불과한 의미밖에 없게 되고, 반대로 현저히 낮은 경우라면 DNA형 감정결과에 절대적 개인식별력이 있는 것으로 생각되어, 사실판단주체에게 부당한 편견을 야기할 위험성이 높기 때문이라는 점에 기인한 것으로 추정된다. 그러나 부당한 편견야기의 위험은 객관적인 자료를 숨기는 방법이 아닌 당해 자료의 정확한 이해에 의하여 해소될 수 있는 점에서 DNA형 감정결과에 있어서 발현빈도에 관한 통계적 평가가 함께 제공될 필요가 있다.[137)]

---

137) 津村政孝, "DNA鑑定", 法学教室 351号, 2009, 3頁; 발현빈도가 낮은 점에서 증명력을 긍정한 사례로, 福岡高宮崎支判平成22年4月22日LLI/DB06520220, "약 123억명 중의 1인…";松山地判平成21年7月3日LLI/ DB06450411, "약 5.4경명 중의 1인으로…"; 橫浜地判平成21年2月24日LLI/DB06450121, "핵DNA 상염색체의 STR과 mtDNA의 HV1을 종합하면 동형인 사람의 출현빈도는 일본인집단에서 28만9902명 중의 1명으로 동일인에서 유래하는 것으로 볼 확률은 99.999%이다."; 札幌高判平成20年3月13日LLI/DB06320076 및 札幌地判平成19年11月16日LLI/DB06250430, "4조7000억명 중 1인으로…"; さいたま地判平成19年3月30日LLI/DB06250283, "복수의 방화에 대하여 각기 약 2.6%, 약 4조6천억 명중 1인으로…"; 広島地福山支判平成18年8月2日判タ1235号345頁, "약 2754만 명중의 1인으로…"; 大阪地判平成17年8月3日判時1934号147頁, "1000만명 중 대략 2명으로…"; 岐阜地判平成17年3月10日LLI/DB06050483, "약 96만 명 중 1인으로…"; 名古屋高判平成8年3月18日判時1577号129頁 및 그 원심인 名古屋地判平成6年3月16日判タ856号266頁 ・ 判時1509号163頁, "절단된 사체의 동일성판단에 대하여 0.09%, 1000명에 0.9명으로…"; 大阪地判平成7年9月11日判例集未搭載, "0.00889%(10만명 중 8.9인)으로…"; 宇都宮地 判平成5年7月7日判タ820号177頁, "1000명 중 1.2명의 정도로…"; 水戸地下妻支判平成4年2月27日, "복수의 강간치상사건에 대하여 각기 1600만명 중 1인으로…, 7000만명 중 1인으로…"; 구체적 수치를 거론하지 않고, 일치확률이 극히 낮은 점만을 언급한 예로 橫浜地判平成21年7月14日LLI/DB06450446, "DNA형이 일치하는 것으로, 15개 좌위를 사용한 경우 우연히 일치할 확률은 극히 낮다."; 반대로 출현빈도가 낮지 않은 점이 문제가 된 판례로, 橫浜地判平成20年3月18日LLI/DB06350168, "mtDNA감정에 대하여 감정에서 확인된 16176번염기의 T염기치환의 확률은 343열 중 4열이라는 것으로 그 출현빈도를 제시하는 것은 아직 데이터가 부족한 것은 물론 지역적인 출연빈도의 분산가능성도 부정할 수 없는 것으로 인정되기 때문에, 결국 범행에 사용된 금

다만, ① DNA형 감정은 어디까지나 형(型)의 감정에 불과한 것으로, DNA형의 부동성이 인정될 수 있는 경우는 모집단이 어느 정도 작은 경우 한정되는 것으로, 이점에서 피고인의 범인성을 확정하는 데는 성질상 한계가 있고, ② 반대로 모집단 내에 동일한 형의 2인이 확실히 존재하더라도 그것이 당해 피고인과 동일한 형의 사람이 거의 확실히 존재한다는 것도 의미하는 것은 아니라는 짐, 즉 대조된 시료가 피고인에게서 유래하지 않을 확률을 의미하는 것은 아니라는 점에 대한 인식이 통계적 평가에 앞서 분명히 인식될 필요가 있다.

또 한 가지 DNA 증거의 증명력 평가와 관련하여 제기될 수 있는 쟁점으로 DNA 증거만으로 피고인의 범인성을 인정할 수 있는지 여부(소위 cold hits cases)가 있다. 앞서 미국의 경우도 마찬가지지만 일본의 경우도 판례에서 관련 사례를 찾아볼 수 없다. 일본판례 가운데, 주거침입절도 현장에서 채취한 범인의 것으로 추정되는 정액에 대하여 공소시효완료 직전에 DNA형 감정결과, 별건인 주거침입사건의 피고인이 일치하는 것으로 판단되어 기소된 사례가 있다.[138] 그러나 동 사건에서는 위 DNA 증거 외에 피고인이 범행현장 부근에 거주하였다는 정황증거 등도 고려된 점에서 순수한 의미로 DNA형 감정결과에 기초하여 범인성이 긍정된 사례는 아니다. 또한 이와 유사하게, 123억분의 1이라는 출현빈도를 언급하면서,

> 「달리 범인성을 의심할 만한 사정이 없는 본건에서 여타 정황증거가 적극적으로 범인성을 인정하기가 충분치 않더라도, DNA형이 일치하는 사실로 범인과의 동일성을 인정할 수 있다.」

속편으로부터 피고인과 모순하지 않는 DNA가 검출되었다는 한도에서 신용할 수 있다.";福岡高判平成19年3月19日高等裁判所刑事裁判速報集平成19年448頁, "증인이 mtDNA형의 조사 데이터를 보유하고 있는 단체 등에 문의한 결과, 문의처의 데이터 수 합계 5000여건 중에는 피해자의 mtDNA형과 일치하는 데이터가 없었다는 점이 인정됨에도, 그 데이터의 채취과정이나 중복 유무 등은 불명확하고, 그 개인식별의 정밀도는 명확하지 않다고 할 수 없다.";鹿児島地判平成18年11月17日LLI/DB06150351, "일본인에 있어서 MCT1118형의 18-28형의 출현빈도는 대략 1000명중 32이다. 피고인의 범인성을 결정할 수 있을 정도의 사정이 없는 한, 피고인의 범인성을 긍정하는 방향으로의 하나의 간접사실로 평가될 수 있을 뿐이다.";福岡地判平成11年9月29日判タ1059号254頁 · 判時1697号124頁, "범인의 HLADQ α형을 특정하는 것이 불가능하기 때문에, 범인이 1인으로 가정한 경우의 범인의 혈액형과 DNA형을 합친 출현빈도는 약 226명 중 1인의 정도에 불과하고, 혈액형과 DNA형의 출현빈도만으로는 범인과 피고인을 결부시키는 결정적인 적극적 간접사실이라는 할 수 없다."
138) 神戸地判平成21年8月20日LLI/DB06450501.

라고 판시하여 피고인에 대하여 약취, 감금, 집단강간치상 등의 범인성을 인정한 사례도 있는데,[139)]

> 「그것들은 모두 피고인의 범인성을 긍정하는 적극적 증거라고는 하기 어렵다.」

라고 하여, DNA형 감정 외에 여타 정황증거가 전혀 존재하지 않는 사안이라고 평가하기는 어렵다. 종래 일본에서 학설도 DNA형 감정만으로 범인성을 인정하는 것에 극히 소극적인 것이 다수견해였는데,[140)] 다만 최근에는 DNA형 감정의 식별력이 높아지면서 DNA형 감정만으로도 범인성을 인정, 유죄로 판단할 수 있다는 견해도 제기되고 있다.[141)]

제 3 절   독일에 있어서 DNA 증거의 증거능력 및 증명력

1. DNA 증거의 증거능력

독일에서는 1980년대 후반부터 형사사건에서 DNA 프로파일링이 도입, 활용되었는데, 다수의 활용사례와 관련 판례가 축적되면서 현재는 극히 안정적이

---

139) 福岡高宮崎支判平成22年4月22日LLI/DB06520220.

140) 부당한 예단을 야기할 우려가 있음에서 증거가치를 제한하여야 한다는 견해로, 村井敏邦, "いわゆる『DNA鑑定』のこと", 法学セミナー 第452号, 1992年, 117頁, 佐藤博史, "DNA鑑定のための血液採取, DNA鑑定の証拠能力·証明力", 平野龍一·松尾浩也編, 新実例刑事訴訟法Ⅲ(東京 : 靑林書院 ,1998年), 188頁, 福井厚, "DNA鑑定— 法学の立場から", 法学教室 第146号, 1992, 49頁; 수사단계에서의 활용에 제한하고, 공판단계에서는 증거로 사용하더라도 타 증거로 심증형성을 우선하여야 한다는 견해로, 長沼範良, 判批, ジュリスト 第1036号, 1993, 112頁 및 田口守一, 判批, 平成8年度重要判例解説, 1997年, 177頁; DNA형 감정이 절대적 식별력을 갖는 것이 아님에서 타 증거와의 종합이 필요하고 이것만을 결정적 증거로 피고인과 범인의 동일성을 인정하는 것은 신중하여야 한다는 견해로, 三井誠, "DNA鑑定の証拠能力·証明力", 松尾浩也先生古稀祝賀論文集 下巻, 1998, 508頁; DNA형 감정은 첨단과학기술이 활용된 점에서 재판관이나 국민의 시각에서 증거가치가 정확히 음미될 수 없음에서, 그 평가는 신중하여야 한다는 견해로, 笹野明義, "DNA鑑定の証拠能力, 証明力", 判例タイムズ 第891号, 1996, 50頁.

141) 池田修·前田雅英, 前掲書, 477頁.

고 표준화된 수사기법으로 인식되고 있으며, 형사소송법 개정을 포함한 입법적 조치를 통해 제도적 정비가 일응 완결된 것으로 평가되고 있다.[142]

독일의 경우, 1997년 이전까지는 형사소송법 제81조a에서[143] 규정한 요건이 갖추어진 경우, 혈액이나 기타 체액 등의 강제적 채취(소위 강제채혈)가 가능하고, 그 이용에 특별한 제한이 없었기 때문에 수사기관 등이 확보된 혈액 등을 시료로 DNA 분석이 가능히였는데, 판례로 이를 긍정히였다.[144] 그러나 단순한 혈액 등의 채취가 아니라 이어지는 DNA 분석을 통해 유전정보를 포함하여 극히 심층적인 개인정보가 침해될 우려가 지적되면서 특별히 이를 규제하기 위한 입법적 조치가 이어지게 된 것이다. 이에 따라, 1997년 유전자지문(Genetischer Fingerabdruck)에 관한 형사소송법의 개정이 이루어지면서 DNA 분석과 관련한 입법적 정비가 이루어지게 되었는데, 이 과정에서 형사소송법 제81조e. f가 신설되었고, 다시 1998년 DNA 동일성확인법(DNA Identitätsfeststellungsgesetz)이 제정되면서 독일형사소송법 제81조g가, 1999년, 2000년, 2005년의 개정에 의하여 형사소송법 제81조h가[145] 신설되면서 DNA 데이터베이스에 관한 근거규정이 삽입

---

142) 玉蟲由樹, "刑事節次におけるDNA鑑定の利用と人權論(1)", 福岡大學法學論集 第52卷 2, 3 号, 2007, 6頁.

143) StPO § 81a(Körperliche Untersuchung des Beschuldigten; Zulässigkeit körperlicher Eingriffe)
  (1) Eine körperliche Untersuchung des Beschuldigten darf zur Feststellung von Tatsachen angeordnet werden, die für das Verfahren von Bedeutung sind. Zu diesem Zweck sind Entnahmen von Blutproben und andere körperliche Eingriffe, die von einem Arzt nach den Regeln der ärztlichen Kunst zu Untersuchungszwecken vorgenommen werden, ohne Einwilligung des Beschuldigten zulässig, wenn kein Nachteil für seine Gesundheit zu befürchten ist.
  (2) Die Anordnung steht dem Richter, bei Gefährdung des Untersuchungserfolges durch Verzögerung auch der Staatsanwaltschaft und ihren Ermittlungspersonen (§ 152 des Gerichtsverfassungsgesetzes) zu.
  (3) Dem Beschuldigten entnommene Blutproben oder sonstige Körperzellen dürfen nur für Zwecke des der Entnahme zugrundeliegenden oder eines anderen anhängigen Strafverfahrens verwendet werden; sie sind unverzüglich zu vernichten, sobald sie hierfür nicht mehr erforderlich sind.

144) BGHSt 37, 158.

145) StPO§ 81h(DNA-Reihenuntersuchung)
  (1) Begründen bestimmte Tatsachen den Verdacht, dass ein Verbrechen gegen das Leben, die körperliche Unversehrtheit, die persönliche Freiheit oder die sexuelle

되었다. 이러한 일련의 개정작업을 거치면서, 시료획득, DNA 분석에서 나아가 DNA 데이터베이스 운용에 관한 입법적, 제도적 정비가 완결되었다.

 DNA 증거와 관련하여 위에서 언급한 현행 독일형사소송법의 규정내용을 간략히 정리하면 다음과 같다. 먼저, 형사소송법 제81조a에 의하여 법원(또는 시료획득의 지연이 분석결과에 영향을 줄 수 있는 때는 검사도) 범죄사실의 입증 등을 위해 필요하다고 판단하는 때는 피의자에 대하여 의료적 방법을 통해 혈액, 기타 생체조직 시료의 제공을 명할 수 있고, 특별히 피의자의 신체나 건강에 대한 침해가 없는 한, 이들 시료에 대한 분석결과의 증거능력을 인정하고 있고, 아울

Selbstbestimmung begangen worden ist, dürfen Personen, die bestimmte, auf den Täter vermutlich zutreffende Prüfungsmerkmale erfüllen, mit ihrer schriftlichen Einwilligung

1. Körperzellen entnommen,
2. diese zur Feststellung des DNA−Identifizierungsmusters und des Geschlechts molekulargenetisch untersucht und
3. die festgestellten DNA−Identifizierungsmuster mit den DNA−Identifizierungsmustern von Spurenmaterial automatisiert abgeglichen werden, soweit dies zur Feststellung erforderlich ist, ob das Spurenmaterial von diesen Personen stammt, und die Maßnahme insbesondere im Hinblick auf die Anzahl der von ihr betroffenen Personen nicht außer Verhältnis zur Schwere der Tat steht.
(2) Eine Maßnahme nach Absatz 1 bedarf der gerichtlichen Anordnung. Diese ergeht schriftlich. Sie muss die betroffenen Personen anhand bestimmter Prüfungsmerkmale bezeichnen und ist zu begründen. Einer vorherigen Anhörung der betroffenen Personen bedarf es nicht. Die Entscheidung, mit der die Maßnahme angeordnet wird, ist nicht anfechtbar.
(3) Für die Durchführung der Maßnahme gelten § 81f Abs. 2 und § 81g Abs. 2 entsprechend. Soweit die Aufzeichnungen über die durch die Maßnahme festgestellten DNA−Identifizierungsmuster zur Aufklärung des Verbrechens nicht mehr erforderlich sind, sind sie unverzüglich zu löschen. Die Löschung ist zu dokumentieren.
(4) Die betroffenen Personen sind schriftlich darüber zu belehren, dass die Maßnahme nur mit ihrer Einwilligung durchgeführt werden darf. Hierbei sind sie auch darauf hinzuweisen, dass
1. die entnommenen Körperzellen ausschließlich für die Untersuchung nach Absatz verwendet und unverzüglich vernichtet werden, sobald sie hierfür nicht mehr erforderlich sind, und
2. die festgestellten DNA−Identifizierungsmuster nicht zur Identitätsfeststellung in künftigen Strafverfahren beim Bundeskriminalamt gespeichert werden.

러, 동조에서 규정한 목적과 관련하여 더 이상 시료가 필요하지 않는 때에는 지체 없이 시료를 파기하도록 규정하고 있다. 이러한 제81조a에 근거하여 확보한 시료에 대하여 다시 제81조e는[146] 분자생물학적 기타 유전학적 분석을 규정하는데, 동조는 범죄현장 등에서 발견, 압수수색절차를 통해 획득한 증거물과 피고인 또는 피해자의 이동식별에 필요한 때는 분자생물학적, 기타 유전학적 분석이 가능하고 나아가 성별의 판별도 허용하고 있다. 다만, 이외의 목적으로의 분석을 금지하는 것은 물론 금지된 목적에 의한 분석결과의 증거능력도 부정하고 있다.

한편, 구체적인 분석절차나 방법 등은 제81조f에서[147] 규정하고 있다. 즉,

---

146) StPO § 81e(Molekulargenetische Untersuchung)

   (1) An dem durch Maßnahmen nach § 81a Abs. 1 erlangten Material dürfen auch molekulargenetische Untersuchungen durchgeführt werden, soweit sie zur Feststellung der Abstammung oder der Tatsache, ob aufgefundenes Spurenmaterial von dem Beschuldigten oder dem Verletzten stammt, erforderlich sind; hierbei darf auch das Geschlecht der Person bestimmt werden. Untersuchungen nach Satz 1 sind auch zulässig für entsprechende Feststellungen an dem durch Maßnahmen nach § 81c erlangten Material. Feststellungen über andere als die in Satz 1 bezeichneten Tatsachen dürfen nicht erfolgen; hierauf gerichtete Untersuchungen sind unzulässig.

   (2) Nach Absatz 1 zulässige Untersuchungen dürfen auch an aufgefundenem, sichergestelltem oder beschlagnahmtem Spurenmaterial durchgeführt werden. Absatz 1 Satz 3 und § 81a Abs. 3 erster Halbsatz gelten entsprechend.

147) StPO § 81f(Verfahren bei der molekulargenetischen Untersuchung)

   (1) Untersuchungen nach § 81e Abs. 1 dürfen ohne schriftliche Einwilligung der betroffenen Person nur durch das Gericht, bei Gefahr im Verzug auch durch die Staatsanwaltschaft und ihre Ermittlungspersonen(§ 152 des Gerichtsverfassungsgesetzes) angeordnet werden. Die einwilligende Person ist darüber zu belehren, für welchen Zweck die zu erhebenden Daten verwendet werden.

   (2) Mit der Untersuchung nach § 81e sind in der schriftlichen Anordnung Sachverständige zu beauftragen, die öffentlich bestellt oder nach dem Verpflichtungsgesetz verpflichtet oder Amtsträger sind, die der ermittlungsführenden Behörde nicht angehören oder einer Organisationseinheit dieser Behörde angehören, die von der ermittlungsführenden Dienststelle organisatorisch und sachlich getrennt ist. Diese haben durch technische und organisatorische Maßnahmen zu gewährleisten, daß unzulässige molekulargenetische Untersuchungen und unbefugte Kenntnisnahme Dritter ausgeschlossen sind. Dem Sachverständigen ist das Untersuchungsmaterial ohne Mitteilung des Namens, der Anschrift und des Geburtstages und −monats des Betroffenen zu übergeben. Ist der Sachverständige eine nichtöffentliche Stelle, gilt §38 des Bundesdatenschutzgesetzes mit der Maßgabe, daß die Aufsichtsbehörde die Ausführung der Vorschriften über den Datenschutz auch überwacht, wenn ihr keine

제81조e에서 정한 분석은 분석목적 등에 대한 고지에 따른 당사자의 동의가 없는 한, 법원(또는 긴급을 요하는 때는 검사)의 명령에 의하는데, 법원은 분석을 담당할 감정인을 지정하여 서면으로 위 명령을 하되, 해당 감정인은 관련 전문성과 함께 수사기관 또는 그 소속관의 구성원이 아닐 것을 요구함으로써 감정결과의 공정성을 확보하게끔 하고 있다. 아울러, 확립된 분석절차를 준수되지 않거나 분석절차나 결과에 승인되지 않은 제3자의 접근이 있는 때는 증거능력을 배제하도록 하며, 분석에 필요한 시료가 감정인에 제공되는 경우, 분석대상이 되는 자의 신원확인이 이루어질 수 있는 사항이 노출되지 않도록 익명으로 처리된 시료가 제공되게끔 하고 있다.

이러한 제 규정을 통해 현재 독일의 경우, DNA 증거의 증거능력은 특별히 시료획득이나 분석과정에서 위법사유로 인하여 증거 제시나 사용이 금지되지 않는 한 증거능력은 용이하게 인정되고 있고 따라서 DNA 증거의 과학적 건전성에 대한 판단은 실무적으로 증거능력보다는 증명력 평가를 통해 이루어지고 있는 것으로 추정해 볼 수 있다.

독일에서는 아직 위와 같은 실정법적 근거가 없는 상태로 DNA 감정이 수사 및 공판절차에 활용되기 시작한 초기단계에는 증거능력을 부정하는 견해가 유력한데, 그 논거로 DNA 분석이 당사자의 승낙 없이 이른바 코드화된 영역에 대한 분석이 이루어진다면, 개인의 내밀한 영역과 관련한 프라이버시의 중대한 침해일 뿐만 아니라, 인간의 존엄을 침해할 수 있고, 설사 비코드화된 영역에 대한 분석에 한정하더라도 실정법상 비례의 원칙에 적합한 절차적 규정이 존재하지 않는 이상, 정보적 자기결정권을 침해하기 때문이라는 점을 들었고,[148] 바로 이러한 비판에 기인하여 DNA 증거에 관한 입법적 해결이 처음부터 강력하게 요청되었던 것으로 이해할 수 있다. 이러한 초기단계에서 독일연방통상법원은 1990 8월 DNA 증거의 증거능력을 인정하는 견해를 제시하는데, 앞서 언급한 형사소송법 제81조a를 언급하면서 동조가 특정한 검사목적, 방법으로 제약하고 있

---

hinreichenden Anhaltspunkte für eine Verletzung dieser Vorschriften vorliegen und der Sachverständige die personenbezogenen Daten nicht in Dateien automatisiert verarbeitet.

148) Reiner Keller, Die Genomanalyse im Strafverfahren, NJW 1989, S. 2292ff.

는 것이 아닌 한, 비 코드화된 영역에 대한 DNA 분석을 위하여 혈액시료를 채취하는 것도 원칙적으로 허용될 수 있으며, 이 경우 피의자의 인격과 관련하여 불가침영역이 침해되는 것은 아니어서 헌법상 문제도 발생하지 않는 것으로 판시하였고,[149] 이후 여타 판례에서 증거능력을 인정하게 되었다.

이후 1995년 9월 독일연방헌법재판소는[150] 동일한 사안과 관련하여, 중대한 범죄의 해명은 법치국가적 공동체에 있어서 중요한 임무라는 점에서, 이러한 정당한 이익은 기본법이 기본권 제한을 인정하고 그 본질적 내용이 침해되지 않고 헌법상 비례의 원칙이 유지되는 한, 정보적 자기결정권을 포함하여 피의자의 기본권에의 개입을 원칙적으로 정당화한다고 판시하면서, DNA 분석의 합헌논거로, 형사소송법 제81조a가 정한 바와 같이 당해 절차에 있어서 중요한 사실인정을 위하여 모든 방법을 사용하는 것이 가능하여 새롭게 개발된 보다 정확한 분석방법의 적용을 배제하는 것이 아니며, 이러한 의미에서 DNA 분석이 허용될 수 있으며, 현재의 과학적 인식상황하에서, 비 코드화된 영역에 대한 분석에 의하여 인격적 지표가 드러날 수 있다는 점은 명확하지 않으며, 따라서 DNA 분석 결과는 형사절차에서 범인으로부터 제외되거나 범인의 확정을 위해 이용될 수 있는 것이고, 공권력 그 자체로부터 자유로운 사적 생활형성의 불가침한 핵심영역이 침해되는 것은 아니라는 점을 들었다.

아울러, DNA 분석과 지문의 유사성을 인정하면서, DNA 분석은 비 코드화된 영역의 형식적인 형태와 관련하는 것으로 이는 개인식별 지표로 형사절차에서의 이용이 헌법상 허용되는 지문이나 혈액형 또는 모발의 구조와 동일하게 평가될 수 있다고 하고, 따라서 형사소송법 제81조a의 규정목적에 의하여 포괄되는 범죄수사학상의 검사방법의 정밀화에 불과하다고 평가한 바 있다.

다만 DNA 분석기법이 반드시 비례의 원칙에 적합한 것은 아니라고 판시한 점에 주의할 필요가 있다. 즉, DNA 분석이 형사절차에서 불가결하고 범죄의 중대성을 고려하여 적절한 관련성이 있는 경우에 허용될 수 있다고 판시하고, 성범죄사건이 문제된 당해 사안과 관련하여, 범죄의 중대성, 혈액채취라는 침해방법의 경미성 및 사실해명의 이익에 비추어 역시 경미한 것으로 판단되는 점에서

---

149) BGH NJW 1990, S. 2945.
150) BVerfG, NStZ 1996, S. 45.

정보적 자기결정권에의 개입에 있어서 적절한 관련성이 인정될 수 있어 비례의 원칙을 충족한 것으로 판단하였다.

2. DNA 증거의 증명력

독일의 판례 가운데, 강간사건에서 사실심 법관은 DNA-분석을 단지 통계적인 증거로서 고려해야 하며, 그것이 모든 증거상황에 대한 평가(Würdigung)를 불필요하게 만들지는 않는다고 판시하여 DNA 증거의 증명력을 다소 제한적으로 이해한 예도 있다.[151] 사실관계를 좀 더 자세히 살펴보면, 다음과 같다. 피고인(A)은 교사이지만 종종 매춘을 행하는 R을 1987년 여름에 알게 되었고 그녀와 성관계를 가졌는데, 4주 후에 그 관계는 중단되었다. A는 몇 주 후 신원미상인 2명의 유고출신 동향인들과 차를 타고 가다가 R을 보았다. A는 2명의 유고사람의 동의를 얻어 R을 태우고 함께 어느 집으로 갔다. R은 2명의 유고사람 중에 한 명과는 면식이 있었다. 2명의 유고사람은 R을 침실에 밀어 넣었고, 거기에서 강제로 잇따라 구강성교를 하게 하였다. 마지막에는 A도 R을 침실로 밀어 넣고 폭력으로 그녀의 의지에 반하여 강간하고 사정까지 하였다. 이후 A 등은 R을 도심에 내려주었다. 그녀는 디스코텍에 가서, 한 친구에게 이 사실을 말하고, 경찰에 신고하였다. 이어서 행해진 의사의 검사에서 생식기 부위를 포함한 신체상해가 확인되었으며, 질 내에서 정액이 발견되었다. A는 범행에 부인하였다. 그는 피해자 R 및 2명의 유고사람과 당일 밤에 어떤 집에서 있었던 것은 동의하였으나, 어떠한 성적 추행이나 접촉이 없었다고 주장했지만, 지방법원은 A의 주장이 반증되었다고 평가했다. 법원은 범행날 밤에 피해자 R과 피고인 A 사이에 성교 자체가 있었다는 것에 대해 확신했으며, 이것은 감정인인 의사의 진술에 근거한 것이었다. 감정인인 의사 R-1은 채취된 정액을 A의 혈액표본과 DNA-분석을 통해 비교조사하였는데, 그 감정에 따르면 정자단서(Sperma-Spur)와 혈액에서 조사된 DNA-다형성을 근거로 피해자(R)의 질에서 채취한 정자가 A의 것이라는 것이 99.986%의 가능성으로 확인될 수 있다고 한다. 그리고 정자머리에서 채취

---

151) BGH 38, 320, BGH 1992.08.12. - 5 StR 239/92 (NJW 1992, 2976).

된 DNA는 세 가지의 다형성(System HLA DQ alpha, pMCT 118, pMR 24/1) 검사에서 A의 백혈구에서 채취한 DNA와 동일한 특징(1.1 - 4, 18 - 24, 4.2 - 5.1)을 보인다고 하였다. 이 세 가지 특징은 유럽인에 대한 무작위 검사에서 다음의 빈도로 확인되는데 즉, 특징 1은 9.2%의 빈도로, 특징 2는 19.2%의 빈도로, 특징 3은 0.82%의 빈도로. 이 세 가지 다형성 특징들의 조합은 시민의 0.014%의 빈도로 나타나게 되어(9.2 % X 19.2 % X 0.82 % = 0.014 %), 결국 6937명 중에 1명으로 파악될 수 있다. 이에 지방법원은 최종적으로 여러 남성의 정자가 존재한다는 어떠한 확실한 정보도 없다고 결론지었다. 지방법원은 실제의 범행경위에서 피해자 R의 증언을 따랐는데, 사실관계를 본질적으로 A가 위에서 확인한 것과 같이 설명했다. 법원은 그녀의 증언을 믿을만하다고 여겼으며, 특히 정밀도와 증언의 일관성에서 근거한 것으로 허위증언을 할 동기는 없다고 보았다. 또한 범행 직후에 R의 신체상해에 대해 검사한 감정인 E의 검사결과도 신빙성이 있다고 보았는데, 정자의 보존 상태와 관련하여 감정인 E는 정자가 6시간이 넘지 않은 상태였다고 보고하였다. 결국, 지방법원은 피고인을 강간죄로 3년의 자유형을 선고하였고, 이에 피고인 A가 상고한 사안이다. 상고심은 유죄를 인정한 원심판단을 파기하면서 다음과 같이 판시하였다.

「원심이 이러한 DNA 분석결과를 이용하는 것은 정당하다(BGH, NStZ 1991, 399 등). 그러나 이러한 증거가치는 언제나 비판적으로 평가되어야 한다. 본원(BGH 5 StR)은 1990년 8월 21일의 판결(BGHSt 37, 157＝NJW 1990, 2994)에서 부족한 과학적 보장범위에 대해 비판적 관점에서 DNA－분석의 증거가치의 한계를 지적한 바 있는데, 원심은 이러한 비판적인 평가의무를 충분히 고려하지 않았다. BGH의 공판에서 감정인인 H교수는 다음 사항을 고려했다고 감정했다.

감정인 R－1이 특정 집단에서 조사된 (DNA) 특징의 빈도를 어떤 데이터베이스에서 도출했는지에 대해 지방법원이 설명하지 않았다면 이는 이의제기될 수 있다(불복사유가 된다). 감정이 H교수는 확신하였듯이 현재 이와 관련해서는 종종 고려되는 상당한 불확실성이 존재한다. 즉, "보수적인 방식"으로는 시민의 개별적인 특징이 비교적 높은 빈도로 나온다는 것이 고려되어야 한다. 또한 H교수에 따르면 해당 데이터베이스를 만들 때 각각의 연구소에 의해 이용된 방식은 과학적 논의와 통제가 전반적으로 배제되어 있다고 한다. 다른 영역에서와 같이 BGH는 법원에 과학적 결론의 기초가 제공될 것을 요구한다. 이것은, 예를 들어 혈중알코올농도의 결정에서와 같이, 과학적 발전이 여전히 한창 진행 중이고 어떠한 최종적이고 일반적으로 알려진 정보(결과)가 존재하지 않는 경우에도 마찬가지이다.

당해 사건에서, 특히 지방법원은 감정인 R−1이 이용한 데이터베이스가 중부유럽을 거의 대표하지 못하는 폐쇄적 인종그룹을 대상으로 한 것인 경우에도 (사안에서) 대표성을 띨 수 있는지에 대해 검토할 필요가 있다. 감정인 R−1은 (DNA) 특징이 드러날 가능성에서 특징조합의 빈도를 0.014%로 고려했다. 그는 각 특징의 빈도를 서로 곱했다. 이러한 방식은 각 특징이 서로 통계적으로 독립적일 경우에만 허용된다. (하지만) 해당 판결은 이러한 경우가 아니다. 본 원은 감정인 H와 함께 이러한 사항이 준수된 것을 근거로 삼았다. 특징이 드러날 가능성 0.014%를 피고인에게 부담이 될 가능성 내지 범행가능성 99.984%로 환산하는 것은, 감정인 H가 설명했듯이, 최초가능성 (Anfangswahrscheinlichkeit)의 확정을 전제로 한다. 최초가능성이 50%로 시작할 때에만 99.984%가 나올 수 있다. 즉, DNA−분석에 앞서 행해진 평가(선험적 판단, a priori)에서 그 정액은 피고인 A의 것이라는 가정 또는 그 반대의 가정이 마찬가지로 동일하게 나올 때에만 가능하다. DNA−분석결과를 단지 보고(감정)했다고 하는 감정인 R−1은 이러한 중립적인 최초가능성을 근거로 하는 것이 당연하다. (사실심) 법원은 감정서의 결과가 피고인에게 불리한 통계적인 가능성에 대한 추상적 보고(감정)만을 행했다는 것을 명백히 했어야 했다. 피고인에게 불리한 구체적인 증거가치는 동일하게 취급될 수 없다는 것은 명백히 다음의 사항을 고려한 것이다: DNA−분석이 피고인과 동일한 특징을 보이는 0.014%의 비율은 99.986%의 수치에 상응한다는 감정인 R−1의 주장. 약 25만 명의 하노버시 남성 주민 중에서 적어도 35명의 남성이 이에 해당된다.

이러한 사실관계에서, 원심이 DNA 분석을 통해 강하게 범죄자로서 간주되고 기타 정황의 고려하에 정범으로서 확신적으로 취급되는 것은 법률상 오류가 없다. 그러나 이러한 방식이 지방법원의 증거평가에서 우선적이지는 않다. 오히려 해당 원심은 피고인 A가 (그의 진술과 다르게) R과 성교를 했다는 사실과 관련해서는 DNA−분석만으로 확신했으며, "실제의 범행경위"에 관한

법원의 확신 형성과 관련해서는 기타 증거방법과 정황을 인용하였다. 이로써
법원은 DNA 분석결과에 높은 증거가치를 부여하였다. 사실심 판사는 모든
정황에 대한 개관에서 피고인 A가 (그의 진술과 다르게) R과 성교를 했다는
것을 입증되기 전에 이미 전제했다. 그러나 이러한 상황은, 원심이 전제했듯
이, DNA 분석이 높은 증거가치를 가지지 않기 때문에 이 분석을 통해서만 입
증되는 것은 아니다. DNA 분석결과가 구속력이 없는 단지 ―중요하지만―
정황일 뿐인 경우라면, 원심은 피고인에게 불리한 증언의 신빙성을 의심하는
것을 배제할 수 없다.」

즉, DNA 분석에 의하여 획득된 결과가 형사절차에서 중요한 증거로 위치지
어질 수 있지만 그 결과에 기초하여 재판의 경과가 결정지어지는 것이라고 할
수 없으며, 법관은 어디까지나 이를 하나의 판단자료로서 인식하여야 하고,
DNA 증거가 당해 절차에서 증명되어야 하는 모든 사항을 입증하는 것은 아닌
점에 유의하여야 하는 것으로 위 판결의 취지를 이해할 수 있다.[152] 즉, 법관이
DNA 분석결과에 근거하여 판결하는 것을 긍정적으로 이해하는 것은 분명하지
만,[153] 동시에 분석결과에만 의존하여 판단이 좌우되어서는 안 된다는 의미다.
다만, 최근에는 DNA 증거의 증명력을 상당히 높게 평가한 사례도 있다.[154]

「원심이 DNA 분석결과에 따라, 통계적으로 고려될 수 있는 1대 25경 6천
조의 빈도가치로 해당 단서가 피고인의 것이라 보고, 범해장소에서 확보된 피
부 부스러기가 피고인의 것이라고 확신한 것은 정당하다. 최근에 분자유전학
적 검사의 표준화로 인하여, (원심판결에) 고려된 사항들이 BGH가 제시한 요
건들을 충족하는 경우에는, 사실심 판사는 DNA 분석결과를 통해 범행 장소
에서 확보된 DNA 단서가 피고인 것이라는 확신을 충분히 형성할 수 있다. 이
와 별도로 사실심 법원은 DNA 단서와 범행 사이에 어떠한 관련성이 있는지
여부에 대해 판단해야 한다.」

---

152) 유사한 취지의 판례로, BGH StraFo 2007, 65.
153) BGH StV 2010, 175.
154) BGH, 2009.01.21. ― 1 StR 722/08 (NStZ 2009, 285).

다만, 여전히 DNA 증거만이 아닌 여타 증거의 평가를 통해 DNA 증거가 요
증사실인 범죄사실과 구체적으로 어떠한 연관성이 있는지를 사실심이 판단하여
야 한다는 견해를 제시한 점에 유의할 필요가 있다.

한편, 독일형사소송법 제244조는[155] 직권에 바탕한 법관의 증거물에 대한
해명의무를 규정하고 있는데, DNA 분석결과에 대하여도 동일하게 동 규정이 적
용된다고 한다.[156] 즉, 법원은 DNA 분석에 사용된 분석기법이 현재의 과학적 기
술수준에 비추어 적정한 것인지를 심사하고, 특정 소송주체에 있어서 부당한 이
익 또는 불이익을 가하지 않도록 배려하여야 한다.

155) StPO § 244(Beweisaufnahme; Untersuchungsgrundsatz; Ablehnung von Beweisanträgen)
  (1) Nach der Vernehmung des Angeklagten folgt die Beweisaufnahme.
  (2) Das Gericht hat zur Erforschung der Wahrheit die Beweisaufnahme von Amts wegen
      auf alle Tatsachen und Beweismittel zu erstrecken, die für die Entscheidung von
      Bedeutung sind.
  (3) Ein Beweisantrag ist abzulehnen, wenn die Erhebung des Beweises unzulässig ist. Im
      übrigen darf ein Beweisantrag nur abgelehnt werden, wenn eine Beweiserhebung
      wegen Offenkundigkeit überflüssig ist, wenn die Tatsache, die bewiesen werden soll,
      für die Entscheidung ohne Bedeutung oder schon erwiesen ist, wenn das
      Beweismittel völlig ungeeignet oder wenn es unerreichbar ist, wenn der Antrag zum
      Zweck der Prozeßverschleppung gestellt ist oder wenn eine erhebliche Behauptung,
      die zur Entlastung des Angeklagten bewiesen werden soll, so behandelt werden
      kann, als wäre die behauptete Tatsache wahr.
  (4) Ein Beweisantrag auf Vernehmung eines Sachverständigen kann, soweit nichts
      anderes bestimmt ist, auch abgelehnt werden, wenn das Gericht selbst die
      erforderliche Sachkunde besitzt. Die Anhörung eines weiteren Sachverständigen kann
      auch dann abgelehnt werden, wenn durch das frühere Gutachten das Gegenteil der
      behaupteten Tatsache bereits erwiesen ist; dies gilt nicht, wenn die Sachkunde des
      früheren Gutachters zweifelhaft ist, wenn sein Gutachten von unzutreffenden
      tatsächlichen Voraussetzungen ausgeht, wenn das Gutachten Widersprüche enthält
      oder wenn der neue Sachverständige über Forschungsmittel verfügt, die denen eines
      früheren Gutachters überlegen erscheinen.
  (5) Ein Beweisantrag auf Einnahme eines Augenscheins kann abgelehnt werden, wenn
      der Augenschein nach dem pflichtgemäßen Ermessen des Gerichts zur Erforschung
      der Wahrheit nicht erforderlich ist. Unter derselben Voraussetzung kann auch ein
      Beweisantrag auf Vernehmung eines Zeugen abgelehnt werden, dessen Ladung im
      Ausland zu bewirken wäre.
  (6) Die Ablehnung eines Beweisantrages bedarf eines Gerichtsbeschlusses.
156) BGH NStZ 1991, 399.

제 4 절   한국에 있어서 DNA 증거의 증거능력 및 증명력

1. DNA 증거의 증거능력

판례 가운데 DNA 증거의 증거능력이 직접 다투어진 사례는 극히 제한적인데, 하급심 판례 가운데 대표적으로 광주고법 제주부 판결을 들 수 있다.[157] 항소심인 동 판례는 원심의 유죄판결을 파기하면서 증거로 제시된 DNA형 감정결과에 대하여 다음과 같이 판시하였다.

「① 유전자감식은 그에 관한 이론적 근거가 널리 받아들여지고 있기는 하나, 아직은 그 시생의 역사가 짧고 분석재료의 수집, 보관, 검사기법 등 감식과정에서 지켜야 할 보편적인 규범이 정립되었다고 보기 어려우며, 그 검사기법 역시 새로운 기술의 발달에 따라 개발되고, 있는 상태이고, 또한, 실제 감식과정에서는 분석재료의 수집과 보관, 검사기법, 감정인의 능력 등에 따라 그 분석결과가 달라질 수도 있는 것이다. 따라서 유전자 감식결과에 대하여 증거능력을 인정하기 위해서는 최소한 ② 감정인이 충분한 전문적인 지식경험과 기술수준을 가지고 있어야 하고, ③ 감정자료는 적절히 관리되어 보전되어야 하고, 감정에 사용될 정도로 양적으로 충분하여야 하며, ④ 검사기법은 그 당시 일반적으로 확립된 표준적인 검사기법을 사용하여야 하고, 객관적인 방법에 의하여 조작과 검사 결과에 대한 분석이 이루어질 것 등의 요건을 갖추어야 하며 … 원심이 채택한 위 유전자감식결과는 ⑤ 검사 및 분석에 참여한 감정인의 자격 및 감식경험, DNA추출 및 보전과정, 실험에 사용된 DNA의 양, 검사기법 및 이에 대한 분석과정 등에 비추어 그 증거능력은 인정된다고 할 것이다.」

위 판례는 DNA 분석이 배경한 이론적 근거의 정당성에 관하여 관련 학계 등의 광범위한 동의가 있음을 인정하고 있다(① 부분). 다만, 구체적 사안에 따라서 감정인의 적격성(② 부분), 분석에 사용된 시료의 상태(③ 부분), 확립된 표준

---

157) 광주고법제주부1997. 12. 5.선고 97노58판결.

적 분석기법의 유무 및 그 이행여부(⑤ 부분)를 고려하여 증거능력이 인정될 수 있다고 판시한 점에 특징이 있는데, 대체로 사실판단주체인 법관을 통해 충분히 DNA 증거에 내재한 과학적 건전성이 검토될 수 있다는 시각에 비추어볼 때, 일반적 승인여부도 일정부분 고려되고 있기는 하지만(① 부분), 관련성 접근방식 또는 Daubert test에 근접한 판단기준으로 DNA 증거의 증거능력이 인정될 수 있는 것으로 추정된다(다만, 이 판례에서는 통계적 평가결과와 관련하여 표본의 대표성과 산출방식의 객관성 등이 부족함을 이유로 신빙성, 기타 증명력이 부족한 것으로 판단하였음에 유의할 필요가 있다). 그러나 이외에 하급심 판례로 DNA 증거가 원용된 사례에서 증거능력을 직접적으로 언급한 사례는 거의 찾아보기 어려운데, 거의 대부분 논란 없이 증거능력이 인정되는 것으로 파악된다.[158]

한편, 대법원 판례로는 앞서 언급한 바 있는 대법원 2007.5.10. 선고 2007도1950 판결을 들 수 있다. 판시내용을 살펴보면,

「경찰은 공소외 1에 대한 특수강간미수 등의 범행이 있은 직후 공소 외 1로부터 범인의 정액이 묻어있는 옷을 제출받아 국립과학수사연구소에 유전자 감정을 의뢰한 사실, 경찰은 피고인이 위 사건의 범인과 동일인인지 여부를 확인하기 위하여 피고인의 모발 및 타액에 대하여도 국립과학수사연구소에 유전자감정을 의뢰하였는데, DNA분석 결과 피고인의 유전자형이 범인의 그것과 상이하다는 감정 결과가 제1심법원에 제출된 사실을 인정할 수 있다.

그런데 DNA분석을 통한 유전자검사 결과는 ① 충분한 전문적인 지식과 경험을 지닌 감정인이 ② 적절하게 관리·보존된 감정 자료에 대하여 ③ 일반적으로 확립된 표준적인 검사기법을 활용하여 감정을 실행하고, 그 결과의 분석이 적정한 절차를 통하여 수행되었음이 인정되는 이상 높은 신뢰성을 지닌다할 것이고, 특히 유전자형이 다르면 동일인이 아니라고 확신할 수 있다는 ④ 유전자감정 분야에서 일반적으로 승인된 전문지식에 비추어 볼 때, 위와 같은 감정 결과는 피고인의 무죄를 입증할 수 있는 유력한 증거에 해당한다고 할

---

158) 서울서부지방법원 2011.9.15. 선고 2011고합79 판결; 광주지방법원목포지원 2011.12.22. 선고 2011고합73 판결; 인천지방법원 부천지원 2012.2.10. 선고 2011고합138 판결; 부산고등법원 2005.11.3. 선고 2004노403 판결; 서울고등법원 2011.12.23. 선고 2011노2660 판결; 대전고법 2013.11.6. 선고 2013노288 판결 등.

것이므로, 이 부분 공소사실은 합리적인 의심을 할 여지가 없을 정도로 입증 되었다고 볼 수 없다.

따라서 원심으로서는 위의 각 감정을 시행함에 있어 감정인이 충분한 자격 을 갖추지 못하였다거나, 감정자료의 관리·보존상태 또는 검사방법이 적절하 지 못하다거나, 그 결론 도출과정이 합리적이지 못하다거나 혹은 감정 결과 자체에 모순점이 있다는 등으로 *그 감정 결과의 신뢰성을 의심할 만한 다른 사정이 있는지에* 관하여 심리하여 본 다음 피고인의 범행 여부를 판단하였어 야 할 것임에도, 이에 관하여 아무런 심리 및 판단을 하지 아니하였다.」

역시 감정인의 적격성, 표준적 분석절차의 확립과 그 준수여부, 배경원리 등에 대한 관련 학계의 일반적 승인여부를 통해 과학적 건전성(판례에서는 신뢰성 으로 지칭된다)이 판단될 수 있다는 점에서 앞서 하급심 판례와 거의 일치하는 기 준으로 제시한 것으로 이해된다. 다만, 위 대법원 판례는 피고인과 범행현장에서 획득된 시료 간에 불일치판단결과가 피고인에 대한 유죄입증에 대한 합리적 의 심을 야기한다고 판단함으로써, 위 건전성(이탤릭체부분: 신뢰성) 판단요소가 증거 능력이 아닌 증명력 판단요소로 파악하는 점에서 뉘앙스 차이가 있다.159) 그러

---

159) DNA 증거에 관한 대법원 판례는 아니지만 유사한 시각에서 과학적 건전성을 증거능력이 아닌 증명력 요건으로 파악한 예로, 대법원 2010.3.25. 선고 2009도14772판결, "폐수 수질검 사와 같은 과학적 증거방법은 전문지식과 경험을 지닌 감정인이 시료에 대하여 일반적으 로 확립된 표준적인 분석기법을 활용하여 분석을 실행하고, 그 분석이 적정한 절차를 통하 여 수행되었음이 인정되는 이상 법관이 사실인정을 함에 있어 상당한 정도로 구속력을 가 지므로, 비록 사실의 인정이 사실심의 전권이라 하더라도 아무런 합리적 근거 없이 함부로 이를 배척하는 것은 자유심증주의의 한계를 벗어나는 것으로서 허용될 수 없는 것이다(대 법원 2007.5.10. 선고 2007도1950 판결, 대법원 2009.3.12. 선고 2008도8486 판결 등 참조). 그러나 이러한 과학적 증거방법이 사실인정에 있어서 상당한 정도로 구속력을 갖기 위해서 는 감정인이 전문적인 지식·기술·경험을 가지고 공인된 표준 검사기법으로 분석을 거쳐 법원에 제출하였다는 것만으로는 부족하고, 시료의 채취·보관·분석 등 모든 과정에서 시 료의 동일성이 인정되고 인위적인 조작·훼손·첨가가 없었음이 담보되어야 하며 각 단계 에서 시료에 대한 정확한 인수·인계 절차를 확인할 수 있는 기록이 유지되어야 한다."; 기 타 DNA 증거의 증거능력이 인정된 예로, 대법원 2006.6.30. 선고 2006도1895 판결(부산고등 법원 2005.11.3. 선고 2004노403 판결 상고심) 등; 한국의 형사증거법에서는 과학적 증거의 신뢰성 요건을 증거능력의 인정요건으로 하는 특별규정이 없는 이상, 과학적 증거의 경우 에도 형소법상의 증거법칙에 따라 해석하여야 하고, DNA증거의 신뢰성 판단은 증거능력 의 영역이 아니라 증명력의 영역에서 법관이 피고인의 범인성에 대한 심증형성에 영향을 미치는 증명력의 판단기준으로 취급되어야 할 것이라는 견해로, 최대호, "형사증거법상

나 과학적 증거의 건전성 또는 신뢰성을 판단하기 위한 요소가 증거능력 또는 증명력 어느 일방에서 판단될 수 있지 않음에서, 판례가 DNA 증거의 증거능력보다는 증명력에 포커스를 두고 판단하고 있다고 단정하기는 어렵다.

사실판단주체로 직업법관이 아닌 일반인으로 구성된 배심제를 근간으로 하는 영미의 경우, 과학적 증거가 전제하는 과학적 건전성을 증명력 요건으로 이해하기보다는 증거능력(허용성) 요건으로 파악하여, junk science에 대해 법관이 일종의 여과기능을 수행할 것을 기대하는 것이 합리적일 수 있다. 반면, 한국이나 일본과 같이 배심제보다는 직업법관이 사실판단을 근간으로 하는 경우, 과학적 건전성을 형식적 요건으로서 증거능력 판단을 통해 사실입증과정에서 사전에 증거를 배제하기보다는, 증명력 요건으로 환원시켜 가급적 풍부한 증거방법을 도출시킨 뒤, 개별 구체적 사례에서 법관이 자유롭게 증거를 취사선택하는 것이 오히려 더욱 합리적인 사실인정으로 귀결될 수 있고, 과학적 증거에 대한 피고인의 제한된 접근가능성을 고려할 때, 보다 타당한 결론을 도출할 수도 있다.

그러나 법관 역시 과학적 지식에 있어서는 일반인인과 동일하여, junk science에 대한 적절한 여과기능을 기대하기는 사실상 어렵다. 또한 한국이나 일본도 각기 국민사법참여를 지향하여 국민참여재판과 재판관 제도를 통해 일정부분 영미의 배심제적 요소를 받아들이고 있음에서, 과학적 증거에 내재된 과학적 건전성(신뢰성)은 증명력보다는 증거능력을 통해 검토하는 것이 보다 바람직하지 않을까 한다.

2. DNA 증거의 증명력

판례의 경우, 비교적 DNA 증거의 증명력을 상당히 긍정적으로 평가하는 것으로 추정된다. 가령, 피고인이 사용한 것으로 추정되는 주사기에서 분석결과에서는 마약성분과 함께 피고인의 DNA 프로파일과 일치하는 혈흔이 발견되었으

DNA증거의 해석 및 적용범위", 중앙법학 제15집 3호, 2013, 14면; 반면, 다수견해는 과학적 건전성(신뢰성)을 증거능력 요건으로 이해한다. 심희기, "과학적 증거방법에 대한 대법원판결의 최근동향", 비교형사법연구 제1권 제2호, 2011, 297면; 반면 독일과 일본에서는 증명력 또는 증거가치로 접근하는 경향이 강하다는 견해로, 김성룡, "현행법에서 과학적 증거의 증거능력과 증명력", 형사법연구 제24권 제4호, 2012, 212면.

나, 이와 상반되게 피고인의 소변 및 모발감정결과 잔류마약이 검출되지 않고, 피고인으로부터 문제된 주사기를 받았다는 증인의 진술을 신빙할 수 없음에서 원심이 무죄판결하자 검사가 상고한 사례에서 대법원이 원심을 파기하고 유죄취지로 파기환송하며 다음과 같이 판시한 예가 있다.[160]

「유전자검사니 혈액형검사 등 과학적 증거방법은 그 전제로 하는 사실이 모두 진실임이 입증되고 그 추론의 방법이 과학적으로 정당하여 오류의 가능성이 전무하거나 무시할 정도로 극소한 것으로 인정되는 경우에는 법관이 사실인정을 함에 있어 상당한 정도로 구속력을 가지므로, 비록 사실의 인정이 사실심의 전권이라 하더라도 아무런 합리적 근거 없이 함부로 이를 배척하는 것은 자유심증주의의 한계를 벗어나는 것으로서 허용될 수 없는 바, 과학적 증거방법이 당해 범죄에 관한 적극적 사실과 이에 반하는 소극적 사실 모두에 존재하는 경우에는 각 증거방법에 의한 분석 결과에 발생할 수 있는 오류가능성 및 그 정도, 그 증거방법에 의하여 증명되는 사실의 내용 등을 종합적으로 고려하여 범죄의 유무 등을 판단하여야 하고, 여러 가지 변수로 인하여 반증의 여지가 있는 소극적 사실에 관한 증거로써 과학적 증거방법에 의하여 증명되는 적극적 사실을 쉽사리 뒤집어서는 안 될 것이다. … (중략) … 마약성분이 검출된 주사기 5개 중 1개의 주사기에서 피고인의 유전자와 일치하는 혈흔이 함께 발견된 것은 유전자검사라는 과학적 증거방법에 의하여 확인된 사실로서 피고인이 그 주사기로 마약을 투약한 경우를 제외하고는 다른 경우를 합리적으로 상정하기 어렵다. … (중략) … 한편, 필로폰을 투약한 경우 항상 투약 후 20일부터 1년 이내에 모발에서 메스암페타민 성분이 검출된다는 점이 전제되지 않는 한 피고인의 모발에서 메스암페타민 성분이 검출되지 않았다고 하여 피고인이 메스암페타민을 투약하지 않았다고 단정할 수는 없는데, 모발이 염색약 등의 화학약품, 열, 빛 등에 의하여 손상되었거나, 투약량이 많지 않아 모발에 축적된 메스암페타민 성분이 극미량일 가능성, 또 개인의 연령, 성별, 영양상태, 개체 등에 따른 모발의 성장속도의 차이 때문에 검사 대상 모발에서 메스암페타민을 검출하지 못할 가능성도 이를 완전히 배제할 수는 없다. 더구나 이 사건에서와 같이 유전자검사라는 과학적인 증거방법

---

160) 대법원 2009.03.12. 선고 2008도8486 판결.

에 의하여 주사기에서 마약성분과 함께 피고인의 혈흔이 확인됨으로써 피고
인이 주사기로 마약을 투약한 사정이 적극적으로 증명되는 경우에는 이와 같
이 여러 가지 변수로 인하여 반증의 여지가 있는 소극적 사정에 관한 증거로
써 이를 쉽사리 뒤집을 수는 없다 할 것이다.」

 DNA 증거에 대해 강력한 증명력을 인정하는 이와 같은 시각은 특히 DNA
분석결과 프로파일 간 불일치판정이 이루어지거나,[161] 피고인 외의 제3자의 프
로파일이 확인되는 등의 사례에서[162] 더욱 두드러진다. 피해자의 질액에서 피고

161) 대법원 2006.06.30. 선고 2006도1895 판결, "피해자를 결박한 청 테이프는 물론 피해자의
 주거 내에서 피고인의 지문이 전혀 발견되지 아니하였을 뿐 아니라(수사기록 제245면), 청
 테이프 부착면에서 채취한 모발의 미토콘드리아 DNA 염기서열 분석 결과에 의하더라도 모
 발 중 1점은 피해자의 것이고, 나머지 1점은 피해자 및 피고인의 것이 아닌 다른 사람의
 것으로 밝혀졌고(공판기록 제30면), 위 청테이프에 부착된 섬유 중 피해자의 의복 섬유와
 같은 것을 제외한 섬유는 모두 피고인의 주거에서 압수한 비슷한 색상의 의류의 섬유와
 그 색상 및 성분이 상이한 것으로 나타났으며(수사기록 제1507면), 공소사실에 본 바와 같
 은 전화선의 절단면도 감정 결과 피해자의 주거에서 발견된 가위에 의한 절단면과는 상이
 하고 오히려 날면이 거친 두 날 공구에 의하여 절단된 것으로서, 현미경 관찰 결과 공구흔
 이 남아 있음이 확인되었음을 알 수 있으므로(공판기록 제307면 참조. 위 절단면에 부합하
 는 도구는 발견된 바 없다), 결국 공소사실은 과학적 검사에 의하거나 현장 조사에 의해
 습득한 증거에 의하여 뒷받침되지 아니할 뿐 아니라 일부 배치되는 것으로 보인다."
162) 대법원 1994.1.28. 선고 93도2958 판결, "피고인이나 피해자의 혈액형이 모두 A형임은 기록
 상 명백하다.(수사기록 737,872면) 그런데 위 은동호 순경이 사고신고를 받고 처음 출동하
 였을 때부터 위 여관방 침대시트 위 피해자의 머리 양쪽에는 찢어진 휴지조각들이 널려
 있었고(이는 범인이 휴지로 피해자의 입과 코를 틀어막고 이에 대하여 피해자가 반항하는
 과정에서 생겨난 것으로 보인다), 그 방바닥 한가운데에는 휴지 뭉쳐진 것이 하나 떨어져
 있었는데(수사기록 35,626,628−630면의 각 사진), 위 휴지조각 약 20점과 휴지뭉치 1개는
 증제8호 및 증제9호(이는 압수물 번호가 아니라 수사경찰이 국립과학수사연구소에 감정의
 뢰하면서 편의상 붙인 번호이다. 이하 증제8호, 증제9호라고 한다)로 수거되었는바, 국립과
 학수사연구소 법과학부 생물학과 감정인 백형순의 정액검출 및 혈액형 감정결과(수사기록
 751,912면)와 위 백형순의 검찰에서의 진술(수사기록 873면 이하)에 의하면, 증제8호 중의
 여러 조각과 증제9호에서는 모두 정액이 검출되는데(단 질액과 인체분비물이 혼합된 상태
 라고 한다) 정액이 검출된 증제8호의 휴지조각들 중에는 혈액형이 A형인 조각과 AB형인
 조각이 섞여 있으며, 증제9호는 혈액형이 AB형으로 반응한다는 것이다. 한편 서울대학교
 의과대학 법의학교실 교수 이정빈의 유전자 감정결과에 의하면(공판기록 1272,1281면), 증
 제8호 중 혈흔으로 보이는 부분 2개소와 정액반으로 보이는 부분 8개소에서 채취한 가검
 물 및 피고인으로부터 채취한 혈액에서 각 핵산을 추출하고, 그 추출된 핵산에서 PCR 증
 폭법을 사용하여 YNZ22, TC−11, vWF 유전자 부위를 증폭한 후 그 유전자형을 분석하는
 방법으로 감정한 결과[부모와 자 사이의 유전양상은 부자 사이에 1개의 유전자가 유전되

인의 DNA나 정액이 검출되지 않은 점에서 강간기수혐의를 인정하기 어렵다고
판시한 예도 유사한 시각으로 이해할 수 있다.[163)]

물론, 이와 다른 시각의 판례도 있다. 즉, 청산염 중독으로 사망한 피해자의
집근처에서 발견된 음료수 병에서 청산염과 함께 검출된 타액에 대한 DNA 분석
결과 피고인의 프로파일과 일치하는 분석결과를 포함하여 여타 정황증거를 통해
피고인의 범행이 추정될 수 있음에도 피고인의 범행을 직접 인정할 수 있는 지
접증거가 없는 상태에서 피고인에게 명확한 범행동기가 부족하고, 여타 피고인
의 범행을 단정하기 어려운 반대증거로서의 정황증거도 존재하는 점에서 무죄판
단이 이루어진 사례를 그 예로 들 수 있다.[164)]

고 모자 사이에 1개의 유전자가 유전된 자에게는 부성인자와 모성인자가 있게 되며 이는
서로 간섭하는 현상이 없이 유전자 자신의 형질을 발휘하게 되는바, 어떤 개인의 한 유전
자 부위에 있는 유전자(대립유전자라고 한다)의 종류 수는 1개이거나(부성인자와 모성인자
가 같을 경우) 2개로서(부성인자와 모성인자가 다를 경우) 2개를 넘지 않으며, 우리나라
사람에서의 발현양상은 YNZ22 부위가 Y1형에서 Y14형까지 14종, TC−11 부위가 T2형에
서 T8형까지 7종, vWF 부위가 F3형에서 F10형까지 8종의 서로 다른 유전자형이 검출되고
있다고 한다], YNZ22형으로는 Y2형, Y3형, Y4형의 3종이 검출되어 적어도 2인 이상에서
유래된 핵산이 있는 것으로, TC−11형으로는 T2형, T3형, T4형, T6형, T7형, T8형의 6종이
검출되어 적어도 3인 이상에서 유래된 핵산이 있는 것으로, vWF형으로는 F3형, F5형, F6
형, F7형의 4종이 검출되어 적어도 2인 이상에서 유래된 핵산이 있는 것으로 보아야 하고,
피고인의 유전자형은 위 검출된 형에 포함되므로, 결론적으로 증제8호에는 피고인과 피해
자 이외에 적어도 1인 이상의 제3자에게서 유래된 세포가 묻어 있다고 보아야 한다는 것
이다. 위와 같이 범행에 이용된 것으로 보이는 증제8호에는 피고인이나 피해자의 것 이외
에 혈액형이 AB형인 자의 정액 또는 세포도 묻어 있고, 증제9호에는 피고인과 피해자의
것이 아닌 혈액형이 AB형인 자의 정액이 묻어 있다면, 위 증제8호, 증제9호에 제3자의 정
액 또는 세포가 묻어 있게 된 납득할 수 있는 경위가 밝혀지지 아니하는 한 피고인 아닌
제3자에 의한 범행의 가능성을 쉽사리 부정할 수는 없다 할 것이다."; 유사한 취지로 피고
인의 모발과 범행현장에 확보된 시료(모발) 간의 이동식별에 mtDNA 증거가 활용된 예로,
대법원 2006.6.30. 선고 2006도1895 판결, "피해자를 결박한 청테이프는 물론 피해자의 주거
내에서 피고인의 지문이 전혀 발견되지 아니하였을 뿐 아니라(수사기록 제245면), 청테이
프 부착면에서 채취한 모발의 미토콘드리아 DNA 염기서열 분석 결과에 의하더라도 모발
중 1점은 피해자의 것이고, 나머지 1점은 피해자 및 피고인의 것이 아닌 다른 사람의 것
으로 밝혀졌고(공판기록 제30면),…"
163) 서울고등법원 2012.6.15. 선고 2012노641판결.
164) 대법원 2006.03.09. 선고 2005도8675, "원심은 그 채용증거에 의하여 이 사건 피해자 공소
외 1이 청산염 중독으로 사망한 사실, 피해자의 집 근처 하수구에서 피해자를 살해하는 데
사용된 청산염이 들어있는 100㎖ 컨디션 병이 발견된 사실, 위 100㎖ 컨디션 병은 75㎖
컨디션 병과 함께 하나의 파란색 비닐봉지에 담겨 있었는데 위 75㎖ 컨디션 병에 묻어 있

DNA 증거의 증명력과 관련하여 한국의 판례에서 관찰할 수 있는 특징으로, 먼저 일치판단에 따른 발현빈도에 대한 통계적 평가결과가 앞서 일본의 경우와 동일하게 증명력 차원에서 고려되고 있다는 점을 들 수 있다. 특히 앞서 살펴본 광주고법 제주부 판결은 표본집단의 대표성, 산출방식의 객관성 등이 부족하여 피고인과 범인의 동일성을 적극적으로 긍정할 수 있을 정도로 충분한 증명력(신빙성)을 제공하지 못하는 것으로 파악하고 있다.

DNA 증거의 증명력 평가와 관련하여 이론적으로 논란이 되는 것이 앞서 미국이나 일본 등의 예와 같이 DNA 증거만에 근거하여 피고인의 범인성을 긍정 또는 부정할 수 있는가라는 문제이다.

판례 가운데 DNA 증거만으로 피고인의 범인을 긍정 또는 부정한 사례를 찾아보기 어려운데, 다만, 하급심 판례로 DNA 프로파일 대조를 통해 피고인의 11년 과거 범행사실을 확인한 예가 있기는 하지만, 여타 정황증거 등이 별개로

던 타액에서 검출된 DNA가 피고인의 DNA와 일치하는 것으로 밝혀진 사실, 그리고 피해자의 사체 옆 머플러 밑에서 파란 에세 담배 1개비가 발견되었고, 위 파란 에세 담배에 묻어 있던 타액에서 검출된 DNA도 피고인의 DNA와 일치하는 것으로 밝혀진 사실 및 피고인의 집 담 밑에서 피해자 소유의 수첩과 신용카드 5장이 발견된 사실 등을 인정한 다음 위 인정 사실을 종합하면 피고인이 피해자로 하여금 청산염이 든 컨디션 음료를 마시게 하여 피해자를 살해하였음을 넉넉히 추단할 수 있다고 판시하고, 위 인정의 컨디션 병이나 피해자 소유의 수첩 등이 위 각 장소에서 발견된 것은 누군가 피고인을 모함하기 위하여 일부러 꾸민 것이고, 사체 옆에서 발견된 담배 1개비는 피고인이 피해자의 사체를 발견한 후에 그곳에서 물고 있던 것을 그대로 두고 나온 것이라는 피고인의 변소는 그 판시와 같은 이유로 믿을 수 없거나 납득할 수 없다고 배척함으로써 피고인에 대한 이 사건 공소사실을 유죄로 인정하였다. 원심이 인정한 위 각 사실은 모두 과학적 검사에 의하거나 현장조사에 의해 습득한 증거에 기초한 것으로서 이 사건 범행이 피고인의 소행임을 추단케 하는 유력한 간접사실이 될 수 있음을 부인할 수 없고, 피고인의 변소 내용에도 일관성이 없거나 쉽게 납득할 수 없는 부분이 없지 아니하여, 일응 피고인을 피해자 공소외 1을 살해한 강력한 용의자로 지목하는 것은 당연한 추론으로 보인다. 그러나 피고인이 모함을 주장하며 경찰 이래 원심 법정에 이르기까지 일관하여 범행을 강력히 부인하고 있는 이 사건에 있어 아래에서 보는 바와 같은 여러 정황을 염두에 두고 약간만 시각을 달리하여 보면, 위 간접사실에 의해 바로 피고인이 피해자 공소외 1을 살해하였다고 단정하는 것 역시 설명하기 어려운 허점이 있다. … (중략) … 이 사건과 같이 범행에 관한 간접증거만이 존재하고 더구나 그 간접증거의 증명력에 한계가 있는 경우, 범인으로 지목되고 있는 자에게 범행을 저지를 만한 동기가 발견되지 않는다면, 만연히 무엇인가 동기가 분명히 있는데도 이를 범인이 숨기고 있다고 단정할 것이 아니라 반대로 간접증거의 증명력이 그만큼 떨어진다고 평가하는 것이 형사 증거법의 이념에 부합하는 것이라 할 것이고,…"

존재하였는지의 여부는 불분명하다.165)

　　DNA 증거 외에 증거로 범인을 확정하지 못하거나, 수사기관이 보유한 DNA 데이터베이스 검색이나 별건수사를 통해 얻어진 DNA 프로파일과 우연히 일치하는 것으로 확인된 사례에서 흔히 DNA 증거만에 근거한 입증구조를 갖게 될 수 있다. 이 경우, 피고인이 취할 수 있는 방어방법은 알리바이나 반대증거를 제시하거나 DNA 증거 자체를 탄핵하는 방법 밖에 없는데, 문제는 범죄발생 시점에서 상당한 이격이 있는 상태에서 알리바이증거, 기타 반대증거를 확보하기가 극히 제한적이라는 점에서 피고인의 방어방법으로는 DNA 증거 자체의 탄핵이 불가결하고 따라서 추시(재분석)가능성이 있는 경우에 한하여 DNA 증거만으로 피고인의 유죄를 인정할 수 있다는 견해,166) DNA 분석결과에 있어서 우연적 일치확률(RMP, random match probability)을 판단하기 위한 적절한 표본 집단의 선정 등 신뢰할 수 있는 산출결과를 도출하기 위한 조건과 시료오염 등에 대비한 증거보관의 연속성과 관련한 가이드라인이 확보되어 있지 않는 한, DNA 프로파일의 일치결과만으로 유죄를 인정하기는 어렵다는 견해167) 등이 있다.

　　또 한 가지 주목할 것은 대부분 판례사안에서 DNA 분석결과에 대한 통계적 평가가 제시되고 있지 않다는 점이다. 이는 한국인을 대상으로 하는 집단유전학적 연구사례나 데이터베이스 구축 및 이와 관련하여 하위인구집단의 유무, 표본의 대표성 등에 대한 분석결과가 충분히 이루어지지 않은 점에서 통계적 평가결과의 제시가 오히려 DNA 증거의 증명력을 약화시키는 요인으로 작용할 수 있다는 우려에 기인한 것은 아닌가 추정되는데, 앞서 살펴본 판례인 광주고법제주부1997. 12. 5.선고 97노58판결은 공간된 사례 가운데 통계적 평가결과에 대한 판단을 내린 사례인데,

---

165) 대구고법 2013.6.19. 선고 2013노83 판결; 미국 판례의 예로 State v. Humter, 861 N.E.2d 898, 901(Ohio Ct. App. 2006) 및 State v. Abelmalik, No. WD 67828(MO Ct. App. 2008)를 들고 있는데, 엄밀히 말하자면 이들 판례도 DNA 증거 외에 다수의 정황증거가 존재하는 점에서 적합한 비교사례는 아니다.

166) 최대호, 전게논문, 19면.

167) 이성기, "DNA 증거의 해석의 오류가능성과 증거법적 대안", 형사정책 제23권 제2호, 2011, 368−370면.

「분석결과는 유전자분포도에 따라 결정되는 것으로서,… 한국인의 표준적인 유전자분포를 적정하게 반영하고 있다는 점에 대한 객관적인 검증이 이루어지지 아니한 이상, 이와 같은 빈도분석은 가변적인 것일 뿐만 아니라, 표본검사라는 방법상의 특성에 의하여 그 자체로도 일정한 오차의 범위를 갖게 된다 할 것 … 유전자감식결과와 … 원심은 증거가치에 대한 판단을 그르친 나머지 신빙성이 없거나 유죄의 증거로 삼기에 부족한 증거물로써 피고인을 유죄로 인정한 잘못이 있다.」

라고 판시하여, 통계적 평가를 증명력 판단문제로 이해한 예가 있다.

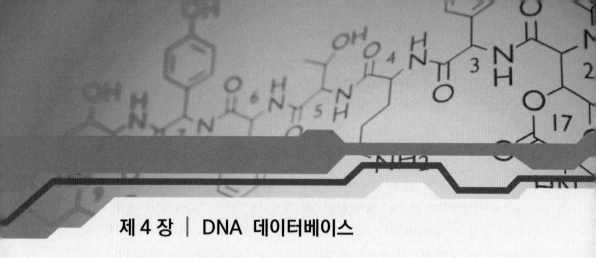

제 4 장 | DNA 데이터베이스

1990년대 초반부터 한국의 수사실무에서 DNA 증거가 활용되면서, 초기에는 주로 범행현장에 유류된 (범인의 것으로 추정되는) 시료와 피의자 또는 피고인의 DNA 간 이동식별을 통해 범인성을 입증하는 형태에 국한하였다. 그러나 초동수사의 실패 기타 원인으로 범행 동기나 주요 용의대상의 선별이 극히 곤란하여 적절한 수사선 설정이 어려운 유형의 수사사례나 사회적 이목이 집중된 아동 및 여성에 대한 연쇄적 성폭력이나 살인과 같은 강력사건의 발생을 배경으로, 사전에 범죄자의 DNA 프로파일 정보가 데이터베이스화되어 있다면, 일정한 범죄예방효과와 함께 이를 검색함으로써 조기에 범인을 확정, 검거할 수 있다는 점에 착안하여 DNA 데이터베이스의 도입과 운용 필요성이 제기되었다. 아울러, DNA 데이터베이스가 공식적으로 도입, 운용됨으로써 (물론 대상자의 동의하에 채취된 시료를 분석하는 경우가 대부분이겠지만) 수사실무에서 종종 활용되던 특정 용의자가 아닌 일반인을 대상으로 저인망식 DNA 프로파일 수집(dragnet)에서 야기될 수 있는 프라이버시 침해논란도 해소할 수 있다.

개인식별정보의 데이터베이스화가 갖는 위력은 지문과 AFIS(automatic fingerprint index or identification system)를 떠올리면 쉽게 이해할 수 있고, DNA 프로파일 정보와 DNA 데이터베이스도 동일한 맥락에서 이해할 수 있는데, 그 도입 및 운용을 지지하는 견해는 대체로 다음과 같은 논리에 근거한다.

「전체 범죄사건에서 재범자가 차지하는 비중이 높고, 이러한 현상은 살인, 강도, 성폭력 등 소위 강력범죄에서 더욱 두드러지게 드러난다.

범죄자의 DNA 프로파일을 데이터베이스화함으로써, 일정한 범죄예방효과를 거둘 수 있다.

아울러, 데이터베이스화되는 DNA 프로파일 정보는 단순한 개인 식별정보만 제공할 뿐, 유전정보를 포함하지 않기 때문에 기존의 지문과 동일한 성격을 갖는 점에서 결코 프라이버시에 대한 무분별한 침해로 볼 수 없다 (fingerprint analogy).」

반면, DNA 데이터베이스 도입과 운용에 반대하는 견해는 DNA는 융선특징의 이동여부에 따른 개인 식별정보만 제공하는 지문과 달리 성별, 인종, 신체적 특징, 병력이나 유전적 특성 등 다양하고 민감한 유전정보뿐만이 아니라 지역적 연고, 생물학적 혈연 또는 가족관계 등과 같은 인구사회학적 정보의 추론도 가능한 점에서 프라이버시에 대한 중대한 침해를 수반할 수밖에 없으며, 데이터베이스의 속성상 그 위력이 배가 되기 위해서는 점차 데이터베이스 규모가 확장될 수 없어 궁극적으로 국가가 일반시민의 극히 민감한 개인의 유전정보를 축적, 관리함으로써 프라이버시 침해논란은 증폭될 수밖에 없다고 지적한다. 아울러, DNA 데이터베이스의 목적은 단순히 개인 식별정보의 관리가 아니라 명백히 효과적인 범죄수사라는 점에서 분석에 필요한 DNA 시료제공의 강제는 헌법상 영장주의원칙, 적법절차원칙 등에 위반되며, 자칫 헌법이 금지하는 이중처벌에 해당할 수 있음을 지적하며, 그 도입 및 운용에 반대하고 있다.

제 1 절　DNA 데이터베이스의 도입과 운용

DNA 데이터베이스의 도입과 관련하여 한국의 경우, 이미 1994년 대검찰청 및 경찰청 각각의 주도로 "유전자 정보은행 설치에 관한 법률안"과 "유전자 자료의 관리 및 보관에 관한 법률안"이 제안된 바 있다. 그러나 동 법안은 주관부서 및 데이터베이스의 관리, 운영 책임 등의 문제를 놓고 대립이 벌어져 무산되었다.

그후 사회적 이슈가 된 아동이나 부녀자에 대한 성폭력사건 및 연쇄살인사건 등 강력사건의 발생으로 인하여 형성된 여론을 배경으로 DNA 데이터베이스 도입 필요성이 부각되면서 2005년 양 기관의 조정, 합의과정을 거쳐 "유전자감식정보의 수집 및 관리에 관한 법률안"이 다시 제안되었지만 역시 결실을 보지 못하였다.

하지만 이후에도 도입 논의는 계속되어 2008년 국가경쟁력강화위원회 7차 회의에서는 법질서 강화방안의 일환으로 성폭력사범 등의 신속한 검거를 위하여 유전자 수집 및 등록과 관련한 법안의 추진이 주요의제로 제기되었고, 법무부의 주요 추진계획 가운데 성폭력사범 등에 대한 DNA 프로파일 정보의 데이터베이스화를 위한 법률의 제정, 시행이 포함되기도 하였다.[1] 또한 본격적 도입에 앞서 대검찰청은 2006년 유전자감식정보 데이터베이스 구축과 검색소프트웨어 개발에 대한 기술적 검토를 마치는 등 상당 수준 사전작업이 진행되었다.[2]

결국 위와 같은 경과를 거치면서 2010년 현행 「디엔에이신원확인정보의 이용 및 보호에 관한 법률」이 제정, 시행됨에 따라서 살인, 성폭력범죄 등 11개 유형의 범죄로 유죄확정판결을 받은 수형자와 구속피의자에 대한 DNA 프로파일 정보가 데이터베이스화되었다.

한국의 DNA 데이터베이스는 데이터베이스화된 DNA 프로파일정보의 오용 등에 따른 프라이버시 침해를 방지하는 의미에서, 현장증거물(현장증거물 DB, forensic index)과 구속피의자에 대한 데이터베이스(구속피의자 DB, arrestee index)는 경찰청장이 관리하고, 수형인 등에 대한 데이터베이스(수형인 DB, offender index)는 검찰총장이 관리하는 이원적 관리구조의 형태로 구축, 운용되고 있다.

경찰청이 파악한 통계를 기준으로 운용현황을 간략히 살펴보면, 2010년 7월부터 2013년 12월말을 기준으로 현장증거물 데이터베이스에 등록된 프로파일은

---

1) 국가경쟁력 강화를 위한 법질서 확립방안, 국가경쟁력강화위원회, 2008. 9. 25, 27면, 40면.
2) 박종화, "유전자감식정보 데이터베이스 구축과 검색소프트웨어 구현을 위한 알고리듬 정립 연구", 대검찰청, 2006 참조.

46,152건, 구속피의자 데이터베이스는 33,556건으로, 소위 cold hit 사례는 2,099
건으로 파악된다.[3]

---

3) 참고로 미국의 NDIS(national DNA index) 통계자료에 의하면, 2013년 11월 기준으로
10,692,400건의 offender profiles, 1,711,100건의 arrestee profiles 527,400건의 forensic
profiles를 데이터베이스화하고 있으며 219,300건 이상의 수사사례에서 228,500건의
matching profile hits를 기록하고 있다. http://www.fbi.gov/about−us/lab/biometric−
analysis/codis/ndis−statistics(2014. 1. 27). 또한 2012년을 기준으로 살펴보면 offender
profile은 9,761,083건, arrestee profile은 1,139,065건, forensic profile은 436,937건으로 검
색결과가 수사에 활용되어 조력한 경우는 174,680건으로 이 가운데 forensic hits는 28,993
건, offender hits의 경우는 NDIS hits의 경우 20,698건, SDIS hits 132,517건을 기록하여 총
153,215건으로 파악된 바 있다. Nathan James, NDA Testing in Criminal Justice :
Background, Current Law, Grants and Issues, Congressional research Service December
6. 2012, p. 6; 영국의 NDNAD(national DNA database)의 경우, 2012년 3월말을 기준으로,
총 6,969,396건의 프로파일 정보가 데이터베이스화되어 있는데, 데이터베이스화 대상범죄
인 recordable crime으로 피체포된 자의 프로파일로 구성된 arrested individual profile은
6,929,946건, 동의하에 시료제출한 자의 프로파일로 구성된 voluteers profile은 39,450건,
cirme scene profile은 405,848건을 기록하고 있다. NDNAD 검색을 통해 확인된 match
profile에 의해 검거된 범죄사건은 2011년에서 2012년 사이에 총 13,728건, 아울러 검색결
과 일치하는 DNA 프로파일 확인 후에 여죄사건이 확인된 사례는 총 7,796건으로 확인된
다. 동일한 기간에 발생한 전체 범죄에 대한 검거율이 27%인 반면, NDNAD에 등록된 범
죄의 경우는 검거율이 평균 41%를 기록함으로써, DNA 데이터베이스가 극히 효과적인 수
사기법임을 입증하고 있다. National DNA Database Annual Report 2011−2012, pp.
12−15; 2009년 말 기준 독일연방경찰청(Bundeskriminalamt) 통계에 의하면, 총, 835,275건
의 프로파일이 데이터베이스화 되어 있는데 이중 범죄자 DB는 668,721건, 현장증거물 등
의 프로파일 DB는 166,554건이다. 매달 9,000건 정도의 새로운 프로파일이 등록되고 있으
며, 1998년 이후 113,000건의 데이터가 삭제된 것으로 파악된다. 운용실적을 살펴보면, 데
이터베이스가 운용된 이래 93,865건의 일치사례가 확인되고, 20,053건에서 범죄 간 관련성
즉, 동일범죄자에 의한 범행이 확인되었다. 증거물 DB와의 비교를 통해 69,831건의 범죄
사건이 해결된 것으로 파악되는데, 개별 범죄유형별로 살펴보면, 살인과 같이 생명을 보호
법익으로 하는 범죄의 경우는 851건, 성범죄 등 성적자기결정권을 침해하는 범죄는 1,603
건, 폭행 등 신체의 완전성을 보호법익을 침해하는 범죄는 971건, 체포감금 등 개인의 자
유를 침해하는 범죄는 86건, 절도는 58,559건, 강도 등이 4,934건, 공공의 질서를 침해하는
범죄는 265건, 공공의 위험을 야기한 범죄는 584건, 사기 등은 110건, 상해가 100건, 손괴
등은 358건, 기타 형법범 및 특별법범으로 각각 2,768건, 1,164건을 기록하고 있다.
http://www.bka.de/nn_195364/EN/SubjectsAZ/DnaAnalysis/Statistics/dnaAnalysisStatistics__n
ode.html?__nnn=true.

1. DNA 데이터베이스의 운영형태

1) 데이터베이스화 대상 및 범위

현행 DNA 데이터베이스 법은 방화(현주건조물, 공용건조물, 타인소유 일반건조물 및 물건방화와 동 미수죄), 살인(보통 및 존속살인, 위계 등에 의한 살인과 동 미수죄), 약취 및 유인(미성년자 약취유인, 추행 등의 목적에 의한 약취유인과 이들 범죄행위로 인신매매, 약취, 유인, 매매, 이송된 자에 대한 살인, 상해, 치사상, 수수, 은닉죄 및 동 죄들의 미수죄. 단, 결혼목적에 의한 죄는 제외), 강간 및 추행(강간, 유사강간, 강제추행, 준강간 및 강제추행과 동 미수죄 그리고 강간 및 강제추행 살인 및 치사, 상해 및 치상죄, 위계 등에 의한 미성년자간음 및 추행, 미성년자의제강간 및 추행죄), 절도 및 강도(야간주거침입절도, 특수절도와 그 상습죄, 강도, 특수강도, 강도살인 및 치사, 강도상해 및 치상, 강도강간, 해상강도죄와 동 상습 및 미수죄), 이상의 범죄행위에 대한 가중처벌규정인 폭력행위 등 처벌에 관한 법률, 특정범죄가중처벌 등에 관한 법률, 성폭력범죄의 처벌 등에 관한 특례법위반, 그리고 마약류관리에 관한 법률 위반죄, 아동청소년의 성보호에 관한 법률 위반죄, 군형법상의 범죄행위(상관 및 초병살해와 그 예비, 음모, 군용시설등에 대한 방화, 약탈 및 동 치사상, 전지강간죄와 동 미수죄)를 대상범죄(categoric crime)로 제한하고(법 제5조 ①항), 이들 범죄행위로 인하여 형이 선고되거나(따라서 집행유예도 포함) 선고유예에 따른 보호관찰명령, 치료감호법에 따른 치료감호, 소년법에 따른 보호처분(단기 및 장기의 소년원 송치)결정이 확정된 자(수형인 등, convicted offender))와 대상범죄로 구속된 피의자나 치료감호법에 따라 보호구속된 치료감호대상자(구속피의자, arrestee), 그리고 범죄현장 등에서 확보된 시료로부터 채취한 DNA 프로파일로 그 신원이 확인되지 않은 것(현장증거물, forensic sample)에 한정하여 데이터베이스화하고 있다.

데이터베이스화 대상범죄를 소위 특정강력범죄로 제한한 것은 상대적으로 높은 재범률과 함께 수사과정에서 DNA 프로파일 분석이 수사에 활용될 수 있는 가능성을 고려하여, 데이터베이스화 대상을 한정함으로써, 데이터베이스의 무분별한 확장과 프라이버시 침해에 대한 우려를 최소화하고자 한 시도로 이해된다.[4]

---

4) 미국의 경우도 DNA 데이터베이스 도입 시, 살인이나 성폭력범죄 등 일정유형의 강력범죄

이에 대하여 대상범죄의 재범가능성에 대한 합리적 분석이 전제되지 않았다는 지적이 있다. 즉, 존속살해, 특정가중범죄의 처벌에 관한 법률과 관련한 일부 범죄는 상당수 수형인이 장기 실형선고로 재범가능성이 높지 않고, 주거침입죄나 손괴죄 등 일부 범죄행위는 법익침해강도가 높지 않은 점, 소년범과 더불어 재범우려가 높지 않은 집행유예판결이 확정된 자를 포함함으로써, 과연 재범가능성이 높은 특정강력범죄에 한정한다는 취지와 부합할 수 있는지 의문을 제기하고 있다. 또한 데이터베이스화 대상자의 개별적 재범위험성이 고려되지 않고, 대상범죄 일반적, 평균적 재범률에만 근거하여 재범예측을 위한 행위자표상을 간과한 오류가 지적된다.[5] 나아가 대상범죄 가운데 약취, 유인죄 등과 같이

(Qulaifing offenses)로 대상범죄를 한정하고, 그 논거를 재범가능성과 DNA 프로파일 분석이 유용한 수사기법으로 활용될 수 있는 가능성이 높다는 점에 근거하였다. Mark A. Rothstein & Sandra Carnahan, "Legal and Policy Issues in Expanding the Scope of Law Enforcement DNA Data Banks", 67 Brook. L. Rev. 127, 2001, p. 128; 워싱턴주 대법원은 전체 중범죄의 약 60%이상이 이전에 다른 중범죄나 경범죄로 검거된 경력이 있으며, 폭력적 범죄행위의 약 30%이상에서 범행현장에서 DNA 증거가 수집가능하고 사전에 DNA 프로파일 자료가 데이터베이스화된 경우, 검거를 두려워하여 범죄가 예방될 수 있음에서, 범죄수사와 별개로 상습범죄자의 억제라는 목적에 기여할 수 있어 소위 special needs를 인정하여 DNA 데이터베이스법이 규정한 시료채취의 강제규정을 합헌으로 판단한 바 있다. State v. Olivas, 856 P.2d 1076(Wash. 1993).

5) 윤영철, 전게논문, 388면; 김혜경, "유전자정보수집의 입법목적의 정당성", 형사법연구 제22권 제3호, 2010, 255면; 이에 따라 독일과 같이 개별적 재범가능성을 고려하여 DNA 프로파일 정보를 데이터베이스화하는 것이 바람직하다는 지적이 있다. 김혜경, "유전자정보수집의 효율성과 정당성", 연세의료·과학기술과 법 제2권 제1호, 2011, 179면; 독일형사소송법 제81조는 성범죄, 기타 중대한 범죄혐의와 관련한 피고인에 대하여 당해 범죄 및 범행방법의 특성과 피고인의 인성, 기타 중대한 범죄혐의와 관련한 재범의 우려가 있는 때는 장래의 형사소송절차와 관련한 신원확인을 목적으로 DNA 프로파일 및 성별확인을 위한 분석에 필요한 시료를 수집할 수 있도록 규정하였다. 수집된 시료는 중대한 범죄혐의 해명을 위한 사실확인이나 장래에 있어서 재범의 우려를 판단하기 위한 사실조회를 위한 DNA 분석을 포함한 분자생물학적, 기타 유전학적 분석에만 활용되고, 이러한 목적이 달성된 후에는 지체없이 시료를 파기하는 것은 물론 분석과정에서 확인된 DNA 프로파일이나 성별 이외의 정보에 대해서는 증거능력을 부정하고 있으며, 시료획득은 피고인의 서면동의 또는 법원이나 긴급을 요하는 경우는 검사의 명령에 의하고, 이와 결배로 시료분석은 피고인의 서면동의 또는 법원의 명령에 의하도록 규정하고 있다.

StPO § 81g(DNA-Identitätsfeststellung)

(1) Ist der Beschuldigte einer Straftat von erheblicher Bedeutung oder einer Straftat gegen die sexuelle Selbstbestimmung verdächtig, dürfen ihm zur Identitätsfeststellung in künftigen Strafverfahren Körperzellen entnommen und zur Feststellung des DNA-

Identifizierungsmusters sowie des Geschlechts molekulargenetisch untersucht werden, wenn wegen der Art oder Ausführung der Tat, der Persönlichkeit des Beschuldigten oder sonstiger Erkenntnisse Grund zu der Annahme besteht, dass gegen ihn künftig Strafverfahren wegen einer Straftat von erheblicher Bedeutung zu führen sind. Die wiederholte Begehung sonstiger Straftaten kann im Unrechtsgehalt einer Straftat von erheblicher Bedeutung gleichstehen.

(2) Die entnommenen Körperzellen dürfen nur für die in Absatz 1 genannte molekulargenetische Untersuchung verwendet werden; sie sind unverzüglich zu vernichten, sobald sie hierfür nicht mehr erforderlich sind. Bei der Untersuchung dürfen andere Feststellungen als diejenigen, die zur Ermittlung des DNA— Identifizierungsmusters sowie des Geschlechts erforderlich sind, nicht getroffen werden; hierauf gerichtete Untersuchungen sind unzulässig.

(3) Die Entnahme der Körperzellen darf ohne schriftliche Einwilligung des Beschuldigten nur durch das Gericht, bei Gefahr im Verzug auch durch die Staatsanwaltschaft und ihre Ermittlungspersonen (§ 152 des Gerichtsverfassungsgesetzes) angeordnet werden. Die molekulargenetische Untersuchung der Körperzellen darf ohne schriftliche Einwilligung des Beschuldigten nur durch das Gericht angeordnet werden. Die einwilligende Person ist darüber zu belehren, für welchen Zweck die zu erhebenden Daten verwendet werden. § 81f Abs. 2 gilt entsprechend. In der schriftlichen Begründung des Gerichts sind einzelfallbezogen darzulegen

1. die für die Beurteilung der Erheblichkeit der Straftat bestimmenden Tatsachen,

2. die Erkenntnisse, auf Grund derer Grund zu der Annahme besteht, dass gegen den Beschuldigten künftig Strafverfahren zu führen sein werden, sowie

3. die Abwägung der jeweils maßgeblichen Umstände.

(4) Die Absätze 1 bis 3 gelten entsprechend, wenn die betroffene Person wegen der Tat rechtskräftig verurteilt oder nur wegen

1. erwiesener oder nicht auszuschließender Schuldunfähigkeit,

2. auf Geisteskrankheit beruhender Verhandlungsunfähigkeit oder

3. fehlender oder nicht auszuschließender fehlender Verantwortlichkeit(§ 3 des Jugend-gerichtsgesetzes)

nicht verurteilt worden ist und die entsprechende Eintragung im Bundeszentralregister oder Erziehungsregister noch nicht getilgt ist.

(5) Die erhobenen Daten dürfen beim Bundeskriminalamt gespeichert und nach Maßgabe des Bundeskriminalamtgesetzes verwendet werden. Das Gleiche gilt

1. unter den in Absatz 1 genannten Voraussetzungen für die nach § 81e Abs. 1 erhobenen Daten eines Beschuldigten sowie

2. für die nach § 81e Abs. 2 erhobenen Daten.

Die Daten dürfen nur für Zwecke eines Strafverfahrens, der Gefahrenabwehr und der internationalen Rechtshilfe hierfür übermittelt werden. Im Fall des Satzes 2 Nr. 1 ist der Beschuldigte unverzüglich von der Speicherung zu benachrichtigen und darauf hinzuweisen, dass er die gerichtliche Entscheidung beantragen kann.

일부범죄는 평균 재범률 역시 높지 않다는 지적도 있다.[6] 따라서 현재와 같이 일률적 요건으로 데이터베이스화 대상자를 선별하기보다는 개별적 재범위험성을 고려하는 것이 데이터베이스화 대상을 합리적으로 제한할 수 있고, 시료제공에 동의하지 않는 자에 대한 영장발부의 실질적 요건으로 기능하여 영장주의, 적법절차원칙에 보다 합치할 수 있다고 한다.[7]

데이터베이스화 대상과 관련한 또 다른 문제점으로, 수형인 외에 구속피의자를 포함시킨 점을 들 수 있다. 모든 피의자가 아닌 구속피의자에 한정하고 있지만 역시 유죄확정판결 이전으로 헌법상 무죄추정원칙에 반하는 것은 아닌가라는 의문이 제기된다.[8]

데이터베이스화 대상자(수형인이나 구속피의자 모두 동일)로부터 제공된 시료에서 분석된 DNA 프로파일은 기존 데이터베이스자료와 비교, 검색작업을 거치게 된다. 여기서 기존 수형인 DB 자료와의 대조작업은 범죄수사와 관계없이 이루어지는 형사사법절차 내에서 당연히 요구되는 신원확인절차(police booking procedure)로 시료제공절차는 수사기관이나 교정기관에서 행하여지는 기존의 지문날인이나 사진촬영과 동일한 속성으로 파악할 수 있다(다만, 이미 구속되거나 유죄판결이 확정된 상태라면 신원확인절차의 의미가 없다는 반론도 가능하다). 그러나 현장증거물 DB와의 대조작업은 명백히 수사(일종의 여죄수사로 볼 수 있다)에 해당하여, 시료제공의 강제는 압수로 이해될 수 있다.[9] 문제는 특정한 범죄혐의가

---

6) 임인규, 유전자정보의 수집 및 관리에 관한 법률안(정부제출) 검토보고, 국회 법제사법위원회, 2006. 12, 11면; 한편, 2012년 통계에 의하면 경찰이 검거한 총 범죄자 중 50%가 재범자로 동일 범죄를 반복한 경우는 16.9%로 파악한 바 있다. 보다 구체적으로 살펴보면, 총 검거인원은 1,723,815명인데 이 가운데 재범자는 총 862,265명으로 동종재범 290,881명, 이종재범 571,744명으로 나타난다. 강력범죄의 경우는 23,789명이 검거되어 13,240명이 재범자(약 55%)로 동종재범은 2,393명, 이종재범은 10,847명으로, 폭력범죄의 경우는 400,282명이 검거되어 재범자(약 52%)는 211,660명으로 동종재범은 71,919명, 이종재범은 139,741명을 기록하고 있다. 2013 경찰백서, 경찰청, 118-119면.

7) 개별적 재범위험성이 데이터베이스화 대상의 한정 및 시료채취와 관련한 영장발부 요건으로 고려되더라도 수형인이나 피의자가 사실상 이에 대한 입증책임을 지게 됨으로써 무죄추정원칙에 반한다는 DNA 데이터베이스법의 결함이 치유되지 않는다는 견해로, 이호중, 전게논문, 244-245면.

8) 이한규, 디엔에이신원확인정보의 이용 및 보호에 관한 법률안(정부제출) 검토보고, 2009. 11, 국회 법제사법위원회, 15면.

9) 이러한 지적은 2013년 6월 미연방대법원의 Maryland v. King 569 U. S. ___ (2013) 사건

전제되지 않은 가운데, 수사에서 더 나아가 강제수사가 가능한가라는 점이다. 결국 구속피의자에 대한 시료채취 강제와 데이터베이스 등록은 무죄추정원칙이 금지한 불이익에 해당하는 것 물론 영장의 목적과 발부요건 등이 특정되지 않는 점에서 영장주의원칙에도 위반하는 것으로 볼 수 있고, 이는 수형인의 경우도 동일하다.[10]

또한 미국 등 주요국가의 입법례가 실증하듯이 데이터베이스의 속성상, 데이터베이스화되는 정보는 점차 확대될 수밖에 없다는 점도 지적된다. 현행 DNA 데이터베이스법 역시 도입 초기단계인 현재까지는 대상범죄를 한정하고 있지만 등록된 프로파일 정보가 사후에 삭제되는 사례가 극히 예외적인 가운데 시간경과에 따라 자연스럽게 축적되는 데이터의 양은 증대될 것이고, 동종재범만이 아닌 이종재범의 위험성 등을 지적하면서 법 개정 등 인위적 조치에 의하여 데이터베이스 대상범위를 확장해 나아갈 것이라고 예측할 수 있다.

사실 DNA 데이터베이스의 확장현상은 상당수 입법례에서 실례를 찾아볼 수 있다. 가령, 미국은 1988년 버지니아 주를 필두로 DNA 데이터베이스를 구축하기 시작하였는데, 1994년 제정된 DNA Identification Act에 근거하여 미국 내 각 지역, 주 및 연방정부에서 운영하는 데이터베이스를 통합, 네트워크화 한 CODIS(combined DNA index system)를 도입, 운영하고 있다(그림 4-1 참조).[11]

에서 위헌견해를 제시한 반대의견에서도 확인할 수 있다. "the Court elabo- rates at length the ways that the search here served the special purpose of "identifying" King.1 But that seems to me quite wrong—unless what one means by "identifying" someone is "searching for evidence that he has committed crimes unrelated to the crime of his arrest." At points the Court does appear to use "identifying" in that peculiar sense—claiming, for example, that knowing "an arrestee's past conduct is essential to an assessment of the danger he poses." If identifying someone means finding out what unsolved crimes he has committed, then identification is indistinguishable from the ordinary law- enforcement aims that have never been thought to justify a suspicionless search. Searching every lawfully stopped car, for example, might turn up information about un- solved crimes the driver had committed, but no one would say that such a search was aimed at "identifying" him, and no court would hold such a search lawful."

10) 이호중, 전게논문, 241-244면; 김혜경, "유전자정보수집의 효율성과 정당성", 연세의료·과학기술과 법 제2권 제1호, 2011, 175-176면.
11) 42 USC CHAPTER 136, SUBCHAPTER IX, Part A: DNA Identification.

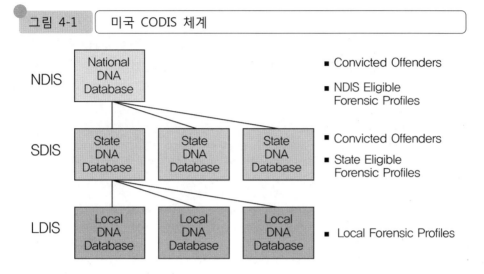

그림 4-1   미국 CODIS 체계

각 주의 경우, 시료제공 대상자의 카테고리가 다르지만 대체로 도입초기에는 데이터베이스화 대상이 살인, 성폭력 등 중범죄로 유죄확정판결을 받은 자 (sex offenders and a few categories of violent felon)에 한정되었으나, 이후 점차 확대되었다. 최초로 데이터베이스를 도입한 버지니아 주 역시 도입 1년 뒤인 1989년 그 대상을 모든 유형의 중범죄로 확대하였는데, 이러한 현상은 지속되어 중범죄자 외에 경범죄자(misdemeanants), 소년범, 나아가 피체포자(arrestee)로 확대되었다.[12) 나아가 2013년을 기준으로 25개 주에서 주로 중범죄에 한정하는 형태지만 피체포자(arrestee)의 DNA 프로파일 정보도 데이터베이스화하고 있다.[13) 이 점은 연방도 동일한데, 2000년 제정된 DNA Analysis Backlog Elimination Act(DNA Anlysis Act)를 통해 FBI가 직접 일정 유형의 연방범죄와 관련하여 중범죄자(qualifing federal offender)로[14) 교정시설에 수용되거나 가석방, 보호관찰,

---

12) Sonia M. Suter, "All in The Familiy : Privacy and DNA Familial Searching", 23 Harv. J.L. & Tech. 309, 2010, pp. 317−318.

13) 미국 내 각 주별 DNA 데이터베이스 운영현황에 대해서는 http://www.ncsl.org/research/ civil−and−criminal−justice/dna−laws−database.aspx 및 http://www.fbi.gov/about−us/ lab/biometric−analysis/codis/ndis−statistics 참조; Note, "The Next Step in DNA Databank Expansion : The Constitutionality of DNA Sampling of Former Arrestees", 57 Hastings L.J. 199, 201(2005); State DNA Database Laws Qualifing Offenses, http://www.dnaresource. com/documents/statequalifyingoffenses2011.pdf.

14) 42 U.S.C. §14135a Collection and use of DNA identification information from certain

조건부 석방된 자로 대상을 한정하여 직접 시료를 채취, 분석, 데이터베이스화하였다. 이후 2004년부터 모든 형태의 중범죄자로, 이어서 2006년에는 피체포자나 기소된 피고인, 불법체류 외국인으로 대상을 확대하였다.15)

Federal offenders (d) 참조

(d) Qualifying Federal offenses

The offenses that shall be treated for purposes of this section as qualifying Federal offenses are the following offenses, as determined by the Attorney General:

(1) Any felony.

(2) Any offense under chapter 109A of title 18.

(3) Any crime of violence(as that term is defined in section 16 of title 18).

(4) Any attempt or conspiracy to commit any of the offenses in paragraphs (1) through (3).

15) Anip Patel, "The Constitutionality of DNA Sampleing of Arrestees", 13 U. Pitt. J. Tech. L. & Pol'y 1, 2012, pp. 7−8; 42 U.S.C. §14135a Collection and use of DNA identification information from certain Federal offenders (a) 참조.

(a) Collection of DNA samples

(1) From individuals in custody

(A) The Attorney General may, as prescribed by the Attorney General in regulation, collect DNA samples from individuals who are arrested, facing charges, or convicted or from non−United States persons who are detained under the authority of the United States. The Attorney General may delegate this function within the Department of Justice as provided in section 510 of title 28 and may also authorize and direct any other agency of the United States that arrests or detains individuals or supervises individuals facing charges to carry out any function and exercise any power of the Attorney General under this section.

(B) The Director of the Bureau of Prisons shall collect a DNA sample from each individual in the custody of the Bureau of Prisons who is, or has been, convicted of a qualifying Federal offense (as determined under subsection (d) of this section) or a qualifying military offense, as determined under section 1565 of title 10.

(2) From individuals on release, parole, or probation

The probation office responsible for the supervision under Federal law of an individual on probation, parole, or supervised release shall collect a DNA sample from each such individual who is, or has been, convicted of a qualifying Federal offense (as determined under subsection (d) of this section) or a qualifying military offense, as determined under section 1565 of title 10.

(3) Individuals already in CODIS

For each individual described in paragraph (1) or (2), if the Combined DNA Index System (in this section referred to as "CODIS") of the Federal Bureau of Investigation contains a DNA analysis with respect to that individual, or if a DNA sample has been collected from that individual under section 1565 of title 10, the

한편, 영국은 1993년 The Royal Commission on Criminal Justice에서 DNA 데이터베이스 도입이 제안된 후, 1994년 개정된 Criminal Justice and Public Order Act를 근거로 1995년 4월부터 NDNAD(national DNA database)를 구축, 운용하고 있다. 개정 전에도 영국경찰은 이미 DNA 프로파일 분석결과를 축적해왔는데, 분석을 위한 시료채취는 대상자의 당해 혐의사실에 대한 수사와 관련하여 본인의 명시적 동의하에 의료인에 의하여 이루어지고, 데이터베이스화는 serious, arrestable offence로 기소된 자에 한정하였다. 그러나 이후 법 개정을 통해 데이터베이스 대상이 recordable offence로[16] 기소된 자로 확대하고, 불기소, 무죄판결이 확정된 때는 시료와 분석된 파일을 파기하도록 하였다. 또한 분석을 위한 시료도 혐의사실에 대한 수사와 관련 없이 일정한 조건이 갖추어진 때는 대상자의 사전 동의나 영장이 없더라도 구강점막세포나 모근을 포함한 모발(non

Attorney General, the Director of the Bureau of Prisons, or the probation office responsible (as applicable) may (but need not) collect a DNA sample from that individual.

(4) Collection procedures
(A) The Attorney General, the Director of the Bureau of Prisons, or the probation office responsible (as applicable) may use or authorize the use of such means as are reasonably necessary to detain, restrain, and collect a DNA sample from an individual who refuses to cooperate in the collection of the sample.
(B) The Attorney General, the Director of the Bureau of Prisons, or the probation office, as appropriate, may enter into agreements with units of State or local government or with private entities to provide for the collection of the samples described in paragraph (1) or (2).
(5) Criminal penalty
An individual from whom the collection of a DNA sample is authorized under this subsection who fails to cooperate in the collection of that sample shall be—
(A) guilty of a class A misdemeanor; and
(B) punished in accordance with title 18.

16) 2000년에 제정된 the National Police Records (Recordable Offences) Regulations에 의하여 recordable offence로 지정된 범죄행위에 대해서는 the Police National Computer에 전과기록이 유지되도록 하고 있다. recordable offence는 자유형이 부과되는 범죄 및 이와 경합범에 해당하는 경우로 prostitution, nuisance communications (phone calls, letters), tampering with motor vehicles, , firearms, air weapons, knives, football offences, causing harm or danger to children, drunkenness, poaching, squatting, failing to provide a specimen of breath, taking a pedal cycle without owner's consent 등 매우 광범위하다. http://www.legislation.gov.uk/uksi/2000/1139/pdfs/uksi_20001139_en.pdf.

intimate samples) 등을 채취할 수 있도록 허용하였다. 이후 1996년 the Criminal Procedure and Investigations Act는 DNA 데이터베이스법의 시행범위를 스코틀랜드와 북아일랜드 등 영국 전역으로 확대하고, 1997년 The Criminal Evidence (Amendment) Act는 1995년 NDNAD 구축 이전에 성범죄 기타 폭력범, 강도범으로 유죄판결이 확정되어 교정시설에 구금되어 있는 자에 대하여 동의나 영장 없이 시료채취 및 DNA 프로파일 분석, 데이터베이스 등록을 허용하였다. 나아가 2001년 the Criminal Justice Police Act를 통해 the Police and Criminal Evidence Act(1984)를 개정, 이전에 불기소, 무죄판결이 확정된 자의 경우, 시료와 분석 및 데이터베이스화된 프로파일 정보를 파기하도록 하던 것과 달리 파기하지 않고 보존하게끔 하고, 2003년 The Criminal Justice Act 2003는 recordable offence로 체포된 자도 데이터베이스 대상에 포함하고 불기소되더라도 시료와 등록된 프로파일 정보가 보존되도록 하였다.

다만 2008년 유럽인권재판소(European Court of Human Rights)가 불기소 또는 무죄판결 등으로 혐의가 해소된 자의 DNA 프로파일 정보와 시료도 보존하도록 한 것은 유럽인권협약 제8조 등에 위배된다고 판시한 이후,[17] 2010년 The Crime and Security Act는 불기소 또는 무죄판결이 확정된 피체포자의 DNA 프로파일 정보나 지문정보의 보존시한을 6년으로 제한하고, 시료는 채취일로부터 6개월 이내에 데이터베이스에 프로파일 정보를 입력한 후에 파기하도록 하였다. 그리고 다시 2012년 the Protection of Freedom Act에 의하여 유죄확정판결로 인한 전과기록이 없는 자에 대한 DNA 프로파일 정보를 데이터베이스에서 삭제하도록 하였다. 문제는 현재 전과기록은 the Police National Computer에 보존되는데, 동 정보가 NDNAD와 연동되지 않아 관련 보완작업이 추진중이다(참고로 2013년 3월말을 기준으로 NDNAD에 등록된 unconvicted individual profile은 1,253,289 명으로 파악된다).[18]

---

17) S and Marper v. United Kingdom(2008), ECHR1581; 최민영, "영국의 디엔에이데이터베이스 규제정책의 변화와 그 시사점 -유럽인권법원 및 영국대법원 판결을 중심으로-", 형사정책 제25권 제2호, 2013, 313-316면.

18) Nathan V. Vamp, Kris Dierickx, K. U. Leuven, "The Expansion of Forensic DNA Databases and Police Sampling Power in the Post 9/11 era : Ethnical Considerations on Genetic Privacy", Ethical Perspectives : Journal of the European Ethics Network 14. No.

2) 시료확보, 프로파일 정보의 산출 및 데이터베이스 등록, 검색절차 등

데이터베이스화는 통상 「대상자 또는 범죄현장에서의 시료채취(법 제5조 내지 제9조) → 채취된 시료로부터 DNA 프로파일 분석 → 분석된 프로파일정보의 데이터베이스 등록(법 제10조) 및 검색(법 제11조) → 등록된 정보 및 시료관리(보존 및 파기, 법 제12조 이하)」의 순으로 이어지게 된다.

분석된 DNA 프로파일 정보는 ① 범죄현장 등에서 확보된 미확인 용의자의 프로파일과 이미 신원이 확인된 피의자(또는 피고인)로부터 분석된 프로파일 간 비교(이 경우 DNA 데이터베이스 검색이 요구되지 않는다), ② 이미 신원이 확인된 피의자의 프로파일과 현장증거물 DB 또는 ③ 수형인이나 구속피의자 DB 등 인적 DB에 등록된 프로파일, 범죄현장에서 확보된 미확인 용의자로부터 분석된 프로파일과 ④ 기존 현장증거물 DB 내의 프로파일 또는 ⑤ 구속피의자나 수형인 DB의 프로파일 정보와 비교할 수 있다. 여기서 DNA 데이터베이스 활용이 전제되는 경우는 ② 내지 ⑤에 해당하는 사례다.

유형적으로 ① 또는 ④, ⑤의 경우는 수사절차로서 성격(사법경찰작용)이 분명하지만, ③유형은 형사사법절차에서 이루어지는 통상적 신원확인절차에 불과하다. 문제는 ②유형인데, 만일 신원확인이 이루어진 피의자에 대한 여죄확인을 위한 데이터베이스 검색이라면 분명히 범죄수사(사법경찰작용)에 해당하지만, 특정한 범죄혐의가 전제되지 않은 가운데 cold hits를 의도하여 검색한 경우라면, 범죄예방을 목적으로 하는 행정경찰작용으로 볼 수 있다.

현행 DNA 데이터베이스법은 범죄수사와 예방, 모두를 입법목적으로 명시하고 있다(법 제1조). 문제는 범죄수사와 예방이라는 서로 상이한 목적이 동시에 개재되어 시료채취나 분석된 프로파일 정보의 데이터베이스 등록, 검색(특히 ②, ⑤유형)과 관련하여 영장주의 및 적법절차원칙에 위배되는 것은 아닌가라는 지적이 제기되고 있다.[19] 즉, 처음부터 범죄수사를 목적으로 한 경우라면 시료채취와 등록, 이후 분석된 DNA 프로파일 정보의 등록, 검색은 형사소송법상 압수

3, 2007, 244-246; http://www.genewatch.org/sub-537968(2014. 1. 17); National DNA Database Annual Report 2011-2012, p. 20, 26-27.

19) 윤영철, 전게논문, 383-385면.

로 볼 수 있다.[20] 그렇다면 등록대상자의 동의(일종의 임의제출물)나 예외적으로 영장없이 가능한 상황이 아닌 한(형사소송법 제216조 및 제217조 참조), 법관이 발부한 압수영장을 요하게 된다. 따라서 그 전제로 상당한 범죄혐의 및 당해 범죄

---

20) DNA 데이터베이스법은 시료채취방법으로 구강점막채취를 규정하고 있다(법 제9조). 음주운전과 관련하여 사고로 의식을 잃은 사고운전자인 피의자에 대해 동의나 영장 없이 혈중알코올 농도를 측정하기 위한 혈액샘플채취의 적법성이 문제된 사례에서 대법원 판례가 피의자의 동의나 영장이 전제되거나 영장 없이 압수가 이루어질 수 있는 예외적 상황이라면 당해 혈액샘플채취는 적법한 압수로 파악할 수 있다고 판시한 사례를 고려한다면, 구강점막세표채취에 의한 시료채취도 동일한 맥락에서 허용될 수 있을 것이다. 대법원 2012. 11.15. 선고 2011도15258 판결, "수사기관이 법원으로부터 영장 또는 감정처분허가장을 발부받지 아니한 채 피의자의 동의 없이 피의자의 신체로부터 혈액을 채취하고 사후에도 지체없이 영장을 발부받지 아니한 채 그 혈액 중 알코올농도에 관한 감정을 의뢰하였다면, 이러한 과정을 거쳐 얻은 감정의뢰회보 등은 형사소송법상 영장주의 원칙을 위반하여 수집하거나 그에 기초하여 획득한 증거로서, 원칙적으로 그 절차위반행위가 적법절차의 실질적인 내용을 침해하여 피고인이나 변호인의 동의가 있더라도 유죄의 증거로 사용할 수 없다고 할 것이다(대법원 2011. 4. 28. 선고 2009도2109 판결 등 참조). 한편 수사기관이 범죄 증거를 수집할 목적으로 피의자의 동의 없이 피의자의 혈액을 취득·보관하는 행위는 법원으로부터 감정처분허가장을 받아 형사소송법 제221조의4 제1항, 제173조 제1항에 의한 '감정에 필요한 처분'으로도 할 수 있지만, 형사소송법 제219조, 제106조 제1항에 정한 압수의 방법으로도 할 수 있고, 압수의 방법에 의하는 경우 혈액의 취득을 위하여 피의자의 신체로부터 혈액을 채취하는 행위는 그 혈액의 압수를 위한 것으로서 형사소송법 제219조, 제120조 제1항에 정한 '압수영장의 집행에 있어 필요한 처분'에 해당한다고 할 것이다. 그런데 음주운전 중 교통사고를 야기한 후 피의자가 의식불명 상태에 빠져 있는 등으로 도로교통법이 음주운전의 제1차적 수사방법으로 규정한 호흡조사에 의한 음주측정이 불가능하고 혈액 채취에 대한 동의를 받을 수도 없을 뿐만 아니라 법원으로부터 혈액 채취에 대한 감정처분허가장이나 사전 압수영장을 발부받을 시간적 여유도 없는 긴급한 상황이 생길 수 있다. 이러한 경우 피의자의 신체 내지 의복류에 주취로 인한 냄새가 강하게 나는 등 형사소송법 제211조 제2항 제3호가 정하는 범죄의 증적이 현저한 준현행범인으로서의 요건이 갖추어져 있고 교통사고 발생 시각으로부터 사회통념상 범행 직후라고 볼 수 있는 시간 내라면, 피의자의 생명·신체를 구조하기 위하여 사고 현장으로부터 곧바로 후송된 병원 응급실 등의 장소는 형사소송법 제216조 제3항의 범죄 장소에 준한다 할 것이므로, 검사 또는 사법경찰관은 피의자의 혈중알코올농도 등 증거의 수집을 위하여 의료법상 의료인의 자격이 있는 자로 하여금 의료용 기구로 의학적인 방법에 따라 필요최소한의 한도 내에서 피의자의 혈액을 채취하게 한 후 그 혈액을 영장 없이 압수할 수 있다고 할 것이다. 다만 이 경우에도 형사소송법 제216조 제3항 단서, 형사소송규칙 제58조, 제107조 제1항 제3호에 따라 사후에 지체없이 강제채혈에 의한 압수의 사유 등을 기재한 영장청구서에 의하여 법원으로부터 압수영장을 받아야 함은 물론이다."; 대법원 판례와 유사하게 음주운전과 관련한 혐의로 혈중알코올 농도파악을 위한 혈액샘플의 채취가 문제된 사례로 Schmerber v. State of California, 384 U.S. 757(1966); 혐의입증을 위한 증거수집 방법으로 외과적 수술이 문제된 사례로 Winston v. Lee, 470 U.S. 753(1985).

혐의와의 관련성 그리고 영장발부의 필요성(영장발부의 실질적 요건)이 갖추어져
야 한다.

물론, 현행 DNA 데이터베이스법도 대상자의 동의가 없는 한 시료채취를 위
해서는 법관의 영장발부를 요건화하고 있다(법 제8조).[21] 그러나 데이터베이스

---

21) 미국의 경우, 시료제공의 강제에 영장을 요하지 않는다. 판례는 시료제공의 강제가 미연방
    헌법 수정 제4조에서 말하는 search & seizure에 해당하는 것으로 파악한다. People v.
    Thomas, 132 Cal. Rptr. 3d 714(App. 2011); People v. Gallego, 117 Cal. Rptr. 3d
    907(App. 2010); Williamson v. State, 993 A.2d 626(Md. App.), cert. denied, 131 S.Ct.
    419, 178 L.Ed. 2d 327(2010); State v. Athan, 158 P.3d 27(Wash. 2007); 그러면서 영장 없
    이 이루어지는 시료제공의 강제에 대해 거의 대부분 판례가 시료제공의 강제와 데이터베
    이스 등록을 규정한 법령이 미연방헌법 수정 제4조와 관련하여, 이미 유죄확정판결을 받은
    대상범죄자의 프라이버시에 대한 보호가치가 데이터베이스의 공익적 가치와 비교할 때 상
    대적으로 제한될 수 있다는 totality of the circumstances balancing test에 근거하여 합헌으
    로 판단하고 있다. Landry v. Attorney General, 709 N.E.2d 1085(Mass. 1999), People v.
    Buza, 129 Cal. Rptr. 3d 753(App.), modified, 2011 Cal. App. LEXIS 1149(Cal. App. Aug.
    31, 2011), United States v. Mitchell, 625 F.3d 386(3d Cir. 2011); United States v. Pool,
    621 F.3d 1213(9th Cir.), vacated, remanded, 2011 U.S. App. LEXIS 19260(9th Cir. Sep.
    20, 2011: United States v. Weikert, 421 F. Supp. 2d 259(D. Mass. 2006); United States v.
    Miles, 228 F.Supp. 2d 1130(E.D. Cal. 2002), United States v. Kincade, 345 F.3d 1095(9th
    Cir. 2003), review granted, 354 F.3d 1000(9th Cir.), Vacated, rev'd on reh'g en banc,
    379 F.3d 813(9th Cir. 2004), United States v. Pool, 621 F.3d 1213(9th Cir.), vacated,
    remanded, 2011 U.S. App. LEXIS 19260(9th Cir. Sep. 20, 2011); 견해에 따라서는 이른바
    special needs doctrine를 근거로 합헌으로 판단한 예도 있다. 다만, 이 경우 법집행과 별
    개의 특별한 행정목적이 제시되어야 하는 점에서 합헌 판단의 근거로 삼기는 어렵다는 지
    적이 있다. New Jersey v. T.L.O, 469 U.S. 321(1985); Bd of Educ. v. Earls, 536 U.S.
    822(2002); Vernonia Sch. Dist. 47J v. Action, 515 U.S. 646(1995); National Treasury
    Employees Union v. Von Raab, 489 U.S. 656(1989); Skinner v. Railway labor
    Exceutives's Ass'n, 489 U.S. 602(1989); 기타 DNA 데이터베이스법의 위헌성여부와 관련
    하여 수정 제4조 외에 평등원칙(equal protection)에 위배되지 않는다고 판시한 예로
    People v. Travis, 44 Cal. Rptr. 3d 177(App. 2006); People v. Milligan, 83 Cal. Rptr. 3d
    550(App. 2008); 잔혹한 형벌금지원칙에 위배되지 않는다고 판시한 사례로, United States
    v. Hook, 471 F.3d 766(7th Cir. 2006), cert. denied, 549 U.S. 1343(2007); 미연방헌법 수
    정 제5조 이중처벌금지원칙에 위배되지 않는다고 판시한 예로, United States v. Lewis,
    483 F.3d 871(8th Cir. 2007); People v. Gibson, 2011 WL 2313812(N.Y. 2011); 미연방헌법
    수정 제6조에 위배되지 않는 것으로 판시한 예로, United States v. Lewis, 483 F.3d
    871(8th Cir. 2007); People v. Gibson, 2011 WL 2313812(N.Y. 2011); 사후입법금지원칙에
    위배되지 않는 것으로 판시한 예로, People v. Espana, 40 Cal. Rptr. 3d 258(App. 2006);
    United States v. Coccia, 598 F.3d 293(6th Cir. 2010); United States v. Lujan, 504 F.3d
    1003(9th Cir. 2007); United States v. Reynard, 473 F.3d 1008(9th Cir.), cert. denied, 552
    U.S. 1043(2007); United States v. Hook, 471 F.3d 766(7th Cir. 2006), cert. denied, 549

대상범죄로 유죄확정판결이나 구속된 경우라는 일률적, 형식적 요건만으로 영장이 발부될 수 있도록 하여, 법관에 의한 사법심사 여지를 두고 있지 않다.22) 또한 시료채취와 별개로 시료에 대한 분석은 별개의 성격을 갖는 점에서 시료분석에 별개의 영장(예, 감정허가장)이 필요하며(이 견해는 시료제공을 압수로 파악하고, 압수대상을 유체물(property)에 한정하는 논리에 근거한 것이 아닌가 추정된다),23) 데이터베이스에 등록된 프로파일 정보와의 검색도 검색과정에서 데이터베이스에 수록된 다수인의 프로파일 정보에 대한 비교검색(일종의 수색)이 이루어짐에서 (특히 cold hits 사건에서 이러한 문제점은 현저하다) 별도 영장(수색)이 필요한 것은 아닌가라는 의문이 제기될 수 있다.24)

또한 데이터베이스 대상자의 동의가 있는 때는 영장 없이 시료채취(이후 데이터베이스에 프로파일정보의 등록, 검색 등을 포괄하여)가 가능하지만, 수형인이나 구속피의자 모두 구금된 상태로 진정한 의미의 동의가 가능할지 의문이고 사전에 시료채취와 분석, 데이터베이스화의 목적이나 기법, 효과, 활용형태, 시료나 등록된 프로파일 정보의 파기요건을 포함한 관리방법 등에 대한 설명제공이 실무적으로 충분히 이루어지지 않는 점도 영장주의 및 적법절차원칙에 위반하는 것으로 파악할 여지가 있다.

3) 시료 및 데이터베이스화된 DNA 프로파일정보의 관리

현행 DNA 데이터베이스법은 현장증거물 DB에 등록된 시료를 제외하고, 인적 DB에 등록된 프로파일과 관련한 시료는 데이터베이스 등록 직후 지체없이 폐기하도록 규정한다(법 제12조). 또한 수형인 등이 재심에서 무죄, 면소, 공소기각 판결 또는 공소기각 결정이 확정 또는 사망한 때, 구속피의자에 대하여 불기

U.S. 1343(2007); 사후입법금지원칙에 위배된다는 취지의 판례로, People v. Batman, 71 Cal. Rptr. 3d 591(App. 2008).

22) 이호중, 전게논문, 246면.
23) 조성용, "디엔에이신원확인정보의 이용 및 보호에 관한 법률에 대한 비판적 검토", 형사정책연구 제21권 제3호, 2010, 241면.
24) 이호중, 전게논문, 249면; 유영찬·장영민, "경찰과학수사의 발전방안에 관한 연구: 유전자은행의 설립과 활용을 중심으로", 치안논총 제14집, 1998, 513면; Catherine W. Kimel, "DNA profiles, Computer Serches and the Fourtth Amendment", 62 Duke L. J. 933, 2013, pp. 19–22.

소처분이 있거나 구속이 전제가 된 범죄사실이나 공소사실이 대상범죄 외의 범죄로 변경된 경우, 법원의 무죄, 면소, 공소기각 판결 또는 공소기각 결정이 확정되거나 치료감호청구 기각판결이 확정 또는 사망한 때는 직권 또는 본인(사망 시는 친족)의 신청에 의해 등록된 프로파일 정보가 삭제될 수 있도록 규정하고, 삭제가 있는 때는 이를 본인이나 신청인에게 통지하도록 한다(법 제13조).

　　시료보전이나 등록정보의 사후폐기 또는 삭제를 규정하지 않은 입법례에 비교할 때, 프라이버시 보호가 보다 강화된 것으로 볼 수 있다. 그러나 수형인 경우 사실상 한번 데이터베이스에 등록되면 사실상 사망 시까지 유지되어 등록정보의 보전기간이 지나치게 길며, 범죄예방효과를 고려하더라도 장기간 재범경력이 없는 수형인 등의 정보를 유지할 필요는 없음에서 헌법상 과잉금지원칙에 위배되고, 대안으로 독일의 예와 같이 재범경력 없이 일정기간이 경과하면 등록정보가 자동 삭제되거나 심사를 통해 삭제하는 방안을 제시하는 견해도 있다.[25]

　　관련 입법례를 비교하면, 미국의 경우 연방정부가 관할하는 DNA 데이터베이스(NDIS)에 등록된 프로파일 정보와 시료는 사후 삭제, 폐기될 수 있는데, 범죄자 데이터베이스(offender index)에 등록된 프로파일 정보 및 시료에 대해서는 재심 등을 통해 앞서 유죄확정판결이 파기된 것을 확인하는 법원의 판결문사본 등을 첨부한 신청서를, 피체포자 데이터베이스(arrestee index)에 등록된 정보나 시료에 대해서는 역시 불기소처분으로 일정기간 공소제기가 되지 않거나, 공소기각판결의 확정 등으로 공소제기가 효력이 상실된 것을 확인하는 법원의 판결문사본 등을 첨부한 신청서를 FBI 국장에게 제출하면 즉시 삭제, 폐기하도록 하고 있다. 또한 NDIS 내 index에 접속되는 조건에서 각 주의 데이터베이스에 등록된 정보도 이와 유사한 절차에 의해 신청서가 각 주 데이터베이스 관리책임자에 제출되면 동일하게 즉시 삭제, 폐기하도록 규정하고 있다.[26] 다만, 한국과 달

---

25) 이호중, 전게논문, 257면.

26) 42 U.S.C. 14132(d) 참조.

　　(d) Expungement of records

　　(1) By Director

　　(A) The Director of the Federal Bureau of Investigation shall promptly expunge from the index described in subsection (a) of this section the DNA analysis of a person included in the index —

　　(i) on the basis of conviction for a qualifying Federal offense or a qualifying District of

리 데이터베이스 등록대상자가 사망하는 경우에 따른 삭제, 폐기절차나 이후의
통지절차와 같은 규정을 두지 않고, 시료 역시 데이터베이스 등록 후 곧바로 파
기하는 한국과 달리 앞서 언급한 폐기요건에 해당하지 않는 한 보존된다.[27]

Columbia offense (as determined under sections 14135a and 14135b of this title, respectively), if the Director receives, for each conviction of the person of a qualifying offense, a certified copy of a final court order establishing that such conviction has been overturned; or

(ii) on the basis of an arrest under the authority of the United States, if the Attorney General receives, for each charge against the person on the basis of which the analysis was or could have been included in the index, a certified copy of a final court order establishing that such charge has been dismissed or has resulted in an acquittal or that no charge was filed within the applicable time period.

(B) For purposes of subparagraph (A), the term "qualifying offense" means any of the following offenses:

(i) A qualifying Federal offense, as determined under section 14135a of this title.

(ii) A qualifying District of Columbia offense, as determined under section 14135b of this title.

(iii) A qualifying military offense, as determined under section 1565 of title 10.

(C) For purposes of subparagraph (A), a court order is not "final" if time remains for an appeal or application for discretionary review with respect to the order.

(2) By States

(A) As a condition of access to the index described in subsection (a) of this section, a State shall promptly expunge from that index the DNA analysis of a person included in the index by that State if—

(i) the responsible agency or official of that State receives, for each conviction of the person of an offense on the basis of which that analysis was or could have been included in the index, a certified copy of a final court order establishing that such conviction has been overturned; or

(ii) the person has not been convicted of an offense on the basis of which that analysis was or could have been included in the index, and the responsible agency or official of that State receives, for each charge against the person on the basis of which the analysis was or could have been included in the index, a certified copy of a final court order establishing that such charge has been dismissed or has resulted in an acquittal or that no charge was filed within the applicable time period.

(B) For purposes of subparagraph (A), a court order is not "final" if time remains for an appeal or application for discretionary review with respect to the order.

27) 거의 대부분의 주 법률에서도 연방법률과 유사하게 데이터베이스화된 DNA 프로파일 정보
와 시료의 사후 파기규정을 두고 있다. 가령, 캘리포니아 주의 Statutory Authority Penal
Code Section 299(http://da.lacounty.gov/pdf/DNA_Expungement_Manual.pdf, 매릴랜드 주

영국의 경우, 앞서 언급한 유럽인권재판소의 S and Marper v. United Kingdom(2008) 판결에 따라 2010년 The Crime and Security Act 2010에서 불기소 또는 무죄판결이 확정된 피체포자의 DNA 프로파일 정보나 지문정보의 보존 시한을 6년으로 제한하고, 시료는 채취일로부터 6개월 이내에 데이터베이스에 프로파일 정보가 입력한 후에 폐기하도록 하고, 2012년 the Protection of Freedom Act에서는 유죄확정판결로 인한 전과기록이 없는 자에 대한 DNA 프로파일 정보를 데이터베이스에서 삭제하도록 하였다.

독일은 시료의 경우, 유죄확정판결을 받은 자나 피의자의 시료는 수사에의 유용성이 상실된 때는 삭제되도록 하되, 범죄현장 등에서 확보된 신원이 확인되지 않은 시료는 보존하고 있다(물론 신원확인 및 프로파일 분석이 이루어진 경우, 형사소송절차에서의 유용성이 더 이상 인정되지 않는 때는 역시 시료가 폐기된다). 등록된 프로파일 정보는 인적 DB의 경우 수사 등에의 유용성이 상실된 때에는 삭제하는데, 유죄확정판결을 받은 자의 프로파일 정보는 미성년자의 경우는 5년, 성인의 경우는 10년 단위로 재범가능성 등을 고려하여 보존의 필요성이 상실된 것으로 판단된 때는 삭제하고 있다. 또한 피의자의 프로파일 정보도 피의자가 불기소처분을 받거나 공소기각판결의 확정, 공소취소, 기타 재범가능성이 해소된 것으로 판단되는 등으로 보존의 필요성이 상실되거나 부적절한 것으로 판단된 때는 역시 삭제된다. 한편, 신원확인이 이루어지지 않은 현장증거 DB 내에 프로파일 정보는 최대 30년까지 보존하되 그 이후에는 삭제하도록 규정하고 있다.[28]

2. DNA 데이터베이스 관련 쟁점

1) 데이터베이스화 대상의 적정성

앞서 언급한 것처럼, 한국은 도입초기의 미국, 영국 등 입법례와 유사하게 특정한 카테고리의 범죄행위에 해당하는 때는 데이터베이스화 대상으로 제한하

의 2010 Maryland Code PUBLIC SAFETY, TITLE 2 — DEPARTMENT OF STATE POLICE Subtitle 5 — Statewide DNA Data Base System Section 2−511 — Expungement of DNA information(http://law.justia.com/codes/maryland/2010/public−safety/title−2/subtitle−5/2 −511.

28) http://www.councilforresponsiblegenetics.org/dnadata/Countries/DE.html.

고 있다. 다만, 개별적 재범가능성을 요건화한 독일 등의 입법례와 비교할 때, 상대적으로 데이터베이스화 대상이 불필요하게 확장된 것은 아닌가 일응 설득력 있게 지적할 수 있다.

  그러나 반론도 충분히 가능하다. 영미 입법례와 달리 한국은 동의가 없는 한 법관이 발부한 영장에 의해서만 시료채취가 가능하다(시료채취에 영장을 요하는 입법례로 독일, 일본29) 등을 들 수 있다). 이울리 제한적 사례지만 영장청

---

29) 일본의 DNA 데이터베이스는 平成17년 8월에 제정된 國家公安委員會規則 第15號 DNA型記錄取扱規則 및 警察廳訓令 第8号 DNA型記錄取扱細則에 근거한다. 간략히 내용을 개관하면, 먼저 DNA형 기록을 인간의 DNA 내에 특정유전좌위의 염기배열 반복횟수 또는 특정 염기배열 유무 등으로 정의하고, MCT118 및 D8S1179, D21S11, D7S820, CSF1PO, D3S1358 등 총 15개 특정유전좌위를 지정, 분석된 DNA형 기록을 데이터베이스화 하되, 유전정보가 포함된 부분을 제외하여 개인식별 목적으로만 사용하도록 사용목적을 명시하고 있다. DNA형 기록은 피의자자료와 유류자료, 변사자자료의 3개 index로 구분되며, 경시청 및 각급 道都府縣 경찰본부 과학수사연구소(또는 경찰서장 등의 의뢰에 따라 대학 등 연구기관)가 피의자, 범행현장 유류물, 변사자 등으로부터 획득한 시료에 대하여 DNA형 분석 후 그 결과를 경찰청 형사국 범죄감식관에서 전송, 범죄감식관은 전송된 자료를 데이터베이스 등록, 검색하고 그 결과를 통지하는 형태를 취한다. DNA형 기록은 피의자자료의 경우, 피의자의 사망이나 기타 보관 필요성이 없는 때, 유류자료의 경우, 관련사건이 확정되거나 기타 보관의 필요성이 없어진 때, 변사자자료의 경우, 자료대조가 종료된 때에 파기하되, 피의자 등이 등록된 프로파일 정보의 파기를 청구하거나 파기결과의 통지하는 규정을 두고 있지는 않다. 또한 한국과 달리 시료채취 절차나 방법, 분석 및 데이터베이스 등록 후 시료보존 또는 파기에 관한 규정을 두고 있지 않다. 이에 대하여, 동 규칙 제정에 앞서 이루어진 DNA型デ―タベ―ス二関する有識者會議에서 일본의 DNA형 기록은 모든 피의자의 DNA형 기록을 등록하도록 한 것이 아니라 형사소송법의 영장 등 법적절차에 따라 행하여진 감정결과를 데이터베이스화하는 점에서 기존 수사자료의 네트워크화에 해당하며, 나아가 데이터베이스 내 등록된 정보의 파기규정과 관련하여 개인정보보호법상의 정정청구권도 충분히 긍정되지만, 청구권까지 고려하는지 모호한 점이 있다고 지적하면서 무죄판결확정 등에 따른 등록 정보의 파기의무화에 좀 더 검토가 필요한 점을 지적한 바 있다. 또한 시료의 보존 또는 파기여부와 관련하여 대부분 범죄수사에서 미량의 시료가 활용되는 경우가 대부분이며, 기존 수사실무에서 DNA 프로파일 분석이 종료된 후에 통상 시료를 파기하고 있음은 물론 일본의 인간게놈윤리위원회도 시료파기를 권고하고 있지만, 오류 등에 대비한 사후 분석가능성을 고려할 때, 시료보존의 필요성이 긍정된다는 의견을 제시된 바 있다. 권창국, "DNA데이터베이스 도입 및 관련법제에 관한 연구", 형사정책연구 제16권 제4호, 2005, 180-182면; 서계원, "범죄자 DNA 데이터베이스의 도입과 국가 주도적 위험사회의 도래", 세계헌법연구 제18권 제1호, 2012, 142-145면; 한편, 일본변호사연합회는 DNA 정보는 지문과 비교할 수 없는 궁극의 프라이버시에 해당함을 이유로 민주적 통제의 필요성, 경찰에의 정보집중에 대한 우려 등을 고려할 때 현재와 같은 공안위원회규칙이 아닌 법률적 근거가 필요하며 DNA형 정보가 구체적 범죄수사의 필요성이 있는 경우에 한하여 시료가 채취되어야 하며 그 방법도 원칙적으로 영장의 의하되 예외적으로 사전

구가 기각된 예도 있음에서,[30] 영장발부 요건이 반드시 일률적, 형식적인 것은 아니다. 또한 검사의 영장청구를 필요적으로 규정하지 않고 있는데(법 제8조 제 1항, 제2항), 그렇다면 검사는 데이터베이스 등록이 필요하지 않다고 판단하는 때에는 이를 청구하지 않을 수도 있고, 이러한 검사의 판단재량 역시 법관의 영 장발부요건 심사에서 검토될 수 있음에서 일응 영장의 실질적 요건으로서 개별 적 재범가능성이 심사되고 있다고 하겠다. 나아가 대상범죄가 제한되어 있는 점 에서 단순히 명시적으로 재범가능성을 요구하지 않은 것을 데이터베이스의 부적 절한 확대요인으로 생각하기 어렵다.

　　데이터베이스는 속성상 시간적 경과에 따른 자연적 확장을 수반하는 것은 물론, 일정수준 이상의 규모가 필요하다. 아울러 규모가 확장될수록 위력이 배가 되는 점에서 장래 확장시도에 대한 우려는 충분히 공감할 수 있다. 그러나 이는 현재 운영되는 DNA 데이터베이스에 대한 우려가 아니라, 미래의 입법자가 취할 판단에 대한 것으로 현행 DNA 데이터베이스의 위헌논거로는 적절치 않다.

　　다만, 현재 설정된 대상범죄의 일반적 재범가능성에 대한 합리적 분석이 다 소 부족하다는 지적은 수긍할 여지가 있다. 이를 보완하기 위해 대상범죄의 재 범률은 물론 데이터베이스의 범죄수사나 예방에 대한 유효성과 관련한 지속적인 통계적 검증과 보완이 필요하다. 아울러, 대부분 시료채취가 동의에 의한 경우로 동의의 임의성이 보장될 수 있도록 사전에 상세한 설명제공 등 제도적 개선에 대한 지적도 분명히 인정할 필요가 있다.[31]

　　동의에 의하는 경우라도 그 임의성을 담보하기 위하여 서면으로 시료채취의 의미, 이용방 법 등에 대한 명확한 설명이 제공되어야 한다는 의견을 제시한 바 있다. 아울러, 데이터베 이스 등록대상도 살인, 강도, 성범죄 등 생명, 신체에 대한 중대범죄에 제한하며, 등록된 정보에 대한 접근권의 제한, 부정접근 등을 제한, 처벌하는 규정과 함께 보관기간의 한정, 나아가 불기소나 무죄확정판결 등은 물론 위법수집증거에 해당하는 경우에 있어서는 파기 를 의무화하고, DNA형 정보가 잘못 등록된 자에게 파기청구권의 부여를 명시할 것도 요 구하고 있다. 警察廳DNA型データベース・システム関する意見書, 日本辯護士聯合会, 平成 19年 12月 21日, 8-19頁.

30) 이성기·한면수, "디엔에이신원확인정보의 이용 및 보호에 관한 법률의 위헌성에 관한 논 의 -미국, 영국, 독일, 프랑스의 입법례 비교를 중심으로-", 법과 정책연구, 제12집 제1 호, 2012, 15면.

31) 국회 법제사법위원회 소속인 서기호 진보정의당 의원이 법무부로부터 제출받아 11일 공개 한 '최근 3년간 DNA 채취 관련 현황' 자료에 따르면, 채취인원 6만590명 중 영장에 의한 채취는 237명(0.4%)에 불과했다. 99.6%(6만353명)가 영장 없이 동의서만으로 DNA 채취가

데이터베이스화 대상에 구속피의자를 포함하여 데이터베이스의 부적절한
확장에 대한 지적과 함께 헌법상 무죄추정원칙에 위반되거나, 특정 범죄혐의가
전제되지 않음에도 사실상 여죄수사 성격의 범죄수사가 이루어짐으로써 영장의
한정성과 관련하여 영장주의원칙에 위배될 수 있다는 지적과 관련하여, 현행
DNA 데이터베이스법은 불기소처분 등의 경우 등록된 정보를 삭제하도록 하며
(법 제13조 제2항), 모든 범죄의 구속피의자가 아닌 대상범죄로 한정된 구속피의
자로 하고, 구속피의자의 프로파일 정보와 기존 데이터베이스(현장증거물 DB) 내
등록정보의 비교검색(특히, 기존 구속피의자 또는 수형인 등 인적 DB와의 비교검색은
그야말로 신원확인절차에 불과하다)은 본질적으로 여죄수사가 아닌 cold hits를 의
도하여 행하여지는 개인식별자료 간 이동여부 판단절차(소위 police booking
procedure)에 불과하다. 따라서 영장주의원칙 위반이라는 지적은 타당하지 않다
(이는 수형인의 경우도 동일하다). 즉, 수사실무에서 입건된 피의자의 지문대조작업
을 통한 신원확인과정에서 우연히 과거 다른 범죄사실이 발각되는 사례와 본질
적으로 다르지 않다.32) 그럼에도 불구하고 여죄수사와 같은 맥락에서 파악하여

이뤄진 것이다…. 이는 DNA 영장발부의 요건인 범죄의 중대성과 재범의 위험성에 대한
판단을 법원이 아닌 수사기관과 개인에게 내맡기는 셈이어서 매우 심각한 문제"라고 지적
했다., "서기호, 범죄자 DNA 채취, 99.6% 무영장", NEWS 1, 2013. 7. 11, http://news1.
kr/articles/1233683.

32) 이성기·한면수, 전게논문, 8-9면; 헌법재판소는 입건 시 피의자에 대하여 지문날인을 요
구하고 이에 불응하는 때는 형사 처벌하도록 한 경범죄처벌법 제1조 42호와 관련한 위헌
심판청구사건에서 모든 수사절차에서 이루어지는 모든 강제처분에 영장주의를 관철한다는
것은 불가능할 뿐만 아니라 비현실적이고, 지문은 형사사법절차에서 정확한 피의자 등에
대한 정확한 신원확인이 갖는 의미와 중요성을 고려할 때, 이를 강제하는 것은 충분히 공
익적 필요성이 있는 반면 이로 인하여 침해되는 사익은 통상 수인할 수 있는 범위로 극히
제한되며, 날인거부에 따른 형사 처벌과정에서 법관에 의한 판단절차가 개재됨으로써 영장
주의원칙은 관철된 것으로 해석할 수 있는 점 등에서 합헌으로 판단한 바 있다. 특히, 이
사례에서 입건과정에서 날인된 지문의 기능으로 피의자의 신원확인과 더불어 범인검거에
효과적임을 들고 있지만, 이로 인하여 지문날인의 성격을 수사로 파악하지는 않고 있음은
분명하다. 헌재 2004. 9. 23. 2002헌가17결정, "이 사건 법률조항은 경찰공무원이나 검사
등 수사기관이 달리 피의자로 입건된 사람의 신원을 확인할 방법이 없을 때 정당한 이유
없이 지문채취를 거부할 수 없도록 함으로써 피의자의 신원확인을 원활하게 하고 수사 활
동에 지장이 없도록 하기 위한 것이다. 수사상 피의자의 신원확인은 피의자를 특정하고 범
죄경력을 조회함으로써 타인의 인적 사항 도용과 범죄 및 전과사실의 은폐 등을 차단하고
형사사법제도를 적정하게 운영하기 위해 필수적이다. 피의자가 특정되지 않으면 수사에 이
은 소송 및 집행과정에서 피의자·피고인·수형자를 혼동하기 쉽고 절차의 진행이 원활하

무죄추정원칙이나 영장주의원칙에 위반된다고 해석하는 것은 다소 난센스다.[33]

게 이루어지지 않는다. 특히 경찰청이 제출한 자료에 의하면, 타인의 인적 사항을 도용한 사건이 한해 1,000건 이상 발생하며 매년 증가하는 추세(1999년 1,184건, 2000년 1,785건, 2001년 1,973건)임을 생각하면 범죄수사의 초기에 신속하게 피의자의 신원을 확인할 필요성이 점차 증가하고 있음을 알 수 있다. 범죄경력의 유무 역시 구속과 기소여부 및 형량을 결정하기 위한 주요한 요소이므로 수사절차에서 반드시 확인되어야 할 것들 중 하나라고 할 수 있다. (중략) 일단 채취된 지문은 피의자의 신원을 확인하는 효과적인 수단이 될 뿐 아니라 수사절차에서 범인을 검거하는 데에 중요한 역할을 한다. 범인이 범죄현장에 남긴 지문을 발견하고 채취하여 피의자 또는 관련자들의 지문과 대조하면 일반적으로 매우 해결하기 곤란해 보이는 사건을 간단하게 해결할 수 있는 적극적인 효과를 얻을 수 있고, 피의자의 지문이 현장의 지문과 일치하지 않는 경우 일단 수사대상에서 제외하여 수사대상을 좁히는 소극적인 효과를 얻을 수도 있다."; 유사한 취지의 결정예로 헌재 2005. 5. 26. 99헌마513 결정 참조.

33) 미국의 경우, 피체포자에 대한 DNA 데이터베이스 등록을 위한 시료제공강제에 대하여 기존 주 법원 및 연방하급심 판례가 견해가 나뉘었다. 합헌으로 판단한 예로, People v. Buza, 197 Cal. App. 4th 1424, 129 Cal. Rptr. 3d 753, modified, 2011 Cal. App. LEXIS 1149(Cal. App. Aug. 31, 2011); 반면, 위헌으로 판단한 판례로 United States v. Mitchell, 652 F.3d 387(3d Cir. 2011); 한편, 미연방대법원은 2013년 피체포자에 대한 DNA 시료제공의 강제와 DNA 데이터베이스 등록을 규정한 메릴랜드 주 법률에 대하여 합헌으로 판시한 바 있다. 동 사건은 중범죄혐의(1급 및 2급 상해혐의)로 체포된 피의자의 DNA profile을 데이터베이스화하도록 한 메릴랜드 주 법률과 관련한 사례로, 상해혐의로 피체포된 피의자의 DNA pofile을 데이터베이스자료와 대조하면서 과거 미결사건인 강간살인사건의 용의자와 일치한 점이 확인된 것이 문제된 사안이다. 미연방대법원은 DNA profile에 필요한 샘플의 채취는 피체포되어 유치장 등에 수감된 피의자에 대한 사진촬영이나 지문채취와 같이 통상적인 신원확인에 필요한 절차(legitimate police booking procedure)에 불과하고, 샘플채취과정에서 발생할 수 있는 신체적 침해 역시 극히 경미하며, 이미 영장, 기타 체포에 필요한 충분한 범죄혐의 및 기타 요건이 갖추어진 상태로, 이 경우 피의자의 신원확인 및 수사를 위해 DNA profile을 통한 개인 식별은 중요하고 필요한 수사방법으로, 이를 통해 초동 수사단계에서부터 무고한 피체포자에 대한 혐의해소와 함께 폭력적 중범죄자로부터 사회를 보호할 수 있는 효과적 수단이 될 수 있음에서 메릴랜드 주 법률을 합헌으로 판단한 바 있다. 다만, 주의할 점은 메릴랜드 주 법률은 폭력적 중범죄로 샘플채취범위를 한정하고, 샘플이 채취된 경우에도 기소사실인부절차 종료 전까지 분석된 DNA profile의 데이터베이스화가 보류되며, 만일 무죄판결이 확정된 때는 데이터베이스화된 자료 및 샘플이 삭제, 폐기되도록 규정한 점에 주의할 필요가 있다. Maryland v. King 569 U. S. ____ (2013), "In light of the context of a valid arrest supported by probable cause respondent's expectations of privacy were not offended by the minor intrusion of a brief swab of his cheeks. By contrast, that same context of arrest gives rise to significant state interests in identifying respondent not only so that the proper name can be attached to his charges but also so that the criminal justice system can make informed decisions concerning pretrial custody. Upon these considerations the Court concludes that DNA identification of arrestees is a reasonable search that can be

아울러, 영장주의원칙의 위반을 주장하는 견해는 사법경찰(범죄수사)과 행정
경찰작용(질서유지와 위험예방, 제지)을 구분하는 기존 시각(구별론)에 기반한다.
그러나 구별론은 영장주의 등 사법경찰작용에 대한 엄격한 사법적 통제로부터의
회피현상과 행정경찰작용에 대한 사법적 통제의 공백을 야기할 수 있다.[34] 오히
려 이를 구분하지 않고 동일한 법집행작용(law enforcement형 경찰작용, 구별부인
론)으로 파악하고 영장주의원칙 등을 공권력 일반에 대한 사법적 통제장치로 파
악하는 것이 시민의 기본권보호에 보다 효과적이다.[35] 이러한 구별부인론적 시
각에서 본다면 영장주의원칙에 반드시 특정한 범죄혐의를 전제시킬 필요는 없으
며, 그 목적이 범죄예방에 있더라도 시료채취와 분석, 데이터베이스 등록으로 이
어지는 일련의 과정에서 야기될 수 있는 과도한 기본권침해를 사전에 합리적 수
준으로 포섭, 통제하기 위한 장치로, DNA 데이터베이스법이 정한 시료채취와
관련한 영장의 성격을 파악할 수 있다.

---

considered part of a routine booking procedure. When officers make an arrest
supported by probable cause to hold for a serious offense and they bring the suspect
to the station to be detained in custody, taking and analyzing a cheek swab of the
arrestee's DNA is, like fingerprinting and photographing, a legitimate police booking
procedure that is reasonable under the Fourth Amendment.", http://supreme.justia.com/
cases/federal/us/569/12-207; 한편, 피의자의 지문채취가 문제된 사안에서 미연방대법원은
지문채취는 피체취자인 피의자의 프라이버시에 대하여 상대적으로 극히 미미한 수준의 침
해에 불과하여 통상 수사사무절차에서 허용될 수 있다고 판시한 바 있다. 즉, 단지 지문채
취만으로 제공되는 정보는 개인식별 내지 동일인 판단자료를 제공함에 그치고, 피의자신
문, 기타 조사와 달리 개인의 사생활에 관한 상세한 사항이나 내면의 생각을 파악할 수 있
는 것은 아니라는 것이다. Davis v. Mississippi, 394 U.S. 721 (1969); 末井誠史, "DNA型デ
—タベ—スをめぐる論點", レファレンズ, 國立國會圖書館調査及 び立法考査局, 2011. 3,
17-18頁.
34) 국제우편물을 통한 마약밀수가 문제된 사례에서 세관원이 영장없이 우편물을 개봉하거나
시료채취, 성분분석하거나 이를 수사기관에 인계하여 소위 controled delivery를 통해 수취
인인 피의자를 검거한 경우, 우편물의 개봉 등 행위를 행정조사로 보아 압수수색영장이 불
요하고, 이를 수사기관에 인계한 것은 임의제출에 해당하여 역시 영장을 요하지 않는다고
판단한 판례의 태도는 바로 이러한 시각을 반영한 것으로 볼 수 있다. 대법원 2013.9.26.
선고 2013도7718 판결.
35) 山本晶樹, "行政警察作用と司法警察作用" 中央学院大学 法学論叢 第14卷 第12号(通卷 第
25号), 2001, 245-247頁.

2) 영장주의 및 적법절차원칙과의 갈등

현행 DNA 데이터베이스는 시료채취 후 프로파일 분석, 데이터베이스 등록, 검색으로 이어지는 과정에서 최초 대상자가 시료채취에 동의하지 않는 단계에서 영장을 요구하는데, 이 경우 영장의 효력은 시료채취 및 이후 전제 과정을 일괄하여 미치는 것으로 프로파일 분석이나 데이터베이스 등록, 검색에 별도 동의나 영장을 요하지 않는 것으로 해석할 수 있다.

이에 대하여 시료채취(대상자 소유의 물건에 대한 압수)와는 별개로 DNA 프로파일 분석은 압수된 시료에 내재된 정보를 획득함으로써 프라이버시를 침해하고, 이후 데이터베이스에 등록, 검색과정에서 등록대상자 이외 다수인의 프라이버시가 침해되는 점에서 각기 별도의 영장이 요청된다고 반론을 제기할 수 있다. 따라서 이를 결여한 현행법은 영장주의원칙과 적법절차원칙에 위반된다는 것이다.

이러한 견해는 시료(property)와 그 분석한 결과인 프로파일 정보(privacy information)는 각기 그 성격을 달리하고 데이터베이스에 등록된 각 프로파일 정보의 주체가 다르며, 등록된 이후에도 지속적으로 검색을 통해 프라이버시가 노출되는 점, 나아가 보다 본질적으로 DNA는 단순히 개인 식별정보만이 아니라 해당 주체의 성별, 인종, 신체적 특징이나 병력, 유전학적 정보나 지리적 연고, 생물학적 혈연관계 등 다양한 인구사회학적 정보에 대한 추론을 가능하게 함으로써 통상의 프라이버시와 차원을 달리한다는 논리(이른바 genetic privacy)를 배경으로 한다.[36]

소위 junk DNA와 관련한 논란과(이 점에 대하여는 후술한다)[37] 함께 통상 비

---

36) Albert E. Scherr, "Genetic Privacy & the Fourth Amendment : unregurated surreptitious DNA Harvesting", 47 Ga. L. rev. 445, 2013, pp. 459-476.
37) 참고로 독일연방헌법재판소는 2000년 DNA 감정법(DNA Identiatsfest- stellungsgezetz)이 정보적 프라이버시 침해여부와 관련하여, DNA데이터베이스에 활용되는 자료의 성격이 DNA 중 유전정보가 포함되어있지 않은 비코드화부분을 대상으로 하는 점에서 지문과 유사성이 인정되고, 당해 개인의 유전적 성질, 성격, 질환 등 인격적 프로파일을 귀납적으로 추론하는 것이 불가능한 한, DNA데이터베이스가 반드시 절대적으로 보호되어야 할 인격의 핵심영역에 관련하는 것은 아니라고 하여 합헌으로 판단하였다. BVerfGE 103, 21, Beschluss der 3. Kammer des Zweiten Sents vom 14. Dezember 2000.

교대상이 되는 지문에 비교하여 시료로부터 분석될 수 있는 정보의 질과 양에서 분명 genetic privacy는 한층 강한 보호가 요구된다는 설명은 상당한 매력적이다 (특히, 이 견해에 의하면 시료채취(압수) 외에 프로파일 분석(감정 또는 압수수색)이나 분석된 프로파일 정보의 데이터베이스 등록과 검색(수색)도 강제수사처분으로 파악될 수 있다).

그러나 DNA 데이터베이스법은 프로파일 정보 등록 후 시료를 파기하고(법 제16조) 등록된 프로파일 정보는 개인식별정보에 국한되며(법 제2조 3호), junk DNA에 대한 논란에도 불구하고 등록된 프로파일 정보의 오남용을 포함하여 실제 유전정보 등의 노출이 문제된 사례가 보고된 바 없음에서 위 주장의 설득력은 감소된다. 또한 대법원이 음주운전으로 인한 교통사고로 의식을 잃은 피의자로부터 동의 없이 혈액샘플을 획득한 사례에서 혈액채취를 압수행위로 포착하고 이후 단순히 음주사실과 혈중알코올농도 외에 DNA와 유사하게 의료정보 등을 제공할 수 있는 혈액샘플의 분석과정에 별도의 영장을 요구하지 않는 것으로 판시한 예가 있으며,[38] 통신비밀보호법이 제정되기 이전, 도청 관련 수사실무에서 압수수색영장이 활용되었던 것은 물론 헌법이 신체의 자유와 관련한 제12조 제3항에서 압수수색에 대한 제한을 명시함으로써, 압수수색에 의하여 침해되는 기본권에 물건(property)에 재산권만이 아니라 프라이버시도 포섭하여 해석할 수 있다. 비교사례로 미연방대법원이 Katz v. United States(1967)사건을[39] 통해 미연방헌법 수정 제4조의 불합리한 압수수색으로부터 보호될 권리를 해석과 관련하여 기존 재물 내지 장소에 대한 물리적 침해로부터 개인의 프라이버시에 대한 침해에 대한 보호로 그 패러다임을 전환하여 그 적용범위를 확장한 뒤 이러한 태도를 일관하는 점에서도 동일한 견해를 찾아볼 수 있는데,[40] 일단 시료채취를 통해 프라이버시에 대한 침해는 일괄하여 완결되어, 이후 프로파일 분석이나 데이터베이스 등록, 검색을 별도의 프라이버시 침해로 포착할 필요는 없는 것으로[41] 해석할 수 있다. 결국 시료제공 과정에서 대상자의 동의나 영장이 전제되

---

38) 대법원 2012.11.15. 선고 2011도15258 판결.

39) Katz v. United States, 389 U. S. 347(1967).

40) 가령 Kyllo v. United States, 533 U.S. 27, 34(2001).

41) Boroian v. Mueller, 616 F.3d 60, 67 (1st Cir. 2010); State v. Hauge, 79 P.3d 131, 141－42 (Haw. 2003), "The defendant's privacy interest in his blood and hair terminated

었다면, 이후 DNA 프로파일 분석이나 분석된 정보의 데이터베이스 등록 및 검
색에 대하여 별개의 동의나 영장이 요구되지 않는 것으로 이해할 수 있다.

3) 시료 및 등록된 DNA 프로파일 정보의 파기

프로파일 분석 및 데이터베이스 등록 후 시료보존 여부에 대하여, 수사기관
이나 법과학자들은 분석결과의 신뢰성 검증, 분석기술 발전에 따른 보완, 법과학
은 물론 의학 등 학문적 연구의 활용가치를 고려할 때, 시료보존이 필요함을 역
설한다.[42] 이를 지지하는 실무적 견해도 있다.[43] 상당수 입법례가 시료보존 또
는 폐기에 관한 명시적 규정을 두지 않은 상태에서(보존된 시료의 활용목적도 불분
명한 경우가 있다) 관행적으로 시료를 보존하기도 하는 예도 있고[44] 보존을 명시
적으로 규정한 입법례도[45] 있다.

시료보존의 필요성은 나름 타당성이 있다. 보존목적을 의료, 학술연구, 데이
터 검증 등에 제한하면, 유전정보의 노출 등 무분별한 프라이버시 침해도 일정
부분 제어할 수 있기 때문이다. 그러나 보존된 시료의 활용목적을 제한하는 것
이 완벽한 수단은 아니다. 가령 유전적 특성과 범죄와의 상관성에 관한 연구를
학술적 내지는 의료적 연구목적으로 이해할 수 있는가? 최근 연구사례에 의하면,
인종, 신체적 특징 등에 관한 일정한 식별력 내지 예측력을 갖는 특정 marker에
관한 DNA 프로파일 분석기법 개발시도가 보고된 예도 있으며,[46] 이를 연쇄살인

---

at the time the sample was obtained pursuant to a lawful search and seizure."; People
v. King, 663 N.Y.S.2d 610, 614 (App. Div. 1997), "Privacy concerns are no longer
relevant once the sample has already lawfully been removed from the body ····."; David
H. Kaye, "DNA Database Trawls and the Definition of a Search in Boroian v. Mueller",
97 Va. L. Rev. In Brief 41, 2011, p. 45.

42) Robin Williams & Paul Johnson, Inclusiveness, Effectiveness and Intrusiveness: Issues in
the Developing Uses of DNA Profiling in Support of Criminal Investigations, 34 J. L.
Med. & Ethics 234, 2006, p. 234.

43) Johnson v. Quander, 440 F.3d 489, 499−500 (D.C. Cir. 2006).

44) Sonia M. Suter, op. cit., pp. 336−337.

45) 예를 들어, 데이터베이스의 상관성검증, 유전적 질병의 예방, 학문연구 및 의료연구와 기술
발전에의 활용 등에 제한하여 샘플보존을 명시한 예로, Ala. Code § 36−18−31(b)(3); 학
술연구 등 제한적 목적에 한정하여 신원미확인의 DNA profile자료와 관련 샘플만 보존하
도록 한 예로, Mich. Comp. Laws Ann. § 28.176.

46) National Institute of Justice, The Future of Forensic DNA Testing : Predictions of the

사건과 관련하여 실제 범죄수사에 활용한 예는[47] 시료보존에 따른 프라이버시 침해 우려가 현실적 문제로 얼마든지 전환될 수 있음을 보여주고 있다. 따라서 프로파일 분석 및 데이터베이스 등록 후 시료를 폐기하는 한국의 현행 입법례는 합리적이라고 생각된다.

다만, 현행법에는 사후파기 요건과 절차가 규정되어 있지만, 등록된 정보의 보존기간이 지나치게 길다는 점은 문제가 될 수 있다. DNA 데이터베이스법의 입법목적과 정당화 논거인 범죄예방효과를 염두에 둔다면, 더 이상의 범죄예방 효과를 기대하기 어려운 경우에는 해당 정보를 파기하는 것이 입법취지에 보다 합치한다.[48] 이와 관련하여 앞서 소개한 독일의 입법례가 참고가 될 수 있을 것이다.[49]

3. 소위 Genetic Privacy와 Junk DNA

DNA 프로파일링 및 DNA 데이터베이스는 분명히 프라이버시 침해적 요소를 내포하고 있다. 다만 DNA와 관련한 프라이버시 침해는 여타의 경우와 속성을 달리한다. 단순히 DNA를 담고 있는 시료에 대한 물적 지배권(physical privacy)에 대한 침해만 아니라, 시료에서 추출되는 DNA에 내재된 개인의 정보에 대한 지배권(informational privacy)이 보다 중요한 침해대상이 될 수 있고, 내재된 정보의 질과 양이 다른 매체와 비교할 수 없을 정도로 방대하고 정교하다는 점에서 차이가 있다. 아울러, 그 정보적 내용이 개인의 인격은 물론 보다 본질적으로 생명과 인간의 존엄성과 직결할 수 있음에서(dignity privacy), 프라이버시 보호와 관련하여 여타 대상과는 구별된다(소위 genetic privacy). 따라서 DNA

Research and Development Working Group 14−15, Nov. 2000, p. 61.
47) Nicholas Wade, Unusual Use of DNA Aided in Serial Killer Search, N.Y. Times, June 3, 2003, at A28.
48) 이호중, 전게논문, 257면.
49) 독일형사소송법 제81조a 3항(StPO §81a (3)) 참조.
    (3) Dem Beschuldigten entnommene Blutproben oder sonstige Körperzellen dürfen nur für Zwecke des der Entnahme zugrundeliegenden oder eines anderen anhängigen Strafverfahrens verwendet werden; sie sind unverzüglich zu vernichten, sobald sie hierfür nicht mehr erforderlich sind.

분석이 이루어진 시료의 주체가 그에 대한 물적 지배권을 포기한 경우라도 여전히 프라이버시의 보호가치성이 인정될 수 있고(fallacy of abandonment or out of body doctrine), 제한된 목적에 한정하여 프라이버시를 포기하는 것도 곤란하다(fallacy of limited use of information).[50]

　이러한 논리에서 접근한다면, DNA 분석을 위해 시료를 제공받는 경우만이 아니라, 이후 DNA 분석과 데이터베이스 등록, 검색에 이르는 모든 과정에서 개별 영장이 필요한 것, 범죄현장에 유류되거나 용의대상자가 임의로 버린 시료에 대한 DNA 분석에도 영장이 필요하다는 결론으로 귀결된다.

　이와 함께 2003년 9월 기존의 Human Genome Project에 이어서 시작된 US National Human Genome Research Institute의 주도로 진행된 ENCODE (The Encyclopedia of DNA Elements) project의 연구결과가 2012년 주요 학술지에 발표되었다. 발표된 연구결과 가운데, 기존에 인간 DNA 가운데 유전적 기능을 수행하거나 정보를 담고 있는 부분은 3~8% 정도에 불과하고 나머지는 이른바 junk DNA에 불과한 것으로 이해하는 것은 잘못된 것으로, junk DNA에 해당하는 부분을 포함하여 DNA의 80%에 해당하는 상당 부분이 일정한 기능을 수행(biochemical function)한다고 발표함으로써,[51] 관련 분야에서 상당한 논란을 야기한 바 있다. 이러한 연구결과에 근거한다면 genetic privacy와 관련한 위 접근 방식은 매우 설득력 있다.

　종래 DNA 프로파일링 및 DNA 데이터베이스에 내재된 프라이버시 침해위험이 그리 높지 않고, 합리적 범위에서 프라이버시 침해를 제한할 수 있다는 시각은 그 분석목적이 개인식별에 제한되고, 분석을 통해 산출되는 정보 역시 이전 세대의 지문과 같이 개인식별에 한정된 의미만을 갖는 염기배열패턴에 관한 것일 뿐으로, 유전적 정보, 기타 어떠한 형태라도 해당 주체의 인격적, 사회학적 요소에 대한 추론이 가능한 정보는 포함되어 있지 않다는 점에 근거한다. 동시

---

50) Albert E. Scherr, op. cit., pp. 459−510.

51) Ginka Kolata, "Bits of Mystery DNA, Far From 'Junk,' Play Crucial Role", N.Y. Times, 2012. 9. 5, http://www.nytimes.com/2012/09/06/science/far−from−junk−dna−dark−matter−proves−crucial−to−health.html?pagewanted=all&_r=0(204. 5. 28); T. Ryan Gregory, "The ENCODE media hype machine", Genomicron. 2012. 9. 6, http://www.genomicron.evolverzone.com/2012/09/the−encode−media−hype−machine/(2014. 5. 28).

에 기술적 측면에서도 분석에 활용된 부분은 유전정보를 담거나 기능하지 않는 부분(intron, junk DNA)에 해당하여, 무분별한 프라이버시 침해는 원천적으로 불가능하다고 설명해 왔다. 그러나 앞서 연구결과에 의하면 이러한 전제에 본질적으로 의문이 제기되지 않을 수 없다.

이와 관련하여, ENCODE project와 관련하여 분자생물학 등 관련 분야의 전문가들 싱딩수는 동 발표내용은 DNA에 내재된 기능(biological function)에 대한 개념적 혼동에서 기인한 것일 뿐, 여전히 DNA의 거의 대부분은 유전적 기능을 수행하지 않는 것으로 이해하고 있다. 즉, DNA의 생물학적 기능은 진화적 차원에서 다양한 유전형질 가운데 특별히 어느 한 형질이 후세대에 전달된다는 선별효과(selected effects)와 어떤 특정 유전형질이 일정한 생화학적 기능을 수행한다는 원인적 역할(causal role)의 두 가지 의미를 내포할 수 있는데, ENCODE project의 발표내용은 이 두 개념을 혼동한 것으로, 여전히 DNA의 대부분 즉, 기존에 개인 식별을 위한 법과학적 분석대상이 되고 있는 marker와 관련하여서는 선별효과(selected effects)적 기능은 수행하지 않는다.[52]

결국, 현재의 DNA 분석기술은 염기배열순서와 길이 간 다형성에 착안하여 특정 marker를 비교하는 것일 뿐, 동 marker의 생물학적 기능과는 전혀 관계가 없다. 더 나아가 DNA 데이터베이스의 경우, 등록되는 프로파일 정보를 개인식별 목적으로 명시하여 한정하고 있을 뿐만 아니라, 현행법이 DNA 프로파일 분석 및 등록 후에 시료를 폐기하도록 함으로써, 유전정보 등에 대한 접근을 차단하고 있다(다만, 데이터베이스 등록을 목적으로 하지 않는 통상의 수사과정에서 획득된 시료와 분석된 DNA 프로파일 정보의 관리 등에 대해서는 현행 DNA 데이터베이스법에 특별한 규정을 두고 있지 않은데, 독일형사소송법 제81조a 등의 예를 고려하여 입법론적으로 검토할 필요가 있다).

---

52) Pierre L. Germain, Emanuele Ratti, Federico Boem, op. cit., pp. 5−14; Ford W. Doolittle, "Is junk DNA bunk? A Critique of ENCODE", PNAS Vol. 10 No. 14 , April 2, 2013, pp. 5296−5300.

4. DNA 데이터베이스의 범죄예방효과

　DNA 데이터베이스 도입, 운용이 정당화되는 논거의 하나로 강력범죄에 대한 효율적인 수사와 함께 범죄예방효과도 들고 있고, 이를 현행법도 입법목적에서 명시하고 있다. 아직까지 한국에서 이와 관련한 실증적 연구사례나 통계가 보고된 바 없는데, 미국의 경우, 지난 2011년 Stanford Institute for Economic Policy Research에서 관련 실증연구결과를 발표한 바 있다.[53]

　데이터베이스의 팽창과 범죄율 간의 상관관계를 비교하는 방식으로 이루어진 동 연구결과에서, 데이터베이스 등록된 범죄자가 등록되지 않은 범죄자에 비하여 재범률이 더 높다는 점을 확인하였다. 이를 통해 DNA 데이터베이스는 당초 기대하는 범죄예방효과보다는 재범자의 검거율 상승에 더 높은 기여를 하는 것으로 추론될 수 있다고 한다. 아울러, 데이터베이스 규모가 커질수록, 특히 범죄현장에서 시료확보가 용이한 유형의 범죄와 관련하여 범죄 발생율이 감소하는 것으로 확인되었다(가령, 중죄에 해당하는 강력 범죄로 검거된 자에 한정하여, 연 평균 데이터베이스 규모가 평균 12% 정도 팽창함에 따라, 살인의 경우 3.2%, 강간의 경우 6.6%, 폭행 또는 상해의 경우 2.9%, 차량절도의 경우 5.4%로 발생율이 감소하는 것으로 확인됨). 다만, 새로운 범죄로 용의자를 검거할 가능성과 관련하여 데이터베이스 규모가 평균 50% 팽창할 때, 살인의 경우는 42.9%, 폭행 및 상해의 경우는 9.9%, 강도의 경우는 12.6%, 주거침입절강도의 경우는 7.7%, 절도는 2.4%, 차량절도는 6.1% 정도 하락하는 것으로 나타났고, 중죄에 해당하는 강력범죄로 검거된 자에 한정한 경우의 감소율은 살인은 10.3%, 폭행 및 상해는 2.4%, 강도는 3.0%, 주거침입절도는 1.9%, 절도는 0.6%, 차량절도는 1.5%로 파악되었다. 이처럼 초범의 경우, 데이터베이스 규모의 확장과 검거율 간에 특별한 상관성이 없는 것으로 파악되는데 이는 데이터베이스에 내재한 DNA 프로파일 정보가 등록된 자에 한정된 일종의 선별효과(selection effect)에 기인한 것으로 추정하였다.

　마지막으로 비용 대비 효과분석의 경우, 범죄에 따른 사회적 비용과 데이터베이스 운용에 따라 소모되는 비용을 비교할 때, 각 프로파일 정보가 데이터베

53) Jennifer L. Doleac, "The Effects of DNA Databases on Crime", SIEPR Discussion Paper No. 12-002, November 2011, pp. 22-24.

이스에 등록됨으로써 0.57건의 중죄에 해당하는 강력사건이 감소하고, 이를 비용으로 환산하면 대략 27,600USD으로 사회적 비용소모를 감소시키는 것으로 확인하였다. 이에 따라 결론적으로 DNA 데이터베이스가 여타 수사기법에 비하여 가장 효율적인 수사방법임을 밝힌 바 있다.[54]

독일에서도 범죄통계를 근거로 국내 범죄 발생율은 점차 낮아지고 있는 반면 검거율은 점진적으로 상승하고 있는 것으로 파악되는데, DNA 분석에 의하여 범죄자가 검거될 리스크가 높아지고 있다는 점이 자각되는 것은 물론 극히 해결이 곤란한 중대범죄사건이 해결되었던 것으로 볼 때, DNA 프로파일링 및 데이터베이스가 일정한 효과를 갖는 것으로 추정한 예가 있다.[55]

표 4-1   DNA 데이터베이스 등록현황

연 도	합 계	수형인 등	구속피의자	현장증거물
2010. 7 ~ 12	20,747	10,184	5,306	5,257
2011. 1 ~ 12	44,942	21,481	10,495	12,966
2012. 1 ~ 12	39,695	16,375	9,517	13,803
2013. 1 ~ 9	31,364	14,071	6,263	11,030
합 계	136,748	62,111	31,581	43,056

표 4-2   DNA 데이터베이스에 의한 신원확인실적

구분	합계	방화실화	살인	약취유인	강간추행	강도	특수절도 등	폭력행위	특가법	성폭력	마약	청소년성보호	기타
검찰	1,244	6	5	0	182	45	839	20	3	45	18	1	80
경찰	1,906	10	21	0	385	166	1,119	28	9	78	18	1	71
합계	3,150	16	26	0	567	211	1,958	48	12	123	36	2	151

한국의 경우 DNA 데이터베이스가 도입, 시행된 지 약 5년이 경과된 것에 불과하고 데이터베이스 규모도 제한적이어서, DNA 데이터베이스의 범죄예방효

---

54) http://www.bbc.com/news/uk‒21198259.

55) 玉蟲由樹, 前揭論文, 6頁.

과를 실증적으로 검증하기는 어렵다. 다만, 그간 운용실적으로 지난 2010년부터 지난 2013년 9월까지 DNA 데이터베이스 등록현황과 신원확인실적을 살펴보면 [표 4-1] 및 [표 4-2]와 같다.

5. DNA 데이터베이스와 가계검색(Familial Search)

1) 가계검색의 개념

개인식별을 위한 DNA 프로파일 분석은 세포핵 내 염색체로부터 추출된 DNA 내에 유전정보를 담고 있지 않는 부분(계재배열(intron)이라 하는데 흔히 junk DNA로 지칭된다)에서 염기배열이 일정순서로 반복된 지역(variable number tandem repeats, VNTRs)의 길이(length polymorphism)나 순서(direct DNA sequencing polymorphism)에 개체 간 다형성이 있음을 이용한다. 인간 염색체는 마지막 성염색체를 포함하여 모두 23쌍(46개)으로 각각에서 추출된 DNA의 염기배열 반복구간 가운데 가장 다형성이 높은 특정 유전 좌위(locus)를 선별(DNA marker)하여 비교함으로써 동일인 여부를 확인한다.

현재 한국은 물론 미연방수사국을 포함한 대부분 국가의 수사기관이나 실험실은 DNA복제를 인공적으로 반복하는 PCR공정과 함께 STRs marker를 분석하는 데 활용하고 있다. STRs는 유전정보를 담지 않으면서도 돌연변이가 빈번히 발생하여 유전적 특성을 상당 부분 공유하는 혈연관계가 있는 개체 간에도 충분한 다형성을 유발하고, 과거 프로파일 분석에 활용되었던 RFLP marker와 비교할 때 염기배열반복구간이 극히 짧아 복제(PCR공정)에 유리하여, 범죄현장에서 확보되는 시료의 양이 충분치 못하거나 손상된 경우에도 분석할 수 있어, 법과학적 개인식별 분야에서 상당한 메리트를 갖는다.[56]

미국의 CODIS나[57] 한국의 DNA 데이터베이스는 13개 유전 좌위(26개의 대

---

56) David H. Kaye, The Double Helix and The Law od Evidence(Cambridge, Massachusetts: Harvard University Press, 2010), pp. 187–189.

57) CODIS 프로파일 간 비교대상이 되는 13개 유전 좌위(CODIS core loci)는 다음과 같다. CSF1PO, FGA, THO1, TPOX, VWA, D3S1358, D5S818, D7S820, D8S1179, D13S317, D16S539, D18S51, D21S11. http://www.fbi.gov/about–us/lab/biometric–analysis/codis/codis–and–ndis–fact–sheet(2014. 1. 27).

립형질(allele)을 갖는다)를 비교하여 모두 일치하는 경우(perfect match)에는 동일
인으로 판단하는데, 비교대상의 모든 유전 자위가 일치함에도 동일인이 아닐 가
능성은 극히 낮다. 만일 검색결과 부분일치(partial match)인 경우, DNA 역시 선
대로부터 후대로 유전되는 점에서 비교가 이루어진 프로파일 간 일치도가 높을
수록(보다 많은 비교대상 유전자위의 대립형질이 동일한 것으로 판단될수록) 보다 밀
접한 혈연관계(biological relatives)가 있음을 추정할 수 있고 혈연관계를 갖지
않는 비교대상 간에서 보다 높은 일치범위를 관찰할 수 있다.58) 가계검색은 바
로 이점에 근거한다.

　　일반적으로 가계검색은 범행현장에서 확보된 시료로부터 분석된 프로파일
을 데이터베이스에 비교검색한 결과, 혈연관계로 추정할 수 있는 강력한 부분일
치가 확인된 경우, 부분일치에 해당하는 데이터베이스 등록된 자가 일종의 정보
제공자(genetic informant)가 되어 그와 혈연관계에 있는 친족들을 대상으로 수사
대상을 확대(친족들로부터 확보한 시료에서 분석된 프로파일을 범행현장 시료로부터
분석된 프로파일과 비교하여 그 가운데 완전히 일치하는 자를 범인으로 판단)하는 형태
의 수사기법을 의미한다(direct familial search, 그림 4-2 참조). 부분일치의 분석결
과에 근거하여 데이터베이스 내 보존된 프로파일에 해당하는 자의 신원, 범죄경
력 등 인적 정보에 수사기관이 접근하여 그 자를 일종의 회전축(pivot, genetic
motifs)으로 범죄경력도 없고 특별한 혐의도 없는 친족으로 수사대상으로 전환하
거나 기존 수사대상을 압축할 수 있도록 한다. 이외에 이미 혐의대상을 선별, 파
악하였지만 DNA 프로파일 분석에 필요한 시료채취에 필요한 압수수색영장을
받을 수 있는 정도로 혐의가 구체화되지 않은 경우에 혐의대상자의 친족으로부
터 확보된 시료를 분석하여(경우에 따라서는 친족의 동의를 받아서 시료가 확보되기
도 하지만 대부분 사례는 우연히 버린 담배꽁초나 타액 등을 영장없이 확보하여 분석에
활용한다(소위 우회적 압수수색, surreptitious search & seizure)), 범행현장에서 확보
한 시료에서 분석된 프로파일과 비교한 뒤, 부분일치 결과가 확인되면(이 경우,
부계유전 Y염색체 DNA marker(Y-STRs)나 모계 유전되는 미토콘드리아 DNA(mtDNA)
marker를 추가적으로 활용할 수 있다), 이후 이를 근거로 압수수색영장을 발부받아

---

58) Henry T. Greely et. al., "Family Ties : the Use of DNA offender Databases to Catch
　　Offenders' kin", 34 J. L. Med. & Ethics 248, 2006, p. 251.

(다만, 부분일치 검색결과를 통해 영장발부 요건이 충족될 수 있는지는 불명확하다)[59] 범행현장에서 획득한 용의자의 프로파일과 비교, 완전히 일치하는 경우 범인으로 검거하는 형태(indirect familial search)도 가계검색에 포함시키기도 하는데,[60] 역시 부분일치 검색결과를 수사에 활용하는 점에서 공통으로 한다.[61]

  그림 4-2 가계검색(familiar search)을 활용한 범죄수사 예

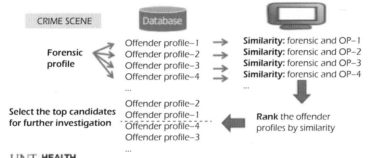

---

59) 미국의 경우, 실무적으로는 부분일치 검색결과를 수사대상인 된 친족 등에 대한 DNA 시료 채취를 강제하기 위한 영장발부 요건(probable cause)으로 활용하고 있다. 그러나 DNA 데이터베이스에 등록되기 위해서는 체포되거나 유죄확정판결을 받을 것을 요하는 점에서 이미 상당한 범죄혐의가 입증된 것을 전제하는 점에서 부분일치 검색결과를 활용하는 것은 이미 데이터베이스의 도입목적과 상충하는 것은 물론 부분일치 프로파일에 해당하는 자와 친족 관계에 있는 자에 대하여 시료채취를 위한 압수수색요건으로는 충분치 못함을 지적하는 견해가 있다. Natalie Ram, "The Mismatch Between Probable Cause and Partial Matching", 118 Yale L.J. Pocket Part 182, 2009, pp. 182−183; Erin Murphy, Relative Doubt: Familial Searches of DNA Databases, 109 Mich. L. Rev. 291, 2010, pp. 345−346.
60) Mark A. Rothstein & Meghan K. Talbott, "the Expanding Use of DNA in Law Enforcement: what role for privacy?", 34 J. L. Med & Ethics 153, 2006, p. 156.
61) 이외에 처음부터 부분일치 검색을 목표로 하였는지를 기준으로 delate partial match search와 fortuitous partial match search로 구분하는 견해도 있지만, 검색결과의 이후의 활용방식은 차이가 없음에서 이러한 구분은 큰 의미가 없다. Sonia M. Suter, op. cit., p. 325.

다만, 부분일치가 곧바로 비교대상 프로파일 간 혈연관계가 있음을 의미하지는 않는다. 가령 전혀 혈연관계가 없는 경우에도 6~7개의 대립형질이 동일할 수 있고 이 수준은 4촌 이상의 친족관계에서도 관찰될 수 있다. 또한 미국의 CODIS를 대상으로 한 조사결과에서도, 부모와 자식 간에 최소 13개 대립형질을 공유하는데,[62] 개체 간 공유가능성이 높은 몇몇 대립형질을 고려한다면 14~16개 정도의 대립형질에서 일치하며,[63] 형제 간에는 이론적으로 일치하는 대립형질이 제로일 수도 있지만 보통 16~17개 대립형질에서 일치하는 것으로 관찰되어 오히려 부모자식 간보다 높은 일치도를 보인다. 그러나 CODIS에서 13개 이상 대립형질에서 일치할 가능성은 약 3% 이상에 달하여,[64] 부분일치 검색결과를 통해 혈연관계를 추론한다는 것은 통계적으로 극히 부정확한 것으로 지적하기도 한다.

반면, 비교대상인 각 대립형질의 발현빈도는 일반적이지 않으며 각기 일치 가능성에 영향을 줌으로써, 각 유전 자위에서 가장 식별력이 높은 대립형질을 갖는 사람이 우연히 비교대상 유전 자위별로 일치하는 하나의 대립형질을 갖는 사람과 조우하게 될 확률은 1/10의 28제곱 정도이며, 반대로 가장 일반적인 대립형질을 갖는 경우를 상정하더라도 1% 정도에 불과한데, CODIS에서도 적정규모의 부분일치가 나타날 수 있는 통계적 가능성을 검증한 분석결과는 상당히 많이 있지만 이를 공개하지 않아 부분일치 검색결과의 부정확성에 대한 의문을 적절하게 해소하지 못하는 측면이 있다는 견해도 있다.[65]

---

62) 보통 CODIS를 기준으로 할 때, 비교대상이 되는 13개 유전 자위(CODIS core loci)에서 26개의 대립유전자(대립형질, Allele) 중 13개 이상이 공통하는 경우를 partial match 또는 near miss라고 한다. Daniel J. Grimm, Note, The Demographics of Genetic Surveillance: Familial DNA Testing and the Hispanic Community, 107 Colum. L. Rev. 1164, 2007, p. 1170.

63) Dane C. Barca, "Familial DNA Testing, House Bill 3361 and the Need for federal Oversight", 64 Hastings L. J. 499, 2013, pp. 509－510.

64) Henry T. Greely et. al., op. cit., pp. 252－253.

65) David H. Kaye, "Trawling DNA Databases for Partila Matchs : What is the FBI Afraid of?", 19 Cornell J. L. & Pub. Pol'y 145, 2009. pp. 158－164; Dane C. Barca, op. cit. p. 511; 캘리포니아 주의 가계검색 프로토콜을 사용하여 진행한 테스트에서 13 CODIS core loci를 기준으로 100만 건의 프로파일에 대하여 부분일치 검색을 실시한 경우, 아버지의 경우는 93%, 형제의 경우는 61% 정확히 식별하였고 15개 loci를 사용한 경우는 각기 96%, 72%의 수준으로 식별력이 높아진 것으로 파악되었다. S.P. Myers, et al., Searching for

이처럼 부분일치 결과에 대한 해석과 관련한 통계적 논란은 비교대상이 되는 각 유전 자위별 대립형질의 발현빈도 및 이것이 부분일치 결과에 미치는 효과가 아직 명확히 해명되지 못한 점에서 비롯되는 것으로, 기존 통상적인 DNA 프로파일 분석과 달리 가계검색에 의한 DNA 데이터베이스 활용은 아직 과학적으로 그 신뢰성이 충분히 확립되었다고 보기는 다소 어려운 면이 있다. 따라서 수사실무에 활용되기 위해서는 앞서 언급한 통계적 검증은 물론 부분일치 검색 결과에 대한 평가와 데이터베이스에 등록된 프로파일 정보에의 접근방식, 부분일치 검색결과를 산출하기 위한 소프트웨어 알고리즘의 신뢰성 등에 대하여 상당한 주의가 요청된다.

2) 가계검색의 문제점

가계검색기법은 특히 수사실무자들을 중심으로 지지받는데, 그 이유로, 기존 데이터베이스 검색결과 가운데 각 marker가 완전히 일치된 때에만 수사에 활용하는데, 부분일치까지 고려함으로써 DNA 데이터베이스 활용도를 극대화할 수 있으며 장기미제사건 등과 같이 혐의사실을 입증하거나 범인을 특정하기 위한 단서가 극히 제한된 사건의 해결에 상당한 도움을 줄 수 있음을 든다. 특히 이러한 실무적 지지는 DNA 프로파일의 우수한 식별력과 함께 교정시설에 수감된 재소자들 중 약 30% 정도에서 밀접한 혈연관계를 갖는 형제 등이 범죄경력을 갖고 있으며[66] 적어도 절반 이상에서 재소자들에게 범죄경력을 갖고 있는 친족이 있다는[67] 통계조사 등을 근거로 범죄경력이 있는 자와 혈연관계가 있는 집단 내에서 범죄발생률이 월등히 높다는 사실을 배경으로 한다.[68]

---

first−degree familial relationships in California's offender DNA database: Validation of a likelihood ratio−based approach, Forensic Sci. Int. Genet. 2010, http://www.fbi.gov/about−us/lab/biometric−analysis/codis/familial−searching(2014. 1. 27).

66) Gareth Cook, "Near Match of DNA Could lead Police to More Suspects", Boston Globe, 2006. 5. 12. http://www.boston.com/news/science/articles/2006/05/12/near_match_of_dna_could_lead_police_to_more_suspects/?page=full(2014. 1. 27).

67) Carl T. Hall, "Experts Suggest Expanding DNA Database : Adding Relatives Could Point to Suspects, They Say", San Francisco Chronicle, 2006. 5. 12. http://www.sfgate.com/bayarea/article/BAY−AREA−Experts−suggest−expanding−DNA−database−2535219.php.

68) Sonia M. Suter, op. cit., p. 322; Nathan james, op. cit. p. 28.

또한 현재 데이터베이스 내의 한정된 정보량을 새로운 프로파일 정보의 등록없이도 2~3배 이상 확장시키는 효과가 있기 때문에 cold hits rate를 상당 수준 높일 수 있는 점도 부가적 매력으로 들 수 있다.

그러나 문제점을 지적하는 견해도 있다. 첫째, 수사기법으로 가계검색의 유용성은 데이터베이스에 프로파일이 등록된 범죄자와 혈연관계 있는 자에 대한 검색범위를 과연 어디까지 확장시킬 수 있는가에 달려있다. 만일 극히 밀접한 부분일치로 검색조건을 강화한다면 신뢰성은 높아질 수 있지만 cold hits rate는 떨어진다. 역으로 검색조건을 완화하면 cold hits rate는 높일 수 있지만 신뢰성은 낮아질 수밖에 없어, 자칫 수사선을 잘못된 방향으로 유도할 위험성이 높아진다. 결국 문제는 적정수준의 신뢰성을 보장하면서도 cold hits rate를 높일 수 있는 검색조건을 설정하는 것인데, 이게 쉽지 않다.[69]

둘째, 데이터베이스의 일탈적 확장이다. 가계검색은 새로운 프로파일 정보를 등록하지 않고서도 사실상 검색범위를 확장하는 결과를 가져와, 궁극적 범죄자가 아닌 일반 시민도 데이터베이스 대상화하는 결과를 가져올 수 있다.

셋째, 가계검색과 관련하여 가장 민감한 문제일 수 있는데, 단지 혈연관계가 있는 친족 가운데 데이터베이스에 등록된 범죄경력자가 있다는 이유로 특별한 혐의점도 없는 일반시민을 대상으로 수사를 확대하는 것이 적법한 수사라 할

---

[69] 가계검색이 보다 높은 부분일치도를 요구하는 형태로 검색조건을 조정하는 방식, 가령 26개 대립형질 중 최소 22개 이상에서 일치를 요구하게 되면 극단적으로 검색결과의 신뢰성을 높일 수 있지만, 지나치게 검색범위가 협소하여 수사에의 효용성이 상실될 수 있다. 결국 부분일치도를 높이는 방식으로 검색조건을 조정하는 것(narrowing autosomal parameter)은 적절한 대안이 될 수 없다. 이에 대한 대안으로 Y-STRs 분석, 비교하는 방법이 제시되기도 하는데, Y염색체는 부계유전되는 점에서 오로지 남성시료에 대한 분석만 가능한 점, 데이터베이스에 등록된 프로파일에 해당하는 시료를 재분석이 요청되어 비용이나 시료 보존 등과 같은 법률적 문제가 발생할 수 있는 점이 단점으로 지적된다. 또 한 가지 대안은 대립형질 간 일치도를 높이는 형태로 검색조건을 조정하는 방식과 Y-STRs 및 mtDNA marker 분석과 같이 새로운 분석기법을 병행하는 형태가 제안될 수 있다. 특히, 검색조건의 설정과 관련하여 대립형질에 따라 개체 간 발현빈도가 각기 다른데, 통계적 검증을 통해 다형성이 강한 유전 좌위의 대립형질을 선별하고 동일 좌위를 비교하여 최소 15개 이상의 대립형질이 일치하는 수준으로 하고, 그 검색결과의 오류가능성에 대한 통계적 검증으로 보완한다면 충분하다는 설명을 하기도 한다. 현재 캘리포니아 주에서 공식적으로 이러한 형태로 가계검색을 실시하고 있으며 FBI에서도 지지하고 있다. Erin Murphy, op. cit., pp. 343-344.

수 있는지에 대한 의문이 제기될 수 있다.

가계검색은 회전축 역할을 하는 데이터베이스에 등록된 자와 그 친족의 프라이버시에 대한 중대한 침해를 야기할 수 있다. 혈연관계의 확인과정에서 데이터베이스에 등록된 범죄경력자와 그 친족 간에 기존의 사회적 관계만이 아니라 생물학적 관계가 노출되고, 이렇게 노출된 정보 가운데는 극히 개인적이고 민감한 정보도 포함될 수 있다(예를 들어, 친생자 관계, 입양관계 등 가족사와 관련하여 은밀한 내면적 정보 등). 이러한 정보에의 접근가능성은 DNA 데이터베이스가 단순히 개인 식별을 위한 기능만을 수행하지 않을 수 있음을 실증하는 단적인 예가 될 수 있다.[70] 또한 검색결과 수사대상이 된 친족은 수사기관의 지속적이고 밀착된 감시(surveillance)하에 놓이게 되며, 데이터베이스에 등록된 범죄경력자는 이들에 관한 정보제공을 수사기관으로부터 사실상 강요받게 된다. 또한 가계검색에 의한 수사과정에서 수사비밀이 철저히 유지되더라도 수사기관에 대한 협력은 자신의 범죄경력이나 데이터베이스 등록사실 등 사회적으로 극히 민감한 정보의 노출에 대한 부담으로 이어지고, 극단적으로는 가족, 친족관계의 해체로 이어질 우려도 있다.

이외에 가계검색을 통한 수사과정에서 필연적으로 수사대상이 된 친족 등 혈연관계자의 DNA 프로파일 분석에 요하는 시료를 확보할 필요성이 제기되는데, 문제는 아직 구체적 혐의나 단서, 관련 증거도 부족하기 때문에 압수수색 영장을 발부받기 어려운 사례가 대부분이다. 따라서 수사기관은 수사대상이 된 친족 등이 버린 담배꽁초, 종이컵, 휴지나 모발, 타액 등을 영장없이 임의로 획득하여 이를 분석, 검색에 활용하는 방법을 취하게 된다. 물론 해당 시료는 이미 버려진 것(abandoned sample)으로 당사자의 소유권 등 재산권을 침해하는 것도 아니고 프라이버시도 기대되지 않음에서 영장 없이 수사기관이 얼마든지 획득, 활용할 수 있다는 점은 수사실무는[71] 물론 판례를 통해서도 지지되고 있다.[72]

---

70) Daniel J. Solove, Understanding Privacy(Cambridge, MA: Harvard University Press, 2008), p. 51.
71) "경찰 예리한 눈썰미 … 미궁 속 성폭행 범 검거", 채널 A, 2013. 6. 7. http://news. ichannela. com/ society/ 3/03/20130607/55708869/1.
72) 대상물이 유기되거나 버려진 경우는 아니지만 의료목적으로 채취된 혈액샘플을 임의제출을 받아 음주운전혐의와 관련하여 혈중알코올농도검사를 한 사례에서 판례의 시각을 유추해

볼 수 있다. 대법원 1999. 9. 3. 선고 98도968 판결, "교통사고로 인하여 의식불명 상태에 있던 피고인의 신체에서 임의로 혈액을 채취하여 국립과학수사연구소에 감정을 의뢰하여 얻게 된 혈액감정의뢰회보는 그 수집절차에 중대한 위법이 있어 증거능력이 없을 뿐만 아니라, 감정대상인 혈액이 피고인의 혈액임을 담보할 수 없는데도 불구하고 1심이 위 혈액감정의뢰회보에 의거하여 피고인이 이 사건 교통사고 당시 음주운전한 사실을 인정한 위법이 있다고 주장하였는바, 원심은 원심 증인 김인찬의 증언과 기록에 의하여, 경찰관이 공주의료원에서 호흡으로 음주측징이 어려운 피고인에 대하여 피해자측 요구에 따라 그 음주운전 여부를 수사하기 위하여 혈액을 채취하려 하였으나 당시 이 사건 사고로 후송되어 응급 가료중이던 피고인은 전혀 의식이 없었고 가족들도 현장에 없었는데 마침 위 의료원 간호사가 치료의 목적으로 피고인의 혈액을 채취하자 경찰관이 간호사에게 부탁하여 채혈된 혈액 중 일부를 받은 후 이를 교통사고처리반에 인계하여 혈중알코올농도의 감정용으로 사용한 사실을 인정하고, 위 인정 사실과 같이 피고인이나 그 가족의 동의를 얻을 수 없는 상황에서 간호사에 의하여 병원에서 치료의 필요에 따라 채취한 피고인의 혈액 중 소량을 사용하여 얻어진 위 감정결과는 모든 절차를 적법하게 준수하여 얻어진 증거라고 할 수는 없다고 하더라도 그 위법의 정도나 그로 인하여 피고인이 입은 신체의 안전과 인간의 존엄성의 각 침해 정도가 위 증거를 배제하여야 할 정도에는 이르지 아니하므로 위 채혈에 따른 감정의뢰회보는 그 증거능력이 있다고 보아야 할 것이라고 판단하여 피고인의 항소를 기각하고 제1심판결을 유지하였다. 위 경찰관이 간호사로부터 진료 목적으로 채혈된 피고인의 혈액 중 일부를 주취 여부에 대한 감정을 목적으로 제출받아 압수한 데에 절차 위반의 위법이 있는지에 관하여 보건대, 형사소송법 제218조는 "검사 또는 사법경찰관은 피의자, 기타인의 유류한 물건이나 소유자, 소지자 또는 보관자가 임의로 제출한 물건을 영장 없이 압수할 수 있다."라고 규정하고 있고, 같은 법 제219조에 의하여 준용되는 제112조 본문은 "변호사, 변리사, 공증인, 공인회계사, 세무사, 대서업자, 의사, 한의사, 치과의사, 약사, 약종상, 조산사, 간호사, 종교의 직에 있는 자 또는 이러한 직에 있던 자가 그 업무상 위탁을 받아 소지 또는 보관하는 물건으로 타인의 비밀에 관한 것은 압수를 거부할 수 있다."라고 규정하고 있을 뿐이고, 달리 형사소송법 및 기타 법령상 의료인이 진료 목적으로 채혈한 혈액을 수사기관이 수사 목적으로 압수하는 절차에 관하여 특별한 절차적 제한을 두고 있지 않으므로, 의료인이 진료 목적으로 채혈한 환자의 혈액을 수사기관에 임의로 제출하였다면 그 혈액의 증거사용에 대하여도 환자의 사생활의 비밀 기타 인격적 법익이 침해되는 등의 특별한 사정이 없는 한 반드시 그 환자의 동의를 받아야 하는 것이 아니다. 따라서 원심이 적법하게 인정한 사실에 의하면, 경찰관이 간호사로부터 진료 목적으로 이미 채혈되어 있던 피고인의 혈액 중 일부를 임의로 제출 받아 이를 압수한 것으로 보이므로 당시 간호사가 위 혈액의 소지자 겸 보관자인 공주의료원 또는 담당의사를 대리하여 혈액을 경찰관에게 임의로 제출할 수 있는 권한이 없었다고 볼 특별한 사정이 없는 이상, 그 압수절차가 피고인 또는 피고인의 가족의 동의 및 영장 없이 행하여졌다고 하더라도 이에 적법절차를 위반한 위법이 있다고 할 수 없다."; 버려진 시료로부터 분석된 DNA 프로파일 정보와 관련한 사례에서 프라이버시를 기대할 수 없어, 미연방헌법 수정 제4조가 금지한 불합리한 압수수색에 해당하지 않는 것으로 판시한 예로, People v. Sigsbee, No. 03−0342, slip op. (Onondaga, N.Y. City. Ct. Oct. 30, 2003), Commonwealth v. Cabral, 866 N.E.2d. 249, 433(Mass. App. Ct. 2007), Commonwealth v. Bly, 862 N.E.2d. 341, 349 n.3(Mass. 2007), State v. Christian, No. 04−0900, 2006 WL 2419031

그러나 앞서 언급한 것처럼 DNA정보의 특성(방대한 정보량은 물론 극히 민감한 개인정보도 내포하는 점)과 압수수색을 통해 침해되는 것은 압수물에 대한 재산권 등만이 아니라 프라이버시도 포함되는 점, 프로파일 정보의 분석 및 데이터베이스 등록, 검색을 위한 시료채취 시, 사전 동의나 영장을 요구하는 DNA 데이터베이스법의 취지를 고려할 때, 수사기관이 동의나 영장 없이 임의로 앞서와 같은 방법을 통해 시료를 확보하는 것은 가능할 수 있지만, 시료로부터 프로파일 정보의 분석, 데이터베이스 등록 및 검색을 위해서는 영장이 필요하다고 해석할 수 있다. 이에 의하면 앞서 실무적 관행은 영장주의위반으로 포착할 여지도 있다(소위 surreptitious search & seizure).[73]

3) 범죄수사기법으로서 가계검색

(1) 가계검색의 유용성

이미 가계검색은 상당수 사례에서 효과적인 수사기법으로 활용될 수 있음이 입증된 바 있다. 최초 활용된 예는 2002년 영국에서 장기미제사건으로 1973년에 발생한 웨일즈 커디프에서 발생한 3건의 강간살인사건을 재 수사하는 과정에서이다. DNA 데이터베이스(NDNAD) 검색을 통해 부분일치 프로파일을 확보하여 신원조회 결과, Paul Kappen이라는 사람이 특정되고 보완수사를 통해 압축한 500명의 용의자 가운데 이미 사망한 자로 Paul Kappen의 아버지 Joseph Kappen이 포함된 것을 확인하였다. 이후 Joseph Kappen의 시신으로부터 확보된 DNA 프로파일을 범행현장시료로부터 분석된 프로파일과 비교한 결과, 완전일치함을 확인하여 사건을 해결한 경우다.[74]

또한 Joseph Kappen사건 1년 뒤, 역시 장기미제사건으로 1988년 발생한 매춘부 살인사건이다. 최초 데이터베이스 검색에서 범죄현장시료에서 분석된 프로파일과 완전히 일치하는 프로파일이 없었지만, 가계검색을 통해 일반적이지 않은 특정 유전 자위에서 일치하는 부분일치 프로파일을 확인한 후, 해당 파일의

at*1(Iowa Ct. App. Aug. 23, 2006), State v. Athan, 158 P.3d. 27, 32(Wash. 2007).

73) Elizabeth E. Joh, "Reclaiming abandoned DNA : The Fourth Amendment and Genetic Privacy", 100 N.W. U. L. Rev. 857, 2006, pp. 868－869.

74) http://forensicsciencecentral.co.uk/josephkappen.shtml.

신원을 확인한 결과 사건발생 당시에는 태어나지도 않았던 14세 소년으로 확인
되자, 보완수사를 통해 소년의 삼촌인 Jeffery Gafoor를 용의자로 확보하여 사건
에 대한 자백을 받아낸 사례가 있다. 이외에 대표적 예로 살인, 성폭력범죄와 같
은 강력사건은 아니지만, 2004년에 발생한 과실치사 사건으로, 범죄경력이 전혀
없는 범인이 술에 취한 상태에서 장난삼아 던진 돌이 지나가던 트럭 유리창을
뚫고 운전자를 맞추고 이로 인하여 피해자인 운전자기 갑작스런 심장마비로
사망한 사건이다. 현장근처에서 발견된 범인이 던진 돌에서 찾아낸 혈흔으로부
터 분석된 DNA 프로파일은 NDNAD와 주변 인근 주민 약 350명으로부터 동의
하에 획득, 분석한 프로파일과 비교하였으나 일치하는 자가 나오지 않자, 사건현
장 인근으로 범위를 압축하여 부분일치 검색을 통해 25건의 프로파일을 확인하
였다. 그 가운데 일치도가 가장 높은 자의 신원을 확인한 후 추가조사를 통해 가
까운 친족인 Craig Harman을 지목하여 DNA 프로파일을 분석한 결과 범인과 완
전히 일치하는 것을 확인, 검거한 사례다.[75]

미국에서도 가계검색이 성공적으로 활용된 사례가 보고된 바 있는데, 1984
년에 발생한 사건으로 피해여성이 지역신문자편집자인 강간살인사건에 대하여,
2003년 재수사과정에서 범행현장시료에서 분석된 범인의 프로파일과 완전 일치
하는 프로파일이 노스캐롤라이나 주 DNA 데이터베이스에서 확인되지 않았지만
상당 부분 일치하는 프로파일을 확인, 신원조회결과 Anthony Dennard Brown으
로 파악하고 그의 11명의 형제들 중 1인인 Willlard Brown에 대한 조사과정에서
그가 피운 담배꽁초를 분석하여 획득한 프로파일과 현장시료 프로파일이 완전
일치하는 것을 확인한 뒤, 범행일체에 대한 자백을 받아낸 사례가 있다. 한편,
가계검색이 범인검거를 위해 사용되는 것만이 아니라 무죄입증에 활용된 사례도
있는데, 강간살인혐의로 18년 동안 구금되어 형 복역 중이던 Darryl Hunt 사건
을 예로 들 수 있다.[76]

위 활용사례를 토대로, 영국은 2003년부터 NDNAD에서 완전 일치하는 프
로파일이 검색되지 않는 경우, 부분일치 프로파일에 대한 검색을 허용함으로써

75) http:// www.telegraph.co.uk/news/uknews/1459727/World−first−for−police−as−relatives−
DNA− traps−lorry−drivers−killer.html.
76) http://www.innocenceproject.org/Content/Darryl_Hunt.php.

공식적으로 가계검색을 수사에 활용하고 있다.[77] 다만 수사기관의 요청이나 중대범죄사건의 경우에는 통상 활용되고 모든 범죄사건에 활용하는 것은 아니다. 통계에 의하면 2002년에서 2004년까지 약 20여건의 활용사례가 있었고 대략 25%의 성공률을 보인 것으로 확인된 바 있으며,[78] 2003년에서 2011년 5월까지 약 200건 정도의 가계검색을 행하여, 약 40여건의 강력범죄사건에서 유용한 수사기법으로 활용된 것으로 나타난다.[79]

미국은 연방의 경우 CODIS운영과 관련하여 혼합시료(mixed sample)에 대한 프로파일 분석, 검색을 고려하여 검색조건을 일정수준 완화(moderate stringency database search)함으로써 의도적인 것은 아니지만 사실상 부분일치 프로파일 검색을 허용한다고 볼 수 있는데, 미연방수사국은 공식적으로는 가계검색의 활용을 부인하고 있다.[80] 종래 미연방수사국의 연방 DNA 데이터베이스(NDIS)의 운영지침에 의하면, 부분일치로 판단된 경우, 해당자의 인적정보를 공개하지 못하도록 하였다. 그러나 2006년 여타 유용한 수사정보가 없는 불가피한 상황에서 부분일치 정보를 활용할 수 있도록 하고, 이후 다시 각 주 정부에서 그 활용여부를 결정, 운용할 수 있도록 지침을 변경하였다.[81]

이에 따라 가계검색을 공식적으로 허용하는 예도 있는데, 2013년을 기준으로 캘리포니아,[82] 콜로라도, 텍사스, 버지니아, 뉴욕, 플로리다 주를 포함하여 20개 주에서 가계검색의 활용을 공식화하고 있는데 구체적 내용이나 방식, 근거는 각기 다르다. 가령, 이중 15개 주는 우연적 부분일치검색(fortuitous partial search)만 허용하고, 4개 주는 의도적 부분일치검색(deliberate partial search)을 명시적으

---

77) Richard Willing, Suspects Get Snared by a Relative's DNA, USA Today, June 7, 2005. http://usatoday30.usatoday.com/news/nation/2005−06−07−dna−cover_x.htm.

78) Robin Williams & Paul Johnson, "Inclusiveness, Effectiveness and Intrusiveness: Issues in the Developing Uses of DNA Profiling in Support of Criminal Investigations", 34 J. L. Med. & Ethics 234, 2006, p. 234.

79) http://www.fbi.gov/about−us/lab/biometric−analysis/codis/familial−searching.

80) Federal Register Vol. 73, No. 238, 2008. 12. 10, p. 74937; 이러한 미연방수사국의 태도는 최근 연방 및 각 주의 데이터베이스 대상이 확장되고 있는 것과 관련하여 프라이버시 침해논란과 저항야기에 대한 우려로 연방의회의 동의없이 가계검색을 공식화하기 어렵다는 판단에 기인한 것으로 추정된다. Sonia M. Suter, op. cit., p. 327.

81) http://www.fbi.gov/about−us/lab/biometric−analysis/codis/codis−and−ndis−fact−sheet.

82) http://ag.ca.gov/cms_attachments/press/pdfs/n1548_08−bfs−01.pdf.

로 금지하지만 fortuitous partial search에 대해서는 불명확한 태도를 취하고 있다. 4개 주는 가계검색을 허용하는 법안을 준비 중인데 이 가운데 미네소타, 펜실베이니아, 테네시 주는 deliberate 및 fortuitous partial search를 모두 허용하는 형태로 준비하고 있다. 이외에 24개 주는 허용여부에 대해 어느 쪽으로도 공식적 태도를 취하지 않거나 메릴랜드 주나83) 워싱턴 D.C.와84) 같이 어떠한 형태라도 부분일치 검색을 불허하는 예도 있다.

한편, 18개 주는 각기 다른 근거로 공식적으로 부분일치 검색을 금지하는데, 유타, 뉴햄프셔, 웨스트버지니아, 노스타코다 주는 가계검색을 허용하기 위해 요구되는 부분일치도에 관한 명확한 기준이 아직 없음을 이유로 들고 있다. 기타 활용가능성이 문제되거나 실제 활용된 사례가 없음에서 아직 공식적으로 가계검색의 활용여부가 아직 논의되지 않고 있는 주도 있다. 예를 들어, 조지아주 Y-STRs marker를 분석하기 위한 기술적 준비가 부족함을 들고, 미시건 주는 미연방수사국으로부터 명확한 운영지침을 얻기 전까지는 관련 논의나 판단을 유보하고 있다. 또 매사추세츠 주처럼 특이하게 주 법률을 통해 부분일치 검색을 허용하고 있지만85) 검색 프로토콜이 아직 설정되지 않았기 때문에 수사기관이 공식적으로 활용하지 않는 예도 있다.86)

(2) 제3자의 프라이버시에 대한 침해

보고서의 서두에서 설명한 것처럼 DNA 데이터베이스의 위헌논의와 관련하여 현재 헌법재판소의 판단을 기다리고 있는데, 이미 미연방대법원이나 독일연방헌법재판소, 유럽인권재판소 등 비교 판례사안에서 가계검색은 아직 본격적으로 언급된 바 없다.

DNA 데이터베이스를 합헌으로 판단한 비교판례들은 범죄자(수형인 또는 구

---

83) Md. Pub. Saf. Code Ann. 2-506 (d) A person may not perform a search of the statewide DNA data base for the purpose of identification of an offender in connection with a crime for which the offender may be a biological relative of the individual from whom the DNA sample was acquired.

84) District of Columbia Omnibus Public Safety and Justice Amendment Act of 2009 Section 218.2(b).

85) Mass. Regs. Code tit. 515, § 2.14.

86) Dane C. Barca, op. cit., 516-518; http://projects.nfstc.org/fse/13/13-10.html.

속피의자)의 프라이버시는 상대적으로 제한된 반면, 이들의 프로파일 정보를 데이터베이스화함으로써 획득되는 공익적 요소는 보다 우월하다는 점(restricted privacy)과 데이터베이스에 등록되는 프로파일 정보는 개인식별에 그 목적과 기능이 제한되어(fingerprint analogy) 등록대상자의 프라이버시에 대한 과도한 침해 효과를 생각하기 어렵다는 점에서 공통된 논거를 갖는다.[87]

그러나 가계검색은 위의 기존 판단 프레임에 새로운 문제를 제기한다. 소위 회전축 역할을 하는 등록된 범죄경력자 자가 아닌 사실상 제3자에 대한 검색과 협조요구는 높은 재범가능성을 가진 범죄경력자에 대한 재범방지라는 데이터베이스 도입목적과 어울리지 않는다. 또한 현장에서 확보된 시료의 프로파일과 비교할 때 생물학적 연계성을 추정할 뿐인 부분일치 검색결과를 통해 범죄경력이나 혐의점이 전혀 없는 제3자를 수사대상으로 하여 수사기관의 감시망에 장기간 노출시키는 것은 일반 시민의 프라이버시에 대한 기대는 제한되지 않음에서 프라이버시에 대한 부당한 침해로 이해될 수 있다.[88] 나아가 수사과정에서 생물학적 혈연관계가 공개되어 혐의사실의 입증 등 수사와 전혀 관련 없는 극히 민감한 개인, 가정사와 관련한 비밀이 노출되어 데이터베이스에 등록된 범죄경력자는 물론 그 친족 등이 입게 되는 충격은 가족 간 대립이나 관계해체, 그 이상의 극단적 결과도 가져올 위험이 있다.

그러나 이러한 문제는 DNA 데이터베이스 및 가계검색에 국한한 문제는 아님에 유의할 필요가 있다. 기존 여타 방식의 수사 과정이나 기타 형사법기관과의 접촉과정에서 범죄경력, 기타 개인 및 가족사와 관련한 비밀이 노출될 위험성은 항시 존재한다. 또한 수사기관이 그 노출을 의도하지 않는 한(가령, 데이터베이스에 등록된 범죄경력자로부터 협력을 획득하기 위하여 비밀노출로 협박하는 경우 등), 혐의입증 등 수사목적과 무관한 경우가 대부분이어서 프라이버시 침해위험성은 현실적으로 높지 않다고 볼 수 있다. 따라서 이는 가계검색 과정에서 획득된 부분일치 검색결과의 활용이 허용될 수 있는 범죄유형을 한정하거나 정보배

---

87) Banks v. United States, 490 F.3d 1178 (10th Cir. 2007); Nicholas v. Goord, 430 F.3d 652 (2d Cir. 2005); Padgett v. Donald, 401 F.3d 1273 (11th Cir. 2005); United States v. Kincade, 379 F.3d 813, 861 (9th Cir. 2004); Green v. Berge, 354 F.3d 675 (7th Cir. 2004); People v. Travis, 139 Cal. App. 4th 1271 (2006).

88) Dane C. Bakra, op. cit. p. 522.

포범위나 방식, 활용형태 등에 관한 명확한 가이드라인의 설정을 통해 충분히
해소, 예방될 수 있는 견해도 제기된다.

(3) DNA 데이터베이스의 확장, 우회적 압수수색(surreptitious search & seizure)

우회적 압수수색(surreptitious search & seizure)과 관련하여, 한국의 수사실무
에서도 이러한 사례는 흔히 관찰될 수 있지만, 이 문제를 언급한 판례는 아직 없
다. 다만, 교통사고로 의식불명인 자로부터 의료목적으로 채취한 혈액샘플을 영
장 없이 간호사로부터 넘겨받아 혈중알코올농도를 분석한 사례에서 대법원이 임
의 제출물에 해당하여 적법한 압수수색절차로 파악한 사례에서 간접적이지만,
가계검색을 통해 수사대상이 된 자에 대하여 시료채취를 목적으로 한 영장을 발
부받을 수 있는 요건이 갖추어지지 않은 상태에서 채취대상인 용의자가 버린 시
료(담배꽁초나 휴지, 주사기, 반창고와 같은 의료폐기물, 타액이나 모발 등)를 획득한
경우에 역시 영장을 요하지 않는 것으로 예측된다.[89]

미국의 판례도 우회적 압수수색이 문제된 사례에서 일관되게 영장을 요하
지 않는 것으로 판시하는데, 프라이버시가 기대될 수 없기 때문에 불합리한 압
수수색에 해당하지 않음을 그 이유로 한다. 즉, People v. Sigsbee(2003) 사건의
경우, 살인혐의를 받고 있는 자가 식당에서 식사 후 두고 나온 컵과 빨대를 쓰레
기에서 회수하여 분석한 DNA 프로파일 정보가 현장시료에서 분석된 프로파일
과 일치함을 확인하여 검거한 사례로,[90] 시료로 활용된 해당 물건을 피고인이
버리게 된 순간 프라이버시에 대한 기대 역시 포기하였다는 논리에서 수사기관
의 시료획득과정이 미연방헌법 수정 제4조에서 금지한 불합리한 압수수색에 해
당한다는 피고인의 주장을 배척하였다. 이러한 태도는 피고인이 길거리에 뱉어
낸 타액을 분석한 사례에도 동일하게 확인된다.[91] 또 피고인이 경찰서에서 조사
후, 두고 간 생수병과 담배꽁초를 회수하여 분석한 사례나[92] 시청직원으로 위장
한 함정수사 요원이 피고인에게 생수와 조각 케익을 권하고 이를 피고인이 취식
한 뒤 떠나면서 자신이 가져온 잡지책과 작성 중이던 서류는 가져가면서도 사용

---

89) 대법원 1999. 9. 3. 선고 98도968 판결.
90) People v. Sigsbee, No. 03−0342, slip op. (Onondaga, N.Y. City. Ct. Oct. 30, 2003).
91) Commonwealth v. Cabral, 866 N.E.2d. 249, 433(Mass. App. Ct. 2007).
92) Commonwealth v. Bly, 862 N.E.2d. 341, 349 n.3(Mass. 2007).

한 생수병과 포크는 그대로 두고 가자, 이를 회수하여 분석에 사용한 사례,[93] 수사기관이 로펌으로 위장하여 피고인이 발송한 봉함우편물에서 피고인의 타액을 확보하여 분석에 활용한 사례에서도[94] 역시 관찰할 수 있다.

물론 이러한 판례의 태도를 부분일치 검색결과만으로 통상적 압수수색영장의 발부요건을 충족할 수 있는지가 모호한 점에 따른 수사실무의 고민을 고려한 판단으로 이해할 수도 있다.

그러나 위와 같은 방법으로 압수된 시료는 개인식별에 활용되는 프로파일 정보도 포함하지만 유전정보 등의 분석에도 활용될 수 있으며(DNA정보 및 genetic privacy의 특징), 시료확보과정에서 동의나 영장이 전제되지 않음은 물론 DNA 데이터베이스법이 정한 프로파일 정보의 등록, 프로파일 정보나 시료의 사후 삭제, 폐기 등 규정도 적용되지 않는 점에서 프라이버시 침해와 관련한 논란을 야기할 여지가 충분하다. 견해에 따라서는 디지털증거의 압수수색에 관한 절차를 유추한다거나(형사소송법 제106조 제3항 참조), 시료확보는 영장 없이 가능하더라도 이후 프로파일 분석과 데이터베이스 등록, 검색을 위한 별도의 영장을 요한다 하는데, 이러한 견해는 결국 압수되는 물건으로서 시료가 아니라 그에 내재된 정보 및 관련한 프라이버시가 핵심이라는 논리에 근거한 것으로 위 판례는 그 역의 시각으로 파악할 수 있다.

물론 DNA 프로파일 분석은 어디까지나 개인식별에 필요한 정보만을 산출할 뿐으로 본질적 속성은 지문과 다르지 않다.[95] 분석기술의 발전에 따라 지문에서도 약물사용여부나 의료정보, 심지어는 유전정보도 확인할 수 있는데, 그렇다면 지문의 경우도, 현장에서 잠재지문을 현출하는 것은 영장 없이 가능하지만, 이를 분석하여 AFIS(Automatic fingerprint identification system)을 통해 검색하는 경우에는 별도의 영장을 요하는가? 결론적으로, 기존 지문 등과 차별하여 DNA 정보의 특징을 강조하는 시각(genetic exceptionalism)은 합리적이지 않다.[96] 다

93) State v. Christian, No. 04-0900, 2006 WL 2419031 at*1(Iowa Ct. App. Aug. 23, 2006).
94) State v. Athan, 158 P.3d. 27, 32(Wash. 2007).
95) David .H. Kaye, "Science Fiction and Shed DNA", 101 Nw. U. L. Rev. Colloquy 62, 2006, p. 66.; David H. Kaye, "The Science of DNA Identification: From The Laboratory to the Courtroom (and Beyond)", 8 Minn. J. L. Sci. & Tech. 409, 2007, p. 420.
96) Anip Patel, op. cit., pp. 37-39.

만, 우회적 압수수색이 문제된 사례에서 획득된 시료와 이로부터 분석된 프로파일 정보가 기존 DNA 데이터베이스법에 의한 규제대상인지 모호한 것은 분명하며 이 점에 대한 보완이 필요하다.

이외에 데이터베이스의 우회적 확장, 가계수색의 활용에 대한 수사기관의 지나친 의존현상과 확증적 편견(confirmation bias) 문제 즉, DNA 프로파일 정보에 지나치게 집중함으로써, 여타 수사정보나 증거를 객관적으로 평가하지 못하거나 배치되는 증거나 정보를 무시함으로써 야기되는 부작용 등의 문제도 지적할 수 있다. 그러나 이러한 문제점들은 가계검색을 모든 수사방법이 소진되어 더 이상의 의미 있는 수사가 진행되기 어려운 상황에서 가급적 생명, 신체에 중대한 위해를 가할 수 있는 강력범죄에 한정하는 형태로 제한적으로 활용될 수 있도록, 가이드라인을 제시함으로서 일정부분 해소할 여지도 있다.97)

---

97) 가령 캘리포니아 주의 경우, 가계검색을 활용하기 위한 가이드라인으로 다음과 같은 내용을 들고 있다. http://www.dnaresource.com/documents/CAfamilialpolicy.pdf.

DOJ Partial Match Reporting and Modified CODIS Search Policy

The name of an offender who is not the source of the biological material from an unsolved case may be released in an investigation under the following two situations.

I. Partial Match Obtained from CODIS Search

When a crime scene DNA profile (forensic unknown) is routinely searched by the standard method against California's Offender DNA Data Bank and a "partial match" results in which the profile shares at least 15 STR (Short Tandem Repeat) alleles with a different but potentially related offender profile, the name of the offender may be released to the investigating agency if the protocol outlined below has been followed and all of the following conditions are met:

1) The crime scene DNA profile is a single−source profile.
2) The case is unsolved and all investigative leads have been exhausted.
3) A commitment is made by the agency and the prosecutor to further investigate the case if the name of the potentially related offender is eventually released.
4) Y−STR typing of the same crime scene evidence that yielded the submitted forensic unknown profile is completed by the submitting agency and is concordant with the offender's Y−STR type obtained by DOJ.
5) If the Y−STR profiles have been determined to be consistent, DOJ will review non−forensic information in order to identify additional evidence bearing on relatedness, if available.
6) A DOJ committee will discuss the case with the local law enforcement agency, the local laboratory, and the prosecutor's office. After reviewing all of the available

information, the offender's name will be released unless there is a reason not to release it.

7) If the committee cannot reach consensus, the decision to release the name to the investigating agency will be made by the Attorney General or his designee.

II. Special Request for a Modified CODIS Search

When a law enforcement agency is investigating an unsolved case that has critical public safety implications, the agency may request that DOJ conduct a modified CODIS search with the objective of identifying any offender(s) in the database who are likely to be related to the unknown perpetrator. In these situations, the name of an offender may be released to the investigating agency if the protocol outlined below has been followed and all of the following conditions are met:

1) A written request is sent to the Chief of the Bureau of Forensic Services that describes the case, and attests that all other investigative leads have been exhausted, and that the investigating agency and the prosecutor's office are committed to further investigate the case if the name of an offender is eventually released.

2) The crime scene profile is a single−source profile.

3) Y−STR typing of the same crime scene evidence that yielded the submitted forensic unknown profile has been completed by the submitting agency prior to the search.

4) The modified CODIS search conducted by DOJ must result in a manageable number of candidates.

5) The candidate matches resulting from the modified CODIS search will be prioritized by DOJ using appropriate statistical calculations for relatedness.

6) Based on this prioritization, DOJ will conduct Y−STR analysis of the offender sample(s).

7) If the Y−STR profiles of the evidence and offender sample(s) are consistent, DOJ will review non−forensic information in order to identify additional evidence bearing on relatedness, if available.

8) A DOJ committee will discuss the case with the local law enforcement agency, the local laboratory, and the prosecutor's office. After reviewing all of the available information, the offender's name will be released unless there is a reason not to release it.

9) If the committee cannot reach consensus, the decision to release the name to the investigating agency will be made by the Attorney General or his designee.

Initiating the Partial Match Investigation

When a partial match occurs that has at least 15 shared STR alleles with an offender, DOJ will contact the local laboratory's CODIS administrator to confirm that the case is not yet solved. If the case is still active, the case investigator should be notified of the partial match by the local CODIS laboratory and the process defined in the policy will be followed upon request.

Partial matches that occurred prior to the date of this bulletin will be addressed on a case−by−case basis by DOJ.

Initiating A Modified CODIS Search

If an investigator has a case where no search of the crime scene DNA profile has produced an offender hit or a partial match as described above, and the case otherwise meets the criteria specified, a modified CODIS search request can be made to DOJ. These special requests should be on agency letterhead and sent to: Chief Bureau of Forensic Services.

In either of the two instances described above, a memorandum of understanding will be formally established between the investigative agency and DOJ, as any costs associated with the special DNA testing of the crime scene evidence must be paid for by the investigative agency, unless the crime scene evidence testing was performed by DOJ.

제 5 장 | 지　　문

제 1 절　지문의 의의

1. 지문의 개념

지문(fingerprint, friction ridges, papillary ridges)이란, 인간의 좌우 양손 손가락 끝(지단)의 내측면 피부가 융기하면서 형성된 일정한 간격의 선, 점 등 이른바 융선특징(galton's ridges)으로 구성된 문양 및 동 문양이 지면이나 기타 물체표면에 인상된 것으로,[1] 흔히 손가락 말절부의 융선을 의미하는데, 동일한 융선 문양이지만, 발바닥이나 발가락, 손바닥에서 관찰되는 경우는 각 족문, 장문이라

---

[1] 인간은 대체로 75개에서 175개 정도의 융선특징을 개별지문마다 보유하는데, 이러한 융선특징으로, ① island(single independent ridge), ② short ridges(both end of ridge are readily sbservable), ③ ridge endings(ridges comes to an abrupt end), ④ bifurcations (ridge forks into tewo), ⑤ enclosures(formed by two bifurcations that face each other), ⑥ spurs(ridge divides and one branch comes to an end), ⑦ crossover(short ridge crosses from one ridge to the next), Michael Mears & Therese M. Day, "the Challenge of Fingerprint Comparison Opinions in the Defense of Criminally charged Client", Georgia State University Law Review 19. 705, Spring. 2003, pp. 712-714; Analysis of Standards in Fingerprint Identification, FBI Law Enforcement Bulletin, June. 1972, p. 1.

하여 지문과 구별한다. 인간의 피부조직은 표피층(epidermis)과 진피층(dermis) 그리고 피하조직의 3개의 층으로 구분된다. 지문은 위 피부조직 전체가 아닌 표피층 일부가 융기한 것으로, 임신 후 자궁 내에서 태아가 4~6주 정도의 시점에서 형성되며, 외상 등에 의하여 진피층까지의 피부조직 파괴가 없는 한, 융선특정은 변화가 없고 일란성 쌍생아에서도 차이가 있다.[2]

융선싱에는 피부조직 내 소힌선공이 형성되이, 땀 등 각종 노폐물이 체외로 배출된다. 이때 융선이 접촉하는 물체표면에 융선문양에 따라 배출된 노폐물이 점착되는데,[3] 다양한 현출방법을 통해 이를 육안으로 관찰할 수 있다. 이렇게 확인된 지문을 활용한 개인식별법이 지문법이다.

최근 범죄수법이 지능화하면서 수사과정에서 지문의 활용이 상식화됨에 따라 범행현장 등에서 유류지문을 확보할 수 있는 사례가 점차 제한되면서, 지문의 활용도가 다소 떨어진 것은 사실이다. 그러나 개인식별법으로서 지문의 중요성은 주민등록과 같이 지문자료를 데이터베이스화하고 있는 한국이나 테러용의자 색출을 위하여 비자면제대상국민을 제외한 입국 외국인의 지문을 레이저 스캐닝한 자료 등을 데이터베이스화하고 있는 미국의 예에서 알 수 있듯이 여전히 긍정된다.

2. 지문의 배경원리와 도입과정

통상 지문은 가장 안정적이고 신뢰할 수 있는 개인식별법으로 인식되어 동일인 여부의 판단에서 결정적 의미를 지닌 것으로 인식된다.[4] 흔히 종생불변, 만인부동이라는 평가에서 알 수 있듯이 지문은 탁월한 항상성(persistency)과 다형성(polymorphous)을 지닌 개인식별법으로 평가되는데, 이러한 평가는 19세기 후반부터 수사실무에 도입된 이래, 많은 경험적 사례를 통해 충분히 검증된 점에 근거한다.

---

2) Jessica M. Sombat, "Latent Justice : Daubert's Impact on the Evaluation of Fingerprint Identification testimony", Fordham Law Review, May. 2002, pp. 2825 – 2826.
3) 이유신 외 6인 공저, 임상피부과학(서울 : 여문각, 1998), 108면.
4) 瀨田季茂, "法科學における個人識別", 警察學論集 第44卷 第2号, 1999. 1, 4頁.

　　지문은 고대 중국, 인도, 메소포타미아 등에서 발견되는 도자기, 벽돌 등에서도 개인식별법으로 사용되었는데, 석기시대벽화도 지문문양이 나타나 있는 것으로 보아, 지문에 대한 인간의 인식은 매우 오래전부터로 추정된다.[5]

　　과학적인 개인식별법으로 지문에 대한 연구가 시작된 것은 17세기 이후이다. 1684년경 영국 인류학자 Nehemiah Grew 및 이탈리아 Marcello Malpighi에 의하여 지문과 한선공에 대한 연구가 있었으며, 1823년 체코인 생리학자 Joannes Evanelista Purkinje가 지문 간 개인차(다형성)에 따라 개인식별법으로의 활용을 염두에 두면서, Arch, Tent, Loop, Whorl type 등으로 지문의 문양을 구분한 바 있다. 그러나 본격적인 개인식별법으로서 지문이 인식된 것은 19세기 이후로, sir. Francis Galton, Dr. Henry Fauld 및 sir. Edward R, Henry 등의 연구에서 시작되었다. 일반적으로 Dr. Henry Fauld가 1874년경부터 일본 에도(江戸)에서 선교활동을 하던 중, 도공이 자신이 만든 도자기에 지문을 남김으로서, 제작자를 표시하던 것을 우연히 관찰하면서 지문에 관심을 갖고 연구를 시작한 뒤, 지문의 항상성과 다형성이라는 개인식별적 특성을 확인하고, 영국으로 귀국 후, 1880년 10월 Nature지(誌)에 발표하여 지문법을 소개한 것이 최초로 이해된다. 그러나 이에 앞서, 영국인인 Sir. William Herschel도 1859년경부터 지문의 항상성 및 다형성을 확인, 1877년 영국 식민지인 인도 벵갈의 유치장 감독관에게 재소자 관리 및 개인식별을 위해 지문을 활용할 것을 제안한 바 있다.[6] 아울러, 1888년 Francis Galton도 십지전체에 의한 개인식별법을 제안하면서, 지문법에 앞서 유럽각국 및 미국 등의 경찰기관에서 활용하던 기존의 베르티옹식 신체측정법(Bertillonage)의 대체를 주장하였는데, Galton의 제안에 따라 영국경찰에 의하여 1893년 12월 기존 Bertillon식 신체측정법 개인식별카드에 지문기록이 병기되는 형태로 지문법을 부분적으로 수용하였다. 또한 그는 1892년 「*Fingerprint*」 라는 저서를 통해, 융선문양 중 삼각도(triangular configurations) 형성 등을 기준으로 초기적 지문분류체계를 고안, 소개하였다.[7]

---

5) Henry C. Lee & R.E. Gaensslen, Advance in Fingerprint Technology 2nd edt.(N.Y. : CRC press, 2001), pp. 8-21; Michael Mears & Therese M. Day, op. cit., p. 711.

6) Colin Beavan, Fingerprints —the Origins of Crimes Detection and the Murder Case that lauched Forensic Science— (N.Y.: Hyperion, 2001), p. 1.

7) Francis Galton, Fingerprints(London: MacMillan & Company, 1892), p. 68.

지문이 범죄수사에 본격적으로 활용된 것은 sir. Edward Henry가 현재 한국 경찰에서도 활용되고 있는 십지지문체계의 근간이라 할 수 있는 Henry식 십지 지문분류체계를 고안하고,[8] 그의 제안에 따라 1901년 Scotland Yard에 지문감식 부서가 설치되면서 부터이다. 이후 영국에서는 1902년 지문을 활용하여 최초의 유죄판결이 등장하고, 그 후 다양한 사례를 통해 지문의 식별력이 경험으로 검증됨에 따리 영국경찰에 지문법이 기본적 개인식별법으로 보급되었다. 한편, 1896년 아르헨티나의 Dr. Ivan Vucetich는 sir. Francis Galton의 연구를 접하여 지문의 유용성을 인식하고 독자적 지문분류체계를 고안하여(Vucetchissimo, Vucetchi 식 지문분류체계), 아르헨티나 Central Police Department에 도입하였다. 처음에는 영국과 동일하게 기존 베르티옹식 신체측정법에 병기하여 활용함에 그치고, 그 유용성을 인정받지 못하였으나 곧 실용화되었는데, Vucetchi식 지문분류체계는 보완이 계속되어 현재 남미 각국 경찰기관의 표준적 지문분류체계로 활용되고 있다.

한편, 1847년 독일의 Hintz 및 1902년 Robert Henidel은 영국의 지문활용사 례를 소개하면서, 독일경찰에의 도입을 주장하였고, 1903년 드레덴경찰은 독일 최초로 지문감식부서를 설치하였다. 영국, 아르헨티나와 마찬가지로 도입 초기 에는 기존 베르티옹식 신체측정법에 비하여 그 신뢰성을 인정받지 못하였지만, 곧 탁월한 식별력을 인정받아 1903년 Hamburg, Ausburg, Nuremburg경찰이 지 문법을 도입하게 되고, 1912년 Berlin에서 개최된 전 독일경찰수뇌회의에서 기존 베르티옹식 신체측정법에 대체하여 지문법의 보급을 공식 선언하였다.

미국의 경우, 1900년대 초까지 각 경찰기관이나 미연방수사국도 사진과 함 께 Bertillon식 신체측정법을 주로 활용하였다. 그러나 1881년 미육군 군의관 Jhon S. Billong이 지문법이 처음 소개된 후, 1904년 미주리주 세인트 루이스에 서 개최된 만국박람회에서 영국 Scotland Yard의 sgt. John K. Ferier에 의하여 Henry식 지문분류체계가 소개되면서 지문법이 보급되고, 이후 1908년부터 지문 샘플의 체계적 수집, 관리가 시작되고 1911년 일리노이 주에서 살인사건과 관련 하여 지문을 활용하여 최초의 유죄판결이 나오게 되었다.[9]

---

8) Colin Beavan, op. cit., p. 13.
9) Henry C. Lee & R.E. Gaensslen, op. cit. pp. 15−39; People v. Jennings, 252 Ⅲ. 534,

한국에는 어떠한 경로를 거쳐 지문법이 보급되었는가? 한국은 일본을 통해 지문법을 도입하는데, 1909년 4월 법무국 행형과에 지문과가 설치되어 형무소 수용중인 기결수의 십지지문자료를 확보하면서부터 지문법을 본격적으로 활용하기 시작하였다. 1910년 11월부터는 조선총독부 법무국 행형과에서 위 업무를 담당하고, 1931년 8월 경기도 경찰국 형사과에 지문계가 설치되면서 기존 기결수에게만 십지지문을 채취하던 것과 달리, 피의자에 대하여도 지문자료를 채취하게 시작하였고, 이는 해방 전까지 계속된다. 해방 이후, 1946년 4월 미군정청 경무부 수사국에 감식과가 설치되어 경기도 경찰국과 조선총독부 법무국에서 보관하던 십지지문자료를 인계받아 통합관리를 시작하였다. 이후 1955년 현 국립과학수사연구원이 설립되면서, 지문감식과 기타 법과학적 감식업무를 분리되어, 지문감식은 당시 치안국 수사지도과 감식계에서 담당하게 되었다. 또한 1963년 일본, 미국 등의 지문분류체계를 참고로 일지지문분류체계를 고안하고(다만, 일지지문분류체계는 1999년 폐지되고, 경찰청 훈령인 지문규칙에서도 삭제되었다),[10] 현재 경찰청 수사국 과학수사센터 및 각 지방경찰청 수사과 과학수사계에서 지문감식업무를 담당하고 있다.

제 2 절 지문법에 의한 개인식별

지문은 경찰기관에서 주로 조회대상자의 신원 및 범죄경력확인, 변사자의 신원확인, 현장지문에 의한 범인신원확인이라는 3가지 목적에 활용된다.[11] 지문의 개인식별 기능은 효율적인 지문분류체계와 잠재지문의 현출기법, 동일지문여부에 대한 판독능력을 전제로 발휘될 수 있다.

---

96 N.E. 1077(1911).

10) 김진대, 전게서, 44-47면.

11) 십지지문분류요령집, 전북지방경찰청 수사과, 1992, 5면; 과학수사(수사전문화과정), 경찰수사연수소, 1995, 311-312면.

1. 지문분류체계(Fingerprint Classification System)

고대 중국에서도 지문의 융선문양에 따라 이를 환상, 와상 등으로 분류하였지만, Francis Galton이 1892년 지문문양에 근거하여 처음으로 지문분류체계를 고안한 것으로 알려져 있다. 그러나 그에 앞서 1823년 체코의 Joannes Evanelista Purkinje가 지문의 융선문양을 Arch, Tent, Loop, Whorl type 등으로 구분하여 현재 사용하는 궁상문, 제상문, 와상문, 변태문 등의 지문분류방식과 유사한 분류체계를 고안한 바 있다.

지문분류체계에는 크게 십지전체를 기준으로 한 십지지문분류체계와 개별 손가락별로 기준을 설정 분류한 일지지문분류체계가 있다. 일지지문분류체계는 실제 범죄현장에서 십지지문이 그대로 확보되는 예가 거의 없음에서 필요성이 인식되어, 기존 십지지문분류체계를 근간으로 다소의 수정과 추가적 분류기준설정에 의해 개발되었는데, 분류방식은 십지지문과 기본적으로 동일하다. 그러나 최근 자동지문검색기(AFIS, automatic fingerprint identification system)가 활용됨에 따라 한국경찰은 1999년 일지지문분류체계를 폐기하였다.

다양한 지문분류체계가 있는데, 좌·우 양손가락의 순서, 융선문양의 형태, 융선특징 등에 따라 일정한 일련 값을 부여하여 정렬하는 방식을 취하는 것은 동일하다. 대체로 영미권의 경우, 주로 우수를 기준으로 하는 Henry식 분류체계(Galton—Henry식 분류체계)에 기초하는 반면, 남미권에서는 Vucetichi식이, 독일 등 유럽에서는 좌수 기준의 Rosher식(함브르크식)이 활용된다. 기타 암스테르담식, 스토키식 등 다양한 분류체계가 있다. 한국 및 일본경찰은 독일에서 개발된 Rosher식을 기반으로 약간의 변형을 통해 독자적 분류체계를 활용하고 있다.[12]

---

12) 일본의 경우, 弓狀紋, てい狀紋, 渦狀紋, 變体紋을 기본형으로, 弓狀紋은 普通弓狀紋, 突起弓狀紋, 偏流弓狀紋 등으로, てい狀紋은 甲種てい狀紋, 乙種てい狀紋으로, 渦狀紋은 環狀紋, 二重てい狀汶, 混合紋, うず卷紋 등으로 세분되고, 위 3가지 기본형에 속하지 않는 것이 變体紋으로 분류된다. 이러한 기본문양을 바탕으로 십지지문분류체계 및 일지지문분류체계에 의하여 분류하고 있다. 한편, 종전 후에는 國家公安委員會規則 제6호 指紋等取扱規則 및 昭和44년 警察廳 訓令 제8호로 指紋等取扱細則 하에 十指指紋の分類に關する訓令에서 규정하는 분류체계에 따라 분류하고 있는데, 이러한 십지지문은 통상 피의자의 신원 및 범죄경력조회 확인을 주목적으로 활용되고 있다. 보통, 이러한 조회에 사용되는 개인조회결과복명서 등의 양식에 보면, 좌수를 시지, 중지, 환지, 소지, 무지의 순으로 일련번호를 부

이하 영미권의 표준분류체계인 Henry식 분류체계와 미연방수사국의 분류체계와 함께 한국경찰의 분류체계방식을 간략히 살펴본다.

그림 5-1   지문의 융선문양 분류

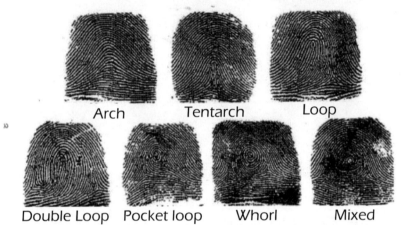

The Seven Types of Fingerprints

Arch   Tentarch   Loop

Double Loop   Pocket loop   Whorl   Mixed

Arch: the arched lines are like waves going from one site to the other site.
Tentarch: like the Arch but with a rising stick in the middle.
Loop: the lines coming from one site returning in the middle to the same side.
Double Loop: like the Loop but with two loops inside, one standing, one hanging.
Pocket Loop: like the loop but with a small circle in the turning point.
Whorl: the lines are making circles.
Mixed Figure: composed with different figures.

1) Henry식 십지지문분류체계

Henry식 십지지문분류체계는 먼저, 양손의 십지를 다음 [표 5-1]과 같이 그 배열순서에 따라 분류하여 값을 부여한다.

과하여 날인하게 한 뒤, 분자 값으로 하고, 우수도 같은 순서로 배열, 날인한 뒤, 일련번호를 부과하고 분모 값으로 사용하는 점에서 한국과 동일하다. 이와 같은 방법에서 의하여 십지지문채취 후, 지문원지는 警察廳 감식과에, 지문표는 道都府縣警察 감식과에서 보관, 관리하고 있다. 三好幹夫, "指紋の證明力", 刑事證據法の諸問題, 大阪刑事實務研究會編, 判例タイムズ社, 2001, 672-672, 668頁; 大東勝利, "わが國警察の指紋制度のあゆみ" 警察學論集 第44卷 100号, 113頁.

표 5-1

RT 1	RF 2	RM 3	RR 4	RL5
LT 6	LF 7	LM 8	LR 9	LL 10

여기서 wholr 문양만이 일정한 가치(값)를 갖는 것으로 전제한 뒤, 손가락의 배열 위치에 따라 whorl형이 나타는 곳에 [표 5-2]와 같은 값을 부여한다.

표 5-2

16 RT 1	16 RF 2	8 RM 3	8 RR 4	4 RL 5
4 LT 6	2 LF 7	2 LM 8	1 LR 9	1 LL 10

이때, 각 손가락의 배열값이 짝수인 경우는 분자로, 홀수인 경우는 분모 값으로 한다. 그렇다면, 가상적으로 한 사람이 십지 중, whorl형의 문양을 전혀 갖고 있지 않는 경우에는 0/0으로 분류된다. 다만, 분자 및 분모 값에 모두 일률적으로 1을 더하면, 1/1이 될 것이다. 또한, 만일 십지 전체가 whorl형을 갖고 있다면, 32/32가 된다. 예를 들면, 아래와 같은 형태의 지문을 갖고 있다면, 각각 13/18(표 5-3), 19/24(표 5-4)의 분류기호를 부여받게 된다.

즉, 지문의 분류값은

$$\frac{1 \ + \ 짝수번호\ 지문에서\ 확인된\ whorl형\ 지문값의\ 합}{1 \ + \ 홀수번호\ 지문에서\ 확인된\ whorl형\ 지문값의\ 합}$$

으로 계산될 수 있다. 분자 및 분모값에 1을 더하는 것은 whorl형 지문이 하나도 없는 경우에 이러한 연산식이 무의미해질 수 있기 때문이다. Henry식 분류체계에 의하면, 총 1,024개의 분류형이 나올 수 있는데, 여기에 특정한 손가락에서

확인되는 융선문양을 기호화하여 부기함으로써 좀 더 세분화된 분류가 가능해
진다.

표 5-3

W			W		= 13/18
W			W		

표 5-4

W	W			W	= 19/24
	W	W	W		

2) 미연방수사국의 십지지문분류체계

미국은 세계에서 가장 방대한 지문 데이터베이스를 구축하고 있는데, 미연
방수사국에서 활용되고 있는 십지지문분류체계는 다음과 같다. 예를 들어, 아래
와 같은 지문값을 갖고 있는 경우를 상정하여 설명하자면,

$$\frac{6 \quad I \quad 6 \quad U \quad I00 \quad 11}{O \quad 18 \quad Ur \quad OOM}$$

먼저, 맨 좌측의 6의 숫자로 표시된 부분을 key classification이라 하고 각각
I/O 기재된 부분을 major division, 6/18로 기재된 부분은 primary classification,
U/Ur로 기재된 부분은 secondary classification, I00/OOM의 경우는 sub-
secondary classification, 11로 기재된 부분은 final classification이라 한다.

key classification부분은 양손의 손가락 순서별로 각각 일정한 값을 부여하
는데, 오른손부터 시작하여 무지(thomb)는 (1), 시지(index)는 (2), 중지(middle)
는 (3), 환지(ring)는 (4), 소지(little)는 (5)로, 또한 왼손은 역시 엄지부터 시작하

여 소지에 이르기까지, 각각 (6), (7), (8), (9), (10)의 값을 부여한다. 이후, 각각의 손가락을 위 순서대로 살펴보면서, loop형이 최초로 확인되는 손가락을 식별한 후, 그 융선(ridge count)의 숫자를 확인, 이를 분모 부분에 기재한다.

다음, Major classification부분은 양손의 무지를 기준으로 우수는 분자값으로, 좌수는 분모 값으로 기능한다. 만일, 분류대상자의 지문이 plain arch, tented arch, radial loop라면 특별한 분류 값을 가지지 않는다. 그러나 whorl형이라면, 이를 다시 I(inner), M(meeting), O(outer)형으로 분류한다. 또한 radial loop외의 loop형이라면, S(small), M(medium), L(Large)로 분류하는데, 왼손 loop형 무지의 융선 수가 1~11이면, S, 융선 수가 12~16은 M, 17이상은 L로 구분한다.

primary classification은 key classification에서 부여한 손가락별 숫자에 바탕하여 짝수는 분자 값으로, 홀수는 분모 값으로 기능하는데, 이 분류에서는 whorl형의 문양만이 의미를 갖는다. 만일 whorl형의 문양이 (1) 또는 (2)번 손가락에서 확보되면, 16의 값을, (3)·(4)번의 경우는 8, (5)·(6)의 경우는 4, (7)·(8)의 경우는 2, (9)·(10)의 경우는 1의 값이 부여된다. 부여된 값에 따라, 나온 결과를 총합산하여 좌·우수별로 산출된 값에 각기 1을 더하게 된다. 이것이 primary classification으로 총 1024개의 경우의 수를 갖게 된다.

secondary classification은 양손의 시지(index)인 (2)와 (7)번 손가락의 지문을 활용하는데, 역시 우수는 분자 값으로, 좌수는 분모 값으로 기능한다. 이때, plain arch는 A로, tent arch는 T로, radial loop는 R, ulnar loop는 U, whorl은 W로 구분되는데, 다만, 기준되는 손가락 외의 다른 손가락 지문에서 plain arch는 a, tent arch는 t, radial loop는 r로 구분, 분류되는데, 손가락의 위치에 따라 기재 위치가 달라진다. 즉, 기준인 시지(index)를 놓고 좌측이면 좌측부분에, 우측이면 우측부분에 기재한다. 따라서 위 예에서 분모 값의 Ur은 좌수 시지 문양이 ulnar loop이고 좌수 무지의 문양이 radial loop라는 것을 나타낸다.

sub-secondary classification은 양손의 시지, 중지, 환지를 기준으로 우수는 분자 값, 좌수는 분모 값으로 기능한다. 만일 각 손가락에서 plain arch, tent arch, radial loop인 경우 해당되는 부분에는 공란(0)으로 두게 된다. 만일, whorl형이면, I, M, O형으로, loop형이라면, 융선숫자(ridge count)를 기준으로, I(시지의 경우 1~9개, 중지의 경우는 1~10개, 환지의 경우는 1~13개를 기준)와 O(시지의 경우 10개 이상, 중지의 경우는 11개 이상, 환지의 경우는 14개 이상인 경우)로 분류된다.

　　마지막 final classification은 양손 소지를 기준으로 하는데, loop형의 융선 숫자(ridge count)가 분류지표가 된다. 역시, 우수는 분자 값으로, 좌수는 분모 값으로 기능하는데, 만일 loop형을 갖지 않는다면 일정한 구분 값이 부여되지 않는다.

　　이러한 FBI의 십지지문 분류방식은 분류를 요하는 샘플의 양이 증가됨에 따라 보다 세분화된 분류기준을 요구하게 되어 몇 차례의 수정·보완을 거쳐, second subsecondary classification, WCDX확장분류, special loop 확장분류 등으로 보다 세분화된다. 이러한 분류를 위해서는 분류대상자의 십지지문의 샘플이 필요한데, 손가락별 일정한 순서에 따라(지번, 지번), 잉크를 묻힌 후 구별된 난에 지문을 날인(inked impression)한다. 지문의 날인은 날인 시 손가락을 회전하게 하여 넓은 면적의 지문을 확보한 것과 회전을 가하지 않고, 그대로 날인한 지문을 포함한다. 통상, 미연방수사국이 활용하는 십지지문분류카드는 미전역의 경찰기관이 지문분류카드를 3부를 작성, 당해 기관에서 1부를 보관하고, 나머지는 는 주(state)경찰기관을 거쳐 미연방수사국으로 전송하여 보관, 관리되고 있다.

3) 한국경찰의 십지지문분류체계

　　1909년 법무국 행형과에서 형무소 재소자에 대한 십지지문을 채취하기 시작하면서 지문제도를 도입하게 된 한국은 최초 독일 경찰관 G.Rosher에 의하여 고안된 Rosher식(또는 Hamburg식) 지문분류체계를 도입하여 일제시대 및 해방 후에도 계속 활용하였다. 그 후, 몇 차례 수정·보완을 거쳐 현재 활용되고 있는 분류체계가 완성되었는데, 그 대략을 소개하면 다음과 같다.

　　먼저, 융선문양을 기준으로 활모양의 궁상선으로 형성된 지문인 궁상문과 말발굽모양의 곡선 즉, 제상선으로 형성되고 융선이 흘러가는 반대측에 섬모양의 삼각도가 형성된 지문인 제상문, 그리고 원형의 문양을 그리면서 흘러가는 곡선 즉, 와상선, 환상선, 제상선이 이중으로 제상문이 겹쳐진 형태인 이중제상선 또는 이들 곡선의 혼합형태로 된 융선을 갖고 있는 와상문 및 기타 변태문으로 크게 구별된다.

　　궁상문의 경우, 평탄한 활용양의 보통궁상문(plain arch)과 돌기한 활모양의 궁상선을 갖는 돌기궁상문(tented arch)으로, 제상문은, 좌수의 지문을 찍었을 때, 삼각도가 좌측에 형성되고, 우수의 지문을 찍었을 때, 삼각도가 우측에 형성되는 갑종제상문과 좌수의 지문을 찍었을 때, 삼각도가 우측에, 다시 우수의 지문을 찍었을 때는, 좌측에 삼각도가 형성되는 을종제상문으로 세분된다. 와상문의 경우는 와상선으로만 구성된 순와상문, 환상선으로 구성된 환상문, 2개 이상의의 제상선으로 형성된 이중제형 와상문, 중심부내에 호형 모양의 선(호상선) 또는 제상산의 돌출부가 역으로 형성된 유태제형 와상문, 혼합문 등으로 세분된다. 이러한 전체적 문양을 근간으로, 일정한 기준점으로부터의 융선 수 등에 기초하여 구체적으로 구별 값이 부여되어 전체적인 십지지문분류가 완성된다.

구체적으로는 다음과 같다. 궁상문은 지문의 전체적 문양만으로 구별하고, 1이라는 값이 부여된다. 제상문의 경우도 갑종제상문의 경우는 역시 전체 문양만으로 구별하고 2의 구별 값이 부여된다. 을종제상문의 경우는 내단과 외단 간의 융선 수를 기준으로 세분하는데, 일단, 을종제상문으로 분류되면 좌·우수 공히 융선 수가 7개 이하는 3, 8~11개는 4, 12~14개는 5, 15개 이상은 6의 구별 값이 부여된다. 여기서 내단이란, 제상문을 형성하는 제상선 중 가장 내부에 있는 중핵제상선의 가상반원선 내에 있는 융선을 말하는데, 제상내단, 봉상내단, 점내단, 단선내단, 호상내단, 조상내단, 교차내단 등이 있다. 또한 외단은, 제상선이 흐르는 반대측에 형성된 삼각도의 모양에 따라 을종제상문의 분류상 필요한 기준점을 말하는데, 접합외단, 병행외단, 개재외단이 있다.

한편 와상문으로 문양이 분류된 경우, 추적선의 종점과 표준점 간의 융선 수를 기준으로 내측(상류) 4개 이상은 7, 내책 또는 외측(중류) 3개 이하는 8, 외측(하류) 4개 이상은 9의 구별 값이 부여된다. 여기서 추적선은 와상문의 특징인 좌·우 양 쪽의 삼각도에 있어서 좌측 삼각도의 표준각(좌측표준각) 하변을 형성하는 융선이 우측삼각도의 표준각(우측표준각)의 내측 또는 외측에 이르기까지 추적되는 선을 말하는데, 이 선과 우측삼각도에서 그은 가상의 직선 또는 수직선과 교차되는 점을 추적선의 종점이라고 한다. 한편, 표준점은 우측삼각도를 형성하는 2개의 융선의 접합점(접합 표준점)이나 병행하는 융선인 경우는 가상정점에서 수직선을 그을 때, 융선과 최초로 교차되는 점(병행 표준점), 또는 우측삼각도의 범행하는 2개의 융선 사이에 개재된 선(개재선)이 있는 경우는 이선의 연장

선과 융선이 교차되는 점(개재표준선)을 의미한다.

그 외의 변태문은 후천적인 외상 등에 의하지 않았음에도 궁상문, 제상문, 와상문 등의 어떠한 문양으로도 정상적인 지문분류가 불가능한 경우로, 9라는 분류 값이 부여된다. 다만, 9의 가운데 원형안에 "·"을 찍어 표시한다. 또한 지두절단 등에 의하여 지문파악이 곤란한 경우는 0의 분류 값이 부여되고, 손상지문으로서 정상적인 지문분류가 불가능한 경우는 0의 분류 값을 부여하되, 가운데, "·"을 찍어 표시한다.

2. 지문분석의 구체적 형태

지문의 동일성여부를 판단하는 방법은 개괄적으로 다음과 같다. 지문에 의한 개인식별은 보통, 범죄현장 등에 확보한 미상의 지문(unknown sample, 유류지문)과 지문 데이터베이스자료나 피의자 등으로부터 확보한 지문 간 대조작업에 의하여 이루어진다. 지문대조는 일반적으로 분류방식에서 활용하는 분류기준에 따른 일반적 문양형태 간의 비교 외에도 100~170여 가지의 세부적인 융선특징(ridge charcteristics)을 대조기준으로 활용한다. 대표적인 융선특징으로, short ridge(단선 독립한 짧은 융선), ridge endings, bifurcation 또는 trifurcation(분기선, 2이상으로 융선이 갈라져 분기한 선으로 이를 다시 지선과 간선으로 세분한다), enclosures, dots(점, 폭과 길이가 동일한 융선), islands(도형선, 원형 등의 섬모양의 형태로 형성된 융선) 등이 있다. 대조작업은 다음 4가지의 비교요소를 거쳐서 동일여부를 판단한다.

「첫째, 일반적 문양의 일치성(general pattern agreement)이란 요소에 의한 비교가 이루어지는데, 이는 지문분류자료 내의 파일링 인덱스정도의 의미가 있을 뿐 동일여부의 판정기준으로는 미흡하다(L1D, level 1 detail).

둘째, 질적 유사성(qualitative concordance) 요소에 의한 비교로, 범죄현장에서 확보된 지문과 피의자 등의 지문 간의 융선특징을 비교하여 유사성을 확인하는 과정이다(L2D, level 2 detail).

셋째, 융선특징 간 관계(relationship of ridge characteristics) 요소에 의한

비교로, 비교대상 지문의 동일부분의 융선형태나 숫자 등을 대조하여 확인하는 방법을 말한다.」

지문대조의 초기방식에는 둘째와 셋째 비교요소만 비교하여 동일성 식별을 하는 경우도 있었으나, 현재에는 이러한 방법을 취하는 경우는 없다.[13) 그 이유는 지문이 사물의 표면에 남겨질 때, 물체표면의 상태, 경사도, 요철 및 압력 등에 따라 소위 비틀림현상(torsion)이 나타날 수 있어, 동일한 지문도 전혀 다른 윤곽과 형태로 파악될 수 있는 여지가 있기 때문이다. 이에 따라,

「넷째, 수 개의 비교대상 융선특징을 선정하고 일정 수 이상의 특징이 동일한 것으로 판단되는 경우에 동일인 지문으로 판정하는 방식으로, 동일한 융선특징수에 의한 계량적 비교(quantitative factors)를 하는 것으로 현재 보편적으로 활용되는 방식이다(특징점지적법).」

한편, 대다수 지문분석 전문가들은 L1D, L2D 정도의 비교만으로 충분한 것으로 이해하는데, 경우에 따라서는 L3D(level 3 details)의 분석을 요구하는 전문가들도 있다. 즉, 융선특징의 분석 외에 각 융선상의 한선공(pores)의 위치, 크기, 형태 등을 추가하여 보다 세밀한 분석을 하게 된다.

---

13) 지문 문양의 중첩 등에 의한 동일성식별법을 통칭하여 슈퍼임포즈(superimpose)법이라고 한다. 이러한 방법은 torsion 등의 문제를 해결할 수 없으므로 범죄수사 및 형사공판에서의 증거로서는 거의 사용되지 않는다. 다만, 민사사건에서 개인식별목적으로 슈퍼임포즈법이 활용된 예가 보고된 바 있다. 黑田直 ほか, "スーパーポーズ法による指紋の一鑑定例", 犯罪學雜紙 第26卷 2号, 4頁 以下(三好幹夫 前揭論文, 671頁, 注6) 再引用),; 형사사건에서 슈퍼임포즈법에 의한 지문식별법의 활용을 부정한 예로서, 東京高判平成2·3·20 高檢速報 2930号.

그림 5-2 융선특징의 비교(L2D, Level 2 Detail)

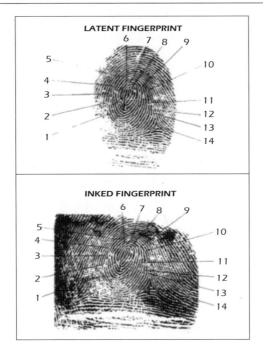

그림 5-3 L3D(Level 3 Detail)

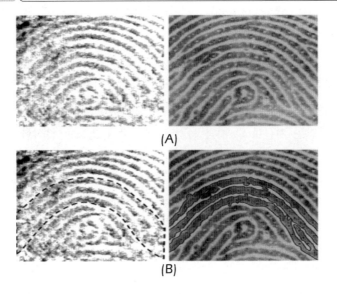

(A)

(B)

일반적으로 활용되는 특징점지적법과 관련하여, 동일지문판정을 위한 융선특징수에 일관성이 없다. 일반적으로 미국에서는 8~10개의 특징점이 동일한 경우에(지역에 따라서는 12개를 요구하는 경우도 있다), 영국에서는 16개, 프랑스는 24개, 아르헨티나나 브라질은 30개의 융선특징이 동일할 것을 요구한다.[14] 한국경찰의 경우, 전북지방경찰청에서 발간한 십지지문 분류요령집에서는 12개 이상의 융선특징이 동일한 것으로 판단되면, 동일지문으로 판정하도록 기재하고 있으며(다만, 과학수사 관련 실무교재에서는 8개 이상으로 표기한 예도 있다), 일본경찰도 12개의 동일 융선특징을 기준으로 동일지문 판정을 하고 있는 것이 수사 및 형사공판 실무적 태도다.[15] 영국에서 서로 다른 사람의 지문에서 12개 이상 융선특징이 일치할 가능성을 1조만 분의 1로 보고한 사례가 있고, 일본경찰에서도 약 60만 매의 지문을 대상으로 조사한 결과 5개 이상의 특징점이 같은 것으로 나타난 서로 다른 사람의 지문은 없는 것으로 확인된 바 있다. 따라서 미국이나 한국 및 일본경찰 실무에서 12개 이상의 융선특징의 동일성을 요구하는 실무적 태도는 일반적으로 적절하다고 평가되어 왔다.[16]

그러나 현재 대다수 지문분석 전문가들은 이러한 특징적 지적법에 의하여 동일지문으로의 판정을 위해 일정 수 이상의 동일 융선특징을 요구하는 판단기준은 극히 자의적임을 지적하여 지지하지 않고 있다. 또한 미국의 International Association for Identification(I.A.I.) 역시 이러한 태도를 지지하고 있다. 한편, 미연방수사국이나 영국의 New Scotland Yard 역시 동일지문의 판정을 위한 특정 수 이상의 융선특징이라는 기준을 요구하고 있지 않는데,[17] 다만, 미연방수사국 등은 지문분석을 위한 프로토콜로 ACE-V를 활용하고 있다. ACE-V에 의하면, 먼저 분석자가 범죄현장 등에서 확보한 잠재지문(latent)과 함께 비교대상이 되는 신원이 확인된 지문(known)의 융선특징을 각기 별도로 분석한다(analysis). 다음으로 각기 확인된 잠재지문 및 비교대상인 이미 확인된 지문의 융선특징을 비

---

14) Paul C. Giannelli, Edeward J. Imwinkelried, Andrea Roth, Jane Campbell Moriarty, Scientific Evidence Volume 1, 5th edt.(C.A. : LecixNexis, 2012), p. 987.

15) http://www.e-kantei.org/shimon/012.htm.

16) 三好幹夫 前揭論文, 670頁.

17) Paul C. Giannelli, Edeward J. Imwinkelried, Andrea Roth, Jane Campbell Moriarty, op. cit., pp. 987-989.

교한다(comparision). 다음은 앞서 비교결과를 토대로 동일지문 여부를 판단하는데(evaluation), 통상 최소한 L2D 수준의 비교결과를 근거로 판단하게 된다. 마지막으로 제3의 분석자가 앞의 절차(ACE)를 반복하여 선행 분석자의 분석결과를 확인하게 된다(verification). 분석기관의 예에 따라서는 2회 이상의 확인절차를 거치는 경우도 있지만, 확인절차가 no blind 진행된다는 점은 대부분 분석기관이 공통한다. 또한 대다수 분석기관의 확인절차의 진행과정에서 선행 분석자가 후행 분석자에게 비교대상이 된 융선특징이 지시된 지문샘플(marked-up version)에 제공하지 않는 경우도 많은데, 그러다보니 결론적으로는 동일한 판단결과가 나오더라도, 선행 분석자와는 다른 추론근거를 제시하는 예도 발생할 수도 있다.[18]

그림 5-4 │ ACE-V(analysis, comparision, evaluation-verification)

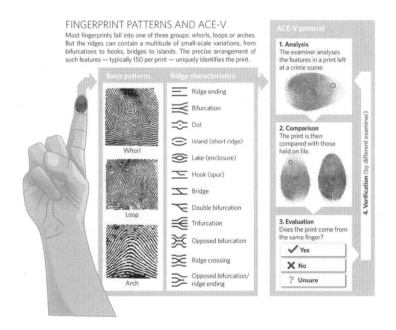

---

18) Eric H. Holder, Jr., Laurie O. Robinson, John H. Laub, The Fingerprint Sourcebook, NIJ. U.S. DOJ., 2014, pp. 9-12.

보통, 지문감식 전문가들은 비교 대상 융선특징 가운데 상이한 융선특징이 발견되고, 이를 비틀림현상(distortion)이나 지문현출 표면의 경사, 완곡, 요철 내지는 지문샘플의 오염 등의 이유로 적절하게 설명할 수 없는 경우에는 동일지문이 아닌 것으로 판정하는 소거방식을 사용한다. 융선특징의 동일여부를 판독하는 방법으로는19) 비교대상지문의 확대사진을 준비한 뒤, 양 사진을 동일한 규격의 격자형 투명 판독표에 긱기 중첩시긴 후, 구분된 격자형 판독표 내의 구역별로, 융선의 모양 등의 제반특성의 유사성을 관찰하거나(osborn grid method), 비교대상인 지문을 트레이싱지(tracing paper)에 옮긴 후, 이들을 중첩(superimpose)하여 유사성을 비교하는 방법(semour trace method), 또는 출처가 확인된 지문의 확대사진(주로 피의자 등의 지문)을 고정시킨 후, 범행현장 등에서 확인된 지문의 확대사진을 횡으로 세분, 절단하여 앞서 고정시킨 비교지문의 확대사진에 중첩시키고, 절단된 부분을 하나씩 떼어내면서, 두 사진의 균형적 유사성을 비교하여 일치여부를 판단하는 방법(photographic strip method), 비교대상인 지문의 확대사진에서 융선특징을 찾아, 이곳에 핀으로 표식을 남기고 이후, 핀이 부착되어 있는 곳을 일직선으로 연결하여 그 궤적을 중첩하여 비교대상 지문의 동일여부를 판단하는 방식으로, 융선특징의 질적 유사성에 의하여 판단하는 방법(polygon method, pincushion method), 비교대상 지문의 투명 확대사진을 제작한 뒤, 이 사진의 중첩투영에 의하여 동일성을 식별하는 방식(overlay method, 슈퍼임포즈법), osborn grid방식과 유사한 방식으로 1mm³ 이하의 격자를 사용하고, 융선특징의 형태의 단순 일치만이 아니라, 각 융선특징의 발현빈도에 따라 일정한 값을 부여하여 동 값의 합산결과에 의하여 계량적으로 비교하거나(osterburg grid method), 10 내지 25배율의 격자문양이 추가된 확대경을 통해 비교대상 지문의 특징을 관찰한 후, 동일한 것으로 잠정 판단되면, 다시, 가상의 평면좌표상에 점으로 확인된, 각 비교대상의 융선특징의 위치를 비교하여 동일성 여부를 최종 판단하는 방법(michroscopic triangulation method) 등이 있다.

---

19) Henry C. Lee and R.E. Gaensslen, op. cit., pp. 43−49.

3. 자동지문식별시스템(AFIS, Automatic Fingerprint Identification System)

현재 대부분 국가의 경찰기관에서는 자동지문검색시스템(AFIS, automatic fingerprint identification system)을 지문검색 및 대조작업에 활용하는데 기존 지문 감식 전문가의 육안에 의한 비교 대조방식에 비하여 고도의 효율성을 갖는 장점에 기인한다. 미국은 미연방수사국 주도하에 1960년대 초부터 자동지문검색시스템의 개발에 관심을 갖고, 연구를 계속하여 1990년대 들어서 다양한 제품의 자동지문검색시스템이 상용화되었다.[20] 현재 미연방수사국은 보다 개량된 IAFIS (intergrated automated fingerprint identification system)를 운용하는데, 상당수 주 및 지역 형사사법기관도 미연방수사국의 IAFIS와 호환 가능한 AFIS를 운용하고 있다(New York, Chicago, Huston, San Francisco 등은 독자적인 AFIS 시스템을 운용하고 있다). 한편, 지문자동검색시스템 도입은 상당한 비용부담을 요구하기 때문에 일부 소규모 경찰기관에서는 독자적인 시스템을 갖출 수 없는 경우가 있어, Idaho, Montana, Nevada, Oregon, Wyomin, Utah 주의 경우처럼, 1988년부터 WIN(western identification network)이라는 지문자동검색망을 공동 운영하는 형태로 시스템을 도입, 활용하는 예도 있다.[21] 또한 현재는 Cogent, Morpho, NEC Information Systems, Motorola, Inc. 등에서 상업적으로도 AFIS가 개발하였으며, 미국의 경우 상당수 법집행기관에서 채택하여 운용하고 있기도 하다. 개발한 검색기를 도입, 운영하고 있다.

한국경찰도 1990년 지문자동검색시스템을 구축하면서 활용하기 시작하였는데, 2001년부터는 전국 지방경찰청 및 경찰서, 해양경찰관서에 AFIS 단말기를 보급하고, 2003년 이후 검색능력향상을 위한 고도화 작업이 지속됨과 동시에 가출인, 수배자 등의 자료와 연계하는 등 시스템 개선이 이루어지고 있다.[22] 일본의

---

20) Bruce J. Brotman & Rhonda K. Pavel, "Identification : A Move toward the Future", FBI Law Enforcement Bulletin, 1991.7, http://www.fbi.gov/publications/leb/1989－1995/leb89 －95.htm.
21) W.C. Overton, "Police Practices Win : AFIS technology for rural states", FBI Law Enforcement Bulletin, 1990. 11, http://www.fbi.gov/publication/leb/1989－1995/leb89－ 95.htm.
22) 2014 경찰백서, 경찰청, 176－177면.

경우, 昭和 58년 10월부터 동 시스템을 도입하여 활용하고 있으며, 현재는 모든 경찰서에 보급, 설치되어 있다. 아울러, 平成 14년부터는 지문 외에 장문자동식별시스템도 운용하면서, AFIS와 병용하고 있다23)

자동지문검색시스템은 육안대조방식에 비하여 분석작업의 속도와 능률성을 향상시킴과 동시에 주관적 판단요소를 배제하여 보다 객관적인 분석대조 및 검색이 가능한 점에 활용가치가 있다. 미연방수시국에서 활용하는 자동지문검색시스템(IAFIS, integrated AFIS)은 비교대상지문 중, 20여 개의 융선특징을 선정, 이를 디지털 코드화하여 분석하는데, 보통 육안대조작업에 비하여 고도의 효율성과 객관성이 긍정되어 대단히 유용한 수단으로 평가되고 있다.

통상 AFIS 검색은 3단계를 거쳐 진행되는데, 첫 번째 단계에서는 전체적인 융선문양 등 Henry식 지문분류 수준 정도의 L1D 정도의 비교를 통해 빠르게 데이터베이스 내에서 비교 제외대상을 걸러낸다(initial filter). 두 번째 단계에서는 데이터베이스 내 십지지문을 모두 활용하지 않고, index finger의 지문을 확인하는 수준에서 비교검색을 통해 역시 제외대상을 걸러낸다(prescreen matchers). 마지막 세 번째 단계에서는 L2D 수준의 비교검색을 통해 유사성이 높은 수준으로 검색결과가 제시되는데, 마지막 단계의 검색과정에서 상당한 시간이 소요된다(detail matchers).

그러나 지문자동검색의 경우에도 문제점이 없는 것은 아니다. 즉, 범행현장 등에서 확보한 잠재지문 등의 현출상태가 좋지 않아서, 자동지문검색기에 의한 검색이 불가능한 경우도 있을 수 있으며, 무엇보다 지문인상 시, 뒤틀림현상 등 다양한 변형가능성을 컴퓨터가 적절히 해석할 수 있을지에 대하여 의문이 제기된다.24) 또한 현출된 지문의 상하, 좌우판단, 나아가 각 손가락의 구별 역시 지문자동검색기에 의한 분석만으로는 판단할 수 없다는 점이 지적되고 있다. 따라서 미국에서도 지문자동검색기에 의한 지문감식결과는 수사자료에 국한하여 사

---

23) 河嶋操, "指紋自動識別システムの運用状況", 警察學論集 第37卷 9号, 1984, 37頁 以下.

24) 이러한 문제점을 해결하기 위해 graph theory 등이 적용되는데, 지문유류 시 비틀림현상을 야기하는 압력 등은 융선 간 거리, 외형에 변형을 가할 수 있지만, 융선의 전체적 형상(graphic description)은 융선 간 거리, 외형 등에 의존하지 않으므로 컴퓨터에 의한 자동식별에 영향을 주지 않는다는 것을 의미한다. Paul C. Giannelli, Edeward J. Imwinkelried, Andrea Roth, Jane Campbell Moriarty, op. cit., pp. 995−996.

용하고 공판절차에서 증거로 활용되지 않는다. AFIS 검색결과는 비교대상된 잠재지문과 유사성이 높은 순으로 지문을 제시하는 것일 뿐으로, 그 결과가 곧바로 동일지문을 의미하는 것은 아님에 유의할 필요가 있다.

4. 잠재지문의 현출

다음으로 현장지문 특히 잠재지문의 현출방식에 대하여 간략히 살펴본다. 범죄현장 등에서 확보된 지문(현장지문 및 준현장지문)은 크게 직접 육안관찰이 가능한 현재지문(visible, patent fingerprint)과 별도의 현출작업을 요하는 잠재지문(latent fingerprint)으로 구분된다. 또한 토양 등과 같은 부드러운 물체표면의 경우, 지문의 융선이 현출되지 않고 고랑부분이 현출되는데, 이를 융선이 현출되는 지문과 구별하여 역지문(plastic, impression fingerprint)이라 한다.[25]

현재지문은 직접적 육안관찰 또는 빛을 경사지게 비추어 확인, 촬영하고 전사테이프 등에 전사하여 보존할 수 있다. 역지문도 융선과 고랑의 구별이 정상지문과 반대일 뿐, 지문의 확인이나 촬영·보존은 특별히 어렵지 않다. 그러나 잠재지문은 육안관찰이 불가하여 증거가 곤란한 경우가 있는데 가장 중요한 문제점으로 현출과정의 훼손우려를 들 수 있다.

결국 수사자료나 증거로 지문을 활용함에 있어서 정작 중요한 것은 잠재지문에 대한 안정적인 현출방법과 함께 잠재지문이 위치할 수 있는 장소를 적절히 예측하여 식별할 수 있는 감식요원의 개인적 역량이다.

잠재지문 현출은 융선 주위에 분포한 한선공에서 분비된 각종 분비물(residue)로 인하여 가능한 것으로, 효과적인 현출방식의 선택과 관련하여 현출장소의 특징 및 위 분비물의 화학적 성질, 대기노출 시에 발생할 수 있는 변화 등에 대한 감식요원의 숙련지식을 요한다.

잠재지문을 현출하기 위한 방법은 잠재지문이 현출될 수 있는 물체표면의 상태(수분 등의 물질에 대한 흡수성 유무, 표면의 경도, 곡면 등이 있는지의 여부 등)나 재질, 배경 색(background colors) 등에 따라 신중하게 결정되어져야 하는데, 지

---

25) Henry C. Lee and R.E. Gaensslen, op. cit., p. 106.

문의 분비물에 대한 물리적 반응을 활용하여 현출하는 방법(분말법, 광학현미경
관찰법 등), 지문에 남아 있는 분비물의 화학적 성분과 일정한 반응을 하는 화학
약품처리에 의하여 현출하는 방법(여기에 해당하는 방법의 예로, 요오드법·super
glue method·닌히드린법·질산은법·테트라메칠벤지진법·DFO method 등), 위 두 가
지 방법의 혼합적 활용방법(위 두 가지 방법을 순차적으로 활용하는 방법으로 복식검
출법이라 힌다. 닌히드린- 염회아연 488nm 알곤레이저광법 등)으로 분류하거나,[26]
활용되는 시약 등의 성질에 따라 고체법(분말법), 액체법, 기체법 등으로 분류하
기도 한다.[27]일반적으로는 가장 간편하고 초보적인 고체분말법이 활용된다.[28]

---

26) Henry C. Lee and R.E. Gaensslen, op. cit., p. 107; 유영찬, 법과학과 수사(서울: 현암사,
   2002), 306−312면.
27) 잠재지문의 현출방법과 관련하여 보다 자세한 내용은 Eric H. Holder, Jr., Laurie O.
   Robinson, John H. Laub, The Fingerprint Sourcebook, NIJ. U.S. DOJ., 2014, p. 7−1 이
   하 및 과학수사과정 2004 지방경찰학교 교재 16, 경찰청, 41면 이하 참조; 최근 잠재지문
   의 현출에 있어서 피부표면에서 잠재지문을 현출시킬 수 있는 가능성과 방법, 그리고 혈흔
   등과 함께 잠재지문이 발견된 경우, 현출작업 후, 혈흔 등을 통해 DNA profile을 분석하
   는 경우에, 잠재지문의 현출에 사용된 각종 시약 등이 DNA typing 분석에 장애를 가져올
   수 있는지, 또, 잠재지문의 분비물 등에 의하여 동일하게 장애가 발생할 수 있는 가능성
   (secondary transfer)에 대하여 논의가 제기되고 있다. 자세한 내용은 Paul C. Giannelli,
   Edeward J. Imwinkelried, Andrea Roth, Jane Campbell Moriarty, op. cit., pp. 954−964.;
   Henry C. Lee and R.E. Gaensslen, op. cit., pp. 149−150; A. Zamir, C. Oz, and B.
   Geller, "Threat mail and forensic science DNA profiling from items of evidence after
   treatment with DFO", Journal of Forensic Science 45(2), 2000, pp. 445−446; R.A.H. Van
   Oorschot and M. K. jones, "DNA fingerprints form fingerprints", Nature 387, 1997, p.
   767 참조.
28) 한편, 정확한 지문인상시점 판단이 가능한 경우, 그 증거로의 활용가치를 높일 수 있다는
   점에서 이에 대한 연구가 시도되고 있는데, 이론적으로 융선상의 한선공에서 배출된 각종
   피부노폐물이 물체표면에 부착된 시점부터, 수분함량이나 화학적 변화 등에 대한 관찰을
   통해 그 시간적 변화를 역산, 인상시점을 확인할 수 있다는 점에 착안한 것이다. 통상, 3
   가지 방식을 생각해 볼 수 있는데 ① 잠재지문 등의 인상법은 대체로, 잠재지문이 인상된
   시점에 따라 달라진다는 점에 착안하여, 추정하는 방법, ② 잠재지문의 변색과정에 착안한
   방법(잠재지문이 인상된 후 약 1년 이내에 걸쳐, 그 색깔이 노란색으로부터 오렌지색으로
   의 변화하게 된다는 점에 착안한 것), ③ 한선공에서 배출된 노폐물의 변화 상태를 직접
   확인하는 방법(thin layer and high performance liquid chromatography). 한편, Poland의
   Warsaw Main Police Headquarters에서는 ③과 유사한 방법으로 지문의 인상시점 판단이
   가능하다는 견해를 제시한 바도 있으나, 피부노폐물의 개인차, 인상장소의 환경적 요소, 지
   문 인상 시 압력이나 피부표면의 상태 등 다양한 변수에 대한 고려가 부족하다는 점을 들
   어, 그 신뢰성에 대하여는 대부분 감식전문가들은 회의적으로 판단한다. Paul C. Giannelli,
   Edeward J. Imwinkelried, Andrea Roth, Jane Campbell Moriarty, op. cit., pp. 1000−1004.

제 3 절 지문의 신뢰성

1. 이동식별시 판정기준의 모호성

먼저, 일정 수의 융선특징 비교에 의하여 충분한 다형성을 확보할 수 있다는 전제에 대하여 살펴본다. 지문감식 전문가들은 서로 다른 사람이 공통적 융선특징을 보유한 사례를 다수 보고한 바 있다.[29] 예를 들어, United States v. Parks 사건에서 검찰 측 감정인인 지문분석 전문가는 서로 다른 사람으로부터 확보한 지문샘플의 비교사례에서, 10개 이상의 동일한 융선특징을 관찰한 사례가 있음을 보고한 바 있는데,[30] 결국 그렇다면, 다수의 융선특징이 공유될 수 있다는 점에서 지문의 안정적 식별력에 의문이 제시될 수 있다.[31] 특히, 이러한 문제점은 앞서 언급한 바와 같이, 대체로 지문분석에 종사하는 전문가들은 동일한 융선특징의 숫자가 4~36개 정도(numeric standard)라는 통일성 없는 주관적 판단기준에 따라 동일여부의 판단을 하고 있다는 현실에 비추어 볼 때, 더욱 증폭된다.[32] 즉, 지문분석 전문가들은 통계적 분석 등의 그 신뢰성에 대한 검증과정 없이, 동일여부를 통일적이고 일관되지 못한 융선특징수라는 주관적 판단기준을 근거로 판단하고 있다.[33]

최근 이러한 문제점에 대한 인식과 함께 그 해결책으로 기존의 주관적 판단기준(subjective numeric standard)에 대하여 몇 가지 수정이 이루어지고 있는데 첫번째, 앞서 미연방수사국 등에서 활용되는 ACE-V와 관련하여서도 설명한 바와

---

29) 보다 자세한 내용은 Y. Mark & D. Attias, "What is the Minimum Standard for Characteristics for Fingerprint Identification", Fingerprint whorld 148, 1996 참조.

30) United States v. Parks, No. CR-910358 JSL(C.D. Cal. 1991).

31) Robert Epstein, "Fingerprints meet Daubert : the Myth of Fingerprint Science is revealed", Southern California Law Review, University of Southern California, March. 2002, pp. 625-626.

32) 동일성 판단을 위한 융선특징 수에 관한 객관적 판단기준이 사실상 없다는 점은 실제 지문증거의 신뢰성에 대하여 대단히 불리한 판단요소 작용한 바 있다. United States v. Mitchell, No. 96-407-CR(E.D. Pa. 1999).

33) Robert Epstein op. cit., pp. 636-643; Gary W. Jones, Courtroom Testimony for the Fingerprint Expert(Temecula, C.A. : Staggs Publishing, 1999), 45-48.

같이, 사전에 설정된 일정 융선특징수의 확인여부에 구속되지 않고, 지문감식 전문가가 구체적 분석결과에 따라, 동일여부를 판단하는 비계량적 판단기준(non-numeric standard)의 활용이다. 영국의 경우 1924년 이래 16개의 동일한 융선특징이 관찰된 경우, 동일인으로 판단해오던 기존의 계량적 판단기준(numeric standard)과 관련하여, 잉글랜드와 웨일즈는 계량적 판단기준을 포기하고 비계량적 판단기준의 채용을 선언한 바 있고, 이어서 스코틀랜드도 동일한 입장을 취하였다.[34] 그러나, 비계량적 판단기준은 동일성 판단기준을 더욱더 분석자의 주관적 판단에 일임하여 판단기준의 객관성에 대하여 오히려 더욱 회의적 시각을 면할 수 없다.[35]

다음으로 one-dissimilarity doctrine의 문제도 들 수 있다. 이는 지문감식과정에서 동일한 지문으로 판단하기 위한 최소 융선특징 수가 확인되어도 1개 이상의 상이한 융선특징이 관찰되는 때는 상이한 지문으로 판단한다는 원칙을 말한다.[36] 즉, 소수의 상이한 융선특징이 확인된 경우에는 이를 무시하지 않음으로서, 동일여부 판단의 안정성을 높이고 가장 치명적인 긍정오류(false positive error) 가능성을 최소화할 수 있음에 의의가 있다. 그러나 이러한 one-dissimilarity doctrine은 실제로 적용되지 않는다. 즉, 지문감식 전문가들은 만일 자신이 설정한 기준 이상의 융선특징 수가 확보된 이후, 상이한 융선특징이 관찰된다면, 이를 뒤틀림현상, 기타 현출과정 중의 변형현상 등으로 설명하여 이를 무시한다. 결국 one-dissimilarity doctrine은 실질적 유용성은 높지 않다고 한다.[37]

상이한 사람이 동일한 융선특징을 보유할 수 있는지의 가능성과 관련하여 문제점은 동일여부 판정에 활용된 융선특징 수에 기준이 없는 점에 국한되지 않는다. 지문감식결과에 대하여 별도의 추가적 검증과정이 누락된 경우가 대부분이고 명확한 판단기준이 없음에도 불구하고 미국의 International Association of

---

34) Fingerprint bureau : Primary Inspection ?, Scottish Criminal Records Office, § 6.8.6, 2000.

35) David Ashbaugh, "the Key to Fingerprint Identification", Fingerprint Whorld 10. 93, April. 1985, p. 96.

36) John I. Thornton, "the One-Dissimilarity Doctrine in Fingerprint Identification", International Criminal Police Review 306. 99, Jan. 1977, p. 89.

37) David Ashbaugh, "Defined Pattern, Overall Pattern and Unique Pattern, Journal of Forensic Identification 42. 505, 1992, p. 510.

Identification(I.A.I.)의 지침에 근거하여 지문감식결과에 불확정적 의견제시가 금지되고 단순히, 일치·불일치·판정불가라는 확정적 판정결과만을 제시하게끔 하여 동일성여부에 대한 명확한 확신도 없는 상태에서 일치의견을 제시할 수밖에 없는 가능성을 열어둔 점도 지적되고 있다.[38] 또한, 지문감식 전문가를 양성하기 위한 교육 및 훈련, 실습과정이 부실한 점도 지적된다. 대부분 지문감식 전문가가 경찰기관 내에서 자체인력을 대상으로 선발, 도제식으로 교육에 의하여 필요인력을 양성하고 교육내용도 대부분 현장실습으로 일관하여 지문감식에 관한 이론적 소양이 부족하고 기존 감식요원들에 의하여 경험적 교육이 중심이 되어 동일여부 판단 시, 판정결과의 주관성은 더욱 심화 될 수밖에 없고[39] 이러한 문제점은 한국의 경우에도 예외가 아니다.

2. 감정인의 숙련도와 오류율

지문은 어떠한 현출형태이던지 다양한 원인에 의하여 소위 비틀림 현상 및 기타 인공적 손상 등에 의하여 변형이 일어날 수 있다.[40] 이러한 비틀림 현상 등은 지문유류 시, 손가락에 가해진 압력, 각도, 지문이 인상된 물체표면의 상태 등에 따라 다양하게 발생할 수 있으며 기타 인공적 손상의 예로, 잠재지문을 고체법(분말법) 등에 의하여 현출하는 과정에서, 분말도포 등을 위해 사용하는 블러쉬가 잠재지문에 변형을 가하는 경우 등 다양한 예를 생각할 수 있다. 그러나 앞서의 서술과 같이 지문감식 전문가는 비틀림 현상 등을 오히려 상이한 융선특

---

38) Robert Epstein, op. cit., pp. 612−613.

39) Michael Mears & Therese M. Day, op. cit., pp. 742−743; 미국은 1977년 American Academy of Forensic Sciences의 요청에 따라, 미개인식별학회(IAI, international association for identification)에서 지문분석 전문가를 위한 일정한 자격인증제도를 만들어 시행하고 있는데, 이러한 인증을 취득하기 위하여는, 피인증자는 지문분류에 관한 40시간 이상의 이론학습 및 잠재지문현출에 관한 40시간의 이론학습을 이수하고, 3년의 실무수습경력과 필기시험 및 검토를 위한 자신의 법정 감정결과보고 사례의 제출, 또 관련 질문에 대한 문답식 테스트를 받아야 하고, 관련분야의 학사 또는 석사 학위를 취득할 것을 요구하고 있다. Paul C. Giannelli, Edeward J. Imwinkelried, Andrea Roth, Jane Campbell Moriarty, op. cit., p. 1014.

40) David Ashbaugh, "the Premises of Friction Tidge Identification Clarity and the Identification Process", Journal of Forensic Identification 44. 499, 1999, p. 513.

징이 확인된 경우에 이를 설명하기 위하여 활용하고 그 설명도 극히 가정적 설명에 불과한 경우가 대부분이라는 점이다.

지문감식 전문가의 능력평가와 관련하여 미국에서 광범위한 숙련도검사(proficiency test)가 1995년 처음 실시되었는데, 당시의 결과는 매우 충격적이었다.

7매의 현장지문(잠재지문)과 4매의 십지지문분류카드(inked ten-print cards)를 활용하여(7매의 현장지문 중, 2매의 경우, 비교대상이 된 4매의 십지지문분류카드에 없는 지문으로, 결국 위 2매의 현장지문을 정확히 식별해 내는 것이 관건이었다), 총 156명의 지문분석 전문가를 상대로 Collaborative testing Inc.에서 이루어진 1995년도의 최초의 숙련도 평가에서, 단지 68명만(44%)이 5매의 현장지문과 십지지문분류카드 내의 지문과 비교, 정확히 일치의견을, 나머지 2매의 현장지문에 대하여는 불일치 의견을 제시하였으나, 평가 대상자 중, 34명(22%)은 적어도 1개 이상의 지문샘플에 대하여 동일성 판단에 있어서 오류가 있었으며, 5개의 일치샘플을 포함한 위 7개 현장지문 모두에 대하여 오류가 발생하였고, 일부 평가대상자인 지문분석 전문가는 2개의 불일치 샘플에 대하여 29번의 연속적 오류를 범하기도 하였으며, 결국 56%에 해당하는 총 88명이 다양한 형태로 판정오류결과를 보여주게 되었다. Collaborating test Inc.사에서 이루어진 위 1995년 숙련도검사는 검사대상이 된 전문가들의 소집부터 시작해서, 미개인식별학회에 의하여 기획, 평가된 것으로 그 검사방법의 타당성에 대하여 특별한 논란은 야기되지 않았다.[41] 이후에도 위 숙련도 검사는 계속되었는데, 1998년도에 실시된 검사에서는 검사대상 지문분석 전문가들의 58%만이 정확한 식별을 하였다. 95년도의 검사결과와 크게 다르지 않았다. 다만, 2001년에 2회, 2002년에 3회, 2003년에 총 2회 거쳐 실시된 숙련도검사 중, 2001년 1회(Test No. 01-516)에서는 총 296명의 피험자를 상대로 11매의 현장지(장)문(잠재지(장)문)과 4매의 비교대상지(장)문이 제공된 바, 제공된 현장지문 중 10매는 비교대상지문과 일치한 경우로, 236명(80%)이 정확한 식별을 한 바 있고, 2003년 2회(Test No. 03-518)에서는 총 28명의 피검사자를 대상으로, 12매의 현장지문(잠재지문) 및 4매의 비교지문(이중 10매의 현장지문은 동일지문이다)을 놓고 검사한 결과, 총 24명(86%)이 정확한 식

---

41) Michael Mears & Therese M. Day, op. cit, pp. 733-734; Robert Epstein, op. cit., pp. 633-635.

별을 한 바 지문감식 전문가들의 숙련도가 개선된 것으로 나타났다. 대체로 2000년대 들어서 진행된 숙련도 검사에서는 오류율이 낮아짐으로써 지문분석 전문가들의 숙련도가 상당히 개선된 것으로 나타나는데, 여전히 10% 중반 내외의 오류율이 확인되는 점은 무시할 수 없다.[42]

한편, 2014년 현재 미연방수사국 등에서 활용되고 있는 ACE-V에 의한 지문이동식별의 신뢰도와 관련하여 80매의 지문을 활용하여 1년 이상의 실무경험을 갖는 미 전역의 지문분석 전문가 109명을 대상으로 한 NIJ에서 진행한 숙련도 분석결과에서는 verification 과정없이 ACE 절차만에 의하였을 경우, false positive rate은 3.0%, false negative rate은 7.5%로 확인되었다. 아울러, verification을 거친 경우는, false positive rate은 0.0%, false negative rate은 2.9%로 확인하여, 지문분석과정에서 발생할 수 있는 오류율은 극히 낮은 수준으로 발표한 바 있다.[43]

현재 지문분석의 신뢰도는 상당 수준으로 개선된 점은 분명하다. 이러한 변화의 배경에는 그간 분석결과의 신뢰성이나 분석자의 숙련도에 대한 회의적 시각을 배경으로 실무적, 이론적 논의가 전문가들 사이에 이루어지고, 분석기관 및 관련 전문기관에 대한 blindtest 등에 의한 검증이 반복됨으로써, 일정수준 이상의 quality control & assuarnce가 이루어진 점에 기인한 것으로 볼 수 있다.

한국에서도 분석기관이나 개별 분석자를 대상으로 자격인증은 물론 주기적인 숙련도 테스트를 통해 분석결과의 신뢰성을 제고하고 있는 점은 분명히 긍정적이다. 그러나 실무적 논의와 함께 관련 학계에 지속적인 자료공개를 통해, 이론적 측면에서도 관련 논의가 축적될 필요가 있다. 이를 토대로 현재의 도제식 교육방식으로 극히 제한적인 전문가를 양성하는 체계가 아닌 명확한 기준을 전제로 우수한 분석인력을 충분히 제공할 수 있는 교육체계의 구축도 가능해지는 것은 물론, 충분한 분석인력의 제공으로 분석결과에 대한 교차검증 등을 통한

---

42) http://www.ctsforensics.com/reports/default.aspx?F_CategoryId=21.

43) http://www.prnewswire.com/news-releases/fingerprint-examiners-found-to-have-very-low-error-rates-300029131.html; Igor Pacheco, Brian Cerchiai, Stephanie Stoiloff, "Miami-Dade Research Study for the Reliability of the ACE-V Process: Accuracy &Precision in Latent Fingerprint Examinations", NIJ U.S. DOJ, 2014 참조. https://www.ncjrs.gov/pdffiles1/nij/grants/248534.pdf.

신뢰도 제공도 실무적으로 가능해질 수 있기 때문이다.

제 4 절 지문에 대한 증거법적 평가

1. 지문의 증거능력

공판절차에서 지문의 활용 예를 살펴보면 먼저 범인이 유류한 현장지문 및 피고인 지문을 제시하고, 지문감식 전문가에 의한 감정에 의하여 지문의 과학적 신뢰성을 입증한 뒤, 마지막으로 동인의 진술(또는 감정결과보고서 등)에 의하여 범행현장에서 확보한 현장지문과 피고인의 지문이 동일지문이라는 판정결과를 제시하는 형태가 일반적이다.

한국의 경우, 지문의 신뢰성과 관련하여 증거능력이 다투어진 사례가 극히 제한적인데,[44] 이는 미국 및 일본도 동일하다. 약 100여년 이상, 지문이 각 국의 수사 및 형사공판실무에서 활용되면서 축적된 사례와 경험에 근거하여 그 신뢰성이 강하게 긍정된 것에 기인한 것이다. 그러나 앞서 살펴보았듯이 지문에 내재된 다양한 오류요인은 과연 이러한 지문에 대한 신뢰성의 추정적 태도가 정당한 것인가에 대한 의문을 야기한다. 이하에서는 제한된 예이긴 하지만, 지문의 신뢰성과 관련하여 허용성 즉 증거능력이 쟁점화 된 몇 가지 판례사안에 대하여 검토해보고자 한다.

앞서 설명한 바와 같이 지문이 최초로 형사재판에 활용된 것은 절도사건과 관련하여 1902년 영국에서다.[45] 아울러 미국에서도 1911년 사실혐의로 기소된 사안으로 People v. Jennings사건에서 최초로 지문이 피고인의 유죄입증에 활용되었다. 동 사안에서 검찰 측이 제시한 4인의 경찰 지문감식요원의 판정결과의 신뢰성과 관련하여 영국판례와 지문활용 사례를 참조하여 허용성 즉 증거능력을 긍정하였다.[46]

---

44) 예를 들어, 울산지법 2012.5.4. 선고 2011고합235 판결 등.
45) Jessica M. Sombat, op. cit., p. 2833.
46) People v. Jennings사건과 근접한 시점에서 지문의 증거능력을 긍정한 예로, Moon v. State, 198 P. 288(Ariz. 1921); Lamble v. State, 114 A. 346, 348(N.J. 1921); Commonwealth

대체로 이후 미국에서는 지문의 과학적 신뢰성과 관련하여 배경원리나 적용기술 및 구체적인 판정기법 등에 대한 면밀한 검토없이 활용사례의 축적에 따라, 특별한 문제제기 없이 허용성을 긍정하여 왔고, 수사실무에서의 활용사례 및 관련판례가 축적됨에 따라 1923년 이후 Frye test가 적용된 후 이러한 태도가 더욱 고착화된 것으로 판단된다.[47] 나아가 이러한 현상은 Daubert test가 적용되기 시작한 1990년대 이후 현재까지 지속되고 있다.[48] 이러한 현상은 앞서 살펴본 DNA profiling과 비교하면 특이한 현상이다.

그러나 앞서 서술한 바 있는 1995년 Collaborative Testing Inc.의 숙련도테스트결과가 처음으로 발표된 이후 미국 내에서 지문에 대한 강력한 신뢰성의 긍정과 증거로서의 허용성을 쉽게 긍정하는 기존의 태도에 대하여 강한 의문 및 비판과 함께 변화의 조짐이 관찰되기 시작하였다.

1990년대 후반부터 미국 내에서 지문의 신뢰성과 관련하여 증거능력(허용성)에 대한 회의적 시각을 내포한 판례가 등장하는데, United States v. Mitchell (1999)사건에서 펜실베이니아 주 지방법원은 Daubert test를 적용하여 지문의 항상성과 다형성에 관한 발생학자 및 해부학자의 진술, 지문의 이동식별시 오류가능성에 관한 미연방수사국 감식요원의 진술 등을 근거로 지문의 신뢰성을 긍정, 증거로 허용하여 특별한 문제제기 없이 허용성을 긍정하던 예와 다소 차별적인 입장을 보여준 바 있다.[49] 또한 United States v. Havvard(2001) 사건의 경우,[50]

---

v. Loomis, 113 A. 428, 431(Pa. 1921); State v. Kuhl, 175 P. 190, 195(Nev. 1918); People v. Roach, 109 N.E. 618, 623(N.Y. 1915).

47) Jessica M. Sombat, op. cit., p. 2835.

48) United States v. Sherwood, 98 F.3d 402(9th Cir. 1996); United States v. Martinez-Cintron, 136 F.Sipp.2d 17(D.P.R. 2001); United States v. Cooper, 91 F. Supp. 2d79 (D.D.C. 2000); United States v. Sherwood, 98 F.3d 402, 408(9th Cir. 1996).

49) 잠재지문의 현출수단으로 super glue법, laser의 유효성에 대하여, People v. Webb, 6 Cal. 4th 494, 862 P.2d 779, 24 Cal. Rptr. 2d 779(1993), cert denied, 513 U.S. 839(1994)에서, 캘리포니아주 대법원은 위의 기법이 일반적 승인을 받지 못한 새로운 기법(novel technique)이라 하여 일반적 승인을 부정, 허용성을 부정하였으나, 미연방대법원에서 Daubert test를 적용하여, 허용성을 긍정하였다; State v. Hayden, 90 Wash. App. 100, 950 P.2d 1024(1998)에서는 디지털 확대이미지 기법을 현출된 잠재지문의 대조에 활용한 것과 관련하여 그 신뢰성을 긍정, 증거로 허용한 바 있다. 기타 United States v. Salameh, 152 F.3d 88(2d Cir. 1998) 참조.

50) United States v. Havvard, 260 F.3d 597(7th Cir. 2001).

불법총기소유 등의 혐의로 기소된 피고인이 범행도구에서 현출된 잠재지문과 피고인의 지문이 일치한다는 감식결과를 근거로 유죄로 판단한 1심판결에 대하여, 지문의 과학적 신뢰성에 대하여 감정인 진술 등에 의하여 입증된 바 없고 지문식별결과의 오류율 역시 제시된 바 없으며, 객관적이고 일관된 이동식별기준도 없다는 점을 들어 Daubert test를 충족하지 못한다고 주장, 항소하였다. 그러나 항소심(7th Cir.)은 동 증기의 허용성과 관련하여 과학적 증거의 신뢰성 판단기준인 Daubert test는 구체적 예에 따라 판단요소 등이 유연하게 고려된다는 점에서 이는 하급심의 재량적 판단영역에 해당하며 지문의 배경원리 등을 신뢰할 수 있고 충분한 요건을 갖춘 감정인(2인의 경찰 감식요원)에 의하여 잠재지문의 현출, 비교 및 이동판정과정에 대한 설명과 함께 오류게재에 대비한 통제기제로 2인 이상의 독립적 검증을 거쳐 이동판정이 이루어지고 있으며, 최근까지의 숙련도 테스트결과(Collaborating Test Inc.의 테스결과)를 고려하여 지문의 신뢰성을 긍정할 수 있고, 이를 증거로 허용한 원심판단을 인정하였다.51)

위 일련의 판례는 지문의 신뢰성을 긍정한 사례지만, 이에 관한 특별한 판단과정 없이 증거로 허용한 기존의 예와 달리 지문의 신뢰성에 대한 상세히 검토하는 점에 주목할 만하다.

한편, United States v. Llera Plaza(2002) 사건의 경우,52) 증거능력은 긍정되었지만, 지문(특히 잠재지문의 현출기법 등)의 신뢰성에 대한 문제제기와 함께 허용성을 부정할 수 있다는 취지의 판단을 내린 바 있다. 사안은 마약유통 갱조직 내에서의 청부살인사건과 관련 미국령 푸에르트리코와 펜실베이니아 주에서 3명의 피고인에 대한 사건이다. 피고인들의 유죄입증을 위한 결정적인 증거로, 범죄현장에서 범행에 활용된 피고인들의 차량 2대 및 무기 및 탄약에서 유류지문이 발견되었고, 동 지문이 피고인의 것과 일치한다는 미연방수사국의 지문분석결과가 제시되었다. 공판과정에서 동 지문감식결과에 대하여 미연방지방법원은 지문 및 잠재지문의 현출기법의 과학적 신뢰성을 판단과 관련하여 그 배경원리

---

51) 마약소지 등 혐의로 기소된 피고인이 지문감식의 오류율 등이 명확하지 않는 등 Daubert test의 제 판단요소가 충분히 입증되지 않음을 주장하였으나 이를 배척하고 지문의 신뢰성에 긍정하여 증거로 허용한 사례로. United States v. Collins, 340 F.3d 672(8th Cir. 2003).

52) 이 사건은 국내 일간지에서도 소개되었다. 인터넷 한겨례신문 2002.1.11판, http://www.hani.co.kr/section-007000000/2002/01/007000000200201111726857.html.

등에 특별한 문제를 제기하지 않았으나, 미연방수사국이 활용한 acronym ACE-V 잠재지문 현출기법의 신뢰성에 관한 검찰 측 감정인진술에 대한 평가에서, 검찰 측은 개인식별법으로서 지문은 이미 1세기 걸쳐 많은 선례를 통해 충분히 검증된 방법임을 주장하였으나, 법원은 Daubert test의 제 판단요소에 대한 검증은 관련 과학계로부터의 검증을 의미하는 것이라 판단하면서, ACE-V의 유효성에 대한 검찰측의 주장과 관련하여, 지문의 일반적 배경원리와 당해 사안에서 문제된 잠재지문의 현출기법에 연관성을 지닌 과학적 전문가집단이 아닌 단순한 지문감식 전문가에 의한 평가로, 당해 증거의 신뢰성에 대한 관련분야의 평가라는 기준을 충족시키지 못하였고 지문식별에 있어서 오류율에 대하여, 지문증거의 오류율은 0(zero)라고 할 수 있다는 검찰 측 주장은 지문증거의 증거능력 판단지표로서 부적절하며, 명확한 오류율에 관한 입증이 부족한 점 등을 근거로 당해 지문감식결과의 과학적 신뢰성을 부정, 증거능력을 인정하지 않았다. 그러나 검찰 측은 미연방수사국의 지문감식 전문가가 되기 위한 최저한의 기준과 풍부한 경험 및 일정한 관련분야에의 교육 및 실습을 요구하는 엄격한 자격요건을 요하는 점, 지문과 관련한 해당 과학계의 폭을 너무 엄격하게 해석하여 수사기관의 지문감식 전문가를 부당하게 제외하는 점, 나아가 지문의 과학적 신뢰성을 긍정한 다양한 선행사례를 판단요소에서 제외하여 Daubert test의 세부 판단요소를 지나치게 협소하게 인식한 점 등을 이유로 이의제기, 법원이 이를 인정하여 앞서 결정을 취소하고, 지문증거의 증거능력을 긍정한 바 있다.

United States v. Llera Plaza(2002)사건은 실 사례에서 Daubert test의 적용이 매우 미묘한 문제임을 보여주는데, 검찰 측 이의에 따라, 판단이 변경되기는 하였으나 통상 강력하게 인정되는 지문의 신뢰성이 부정되어 증거능력이 부정될 수 있는 여지가 확인된 점에 의미가 있다.[53]

---

53) 참고로, United States v. Sutton et al., 337 F.3d 792(2003)에서 강도혐의로 기소된 피고인들에 대하여 감정인이 지문의 현출, 비교분석, 이동식별기준, 원리 등에 관한 진술이 없는 경우, 배심에게 부당한 편견 등을 야기할 우려가 있어, 증거능력을 부정하였는데, 관련성 접근방법을 취한 예로 이해할 수 있다.

2. 지문의 증명력

지문의 신뢰성은 증명력 판단과정에서 문제될 수도 있다. 상반된 판정결과와의 존재나 이동식별과정의 판독오류 등을 예로 들 수 있다.

지문 증명력이 문제되는 사례를 크게 첫째, 범행현장 등에 당연히 범인의 지문이 부착되어 있어야 함에도 불구하고 이에 대한 검찰 측의 증거제출이 없거나 지문이 부존재하거나,[54] 둘째, 당해 현장지문의 채취, 보관과정 등의 부적절성을 문제화하는 경우 또는 셋째, 현장지문과 피고인의 지문이 일치하더라도 유류된 현장지문이 범행 시에 부착된 것이 아니라는 주장에 제기하거나 넷째, 동일지문으로 판정된 경우라도 피고인이 판정오류나 상반된 감식결과 등을 들어 이동식별의 오류(정확성)를 지적하는 4가지 유형으로 구분할 수 있는바 각각에 대하여 간략히 살펴본다.

1) 현장지문의 부존재

대법원 판례로 강간살인사건과 관련하여 피고인이 범행 시 장갑 등을 끼지 않은 상태에서 범행현장에 침입하고 흉기인 칼을 사용하였다고 진술한 바, 당연히 범행도구나 침입경로상에 유류지문의 확인이 예상될 수 있음에도 경찰의 감정결과에는 침입경로상 셔터 문에서 현출된 유류지문의 경우는 피고인의 것과 일치하지 않고, 흉기인 칼에서는 지문이 부존재한 점을 들어 피고인 자백의 신빙성에 의문을 제기하여 유죄를 인정한 원심을 파기, 환송한 사례가 있고[55] 이와 유사하게, 살인 및 사체유기에 관한 사안으로 역시 피고인이 사체유기 등에 사용한 삽 등의 도구에서 지문이 발견되지 않은 점을 이유의 하나로 들어 자백의 임의성에 의문을 제기, 유죄판결한 원심을 파기환송한 예도 있다.[56] 다만 위 판례 모두 단순히 지문의 부존재만 고려한 것이 아니라, 피고인 외 제3자의 범행

---

54) 지문의 부존재도 여러 유형이 있다. 지문이 전혀 발견되지 않는 외에도 동일 융선특징수가 기준에 미달하거나 지문은 존재하나 비틀림 현상 등에 의하여 대조불능의 경우 등도 넓게는 모두 지문의 부존재에 포함된다. 三好幹夫, 前揭論文, 682頁; 三井誠, 刑事手續法 Ⅲ (東京 : 有斐閣, 2004), 175頁.

55) 대법원 1986.8.19. 선고 86도1075 판결.

56) 대법원 1982.6.8. 선고 82도850 판결.

가능성, 혈흔 등 기타 객관적 정황증거와 자백의 불일치 등 여타의 증거 역시 함께 고려하여 판단하고 있지만 객관적 정황을 고려하여 합리적으로 예측될 수 있는 유류지문이 없다는 점은 피고인에게 유용한 방어수단임을 알 수 있다.

　　이러한 예는 일본판례에서도 확인할 수 있다. 친구의 처와 정을 통하던 중 발각된 우발적 상황에서 상간자인 처와 그 남편을 모두 칼로 살해한 사실로 기소된 사안에서 最判昭和57·1·28에서[57] 피고인은 범행현장에서 확보된 범행도구인 흉기와 혈흔 등이 묻어 있고, 피고인이 피해자들과 다투는 과정에서 접촉한 것으로 판단되는 경대 등에서 확보한 도합 약 45개의 지문 중, 피해자의 것을 제외한 나머지 지문들에서 피고인의 것과 동일한 것이 하나도 발생하지 않은 점에 착안, "우발적 범행으로서, 피고인이 자신의 지문의 유류를 방지하기 위하여 특별한 조치를 처음부터 강구하였다고는 상정하기 어렵고, 피고인의 지문이 하나도 유류되지 않았다는 것은 상식적으로 이해하기 어렵다고 생각됨"에도 불구하고 이에 대한 합리적 검토 없이 피고인의 자백의 신빙성을 쉽게 인정하여 유죄를 인정한 점을 지적하고 자백의 신빙성을 부정, 원심을 파기한 바 있다. 다만, 이 사건은 현장지문이 부존재한 것이 아니라 피해자의 지문으로 판명된 것을 제외한 지문이 대조불능으로 판단된 점에 비추어 12점 이상의 동일 융선특징이 확인되지 않은 점에 인한 것으로 추정된다. 이와 유사한 예로 재심사건인 熊本地八代支判昭和58·7·15에서는[58] 피고인은 빈지문(창문)을 통해 옥내에 침입, 장롱 안 금품을 물색하고, 동 장소에 있던 부엌칼로 피해자의 경부를 찔렀다는 사실로 기소되어 유죄확정된 경우로, 피고인이 자백하였고 침입로 상의 빈지문(창문) 및 장롱, 흉기인 칼 등에서 잠재지문이 확인되었으나 대조식별이 불가능한 사안으로, "빈지문(창문)은 물론이고, (범행에 사용된)부엌칼 등은 가장 지문이 남기 쉬운 장소라는 점"을 착안하여 이에 대한 의문이 해소되 되지 않는 한 피고인의 유죄를 단정할 수 없다고 보아 역시 자백의 신빙성의 의문을 제기, 사형이 확정된 피고인에게 무죄판결을 한 바 있다. 한편, 판정불능의 경우를 포함한 현장지문의 부존재 예와는 다소 다르지만 검찰 측이 유류지문을 증거로 제출하지 않은 점을 거론하여 간접적으로 수사의 부적절성을 지적한 사

---

57) 最一小判昭和57·1·28刑集36卷1号67頁, 判夕460호68頁, 判時1029号 27頁.
58) 熊本地八代支判昭和58·7·15判時1090号21頁.

례도 있다.[59]

　한국의 예와 마찬가지로, 지문증거의 부존재가 피고인의 무죄를 추정하는 일정한 기능을 수행하고 있지만, 즉 단순한 부존재가 아니라 여러 정황적 요소와 함께 특히, 지문의 부존재에 대하여 수시기관 등에 의하여 합리적인 설명이 부족한 점을 함께 고려하여 판단하는 점이 주목된다. 이 점은 현장지문이 부존재에도 불구하고, 유죄인정한 사례를 통해 보다 명확히 인식할 수 있는데, 피고인이 모 시내의 빌딩 지하화장실에서 소학교 2학년생인 여아를 강간살해 한 혐의로 기소된 사안인 大阪高判平成6·5·11의 경우,[60] 피고인의 유죄입증 증거로, 피고인의 자백과 함께 범행현장의 화장실에 유류된 피고인의 지문 및 장문에 제시된 바, 원심은 위 자백의 신용성이 부족하고, 피고인이 동 사건의 발생이전에도 화장실을 사용한 바 있으며, 범행현장이 아닌 화장실 내 다른 곳에서 피고인의 지문 등이 발견되고 범행현장에서 피고인의 지문 등이 각 한 개씩만 확보되었다는 점도 부자연스럽다고 보아 무죄로 판단하였다. 그러나 항소심에서는 자백의 신용성을 긍정하면서 지문 등에 대한 원심판단과 관련하여서 대상물에 접촉되더라도 지장 등이 부착되지 않을 수도 또 부착되더라도 선명하지 않아 대조식별이 불가능할 수도 있어, 원판결의 의문은 적절하지 않고, 범행시간대 외에 범행현장에 지문이 유류될 가능성에 대하여는 구체적인 범행장소의 특성을 고려하여 원심판단을 부정하여 원심판결을 파기한 바 있다. 동 판례는 대조식별이 불가능한 것으로 판단되는 유류지문에 대하여도 직접 동일성 식별증거의 형태는 아니지만, 지문이 유류되지 않을 가능성을 고려하여 어느 정도 설명적 가치를 긍정하면서, 오히려 범행시간대 외에 지문의 유류가능성에 대하여 피고인에게 설명할 것을 요구하여 입증책임을 전가시키는 듯한 의미로 파악할 여지도 있다. 그러나 이보다는 피고인의 주장(즉, 다른 시점에 피고인의 지문이 유류되었을 가능성)의 비합리성과 대조불능 지문에 대한 합리적 사유를 설명할 가능성을 이유로 유죄의 심증을 형성한 것으로 이해함이 타당하고, 이러한 점에서 앞서 살펴본 最高裁判所 판례 및 熊本地方裁判所 판례와도 그 의미가 일치한다고 생각한다.[61]

59) 律地四日市地決昭和53·3·10判時895号4頁.
60) 大阪高判平成6·5·11判タ859号270頁.
61) 이러한 입장은 도난당한 손목시계에서 피고인의 지문이 확인되지 않은 점을 들어, 무죄를

반면, 한국 및 일본과 달리 미국에서는 일반적으로 지문의 부존재가 피고인의 방어적 입증수단으로 활용될 수 없다고 한다.[62] 다만, 피고인이 자신에게 유리한 사실인정상의 추론과정을 도출시키기 위하여 지문증거의 부존재 사실을 증거로 활용하는 경우, 이를 일반적으로 허용될 수 있는 방어수단으로 판단하는 예도 있는데 Eley v. State(1980)사건과 같이, 배심에게 부당한 편견을 주지 않는 경우에만 허용될 수 있다는 견해를 제시한 경우도 있다.[63] 가령, 피고인과 범인의 동일성을 식별하는 진술을 하는 증인의 신뢰성을 감소시키는 등의 형태로는 사용함은 곤란하다 하겠다.[64] 또한 수사기관 등이 지문 등을 확보하기 위한 수색이 있었던 경우에만, 피고인이 지문증거의 부존재 사실을 방어수단으로 활용할 수 있다고 판단한 예도 있다.[65] 즉, 경찰 등 수사기관이 피고인의 무죄를 입증할 수 있도록 유류지문 등에 대한 수색을 하지 않은 사실을 적정절차위반이라는 이유로, 피고인의 방어수단으로 활용할 수 있다는 것이다. 그러나 미국판례는 일반적으로 경찰 등이 의도적 또는 실수로 증거를 훼손한 경우를 제외하고는 피고인이 방어수단으로 원용할 수 없다는 점에서 의견을 일치시키고 있다.[66]

그렇다면, 검찰 측은 지문의 부존재에 대하여 어떻게 대응할 수 있는가? 지

주장하는 피고인에 대하여, 장갑을 착용하지 않더라도 지문이 유류되지 않도록 피고인이 일정한 수단을 강구할 수 있고, 손목시계와 같이 소형물건에는 대조식별 가능한 지문이 유류되지 않을 가능성도 충분하다는 점을 들어, 피고인의 주장을 부인함과 동시에 기타 정황적 증거에 바탕하여 피고인의 유죄를 인정한 경우로 大阪高判昭和61·11·27 및 각성제를 작은 봉투에 담아서 소지하던 중, 경찰관의 불심검문 전에 투기하였으나 이를 적발하여 각성제사용 및 소지죄로 기소된 사안에서, 각성제가 담겨있던 봉투에서 피고인의 지문이 현출되지 않은 점을 들어 범죄사실을 부인하는 피고인의 주장에 대하여, 봉투의 보관상태 등에 비추어 지문이 유류되지 않을 수도 있는 점에 착안하여, 피고인의 주장을 부인, 유죄를 인정한 경우인 神戸地判平成1·5·30에서도 확인할 수 있다.

62) United States v. Hoffman, 964 F.2d 21(D.C. Cir. 1992); Henderson v. State, 51 Md.App. 152, 155 n.4, 441 A.2d 1114, 1116 n.4(Md. 1982).

63) Eley v. State, 288 Md. 548, 419 A.2d 384(1980), 살인미수 및 강도죄로 기소된 피고인이 범행현장에서 자신의 지문이 발견되지 않았다는 사실을 증거로 제시하였으나, 기각되자, 상소한 사건으로, Maryland 주 항소법원은 피고인이 주장한 지문의 부존재사실은 특별한 편견 등을 야기할 의도가 아니었음을 이유로 피고인의 주장을 기각, 유죄로 판단한 하급심을 파기하고 다시 판단할 것을 결정한 사례다.

64) United States v. Thompson, 37 F.3d 450(9th Cir. 1994).

65) State v. Holmes,654 S.W.2d 133(Mo. App. 1983).

66) State v. Wells, 103 Idaho 137, 645 p.2d 371(Ct. App. 1982): Villafuerte v. Lewis, 75F.3d 1330, 1341(9th Cir. 1996): Banks v. powell, 917 F. Supp. 414, 418(E.D. Va. 1996).

문감식 전문가의 진술을 통해 피고인이 장갑 등을 활용 현장지문을 유류하지 않을 가능성을 주장하거나, 식별불능의 유류지문 및 식별불능원인에 대한 합리적 이유를 제시하여 대응할 수 있다. 이와 관련하여, 검찰 측이 지문감식 전문가에 의하여 지문의 부존재를 합리적으로 설명하지 못한 점을 피고인이 원용할 수 있다고 한 예도 있다.[67] 이 경우에는 피고인이 지문증거의 부존재를 주장한 경우와 달리, 법원은 사실판단주체인 배심원에게 지문의 부존재에 관한 검찰 측 주장에 관하여 배심에 대하여 판단지침(jury instruction)을 부여할 수 있다.[68]

2) 현장지문의 채취, 보관과정의 문제

먼저, 피고인이 야간에 모 병원에 침입하여 병원 및 동 구내의 약국 내의 소형금고를 해체하여 금원을 절취하려 하였으나 미수에 그친 사실로 기소된 사안과 관련하여 豊島簡平成1·7·14에서는[69] 수사과정에서 피고인의 좌수 중지와 일치하는 지문이 발견되어, 검찰 측은 이를 유력한 증거로 제출하였다. 변호인은 피고인이 거주하는 아파트에서 발생한 별도의 주거침입사건에서 동일한 경찰관이 지문을 같은 방법으로 채취하였으며, 피고인은 주거침입사건이 발생하기 한 달 전에 동 장소에서 출입한 바 있어, 위 두 가지의 잠재지문 전사지가 보관 중 혼동되어, 주거침입사건에서 확보된 피고인이 우연히 유류한 지문이 문제되었을 가능성을 제기함과 동시에 위 절도미수사건 발생이 피고인의 알리바이가 있음을 주장하였다. 이에 지문채취를 담당한 감식 경찰관은 지문채취 및 보존과정에서 항시 임장 및 점검하고 있고 위 절도미수사건 수사과정에서 사용 후 남은 전사지가 없었던 점 등에 비추어 혼동가능성은 없음을 주장하였으나, 다량의 지문을 동시에 채취, 보관하고, 신속히 이를 분석하기 위하여 경시청으로 송부하는 과정 등에 비추어 위 주거침입사건시 활용된 전사지가 본건 절도미수사건에서 사용된 전사지에 혼입되었을 가능성을 충분히 고려할 수 있다고 판단한 뒤, 피고인의 알리바이 성립 가능성도 역시 부정할 수 없음을 들어 피고인에게 무죄를 선고하였다.

---

67) United States v. Grammer, 513 F.2d 673(9th Cir. 1975).
68) United States v. Quinn, 901 F.2d 522, 532(6th Cir. 1990).
69) 豊島簡平成1·7·14判タ711号281頁.

앞서 언급한 바와 같이, 원칙적으로 채증과정에 이어서 자료의 채취 및 관리, 보관상태와 관련하여 증거보관의 연속성(chain of custody)은 증명력이 아닌 증거능력의 문제로, 시료의 채취장소, 시간, 보관상태 및 변동상황 등에 대한 기록유지 및 시료에 대하여 사건명 또는 번호 및 일련번호를 라벨링하고 감정결과 보고시 이에 대한 입증자료의 첨부 등이 미비한 때에는 당해 증거의 증거능력이 부인되어야 할 것이다.[70] 그러나, 지문샘플의 관리 등이 외형적으로 문제가 없는 경우라도, 자료의 혼동, 오염가능성 등이 제기되는 경우에는 증명력(특히, 증거의 신빙성)을 감쇄시키는 요인으로, 증명력 판단과정을 통해 여과할 수 있을 것이다.

한국의 경우, 지문 관련 사례는 아니지만 앞서 언급한 사례로, 마약복용여부를 확인하기 위한 소변샘플의 회수과정에서 소변샘플의 혼동으로 인하여, 동 샘플에 대한 분석결과와 관련하여, 피고인 유죄입증을 위한 충분한 증명력이 없다고 판단한 하급심 판례가 있다. 청주지법 1997.1.14선고 96고단82판결은 피고인과 위 긴급구속자 등 5명이 소변검사를 위해 각기 소변을 받아놓은 소변 컵이 소변샘플의 채취 후 보관과정에서 혼동될 가능성을 이유로 결과적으로 소변검사결과의 증명력을 부인한 바 있다.

3) 현장지문의 유류시점 판단

미국판례 중 현장지문이 범행시간 외에 유류될 수 있는 가능성으로 인하여 무죄로 판단된 대표적인 예를 몇 가지 든다면, 도난 된 중고차량에서 피고인의 지문이 발견되었으나, 피고인이 과거 위 차량의 소유주 등이었던 점이 입증된 경우(Mobley v. State(1978)), 범행장소에 확보된 피고인의 지문 외에도, 다른 사람의 유류지문이 확보되었으나, 범인은 단독범으로 판단되는 경우(Anthony v. State(1951)), 범행장소에서 피고인의 지문이 확보되었으나, 동 장소에 합법적 접근이 가능했던 경우(State v. Berry(1982)) 등의 예를 들 수 있다. 반대로, 피고인의 관련 주장에도 불구하고 유죄입증이 가능한 유형으로 도난 물품 등의 소유주가 피고인에게 동 물품 및 보관장소에 대한 접근 및 접촉을 허용하지 않았음에도

---

70) People v. Williams, 48 Cal. 3d 1112, 774 P.2d 146, 259 Cal. Rptr. 473(1989).

피고인의 지문이 동 물품과 보관장소 등에서 확인된 경우(State v. Berry(1982), people v. Adamson(1946), Jones v. State(1980))나 피고인이 범행장소에 접근하기 위하여 반드시 일정한 침입행위가 수반되고, 침입경로, 범행장소 등에서 피고인의 지문이 확보된 경우(Gibson v. Collins(1991), Colvin v. State(1984)) 또는 범행장소에 일반인의 접근이 차단되어 있음에도, 동 장소에서 피고인의 지문이 확보되고, 범인이 일정시간 머문 것으로 인정되는 경우(State v. Pryor(1975)) 및 피고인의 지문이 침입경로가 된 파손된 유리창 틀에서 확보되고, 지문이 건물내부 및 하단부분을 향하고 있는 경우(Miles v. State(1984)), 피고인의 지문이 도난당한 물건의 보관시설 내부에서 발견되고, 동 보관시설이 범행에 의하여 파손된 경우(United States v. Lamartina(1978), State v. McGriff(1968)), 범인의 침입, 범행진행과정 중 이동된 물체에서 피고인의 지문이 확보된 경우(State v. Miller(1977)), 범인이 침입을 위해 파손한 유리창의 유리조각 등에서 피고인의 지문이 확보된 경우(People v. Rhodes(1981), People v. King(1980)), 피고인의 지문이 범행현장에 유류된 혈흔 등에서 확보된 경우(State v. Phillips(1972)), 범행발생 얼마 이전에 painting되거나 청소된 장소, 물건 등에서 피고인의 지문이 확보된 경우(Brunson v. State(1970), State v. Penson(1977)) 등이 있다.

일본판례 사안 중에는 앞서 예로 든, 大阪高判平成6·5·11외에도 葛城簡判昭和55·4·2를 들 수 있다. 피고인이 2인의 공범과 함께 회사사무실에 침입, 금고에서 금품을 절취한 사실로 기소된 사안으로 피고인의 자백과 함께 금고내부에서 발견된 피고인의 현장유류지문을 주요 증거로 제시하였다. 동 사안에서 문제가 된 금고의 지문과 관련하여, 중고품인 금고가 도난피해를 받은 회사에서 사용되기 전, 피고인이 근무하던 회사에서 사용된 사실이 확인되어, 피고인이 범행과 무관하게 금고내부에 지문을 유류시켰을 가능성을 부인할 수 없고, 피고인 자백이 신용성이 결여되어 있다고 보아 무죄로 판단한 사례이다.

4) 이동식별의 정확성

마지막으로 극히 제한적인 유형이지만 피고인과 현장에 유류된 범인의 지문으로 추정되는 지문이 일치하지만 동시에 제3자의 지문과도 일치가능성 등이 주장되어 당해 지문의 증명력이 감쇄 내지 부인되는 예를 생각할 수 있다.

가령, 長野簡判昭和54·10·15에서는[71] 현금절취의 목적으로 주택의 유리창을 통해 침입하여 책상서랍을 열고 절취대상을 물색하다 미수에 그친 사안으로 피고인은 범행사실을 전면 부인하였지만 총 11개의 현장지문 중 1개가 피고인의 좌수 모지 지문과 일치한다는 감정결과에 따라 체포, 기소되었다. 그러나 공판과정에서 피고인과 일치하는 것으로 판정된 1개의 지문이 동시에 피해자의 장남의 좌수 모지 지문과도 일치한다는 점이 인정되고, 동시 여타의 현장지문은 모두 불명료하다는 점 등을 이유로 무죄로 판단한 바 있다.

---

71) 長野簡判昭和54·10·15長野辯護士協會報7号31頁.

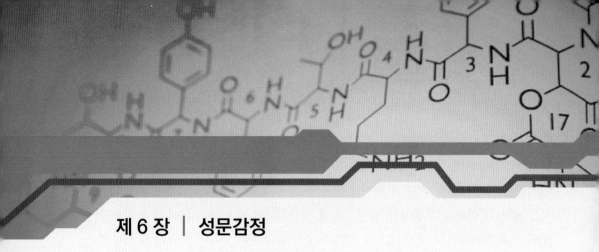

제6장 | 성문감정

제1절 성문감정의 의의

1. 성문감정의 개념

　　음성은 시각과 함께 일상적인 개인식별 수단으로 활용되어 왔다. 음성의 개인적 특징은 발성기관(조음기관)의 해부학적 구조, 발음습관 등에 기인하는데, 음성식별이란 개인간 음성특성에 의한 개인식별법 일반을 지칭한다. 특히, 성문분석장치(sound spectrograph)에 의하여 개인별 음성특징을 일정한 문양으로 표시하여, 개인식별에 활용하는 것을 성문감정(voiceprint or sound spectrograph analysis)이라 한다.

　　성문감정은 2차 세계대전 중 적국의 무전을 도청하여 무전병의 목소리를 식별함으로써, 부대위치, 이동상황 등을 파악할 목적으로 Bell telephone laboratory의 Dr. Potter, Knopp, Green 등이 1941년 최초로 성문분석을 위한 성문분석장치(sound spectrograph)를 개발하고, 1945년 이를 Nature지에 발표한 것에서 비롯한다. 그러나 개발 당시에는 큰 주목을 받지 못하고 종전을 맞는다. 전후 성문감정은 전화서비스 개선 등 상업적 목적으로 재차 연구가 진행되었고,

특히 협박사건 등의 범죄수사에서 필요성이 제기됨에 따라 미연방수사국이 Bell 연구소에 성문감정 연구를 의뢰함으로써 본격적으로 재기되었다. 1961년 Bell 연구소의 Dr. Lawrence G. Kersta는 범죄수사 등 법과학적 활용에 착안한 연구를 진행하고, 지문과 같은 탁월한 식별력을 제공할 수 있다는 결론에 도달하여 성문(voiceprint)이라는 명칭을 최초로 사용하였다. 이들은 1966년 Bell 연구소를 사직하고, 독자적으로 voiceprint laboratory Inc. New Jersey라는 상업적 연구소를 설립하면서, 본격적으로 법과학적 감정기법으로 상업적 활용 및 경찰 등 수사기관을 대상으로 성문감정교육을 하였다. 또한 실제 범죄사건에서 그 자신이 성문감정 전문가(감정인, expert witness)로 활동하면서, 성문감정을 본격적으로 법과학적 용도로 활용하기 시작하였다.[1]

2. 성문감정의 배경원리

음성은 인간의 언어적 표현의 전제로 말의 의미에 관한 음운성, 감정에 관한 정서성 외에도 말하는 사람에 관한 개인성을 갖는데, 이러한 개인성은 개인 간 음성특성에 기인한다. 음성은 성대의 진동을 통해 만들어지는 소리가 성도(vocal tract)를 통과하면서 공명되어 입을 통해 방사되면서 생성되는데 이 과정을 좀 더 살펴보면, 먼저 폐에서 나온 공기가 성대를 진동시키고, 성대에서는 기본진동수(pitch, fundemental frequency)와 배음(배음)들로 구성된 성대음이 만들어진다. 이 성대음은 조음기관(인두, 식도, 목젖, 입천장, 혀, 입술 등)과 공명기관(인두, 구강, 비강, 입술 등)에 의하여 공명되는 일정한 주파수를 갖게 되는데 이를 폴만트(formant)라 한다.[2] 이러한 성도의 공명특성이 일종의 음향여과기(acoustic filter)로 작용하여 원음인 성대음을 변형, 음향적 구조를 가진 소리, 즉,

---

1) Paul C. Giannelli, Edeward J. Imwinkelried, Andrea Roth, Jane Campbell Moriarty, op. cit., pp. 621−622; Lisa Rafferty, "Anything you say can and will be used against you: Spectrogaphic evidence in criminal, cases", American Criminal Law Review 36. 291, spring 1999, p. 292; 유영찬, 전게서, 259−260면; 과학수사(과학수사전문화과정), 경찰수사연수소, 1995, 167−168면; 田宮裕・多田辰也, 前揭書, 142−143頁.
2) 자음과 모음의 조합과정에서의 발성한 음성의 울림(공명)점은 개인 간 차이를 갖게 되는데, 이것이 바로 폴만트(formant)이다. 유영찬, 전게서, 266면.

목소리를 만들게 된다. 이 때, 발성 및 조음기관의 해부학적 구조의 미묘한 차이와 언어를 습득하는 과정 등에서 발생한 언어습관은 개인 간 특성을 부여하게 된다.[3] 즉, 성대에서 만들어진 소리(성대음)는 음성을 만들어내기 위한 음원(sound source)으로 단순한 소리에 불과한데, 이러한 성대음이 성대 사이의 개구부인 성문에서부터 입술까지 이르는 성도를 거치면서 공명작용에 의하여 특정 주파수 및 음색을 갖는 의미 있는 자음과 모음 등이 음운성을 띤 음성으로 변화하게 된다. 개인 간 음성은 위와 같은 발성기관의 해부학적 구조상의 차이나 후천적인 언어습관 등에 따라 개별적인 특징(발성자간 특성변화, inter-speaker variability)을 갖는다고 이해되며, 음성식별(voice identification)은 바로 이 점을 기본전제로 한다.

　　그러나 동일한 개인의 음성이라도 발성당시의 자세, 신체나 정신적 상태, 연령, 위치 등과 같은 주위환경 등 다양한 요소의 차이로 인하여 동일한 단어를 발음하더라도 차이가 있다(발성자 내 특성변화, intra-speaker variability). 따라서 음성식별이 가능하기 위해서는 발성자 간 특성변화가 발성자 내 특성변화에 비하여 현저하여야 한다. 일반적으로 성문분석 전문가들은 이를 긍정하는[4] 반면, 언어학이나 음성·음향학 전문가들은 이에 대하여 의문을 제기하여 성문감정법의 신뢰성판단에 중요한 쟁점사항이 되고 있다.[5]

---

3) 김균보·민영성, "성문감정의 증거능력 -미국의 동향을 소재로 하여-", 부산대학교 법학연구 제35권제1호 통권43호, 1994, 139-141면; 과학수사(수사전문화과정), 경찰수사연수소, 1995, 170-171면; 유영찬, 전게서, 261-262면; 田宮裕·多田辰也, 前揭書, 143-144頁; 湯川哲嗣, "聲紋鑑定の證明力", 刑事證據法の諸問題(下), 大阪刑事實務研究會, 2001, 693頁.
4) A. Daniel Yarmey, "Earwitness Speaker Identification", American Psychological association, Inc. 1 Psychology, Public Policy and Law 792., December 1995, p. 3.
5) Paul C. Giannelli, Edeward J. Imwinkelried, Andrea Roth, Jane Campbell Moriarty, op. cit., p. 612.

| 그림 6-1 | 발성기관의 구조 |

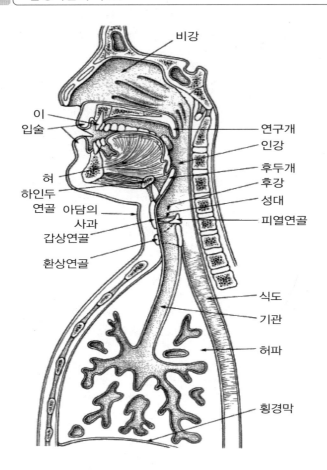

제 2 절 음성에 의한 개인식별

1. 청각에 의한 음성식별(Aural Examination)

일상적으로 자주 들었던 친숙한 음성의 경우, 낯선 사람의 음성과 비교할 때, 청취하여 용이하게 구별할 수 있다. 연구사례에 따라서는 1초 이상의 지속시간을 갖는 친숙한 음성을 구별하는 경우의 식별결과의 정확성을 92~100%(평균

95~100%)로 보고한 예도 있다.6) 그러나 청각에 의한 음성식별은 전문가들이 녹
음된 음성샘플을 반복적으로 듣고 곧바로 식별하는 경우(short term aural
memory)가 아닌 피해자나 목격자가 상당히 오래 전에 듣고 기억한 음성과의 식
별이 문제되는 사례(long term aural memory)로, 그 식별결과의 정확성이 신뢰성
에는 의문이 제기된다. 그럼에도 불구하고 형사공판절차에서 비교적 용이하게
청각에 의힌 음성식별 결과가 증거로 받아들여져 왔다.7)

---

6) B.E. Koenig, "Selected Topics in Forensic Voice Identification", Crime Lab. Digest VoL.
   20, 1993. Oct., p. 79.
7) 강간피해자에 의한 범행당시 들은 범인의 음성과 피고인 음성이 동일한 것으로 식별한 진
   술을 증거로 받아들인 사례로, State v. Parker, 558 N.E.2d 1164(Ohio 1990). 이외에
   United States v. Panico, 435 F.3d 47, 49(1st Cir. 2006), United States v. Zepeda—Lopez,
   478 F.3d 1213, 1219(10th Cir. 2007) etc.; 대법원 2006.9.28. 선고 2006도4587 판결, "피해자
   공소외 1이 범인식별 절차에서 피고인을 범인으로 지목한 진술은 2005. 9. 1. 대전둔산경
   찰서 사무실 가운데 소파에 용의자인 피고인을 포함하여 여러 사람을 동시에 앉혀 놓은
   상태에서 범인을 지목하는 방식으로 이루어진 것이기는 하나 피해자 공소외 2의 진술에
   의하면 그 전날 이미 용의자로 지목된 피고인의 사진이 피해자 공소외 1에게 제시되었다
   는 것이고, 피해자 공소외 3, 공소외 4 등이 범인식별 절차에서 피고인을 범인으로 지목한
   진술 또한 2005. 9. 1. 위 경찰서 사무실에서 용의자로서는 피고인 한 사람만의 목소리를
   단독으로 들려 주고 범인 여부를 확인하게 하여 위 피해자들이 그 목소리가 범인의 목소리
   가 맞다고 진술하였다는 것인바, 위 피해자들의 이러한 진술은 범인식별 절차에서 신빙성
   을 높이기 위하여 준수하여야 할 절차를 제대로 지키지 못한 것으로서 절차상의 하자가
   있기는 하나, 한편 기록에 나타난 바와 같이, 피해자 공소외 1은 피고인이 이 사건 범행
   당시 얼굴에 마스크를 하고 있지 않아 그 얼굴을 정확히 보았고 범행과정에서 약 20분간
   여러 가지 대화를 나누어 그 목소리를 분명히 기억하고 있다고 진술하고 있고,…(중략)…
   범인식별에 관한 피해자 공소외 1 등의 진술은 그 절차상의 하자에도 불구하고 높은 정도
   의 신빙성을 인정할 수 있다 할 것인바, …"; 반면, 피해자가 극히 짧은 범행시간에 범인
   의 목소리를 듣고, 사건발생 후 18일이 지난 후에 정확하게 기억한다는 것은 극히 이례적
   임을 지적하여 피해자 진술의 증명력을 부정한 예로, 대법원 1985.11.12. 선고 85도1974 판
   결, "불과 10분 또는 3초사이의 당황한 상태에서 피고인의 인상착의 상태, 목소리를 확실
   히 기억하고 그것도 사건발생 후 약 18일이 지난 후 명백하게 기억한다함은 (특히 공소외
   1은 피고인의 바지를 겁에 질려 못 보았다면서 회색계통이라고 진술하고 있고) 경험칙상
   이례에 속하고…(중략)…피고인의 범행의 증거로 함에 미흡하거나 신빙성이 없다."; 협박
   전화를 통해 들은 범인의 목소리와 피고인의 목소리 간의 동일성이 문제된 사례에서 역시
   동일음성임을 진술한 증인진술의 신빙성을 부정한 예로, 대법원 1984.6.26. 선고 84도947 판
   결, "증인 유강열, 같은 임채경의 증언이나 검찰 및 경찰(임채경)의 진술조서 중 범행전일
   밤 범인으로부터 2차에 걸쳐 약속을 지키라는 요지의 경상도 사투리의 25 내지 26세쯤의
   청년으로부터의 전화목소리와 피고인의 경찰·검찰에서의 진술의 목소리는 음성의 굴곡,
   억양에 미루어 동일한 목소리라는 점은 원래 경상도 사투리는 목소리에 억양의 굴곡이 있음
   이 특징임은 공지의 사실이니 그것만으로 양자가 동일인의 소행이라고 단정할 증거로 하

아울러, 청각에 의한 음성식별 방법으로 시각적 목격진술의 예와 유사하게 voice lineup(voice spread)이 활용되기도 한다. 반면, 피의자 또는 피고인을 단일한 식별대상으로 하는 voice showup의 경우, 암시효과 등으로 인하여 식별자인 피해자 등 목격자에게 편견을 유발할 수 있음이 지적된다.[8] eyewitness lineup과 동일하게 voice lineup 등을 포함하여 청각에 의한 음성식별절차에서도 적법절차원칙이나 변호인의 조력을 받을 권리 등이 문제될 수 있다. 미국이나 한국의 형사판례는 음성식별에 있어서도 목격진술과 마찬가지로 암시효과 등을 최소화하기 위한 절차가 필요함을 분명히 하고 있다.[9]

한편, 청각에 의한 음성식별과 관련하여 피의자 또는 피고인에게 특정 단어나 문장을 발음하도록 하는 것은 진술거부권을 침해하는 것은 아니다. 이는 음성식별을 위한 식별샘플(examplars)로 진술증거(testimony)에 속하지 않기 때문이다.[10] 다만 주의할 점은 범인식별을 위한 음성식별절차와 무관하게 범인이 범행 중 말한 내용을 공판절차에서 피고인에게 그대로 발음하도록 하는 것은 경우에 따라서는, 피고인에 대한 부당한 편견 등을 야기할 수 있으므로 허용하여서는

기는 미흡하다 할 것이고, …".

8) A. Daniel Yarmey, A. Linda Yarmey & Maegan J. Yarmey, "Face, and Voice Identifications in Showups and lineups", Applied Cognitive Psychol. Vol. 8, 1994, p. 453.

9) 아울러 청각에 의한 음성식별절차와 관련하여, 피고인 측 감정인이 음성식별에 있어서 암시효과나 음성특징 등에 진술하는 것을 허용하면서도, 목격진술처럼 정확하지 않다는 진술은 허용하지 않는다. Goverment of Virgin Islands v. Snaes, 57 F.3d 338(3rd Cir. 1995); 대법원 2006.09.28. 선고 2006도4587 판결, "용의자의 인상착의 등에 의한 범인식별 절차에서의 피해자의 진술을 신빙성이 높다고 평가할 수 있으려면, 범인의 인상착의 등에 관한 피해자의 진술 내지 묘사를 사전에 상세하게 기록한 다음, 용의자를 포함하여 그와 인상착의 등이 비슷한 여러 사람을 동시에 피해자와 대면시키거나 그 목소리를 청취하게 하여 범인을 지목하도록 하여야 하고, 용의자와 비교대상자 및 피해자들이 사전에 서로 접촉하지 못하도록 하여야 하며, 사후에 증거가치를 평가할 수 있도록 대면 과정과 결과를 문자와 사진 등으로 서면화하는 조치를 취하여야 할 것이다. 또한, 범인식별 절차에서 용의자 한 사람을 단독으로 피해자와 대면시키거나 용의자만의 목소리를 피해자에게 청취하게 하여 범인 여부를 확인하게 하는 것은, 사람의 기억력의 한계 및 부정확성과 구체적인 상황 하에서 용의자가 범인으로 의심받고 있다는 무의식적 암시를 피해자에게 줄 수 있는 위험성이 있으므로, 그러한 방식에 의한 범인식별 절차에서의 피해자의 진술은, 그 용의자가 종전에 피해자와 안면이 있는 사람이라든가 피해자의 진술 외에도 그 용의자를 범인으로 의심할 만한 다른 정황이 존재한다든가 하는 등의 부가적인 사정이 없는 한 그 신빙성이 낮다고 보아야 할 것이다."

10) Hopkins v. State, 721 A.2d 231(Md. 1998).

곤란할 것이다.[11]

2. 성문감정(Spectrograph Examination)

성문감정은 발성기관의 해부학적 구조 및 언어습관 등에 의하여 발생하는 개인 간 차이로 인하여 발생히는 음성특징을 성문분석장치(sound spectrogaph)에 의하여 전기적 신호로 변환하여 음성의 높낮이(pitch, 주파수(frequency)라고 하고 헤르츠(Hz)로 표기된다), 음압(loudness, 소리의 강약으로 데시벨(db)로 표시된다), 음향의 지속시간(duration) 등의 표지에 따라, 음성특성을 육안으로 관찰할 수 있도록 문양화하고, 이러한 문양비교와 함께 비교대상인 음성샘플을 직접 청취하여 그 특징을 확인하여 동일성을 판단하는 방법이다. 최종 동일여부 판단에서 객관성을 높이기 위하여 최근에는 음성분석 및 비교와 동일성 판단에 이르는 전체 과정에서 분석자의 주관적 판단을 배제하고, 컴퓨터로 처리하는 방법도 활용된다.[12]

성문감정에 활용되는 성문분석장치(sound spectrograph)는 크게 음성을 녹음하기 위한 자기드럼(magnetic drum)과 음성을 주파수, 음압, 지속시간 등으로 나누어 분석하기 위한 부분으로 구성되는데,[13] 대략 2, 4초 분량 이상의 음성이 녹음된 후, 이를 분석과정에서는 12배의 속도로 반복 재생하여 분석에 활용하게 된다. 재생된 음성은 분석기에 의하여 분석이 이루어지는데, 분석기는 주로 음성의 주파수를 분석하기 위한 협대역 여과기(narrow bandpass filter)와 음압(발성기관내에서의 공명점 즉, 폴만트(formant))를 분석하기 위한 광대역 여과기(wider

---

11) 공판정이 아닌 로비에서 배심원이 보는 가운데 범행 중, 범임이 말한 말을 검사가 피고인에게 그대로 진술하도록 한 사례로, 그러한 피고인의 진술은 적법절차원칙에 위배됨을 지적한 사례로. United States v. Olvera, 30 F.3d 1195(9th Cir. 1994).

12) Forensic Speech and Audio Analysis Forensic Linguistics 1998 to 200l a Review, Dept. of Handwriting, Speech and Document Examination, Netherlands Forensic Institute Ministry of Justice, 13th INTERPOL Forensic Science Symposium, Lyon, France, Oct. 16 – 19, 2001, p. D2 – 60.

13) magnetic recording device(음성샘플 녹음장치), electronic filter(주파수 등의 제 특성별로 음성신호를 전기적 신호로 변화시키는 필터), paper carrying drum(필터에 의하여 변환된 전기적 신호를 기록하기 위한 용지공급장치), electronic stylus(기록장치)라는 4부분으로 구성요소를 분류하기도 한다. Paul C. Giannelli, Edeward J. Imwinkelried, Andrea Roth, Jane Campbell Moriarty, op. cit., p. 620.

bandpass filter)라는 대역통과필터를 통해 분석되는데, 이러한 필터를 통해 음성은 방전전압으로 변환되어, 방전기록용지상에 횡축이 시간, 종축이 주파수, 그리고 음압은 음영·농담으로 구분되어 표시되는데, 이를 성문(voiceprint)이라 한다.[14]

성문감정에 활용되는 분석방식에는 open test와 closed test 두 가지가 있는데 open test의 경우, 분석자는 분석대상 중 동일 음성샘플이 있는지 알 수 없는 상태에서 분석을 진행하는 반면, closed test는 분석자가 분석대상 가운데 동일한 음성샘플이 있음을 알고 있는 상태에서 분석하는 것을 말한다.[15] 음성샘플에 대한 성문분석결과가 나오게 되면, 분석자는 음성샘플 간의 각 성문의 유사성 또

그림 6-2 성문감정의 예

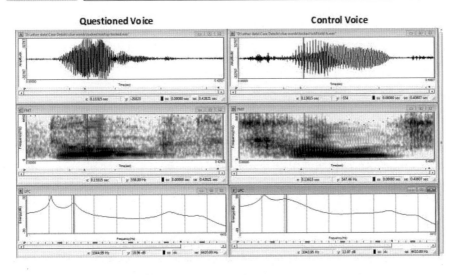

---

14) 유영찬, 전게서, 263면; 김균보·민영성, 전게논문, 140면; 田宮裕·多田辰也, 前揭書, 144頁; 湯川哲嗣, 前揭論文, 693−694頁; 그러나 음성학 등 관련 전문가들에 의하여 성문감정은 지문(fingerprint)과 본질적으로 다르고, 성문감정 결과의 신뢰성에 대해서도 아직 명확히 검증되지 못하였음에서 성문(聲紋, voiceprint)란 표현은 부적절한 점이 지적되었다. ibid. p. 619; 미국판례 역시 이점을 지적하고 있다. United States v. Baller, 519 F.2d 463, 465 n.1(4th Cir. 1975); United States v. Williams, 583 F.2d 1194, 1197 n.5(2d Cir. 1978); State v. Gortarez, 686 P.2d 1224, 1233 n.2(Ariz. 1984); Conett v, State, 450 N.E.2d 498, 500(nd. 1983).

15) ibid. p. 620.

는 차이점을 비교하여 동일여부를 판단한다. 이때 분석자는 청각에 의한 비교를 동시에 진행하는데(일반적으로 성문감정은 청각적 식별에 보충적으로 실시된다), 최종적으로 동일함(positive identification), 동일한 가능성이 있음(probable identification), 상이함(positive elimination), 상이할 가능성이 있음(probable elimination), 식별불능(no opinion)의 형태로 감정결과를 보고한다.16)

제3절 성문감정의 신뢰성

1. 식별력의 한계와 판단기준의 모호성

성문감정은 인간의 발성구조에 있어서 개인 간 해부학적 차이 등에 의하여 음성은 개성적 차이를 갖게 되고 이에 의하여, 개인식별이 가능하다는 점을 전제로 한다. 대체로 해부학이나 음성학자들 간에 이러한 전제는 긍정되지만, 구체적으로 음성특징을 이용하여 개인식별이 가능한가에 대하여는 다음의 이유에 근거하여 의문이 제기되고 있다.

「첫째, 인간의 음성은 육체적·정신적 상태, 외부환경 및 연령 등에 따라 동일인이라 하더라도 변화할 수 있기 때문에 그 식별력에 한계가 발생할 수 있다.

둘째, 음성특징에도 불구하고 성대모사의 예와 같이 인간은 어느 정도 음성 위장이 가능하다.

셋째, 동일인이 모두 조건이 동일한 상황에서 발성하여도 성문감정 결과에 차이가 발생할 수 있다. 따라서 성문분석 결과를 자료화하여 특정인물을 식별하는 것은 처음부터 불가능하고, 지문과 같은 식별력을 긍정할 수 없다.

넷째, 음성의 채취방식 즉, 발성 및 녹음장소, 녹음상태, 녹음기나 테이프의 재질이나 상태 등에 따라 성문감정 결과에 얼마든지 오류가 발생할 수 있다.

보다 중요한 문제점은 앞서 살펴본 지문의 경우와 동일하게 일관되고 객관적인 판단기준이 없다.17) 보통 음성은 spectrograph에 의하여 여과시켜 음성

---

16) Lisa Rafferty, op. cot., p. 293.
17) Paul C. Giannelli, Edeward J. Imwinkelried, Andrea Roth, Jane Campbell Moriarty, op.

특징을 일정한 문양으로 표현한 뒤, 이를 감정인이 육안비교하고, 다시 음성
샘플을 청취한 결과를 추가하여 최종 판단을 하는데, 이때 감정인의 주관적
판정기준이 개재될 수밖에 없다.」

최근에 컴퓨터를 이용하여 판단기준의 객관성을 확보하고자 하는 시도가
있는데, 실제 1978년 이후, Tosi교수도 컴퓨터를 성문감정에 활용하였다. 컴퓨터
및 디지털 음성처리기술이 발전하면서 성문감정에의 활용과 관련하여 연구가 이
루어지고 있다. NIST(national institue of standard & technology)에서 automatic
speaker detection system(SRE, speaker recognition evaluation)에 관한 연구를 진
행하였고, 2010년부터는 HASR(human assisted speaker recognition)에 대한 테스트
를 포함하여 연구범위를 확대하여 현재까지 지속하고 있다. 그러나 문제는 음성
신호를 디지털 신호로 처리하기 위하여 기존 성문분석 장비에 의한 아날로그식
음성분석과는 다른 분석기술을 요하는 점이다.
　　음성신호의 디지털처리에 선형예측분석법(linea predictive coding)이 활용되
는데 이는 음성이 시간에 따라 연속해서 변화하는 점에 착안하여 특정 시간 동
안의 음성특징을 예측하여 수치(계수)로 환산하는 수학적 방법을 말한다. 이러한
계수 해석을 통해 음성의 스펙트럼 즉, 성문을 확인할 수 있다.[18] 그러나 미국에
서는 아직 음성특징을 정확히 반영할 수 있는 디지털 알고리즘이 개발되지 않
아, IAI(international association of identification) 및 미연방수사국 모두 컴퓨터에
의한 성문감정을 활용하지 않고 있다.[19]

2. 성문감정의 오류율과 감정인의 적격성

1962년 Kersta는 2년간에 걸쳐 총 50,000건의 테스트를 통해 99%의 정확성
을 보장할 수 있다고 보고하였다. 그가 진행한 한 실험에서는 여고생들이 1주일
간의 교육 후에 성문 분석자로서 활용, closed test에 의한 성문분석을 실시되었

cit., p. 620; 田宮裕·多田辰也, 前揭書, 145頁.
18) 유영찬, 전게서, 267−268면.
19) Paul C. Giannelli, Edeward J. Imwinkelried, Andrea Roth, Jane Campbell Moriarty, op.
cit., p. 629.

고, 2,000건의 분석이 행하여진 동 실험에서 오류율은 약 1%로 확인되었다. 또한 Kersta는 동성의 쌍생아를 분석대상으로 하여 실험하였는데, 동 실험에서는 전체적으로 87%의 정확성(정확히는 여성인 쌍생아를 대상으로는 84%, 남성의 경우는 90%)을 기록한 것으로 보고하였고, 이후 8개월 간의 교육을 이수한 성문분석 전문가를 활용한 실험에서는 단지 1건의 오류를 제외하고는 총 60건의 쌍생아를 대상으로 한 성문감정에서 완벽한 시별이 이루어진 것으로 보고한 바 있다.[20]

그러나 Kersta가 제시한 성문감정 결과의 정확성에 대한 실증연구보고는 많은 학자들 사이에서 논란과 비판의 대상이 되었다.[21] 대표적으로 Richard H. Bolt 등은 Kersta가 자신의 실험에 바탕하여 성문감정결과를 지문에 필적할 만한 개인식별법으로 인식한 점에 대하여 신체의 물리적 특징에 바탕한 지문과 달리, 성문은 단지 음성을 전기적 분석장치를 통해 문양화한 것에 불과하여 발성기관 구조의 해부학적 특징 자체는 아닌 점에서 간접적인 식별방법에 불과하고, 종생불변의 지문과 달리, 연령변화 등의 외부적 상황변화에 수반하여 그 특성이 변화하는 점, 지문과 달리 의도적인 음성변조가 가능한 점 등을 들어, 성문감정의 신뢰도에 의문을 제기하였다.

한편 Kersta의 실험 이후, K.N. Stevens에 의하여 유사한 실험이 진행된 바 있는데 보다 체계적인 연구는 1970년 음성학자 Oscar Tosi 교수에 의하여 이루어졌다. Tosi 교수는 1968년부터 1970년에 걸쳐 미법무성의 법집행원조기구(LEAA)의 연구보조하에 Michigan 주립대학에서 성문감정의 신뢰성에 대한 실험을 진행하였는데, 그는 대학생들을 선발하여 한달 간 성문분석 교육을 이수하게 한 후, 청취비교법을 병행하지 않고, 성문만에 의한 음성샘플의 이동을 비교하도록 하되, 15분 이내에 분석결과를 제시하도록 제한하였다. Tosi 교수는 위 실험에서 open test 및 closed test를 모두 병행하며, 분석 대상인 음성샘플의 녹음방식도 정숙한 장소에서 녹음기에 직접 녹음하는 방식, 정숙한 곳에서 전화를 통해서 녹음하는 방식, 소란한 곳에서 전화를 통해 녹음하는 방식으로 구별하여 각기 실험을 진행하였다. 또한, 분석결과도 동일성의 긍정, 부정으로만 제시하도록 제한하였다. Tosi 교수의 분석결과는 Kersta의 실험결과만큼 높은 신뢰도

---

20) 김균보, 민영성, 전게논문, 142면; Lisa Rafferty, op. cot., p. 293.
21) Lisa Rafferty, op. cit., p. 293-294.

를 제시하지는 않았지만, false identification rate은 6%, false elimination rate
은 13%로 보고하고, 전체적으로 85% 이상의 정확성을 보이는 것으로 평가하였
다.22)

　　Tosi 교수에 의하여 진행된 'Michigan State Study'는 성문감정에 대하여 매
우 긍정적인 평가결과를 제시하게 되고, 이후 미국판례에서 그 증거능력을 인정
하는 근거로서 작용하게 된다. 그러나 이후에도 상당수 학자들은 실험과정에서
음성샘플은 실제 상황과 상당한 차이가 있다는 점 등을 이유로, 여전히 성문감
정결과의 신뢰성에 대하여 의문을 제기하였다.23)

　　성문감정을 둘러싼 학계의 논쟁과정에서, 1976년 미연방수사국이 미학술원
(National Academy of Science)에 성문감정이 신뢰성을 분석해 줄 것을 요청하고,
NAS(national acdemy of science)은 Richard H. Bolt를 위원장으로, 'Michgan State
Study'를 진행한 Tosi 교수 외에 성문감정에 대하여 비판적 견해를 지닌 다양한
전문가를 위원으로 평가위원회를 구성한 바, 동 위원회는 1979년 검토 보고서를
제출하게 된다. 동 위원회의 보고서에는 성문감정의 증거능력에 대하여 직접 언
급하지 않았지만, 확고한 과학적 기초가 다소 부족한 점 등을 지적하면서 음성
샘플이 확보된 환경, 장비의 상태, 분석자의 숙련도와 지식 등에 따라 성문감정
의 신뢰도가 달리 평가 될 수 있는 등 다양한 오류가능성에 근거하여, 증거로 활
용하는 경우, 배심원에게 당해 증거를 과대평가하지 않도록 성문감정의 한계성
을 알 수 있는 자료가 제시될 수 있도록 하여야 한다는 의견을 제시하고 있다.
NAS의 동 보고서에 바탕하여 미연방수사국은 성문감정결과를 증거로 법정에 제
출하지 않은 기존 정책을 고수하게 된다.24)

　　NAS의 평가 이후, 1986년 미연방수사국은 성문감정의 신뢰성을 평가하기
위하여 15년 이상 감정경력을 갖고 있는 전문가들이 행한 성문감정결과에 대하
여 2000회에 걸쳐 신뢰성평가를 실시한 바 있다. 조사결과 2000건 중 34.8%인
696건의 사례에서 오류율은 false identification rate는 0.31%(1건), false elimination

---

22) Paul C. Giannelli, Edeward J. Imwinkelried, Andrea Roth, Jane Campbell Moriarty, op.
　　cit., p. 622.
23) ibid., p. 623.
24) ibid., pp. 624－625.

rate은 0.53%(2건)에 불과한 것으로 나타났다. 이 결과에 대하여, 대다수의 전문
가들은 미연방수사국 성문감정 전문가들이 활용한 분석방법과 판단기준에 대해
명확히 설명이 없었고, 분석전문가의 숙련도를 판단하기 위한 기준설정도 명확
치 않다는 점 등을 이유로 비판하면서, 본 조사결과는 성문감정의 신뢰도를 평
가하기 위하여는 평가척도가 독립적이어야 하는데, 성문감정결과가 활용된 수사
결과를 평가척도로 활용함으로서, 평가척도의 독립성을 확보되지 못한 점에서
조사결과에 근본적 문제가 있음을 지적하였다. 실증조사 결과에도 불구하고, 미
연방수사국은 기존 성문감정결과를 증거로 활용하지 않는 정책을 변경하지 않았
으나, 비교적 우수한 수사기법으로서 성문감정을 인식하게 된다.[25] 이후 1993년
미연방수사국의 성문감정 전문가인 Koenig에 의하여 논문이 발표되는데, 동 논
문은 청각비교를 포함한 성문감정에 의한 개인식별은 비교적 정확한 방법이나
결정적 식별력은 갖지 않음을 인정하면서, 성분감정의 정확성에 관한 기존의 실
증연구는 실제 범죄수사환경에서의 오류율에 관한 실증적 분석이 전무하다는 점
에서 제한적 의미 밖에 가질 수 없음을 지적하였다.[26] 아울러, 2003년에 발표된
논문에서도, 비로 성문감정이 소수 사례에서 신뢰할 만한 분석기법이 될 수 있
다는 점이 확인된 바 있지만, 관련 과학계에서 여전히 그 신뢰서에 의문을 제기
하고 있으며, 근본적으로 각 개인의 음성이 식별력이 있을 정도의 특징을 갖고
있는지 여부에 대해서도 아직 확실한 결론에 도달하지 못한 점을 지적한 예가
있다.[27]

한국에서도 소규모이긴 하지만 1999년에 성문감정의 정확성에 대하여 이현
복, 박종철, 홍수기 공동으로 실증적 연구논문이 발표된 바 있다.[28] 특히, 이 연
구논문은 위장음성에 대한 성문감정결과의 식별력을 살펴본 점에 의미가 있는
데, 성우 10명, 일반인 9명을 상대로, 가장 짧은 예문으로 '여보세요', 가장 긴 예

---

25) ibid., pp. 652-626.
26) Bruice E. Koenig, "Selected Topics in Forensic Voice Identification", Crime Laboratory
Digest 20, 78, Oct. 1993, p. 79.
27) Lawrence M. Solan & Peter M. Tiersma,, "Hearing Voices : Speaker Identification in
Court", Hastings L. J. Vol. 54., 2003, p. 425.
28) 이현복·박종철 홍수기, "위장 음성 분석에 관한 연구", 말소리 제37호 특별호(한솔 이현복
선생 정년퇴임 기념논문집), 1999.6, 119-136면.

문으로 '내일 오후 3시까지 8천만원을 들고 잠실에 있는 석촌호수 벤치로 나오
세요'라는 문장을, 정상적 음성, 코막은 음성, 임의의 위장 음성, 코막은 위장음
성에 의하여 표준어로 발음하도록 하여, 이를 음성·언어학적으로 분석한 뒤, 다
시 sound spectrograph에 의하여 성문분석을 하였다. 실험결과를 살펴보면, 먼
저 위장음성의 음성학적 특성으로 정상적 음성에 비하여 목소리 높이가 낮아지
고 굵어지며 전체적으로 음성이 커지고 말의 속도가 느려진다는 특징과 문장의
끝음절을 짧게 끝맺으며 단어의 강세위치를 앞으로 전진시키는 경향이 있으며,
대체로 점잖고 위압적이며 단호하고 비타협적인 음성자질을 갖으며, 모음의 음
가가 대체로 중앙화하여 애매한 소리값을 보이는 경향이 있다고 한다. 아울러,
성문분석 결과에 의하면, 위장음성에 의하더라도 정상음성과 비교할 때, 높낮이
나 억양 및 세기는 개인식별에 큰 도움이 되지 않지만, 폴만트(formant)의 경우는
위장음성이나 정상음성에서도 일정한 값을 유지하면서 개인 간 특성을 보이므
로, 개인식별에 활용할 수 있다는 결론을 내린 바 있다.

　　성문분석 전문가에 대한 적격성 및 표준적 분석절차의 확립 등에 대한 논란
과 관련하여,[29] 미국에서도 1992년 이전까지 특별한 인증제도나 표준 분석절차
가 확립되어 있지 않았으나 1972년에 만들어진 IAVI(international association of
voice identification)를 대신하여 1980년에 개편된 IAI(international association
identification)의 VIAAS(voice identification and acoustic analysis subcommittee)에서
각기 성문분석 전문가에 대한 자격인증제도와 함께 표준 분석절차를 고안하여
제안하게 되었다. 그러나 IAI가 설정한 자격인증기준이 가령, 분석결과가 제3자
인 다른 분석자에 검증을 받아야 하고, 감정보고에 분석결과의 정확성에 대한
내용도 기재할 것을 요구하는 등 극히 엄격한 기준을 적용하는 것에 반발하여
american college of forensic examiner의 하위 분과로 ABRE(the american board
of recorded evidence)가 만들어졌다. 이에 따라 현재 IAI에서는 성문감정과 관련
한 어떠한 자격인증제도를 운영하고 있지 않다. 다만, 미연방수사국은 성문감정
전문가에게 학사학위 이상의 학력(B.A. dgree)과 함께 주기적 청취훈련(hearing
test)을 포함한 2년간의 훈련기간, 100건 이상의 실습경험, 성문분석장치 운영에

---

29) Paul C. Giannelli, Edeward J. Imwinkelried, Andrea Roth, Jane Campbell Moriarty, op.
cit., p. 620.

관한 수강과 함께 주기적인 자격인증갱신을 요구하고 있다. 반면, 과거 IAI는 특정 학력요건을 요구하지 않고, 실습경험도 50건 이상으로 하여 미연방수사국에 비하여 자격인증요건을 완화하고 있다. 또한 표준 분석절차와 관련하여, 미연방수사국은 경우에 따라 음량을 증폭하거나 조정할 수 있지만 20단어 이상이 녹음된 원본테이프를 요구한다. 동시에 분석결과는 반드시 독립한 다른 분석자에 의하여 보강될 것을 요구한다. IAI도 미연방수사국에서 채택한 분석절차와 유사한 분석절차를 거의 유사하게 적용하였는데 분석결과의 신뢰성에 관련하여 '성문감정결과는 반드시 결정적이라고 할 수 없으나, IAI의 기준에 따른 분석결과는 의미 있는 음성식별결과를 제시한다'라는 기재와 함께 감정결과와 함께 제시하도록 하였다.

제 4 절   성문감정에 대한 증거법적 평가

한국의 경우, 청각에 의한 음성식별을 제외하고, 수사절차에서 성문감정이 활용된 사례는 상당수 있지만, 공판절차에서 증거로 활용된 사례는 찾아보기 어렵다. 이하에서는 주로 미국이나 일본의 관련판례를 중심으로 성문감정 결과가 공판절차에서 증거법적으로 어떻게 평가되는지 알아본다.

1. 성문감정의 증거능력

미국에서 성문감정의 증거능력(허용성)과 관련하여, Frye test와 같이 비교적 엄격한 판단기준을 적용시키는 경우, 대부분 성문감정의 증거능력이 부정되는 반면, 보다 유연한 판단기준을 적용시키는 예에서는 증거능력을 인정하기도 한다.[30] 아울러 성문감정의 신뢰성에 대한 실증연구 결과가 각 법원의 증거능력 판단에 상당한 영향을 준 것으로 판단된다.[31]

---

30) State v. Gortarez, 141 Ariz. 254, 266 n.6, 686 P.2d 1224. 1236 n.6(184); State v. Free, 493 So. 2d 781, 785(La. App. 1986), cert. denied, 499 So. 2d 83(1997).

31) Paul C. Giannelli, Edeward J. Imwinkelried, Andrea Roth, Jane Campbell Moriarty, op.

미국에서 최초로 성문감정의 증거능력이 검토된 사례는 United Statesv. Wright(1967) 사건이다.[32] 공군사병으로 근무하던 피고인이 기지 내의 전화로 평소 알고 지내던 기지 내 병원에서 근무하던 여성에게 외설적이고 위협적인 내용의 통화를 한 점이 기지 내 전화 감청과정에서 군 수사기관에 의하여 적발, 기소된 사안으로, 피고인의 동의하에 피해자에 대하여 다시 전화를 걸어 피해자로 하여금 동일인 여부를 확인토록 하면서, 동의 없이 이를 녹음하여 성문분석한 결과를 증거로 제출하였다. 1심은 피고인에 대하여 유죄를 인정하면서 위 성문분석결과의 증거능력을 인정하였다. 변호인은 항소를 통해 성문분석은 신뢰할 수 없음을 이유로 그 증거능력이 부정되어야 함을 주장하였다. 항소심은 검찰 측 감정인 Lawrence G. Kersta의 진술과 피고인 측 감정인 Dr. Frank R Clark, Dr. Cletus J. Burke의 진술을 비교하는 가운데, ① 피고인 측 감정인의 경우, 심리학자 내지 통계학자로, 성문감정과 전공이 일치하지 않는 반면, 검찰 측 감정인의 경우는 성문감정에 물리학 및 전기공학 전문가로서 상당기간 성문감정 기술개발 및 감정업무에 종사해 온 점, ② 검찰 측 감정인이 Kersta가 행한 성감정결과의 정확성에 관한 실증연구결과와 ③ 위 연구결과가 the acoustical society of america 및 권위 있는 영국의 학술지에도 게재된 바 있으며, ④ 성문에 의한 식별은 아니지만 청각을 통한 음성식별은 이미 일상적으로 이루어지고 있고, 증거능력이 긍정된 다수 사례가 존재하며, ⑤ 필적감정 등의 사례와 같이 오류개제 가능성이 있지만 증거로 활용될 수 있는 예와 같이, 단지 몇몇 불안정한 요소가 있음을 이유로 성문감정의 증거능력을 부정할 수는 없다고 판시, 원심판단을 지지하여 항소를 기각하였다.

다만, 항소심의 Ferguson 판사는 반대의견에서 성문감정 업무에 종사하고 있는 검찰 측 증인의 연구결과만에 의하여 성문감정결과가 관련 과학계의 일반적 승인을 얻었다고 단정할 수 없음에서 증거능력을 인정할 수 없다는 견해를 제시하였다. 그러나 United States v. Wright(1967) 사건과 달리 대체로 1960년대 후반까지 대부분 미국판례는 일반적인 승인의 결여를 이유로 증거능력을 부정하

---

cit., p. 630.
32) United States v. Wright, 37 C.M.R. 447, 17 USCMA 183(1967).

였다.33) 성문감정은 당시 극히 초보적 활용단계로 감정인도 제한적이며, 감정결과의 신뢰성에 대한 실증적 연구도 본격화되기 전이라는 것을 그 배경으로 볼 수 있다.

그러나 1970년대에 들어서면서 앞서 언급한 'Michigan State Study' 등 성문감정의 신뢰성을 지지하는 실증연구 결과가 보고되면서, 성문감정의 증거능력 긍정하는 판례가 등장하였다.34) 대표적으로 Commonwealth v. Lykus(1975) 사건을35) 들 수 있는데, Massachusetts 주 대법원은 일반적 승인원칙을 적용하면서 요구되는 관련범위를 성문감정에 종사하는 감정인에 한정하여 허용성을 긍정하였다.

그러나 역시 1976년 NAS(national academy of science)가 성문감정의 신뢰성에 대하여 다소 부정적 입장에서 평가보고서를 제출하고, 아직 감정인도 제한적인 점 등을 배경으로 People v. Kelly(1976) 사건36) 등과 같이 증거능력을 부정한 예도 있다. 대체로 1980년대 초까지는 감정인의 대표성 및 공정성 등에 대한 의문과 일반적 승인의 결여를 이유로 상당수 판례가 증거능력을 부정하였다.37)

그러나 1980년대를 넘어서면서 다소 변화가 발생한다. United States v Smith (1989) 사건은38) 일반적 승인을 긍정하여 증거능력을 인정하였는데, United States v. Mavia(1990) 사건도39) 성문감정의 활용 예가 증대된 점에서 일반적 승인을 긍정하여 역시 증거능력을 긍정하였다. 반면 한편에서는 여전히 그 신뢰성에 의문을 제기하면서 증거능력을 부정한 예도 있다.40) 반면, United States v. Williams

---

33) People v. King, 256 Cal. App.2d 437, 456, 72 Cal. Rptr. 478(1968); United States v. Wright(1967)사건에서도 인용되기도 하였지만 State v. Cary, 49 NJ 345, 230 AT1 2d. 384(1967)에서 New Jersey 주 대법원은 성문감정의 증거능력을 긍정한 하급심에 대하여 해당 과학계의 일반적 승인 여부를 좀 더 심사해볼 것을 요한다며, 파기환송한 바 있다.

34) Trimble v. Hedman, 291, Minn. 442, 192 N.W.2d. 432(1971); Worley v. States, Fla.. 263 So. 2d613(1972); Alea v. States Fla..263 So. 2d 619(1973).

35) Commonwealth v. Lykus, 367 Mass. 191, 203, 327 N.E.2d 671,677(1975).

36) People v. Kelly, 549 P.2d 1240(1976).

37) United States v. Addison, 498 F.2d 741, 745(D.C. Cir. 1974); United States v. McDaniel, 538 F.2d 408, 413(D.C. Cir. 1976); Commonwealth v. Topa, 471 Pa. 223, 232, 369 A.2d 1277, 1282(1977); People v. Tobey, 401 Mich, 141 146, 257 N.W.2d 537, 539(1977) etc.

38) United States v. Smith869 F.2d 348(7th Cir. 1989).

39) United States v. Mavia, 728 F.Supp. 1471(D.Hawaii, 1990).

40) Cornett v. State, 450 N.E.2d 498, 503(Ind. 1983); State v. Gortarez, 141 Ariz. 254, 686

(1983) 사건에서 Ohio 주 대법원과 같이, 일반적 승인원칙의 적용을 거부하면서 성문감정의 신뢰성을 긍정, 증거능력을 인정한 예도 있다.[41]

한편 미연방대법원이 1993년 Daubert test를 제시한 이후 States v. Coon (1999) 사건에서[42] Alaska 주 대법원은 앞서 성문감정의 신뢰성에 대한 대립적 선례에도 불구하고 증거능력을 긍정하였다.

일본의 경우, 성문감정이 문제된 최초 판례는 전파법위반사건인 名古屋簡判 昭和52·4·27이다. 다만 본 판례에서는 판결이유의 증거목록에 제시된 성문감정 결과와 관련하여 특별한 언급이 없다.[43] 이후에도 富山地判昭和55·1·22 및 名 古屋地判昭和55·6·25 등의 판례가 있었다.[44]

상소심 판례 가운데 성문감정의 신뢰성 문제를 본격적으로 언급한 예는 속 칭 '검사총장사칭 가짜전화사건'인 東京高判昭和55·2·1으로,[45] 성문감정의 과 학적 신뢰성은 아직 확립되어 있지 않은 점에서 그 증거능력은 신중하게 판단되 어야 하지만, 영미와 달리 배심제를 취하지 않고 개별 구체적 판단에 친숙한 일 본의 사법제도를 고려하여 감정기술 및 실적의 향상과 감정인이 충분한 감정경 험 등의 적격성과 감정기기의 정확성을 전제로 증명력 판단은 별론으로 그 증거 능력은 긍정할 수 있다고 판시한 바 있다.

위 판례 이후의 하급심으로 仙台地判昭和55·10·2 및 동 사건의 항소심은 仙台高判昭和57·2·8 그리고 札幌高判昭和63·1·21 그리고 東京高判平成2·7· 26에서도[46] 성문감정의 증거능력은 인정된 바 있다. 가장 최근의 판례로 성문감 정의 증거능력을 인정한 예로 千葉地判平成3·3·29를[47] 들 수 있는 바, 위 가짜 전화사건과 유사한 근거로 증거능력을 인정하였다. 가장 최근 사례로 大阪高判

P.2d 1224(1984); Windmere, Inc. v. International Ins. Co., 105 N.J. 373, 387, 522 A.2d 405, 412(1987).
41) United States v Williams, 4 Ohio St. 3d 53, 446 N.E.2d 444(1983); 이와 유사한 입장의 판례로 State v. Wheeler, 496 A.2d1382, 1389(R.I. 1985).
42) States v. Coon, 974 P.2d 386(Alaska 1999).
43) 名古屋簡判昭和52·4·27昭和50年(ろ) 383号.
44) 富山地判昭和55·1·22昭和54年(わ)166号·186号; 名古屋地判昭和55·6·25昭和55年(わ)615号.
45) 東京高判昭和55·2·1東京高刑時報31卷2号5頁, 判時690号8頁.
46) 仙台地判昭和55·10·2昭和51年(わ)203号; 仙台高判昭和57·2·8昭和55年(う)233号; 東京高判平成2·7·26判時1358号151頁.
47) 千葉地判平成3·3·29判時1358号151頁.

平成13·3·27은[48] 감정인의 숙련도, 감정방법의 합리성, 실증성 등을 긍정할 수 있는 점을 근거로 성문감정의 증거능력을 역시 인정한 예가 있다.

2. 성문감정의 증명력

성문감정의 경우, 음성샘플의 녹음조건, 감정인의 편정기준의 일관성이 부족한 점, 화자의 심리적 상태 등에 따라 중대한 변화가 야기될 수 있고 실증연구 사례와 달리 실무에서는 통제된 실험조건이 구비되어 있지 않기 때문에 성문감정의 신뢰성에 의문이 제기된다. 따라서 상당수 사례에서 감정인이 적극적 개인 식별법으로서 성문감정의 증명력에 대해 회의적 견해를 제시한 바 있고, 실제 감정인의 판정이 오판으로 확인된 예도 있다.[49] 이러한 이유로 미국에서는 성문 감정의 신뢰성이 의문시 되어, 증명력 판단에 신중함을 요하는 견해가 제기되고 복수의 독립적 감정인에 의한 감정실시 등을 요구하는 사례도 있다.[50]

한편 성문감정의 증명력 판단과 관련하여 일본의 札幌高判昭和63·1·21 은[51] 앞서 '검사총장사칭 가짜전화사건' 판례와 같이, 성문감정의 과학적 신뢰성에 문제가 없지 않아, 그 증거능력에 대하여 신중한 판단이 요구되지만 이미 상당수 활용 예를 축적한 점에서 일률적으로 증거능력을 부정함은 옳지 않다고 판단, 증거능력을 긍정한 뒤 다만 성문감정에 관한 실증적 연구결과 등을 고려할 때 그 신용성 판단 역시 신중하여야 하며, 증명력이 긍정되는 경우에도 개인식별을 위한 하나의 정황적 판단자료로 판단된다고 하여 성문감정의 증명력 평가와 관련하여 다소 제한적인 입장을 취한 바 있다. 즉, 성문감정에 의한 단독 또는 적극적 개인식별은 곤란하며, 여타의 증거와 함께 정합적으로 판단될 것이 요구된다는 견해로 해석될 수 있는데, '검사총장사칭 가짜전화사건'에서도 성문 감정결과에 대하여 "적어도, 원 판결의 앞서 판단을 보강하는 것으로 인정될 수 있다."고 하여 유사한 태도를 취한 바 있다.

---

48) 大阪高判平成13·3·27平成11年(う)567号.
49) People v. Chapter, 13 Crim. L. Rptr.(BNA)2479(Cal. Super. 1973).
50) Paul C. Giannelli, Edeward J. Imwinkelried, Andrea Roth, Jane Campbell Moriarty, op. cit., p. 639.
51) 札幌高判昭和63·1·21判時1281호22頁.

앞서 증거능력과 관련하여 예로 든 성문감정사례 대부분에서, 그 증명력 판단과 관련하여 동일한 결론을 제시한 복수의 감정이 존재하는 점, 감정대상이 된 성문의 개소가 수개인 점, 실제 음성샘플과 피고인의 음성 간 직접 청취 비교 결과의 유사성 등을 함께 고려하여 개별 독립증거로 제시된 각 성문감정의 증명력을 종합적으로 평가한 특징이 있음에 주목할 만 하다.[52]

한편 반대로 성문감정의 신뢰성과 관련하여 부정적 입장에서 결국 신뢰성을 부정, 무죄로 판단한 예도 있다. 앞서 증거능력과 관련하여 언급한 大阪高判 平成13·3·27의 원심인 大阪地判平成11·3·24에서[53] 피고인과 범인의 음성이 동일하다는 결론을 제시한 총 4인의 감정인이 작성한 각 감정결과보고서에 대하여 성문감정은 감정인의 경험이나 숙련도에 지나치게 의존하는 바가 크고 이동식별의 판정결과에 객관성이 결여되어 있으며, 재현성의 부족 및 실증성의 결여 등을 이유로 증거능력을 인정하는 것과는 별도로 이들 증거에 바탕하여 범인과 피고인을 동일인으로 단정할 수 없다고 하여 결국 무죄를 선고하였다(그러나 항소심에서는 유죄로 판단함). 동 판례는 성문감정의 신뢰성 판단에 미묘한 점이 있고, 동일한 감정결과에 대하여 심급에 따라 판단이 뒤바뀔 수도 있다는 점을 여실히 보여준 사례라 하겠다.

---

52) 三井誠, 前揭書, 152頁.
53) 大阪地判平成11·3·24平成4年(わ)4470号.

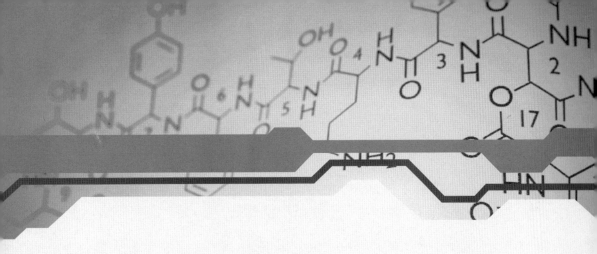

제 3 부

목격진술 및 법최면

제 1 장 | 목격진술

제 1 절   목격진술의 의의

  과학수사 및 과학적 증거의 강조와 별개로, 수사 및 공판절차에서 목격진술의 중요성과 결정적 역할은 사실상 부인하기 어렵다. 범죄사건의 유형 또는 사실관계에 따라서는 목격진술 외에 명확하고 객관적인 범인식별 증거를 확보하는 것이 곤란한 경우는 얼마든지 상정할 수 있다.

  목격증인 진술이 범인식별분야에서 갖고 있는 일반적인 결정력에 대응하는 신뢰성을 갖고 있는가? 1970년대 이후 인간의 기억 및 인지구조에 관한 심리학적 연구는 목격증인 진술의 신뢰성 문제에 대하여 관심을 갖고 다양한 연구결과를 발표하여, 목격증인 진술이 다른 어떤 범인식별증거에 비하여 다양한 오식별(mistaken identification)의 가능성을 내포하고 있음을 밝히고 있고,[1] 수사 및 공판 실무에서도 목격증인 진술의 위험성은 다수의 오판사례와 관련하여 매우 오

---

[1] Brian L. Cutler & Steven D. Penrod, Mistaken Identification – the eyewitness, psychology and the law – (N.Y.: Cambridge Univ., 1995), p. 6.; John C. Brigham · Adina W. Wasserman · Christian A. Meissner, "Disputed Eyewitness Identification Evidence: Important Legal and Scientific Issues", American Judges Association Court Review 36, Summer, 1999, p. 12.

래 전부터 인식되어 왔던 문제이다.

일반적으로 범인식별을 위한 목격증인의 진술은 「관찰, 기억 및 재생」이라는 인간의 심리적, 정신적 활동에 기초하는 점에서 여타 진술증거와 맥락을 같이 한다. 그러나 ① 객관적(시도조건, 조명, 날씨, 거리, 위치, 목격 지속시간 등) 또는 주관적(관찰자의 시력 등의 신체적 상태 및 주의력, 기대, 스트레스 등 정신적 상태 등) 관찰조건, 목격대상의 특성(면식인물인지 또는 인상, 용모, 의복, 목소리 등의 특이점이 있는지 여부, 사건의 성격과 복잡성 등), 목격기회의 특성(우연한 관찰인가 또는 피해자로서의 관찰인가 등) 등의 제반조건에 따라, 관찰의 정확성에 의문이 제기될 수 있으며, ② 목격 후 재생까지의 시간적 이격, 다른 목격자 등과의 정보교환(이른바 사후정보, 공동상기 및 동조현상의 문제) 등과 같이 기억에 변형을 초래할 수 있는 사건의 개재나 ③ 구체적인 범인식별과정에서 수사관에 의한 암시 등의 여부에 따라 식별의 정확성과 관련한 다양한 문제점이 제기될 수 있다.[2]

그럼에도 불구하고, 강한 확신을 갖고 명확히 피고인과 범인이 동일인임을 진술하는 목격증인에 대하여, 명확한 알리바이(alibi) 증거, DNA 증거와 같은 과학적 증거가 제시되거나, 목격진술의 일관성 부족이나 논리적 모순점이 용이하게 지적될 수 있는 경우가 아니라면, 단지 목격, 기억, 재생 및 식별과정에서 제기될 수 있는 의문점만을 이유로 목격진술의 신빙성을 부정하기는 쉽지 않고, 바로 여기에 목격진술의 딜레마가 존재한다.

제 2 절 목격진술의 신빙성

1. 기억의 메커니즘과 목격진술에 내재된 취약성

기억(memory)이란 '인간이 자신의 과거 경험 또는 정보를 보유하고 후에 이를 재현하여 이용하는 정신적·심리적 기능 또는 능력'이라고 정의될 수 있으며,[3] 통상 기억은 '외부적 사상을 인간의 감각기관을 통해 지각하고, 이를 통해

---

2) 池田眞一, "目擊證人の信用性", 刑事訴訟法判例百選[第七版], ジュリスト, 有斐閣, 1997; 安富潔, 演習講座 證據法(東京 : 東京法令出版, 2001), 183-184頁.
3) 無藤隆 外 3人 共著, 心理學(東京 : 有斐閣, 2004), 80頁 以下.

확보한 정보(감각자극)를 대상으로 부호화(encoding), 저장(storage), 인출(retrieval)이라는 단계를 핵심요소로 하는 일련의 과정'이라고 설명한다.

　인간의 기억구조를 비디오테이프 등과 비교하면, 그 차이를 명확히 이해할 수 있다.[4] 예를 들어, 교통사고 현장을 목격한 경우, ① 비디오테이프는 시각 및 음향 정보를 전기적 신호로 변환하여 이를 자기테이프상 자성물질의 배열변화를 통해 외부 자극정보를 입력하게 된다. 반면, 인간도 외국어를 모르는 사람이 발음 그대로 짧은 외국어를 기억하는 경우처럼, 감각자극을 그대로 저장할 수도 있지만(감각기억, sensory memory), 대부분 일정한 의미로 전환하여, 즉 부호화하여 기억하게 된다. 아울러, ② 저장의 경우도 비디오테이프는 정보를 '취사선택' 함이 없이 그대로 저장하지만, 인간의 경우는 지엽적 정보 등을 저장에서 제외하거나 반대로 다른 내용이 부가되기도 한다. ③ 인출단계도 마찬가지다. 비디오테이프는 분실이나 물리적 파손이 없는 한, 기록된 정보의 완벽한 재생에 특별한 문제가 없지만, 인간은 시간적 경과 등 다양한 원인에 따라 '망각'이 발생하여 저장정보의 인출이 불가능할 수 있다. 목격진술에 오류가 발생할 수 있는 점도 근본적으로 인간의 기억구조가 위와 같은 특성을 갖고 있음에 기인한다.

　그렇다면, 목격진술에서 발생 가능한 오류와 그 오류를 야기하는 원인은 무엇인가? 2001년 S. N. Kassin 등은 13개국에 걸쳐 심리학자들을 대상으로 목격진술의 취약성 판단요소와 관련한 설문조사를 실시하였고, 이를 토대로 목격진술의 신뢰성에 대한 영향요인 및 각 요인별 평가를 확인할 수 있다(표 1-1 참조).[5]

---

4) 인간의 기억구조와 관련하여, 흔히 두 가지 접근방법이 제시되고 있다. 먼저, ① 영구흔적 이론 또는 비디오테이프 이론(permanent imprint model, video tape model)은 인간의 기억 및 지각 구조를 마치 카메라나 비디오테이프에 비교한 것으로 인간이 자신이 지각한 내용을 완전하게 보존하고, 기억할 수 있되, 외상, 질병, 주의집중, 시간적 경과 등 여러 요인에 의하여 기억된 내용을 의식하에 보존(files of subconscious)하게 되는데, 따라서, 기억의 영구적 소실이란 있을 수 없고, 다양한 방법에 의한 '재생, 복원이 가능하다'고 이해한다. 반면, ② 재구성이론(reconstructive model)은 ①의 견해와 대조적으로 인간의 기억은 '영구적 소실이나 변형이 가능하다'고 보는 입장도 있다.; G. Loftus & E. Loftus, Human Memory: the Processing of Information(N.Y.: John Wiley & Sons Inc, 1976), pp. 155-158.; 박광배 교수는 일반적으로 목격증인 진술의 위험성을 연구하는 심리학자들은 재구성이론(reconstructive model)을 바탕으로 한다고 설명한다. 박광배, 법심리학(서울: 학지사, 2002), 87-88면.
5) S. N. Kassin·V. A. Tubb·H. M. Hosch·A. Memon, "On the General Acceptance of Eyewitness Testimony" American Psychologist 56, 2001, pp. 405-416; 嚴島行雄·仲眞紀

| 표 1-1 | | 목격진술의 신뢰성에 대한 영향요인과 평가결과 |

평 가 항 목	1	2	3	4	5	6	7
1. 스트레스(stress)	2	2	13	17	19	4	5
2. 무기집중효과(weapon focus effect)	0	0	3	14	27	15	4
3. 복수면접(lineup)	3	3	6	10	16	15	10
4. 복수면접의 공정성	5	5	4	7	15	11	14
5. 복수면접에 있어서의 지시사항(instruction)	0	0	0	3	17	36	5
6. 지각시간(知覺時間)	0	1	7	11	14	25	2
7. 망각곡선(忘却曲線)	1	4	5	7	18	24	3
8. 정확성에 대한 목격자의 확신도	1	1	3	15	16	24	1
9. 사후정보효과(事後情報效果)	1	0	2	2	16	42	0
10. 색채지각(色彩知覺)	0	0	1	2	7	10	43
11. 목격자에 대한 질문법(interview technique)	0	0	0	1	14	48	0
12. 무의식적 전이(無意識的 轉移)	0	1	3	20	16	22	1
13. 경찰관 등 훈련된 관찰자/목격자	1	1	29	13	2	1	17
14. 최면의 피암시성(被暗示性)	1	0	4	5	22	26	5
15. 목격자의 태도와 기대	0	0	0	10	26	27	0
16. 목격사건의 흉포성(凶暴性)	8	7	17	11	5	1	14
17. 목격자의 확신도에 대한 종순성(從順性)	0	0	0	5	18	37	2
18. 이인종 사이의 편견((異人種 偏見)	0	0	1	16	19	25	2
19. 최면의 정확성/신뢰성	28	28	5	0	0	0	2
20. 알콜의 섭취와 그 영향	0	1	1	13	20	19	9
21. 사진 대조철의 편견(mug shot bias)	0	0	0	12	31	19	1
22. 장기의 억압(長期의 抑壓)	3	21	28	7	3	0	0
23. 잘못된 아동기의 기억	0	2	7	22	14	16	3
24. 변별성(辨別性)	14	25	15	4	1	2	3
25. 아동 목격진술의 정확성	2	11	10	12	17	11	1
26. 아동의 피암시성	0	0	2	11	22	27	2
27. 목격자의 기술에 합치하는 복수면접 편성	3	3	4	8	15	10	19
28. 범인식별자료 제시의 형태	1	0	2	6	20	20	13
29. 고령의 목격자	0	6	8	17	11	4	17
30. 식별의 신속성	0	2	7	19	11	2	22

[보기] 1. 반대, 2. 지지하지 않음, 3. 불확실함, 4. 지지하는 경향, 5. 일반적으로 신뢰할 수 있
음, 6. 상당히 신뢰함, 7. 잘 모르겠음

子·原聰, 目擊證言の心理學(東京 : 北大路書房, 2003), 11頁.

목격진술의 오류를 야기할 수 있는 요인은 두 가지 형태로 분류될 수 있다. 먼저, G. L. Wells에 의한 분류 방식이 있다. Wells는 목격증인 진술에 영향을 줄 수 있는 요인을 사법제도에 의하여 통제가 가능한 영역과 그렇지 않은 영역으로 구분하여, 각기 제도변수(system variables) 또는 추정변수(estimator variables)라 하였다.

「① 범행장면, 범인 등을 목격한 후 재생까지의 경과시간, 구체적인 범인식별방식과 세부절차(가령, lineup, showup, photo spread, street identification) 등은 사법제도 내에서 통제가 가능한 요인으로 '제도변수'에 해당한다.

② 사건의 종류나 성격, 발생시간, 목격자의 위치, 거리, 조명 등 '사건특징'과 범인의 용모, 연령, 성, 매력 등과 같은 '범인특징', 그리고 목격당시 목격자의 신체 및 정신/심리상태 등의 '목격자 특징'은 인위적 통제가 불가능하고, 목격진술에 대한 구체적 영향여부, 정도 등도 추정만이 가능하다는 점에서 '추정변수'라고 한다.6)」

이러한 Well의 분류방식은 목격증인에 관한 심리학적 연구가 실제 사법제도의 개선과 같은 응용적 연구분야라는 점을 염두에 둔 것이다.

한편, E. F. Loftus 등에 의한 분류방식도 있다. Loftus 등은 기억의 단계에 따라, 목격진술의 오류를 유발하는 요인으로

「① 부호화(Encoding of the Event/Suspect)단계에서의 요인

② 저장(Storage)단계에서의 요인(예, 기억의 왜곡, 시간간격, 사후정보의 영향, 망각 등)

③ 재생 또는 검색/식별(Retrieval)단계에서의 요인(예, 수사관 등의 질문방법, 유도나 암시 여부, 관찰자의 확신도, 단독면접, 복수면접, 사진에 의한 식별 등 구체적인 식별방법의 선택과 그 내용 등)으로 구분하였다.7)」

---

6) 추정변수는 지각획득단계(acquisition phase), 제도변수는 재생단계 (retrieval phase)에서의 요인이라 할 수 있다. G. L. Wells, "Applied Eyewitness-Testimony Research : System Variables and Estimation Variables", Journal of Personality and Social Psychology 36, 1978, p. 1546-1557.

7) E. F. Loftus·E. L. Green·J. M. Doyle, The Psychology of Eyewitness Testimony-

　　이러한 분류방식은 기억의 단계별 기능과 결부지어 각 오류유형과 원인을 파악하여 이해하기 쉽다는 장점을 갖는다.

　　이하에서는 목격진술의 신뢰성 판단에 영향을 줄 수 있는 다양한 요인들에 대하여 Loftus 등의 분류 방식에 따라, 부호화 및 저장, 재생/식별 단계별로 나누어 살펴보도록 한다.

2. 목격진술의 오류와 요인

1) 부호화 과정

　　부호화 과정에서 목격진술의 오류를 유발시키는 요인으로 '사건(event/suspect)요인'과 '목격자(eyewitness)요인'으로 구분할 수 있고, ① 사건 요인은 사건의 성격(폭력적/비폭력, 복잡성 등), 목격조건(관찰시간, 조명, 거리, 위치) 등으로, ② 목격자 요인은 인구사회학적 배경(목격자의 직업, 교육, 문화 등), 스트레스(공포감 등), 목격자의 기대에 의한 편견(confirmation bias), 연령·성별·인종에 의한 편견(racial bias 등), 관찰능력에 대한 훈련여부 및 효과(목격자가 일반인이 아닌 경찰관 등인 경우) 등으로 세분할 수 있다. 물론, 양자의 구별은 반드시 절대적인 것은 아니며, 사건의 성격과 목격자에게 발생하는 스트레스와 같이 상호 밀접한 관련성을 갖고 있는 예가 많다.

　　부호화 과정에서 목격진술의 오류를 야기하는 제 요인 중, 대표적으로 ① 강한 정동적 환기 내지 충격을 야기하는 폭력범죄사건의 목격 시 발생하는 '스트레스'가 목격진술의 정확성에 미치는 영향, ② '목격자의 기존지식'이 미치는 영향 등을 살펴본다.

(1) 스트레스

　　일상적 기억과 달리 범죄사건의 목격과 기억은 일반인에게 있어서 매우 특이한 경험이다. 따라서 다른 일상적 사건에 비하여 범죄사건 및 범인의 목격은 관찰자에게 보다 강력한 인상(정동적 환기)을 남김으로써, 그 기억도 여타 사건에

---

psychological methods in criminal investigation and evidence-(N.Y.: Springer Publishing Co., 1989); 嚴島行雄·仲眞紀子·原聰, 前揭書, 11頁.

비하여 상대적으로 보다 명확한 것으로 가정할 수 있다(각성효과, arousal effect). 그러나 다수의 실증연구 사례는 이와는 반대로, 강한 공포감이나 불안 상태에서 인간의 지각·인지능력은 현저히 저하된다는 사실을 보여주고 있다.

즉, ① 공포나 불안에 노출된 관찰자는 심박수 등의 증가, 과도한 발한 등 생리적 변화와 함께 '안구의 움직임도 고정화'되어, 시각정보의 처리능력이 저하됨에 따라 범죄사건의 목격자, 특히 피해자는 주위환경의 상세한 부분에까지 지각하기는 어렵게 된다. 또한, ② 과도한 불안감이나 공포는 지각대상을 방치하거나 무시하는 이른바 '지각적 방위'라는 반사적 반응을 야기하여, 목격자 등은 심리학적으로 범인이나 범행의 중요 특징과 같은 사건의 중요 요소에 대하여 주의집중을 할 수 없게 된다.[8]

① 스트레스 정도와 목격진술의 정확성

공포감 등 스트레스 정도와 목격진술의 정확성이 어떠한 상관관계를 갖는가? S. Freud는 자신의 존재를 위협하는 등 강한 공포감이 유발된 사건을 경험한 사람은 이를 의식으로부터 배제하고 무의식하에 둠으로써, 자신을 방어한다는 견해를 밝히고, 자신이 심리치료를 담당한 임상적 사례를 들어 스트레스와 기억 간 관계에 대한 설명을 시도한 바 있다(억압에 의한 기억의 망각). 그러나 충격적 사건이 망각되는 것은 아니고, 오히려 기억이 더 잘 되는 경우도 있어서 지지를 받지 못하고 있다.

반면, 낮은 수준의 스트레스는 일종의 각성효과를 가져와, 인간의 지각 및 기억능력을 향상시킬 수 있다. 다만, 일정 수준 이상의 스트레스가 가해지게 되면, 역으로 기억능력 등은 급속히 떨어지는데, 이를 'Yerkes−Dodson 법칙'이라 한다.[9]

---

8) 渡部保夫 監修·一瀨敬一郎 外 3人 共編著, 目擊證言の研究 − 法と心理學の架け橋を もとめて(東京 : 北大路書房, 2002) 32頁; 嚴島行雄·仲眞紀子·原聰, 前揭書, 21頁; Loftus 등은 이러한 설명과 관련하여, 피실험자를 대상으로 음식점 계산대에서 손님으로 등장하는 인물이 권총을 제시하는 경우와 수표를 제시하는 슬라이드를 관찰하게 한 후, 이들의 안구운동을 측정한 바, '응시횟수'면에서 권총 쪽이 평균 3.77회, 수표 쪽이 2.44회, '응시시간'도 권총 쪽이 242.0밀리초인 반면, 수표 쪽은 200.3밀리초로 보다 위험한 대상에 관찰자의 주의가 집중되고 있음을 밝힌 바 있다. E. F. Loftus·G. R. Loftus·J. Messo, "Some facts about Weapon Effect", Law and Human Behavior 13, 1987, pp. 397−408.

9) R. M. Yerkes & J. D. Dodson, "the Relation of Strength of Stimulus to Rapidity of Habit

그렇다면, 일정 수준 이상의 강한 스트레스가 부과된다면, 목격자의 기억능력은 저하하는가? 반드시 그렇지는 않다. 스트레스가 부과되는 상황에서는 중심적 우선대상에 대하여는 주의가 집중되어 기억능력이 향상되지만, 주변부나 지엽적 대상에 대하여는 반대로 감소하는(동기부여에 의한 집중화현상)데, 이를 'Easterbrook의 단서이용범위 감소설'이라 한다.[10]

② 무기집중효과

한편 이와 관련한 문제로 이른바 '무기집중효과(weapon focus effect)'가 있다. 목격자의 관찰이 자신에게 직접적 위협원이 되는 무기에 집중됨으로써, 여타의 주변사건이나 정보에 대하여는 상대적으로 정확한 관찰을 할 수 없게 되는 현상으로, 경찰관 등 수사실무자들에게 이미 잘 알려진 현상이다. A. Mass와 G. Kohnken은 환자 역할을 하는 피실험자를 대상으로, 한사람에게는 '주사기'를 들고 접근하게 하고(정동적 각성/스트레스 조건), 다른 한사람에게는 '펜'을 들고 접근하도록(중립조건) 한 후, 각각의 인물에 대한 재인식별을 하도록 과제를 부여했는데, 주사기를 든 경우가 상대적으로 '인물'에 대한 낮은 식별률을 보임으로써, 무기집중효과를 간접적으로 실증한 바 있다.[11]

다만 이러한 무기집중효과의 원인과 관련하여, 일반적으로는 무기에 의하여 목격자의 정동각성(情動覺醒)이 높아지면서 '주의의 폭'이 좁아지기 때문이라고 이해하여 왔다. 그러나 T. H. Kramer 등에 의하여 진행된 실험은,[12] 무기집중효

Formation", Journal of Comparative and Neurological Psychology 18, 1908, pp. 459 – 482.

10) J. A. Easterbrook, "the Effect of Emotion on Cue Utilization and the Organization of Behavior", Psychological Review 66, 1959, pp. 183 – 201; Christianson과 Loftus도 스트레스가 사건의 중심정보에는 긍정적 효과를 주지만, 주변정보에는 부정적 효과를 준다는 유사한 연구결과를 제시한 바 있다[部分的인 覺醒效 果]. S. Christianson & E. F. Loftus, "Remembering Emotional Events : the fate of detailed information", Cognition & Emotion 5, p. 1991, pp. 81 – 108.

11) A. Mass & G. Kohnken, "Eyewitness Identification : Simulating the weapon effect", Law and Human Behavior 13, 1989, pp. 397 – 408.

12) 여타 실험과 달리 스트레스를 유발하는 환경이 설정되지 않은 가운데서도 무기집중효과가 발생하는지 여부를 확인하기 위하여, 보행 중인 사람이 '잡지'를 들고 가는 경우(중립조건)와 '칼'을 들고 가는 경우(각성조건)를 묘사한 슬라이드를 피실험자에게 동일조건하에 제시한 후, 인물특징 및 식별, 무기식별 등의 테스트를 실시하고, 각각의 식별과제에 점수를 부여하여 총 점수를 환산하도록 하였는데, 실험결과, '칼'을 소지한 경우가 인물특징 기술이 부정확한 경우가 많다는 점을 확인하였다. T. H. Kramer·R. Buckhout·P. Eugenio,

과가 스트레스 상승에 수반하여 주의가 협소해짐으로써 나타나는 것이 아니라, 흥기가 '중심사건/정보화'됨으로서 발생하는 현상임을 증명하였다.

③ 평가

결과적으로, 실제 범죄사건이 아닌 실험이라는 인위적 조작환경에서 확인된 결과라는 한계성은 있지만, 위 연구결과들로부터, 일정 수준 이상의 강한 정동적 각성 내지 스트레스를 야기하는 사건을 목격한 경우, 당해 목격증인 진술의 정확성은 떨어진다는 점을 확인할 수 있다. 또한 반드시 스트레스를 유발하지 않더라도, 중심정보에 비하여 주변정보에 대한 목격진술의 식별력은 일정부분 취약점을 갖는 것으로 볼 수 있다.[13]

(2) 목격자의 기존 지식

목격자가 갖고 있는 기대 등 기존 지식이 목격진술에 영향을 줄 수 있음은 상당히 오래 전부터 지적되어 왔다. Bower 등은 피실험자를 대상으로 치과에서 치료하는 과정을 묘사한 일정 길이의 문장을 제시하고 이를 암기하게 한 다음, 일정시간이 경과한 후 재생하도록 과제를 부여하였다. 그 결과, 재생된 문장에 원래 문장에는 없지만 재생된 내용이 있거나, 반대로 원래 제시된 문장에는 있지만 재생된 문장에는 내용이 생략된 부분이 있음을 확인할 수 있었다.[14] 심리

"Weapon Focus, Arousal and Eyewitness Memory", Law And Human Behavior 14, 1990, pp. 167–184.

13) 반대의 결론을 제시한 연구사례도 있다. Heuer와 Resberg는 한 모자가 부친의 직장을 방문하고, 부친의 직장에서 벌어지는 광경을 담은 슬라이드를 피실험자에게 제시하였는데, 한쪽은 스트레스 효과를 부여하기 위하여 부친이 '외과전문의'로서 근무하는 병원에서 수술을 하는 장면을 제시하였고, 다른 한쪽은 부친의 직업이 '자동차 정비공'으로 자동차 수리광경을 목격하게 한 다음, 2주 후 각각의 대상에 대하여 재생 및 재인과제를 부여하였다. 그 결과, 강한 정동적 충격이 가하여진 전자의 경우에 중심 및 주변정보 모두, 후자에 비하여 우수한 식별결과를 나타냄으로써, 강한 스트레스 유발 환경에서도 목격사건의 중심정보나 주변정보에 대한 집중력이 촉진될 수 있다는 연구결과를 발표한 바 있다. F. Heuer·D. Resberg, "Vivid Memories Emotional Events : the accuracy of remembered minutiae", Memory & Cignition 18, 1990, pp. 496–506. 그러나 이에 대하여는 Chritianson과 Loftus는 위 Heuer와 Resberg의 실험에서 Yerkes–Dodson 법칙에서 말하는 일정 수준 이상의 충분한 정동적 각성 내지 스트레스를 부여하지 않았다고 본다면, 위와 같은 결과는 당연히 도출될 수 있다고 지적하고 있다. S. Christianson & E. F. Loftus, "Memory for Traumatic Events", Applied Cognitive Psychology 1, 1987, pp. 225–239.

14) G. H. Bower·J. B. Black·T. J. Turner, "Scripts in Memory for Text", Cognitive

학자들은 이를 '스키마(schema, 일종의 선입견이나 기대)'라는 개념으로 설명한다.

스키마(schema)는 일상생활 등에서 반복적 사건들의 전개과정이나 상태에 대한 기존지식을 말하는 것으로, 특히 시간적 흐름에 따라 전개되는 스키마를 '스크립트(script)'라고 한다. 즉, 목격한 사건을 저장하기 위하여 부호화하는 과정에서 목격자 자신이 갖고 있는 스키마에 의하여 그 내용이 보충되거나, 또는 스키마가 일치하지 않는 부분에 대히여 변형이 일어날 수 있다는 것이다. 이러한 현상은 문장재생에서만 확인되는 것은 아니고, 현실적 사건에 대한 경험과 그에 대한 재생과정에서도 관찰될 수 있다. 스키마에 일치하는 내용일수록 기억이 용이한데, 상점에서 손님으로 가장하여 절도하는 경우와 관련하여, 피실험자들에게 설문하여 범행대상, 범인의 동작, 범인의 특징 등에 관해 피실험자들이 갖고 있는 스키마를 조사한 후, 이에 일치하는 사건의 비디오테이프와 일치하지 않는 비디오테이프를 시청하게 하고 재생 및 재인과제를 부여한 바, 스키마와 일치하는 쪽이 높은 식별률을 보여 실제 범죄사건에서도 스키마가 영향을 줄 수 있다는 연구결과도 있다.[15]

한편, 스키마(schema)의 한 형태로 스테레오타입(stereotype)이 있다. 이는 어떤 특정 집단에 대하여 그 사람들이 갖고 있는 인구사회적 배경과 관련한 스키마를 의미한다. 흔히 우리가 호남사람, 영남사람, 서울사람이라 지칭할 때 떠올리는 일련의 특징들이 여기에 해당한다. 보통, 스테레오타입은 자신과 뚜렷이 차이나는 집단(외집단)을 대상으로 할 때 가장 강하게 작용하고, 이외에도 집단의 크기, 구별특징의 성격에 따라서도 그 영향력에 차이가 난다. 스테레오타입이 사건 등의 관찰, 목격에 어떠한 영향을 주는가와 관련한 실험으로 Cohen의 실험

Psychology 11, 1979, pp. 177-220.

15) J. A. List, "Age and Schematic differences in the Reliability of Eyewitness Testimony", Developmental Psychology 22, 1986, pp. 212-228.; 또한 Brewer와 Treyens는 피실험자에게 대학원 연구실 내에 놓여진 61개의 여러 물건들을 관찰하게 한 후, 사후에 이를 식별하도록 하였는데, 동 물건 중에는 연구실에서 쉽게 관찰될 수 있는 물건도 있지만, 대조적으로 그렇지 않은 물건도 포함되어 있었고, 일반적으로 연구실에 있는 것으로 기대가 높은 물건들을 의도적으로 제외하였다. 이후, 피실험자들에게 자신이 관찰한 내용을 재생하도록한 결과, 기대치가 높은 물건일수록 재생하기 용이하며, 실제로 없었음에도 불구하고 재생목록에 기재된 물건도 상당수 있음을 확인한 바 있다. W. F. Brewer·J. C. Treyens, "Role of Schemata in Memory for Places", Cognitive Psychology 13, 1981, pp. 207-230.

이 있다.16) '도서관 사서'와 '식당종업원'인 여성을 상정하고, 각각에 대하여 피실
험자들이 갖고 있는 대칭적 스테레오타입을 조사한 후, 각 여성이 생일파티에서
자신의 남편과 식사하는 장면을 묘사한 비디오테이프를 관찰하게 하였다. 이후
피실험자들에게 관찰한 여성에 관한 특징에 대하여 재인과제를 실시한 바, 앞서
조사된 각 직업의 스테레오타입에 일치하는 특징적 요소일수록 재인율이 좋다는
점이 확인되었다.17)

　여하튼 인간은 자신이 관찰하고 목격한 사건을 부호화하고 저장하는 과정
에서 자신이 기존에 갖고 있는 script, stereotype 등 스키마에 의하여 정보에 변
형을 가할 수 있다(Confirmation Bias).18)

　한편 이러한 스키마(schema)가 목격진술의 정확성과 관련하여 흔히 문제되
는 것이, 이른바 타인종효과(他人種)효과 또는 인종횡단(人種橫斷)현상이라 불리
는 '인종 편견(racial bias)'의 문제인데, 목격자가 그와 다른 인종을 목격한 경우

---

16) C. E. Cohen, "Person Categories and Social Perception : Testing Some Boundaries of the Processing Effects of Prior Knowledge", Journal of Personality and Social Psychology 44, 1981, pp. 441－452.

17) 그러나 반대로 스키마부터 일탈한 행위나 사건을 관찰 후에 더욱 잘 식별한다는 견해도 있다. 이는 관찰자가 자신의 스키마에 반하는 사건 등을 관찰할 때, 그 특이성에 더욱 주목하면서 그 원인을 탐색하려 하기 때문이라고 설명하기도 한다. R. Hastie & P. A. Kumar, "Person Memory : Personality traits as organizing principles in memory for behavior", Journal of Personality and Social Psychology 37, 1979, pp. 25－38; J. Crocker ・D. B. Hannah・R. Weber, "Person Memory and Casual Attributions", Journal of Personality and Social Psychology 44, 1983, pp. 55－66; 반면, schema에 반하는 사건 등이 기억이 잘되는 경우는, 그 정보에 충분한 주의가 가해진 예외적인 경우에 한정된다고 설명하는 견해도 한다. C. Stangor & C. Duan, "Effects of Multiple Task Demands upon Memory for Information about Social Group", Journal of Experimental Social Psychology 27, 1991, pp. 357－358.

18) 스키마(schema)가 부호화, 저장, 검색 등의 기억의 전 과정에서, ① 선택: 사실에 부합하는 여러 정보 가운데, schema에 따라 정보를 선택하여 기억표상을 형성하며, ② 추상화: 경험한 사실의 상세부분은 상실되고, 일반적인 schema에 합치하는 정보가 저장되고, ③ 해석: 사실은 schema에 따라 해석되는데, 불명한 부분은 명확하게 되며, 누락된 부분이 보충되며, 복잡한 부분은 간결하게 정리되며, ④ 종합화: 사실, 해석 schema가 종합하여 단일 기억표상이 형성되어, 실제 관찰한 사실, 해석 및 schema의 내용구별이 모호해진다. 아울러, ⑤ 검색: 저장된 정보의 재생 시, schema의 내용이 일종의 단서로서 작용하여 schema에 일치하는 정보가 검색되기 쉬워지게끔 영향을 미치게 된다고 설명한다. J. Alba & L. Hasher, "Is memory schematic?", Psychological Bulletin 93, 1983, pp. 203－231.

에는 재인식별률이 떨어지는 것을 말한다.[19] 통상, 그 원인으로서 ① 얼굴의 물
리적 특징에 의한 차이를 지적하기 곤란한 점, ② 같은 인종 간에는 사회적 교류
가 더욱 빈번하다는 경험의 차이, ③ 인종 편견적 태도, ④ 같은 인종에 해당하
는 쪽이, 인상 등과 관련하여 결부 될 수 있는 성격 특성의 추측 등보다 깊은 수
준의 정보처리가 쉽다는, 사회적 측면에서의 특성 부여의 곤란함 등에서 찾는
다.[20]

이와 함께, (범인)얼굴의 기억에 있어서, 인상의 특이성(distinctiveness)에 의
한 식별의 정확성이 문제될 수 있다. 이는 범인식별절차에서 활용되는 lineup이
나 사진에 의한 photo spread(또는 mug book) 구성과도 관련한다. 일반적으로
얼굴 식별에서, 피식별자가 갖는 특징, 즉 평균적 용모로부터의 이탈 정도에 착
안하는 경우가 많고, 특이한 용모를 갖고 있을수록, 식별이 쉽고 정확하다.[21]

범인식별을 위하여 lineup 등을 구성할 때, 통상, 수사단계에서 피의자
(target)와 유사한 외모적 특징을 갖는 인물(방해자극)을 선정, 편성함으로써, 식별
절차의 공정성과 특이성에 바탕을 둔 편견 작용을 최소화하도록 하는 것도 바로
이점에 근거한다.[22]

3. 저장 및 인출과정의 오류

저장 및 인출(재생/식별)단계의 오류와 관련하여 가장 일반적인 원인으로,
① 망각, ② 사후정보 및 암시효과, ③ 공동상기 및 동조현상, ④ 목격자가 자신

19) R. K. Bothwell·J. C. Brigham·R. C. Malpass, "Cross—Racial Identification", Personality
and Social Psychology bulletin 15, 1989, pp. 19-25.
20) J. C. Brinham & D. J. Malpass, "Own—Race Bias in Lineup Construction", Law and
Human behavior 9, 1985, pp. 415-424.
21) T. Valentine & M. Endo, "Toward an Exemplar Model of Face Processing : the Effects
of Race and Distinctiveness", Quarterly Journal of Experimental Psychology 44A, 1992,
pp. 671-703.
22) 그러나 인위적으로 피의자 외모적 특징과 유사한 방해자극을 설정하면, 피의자 외모적 특
성이 방해자극에 비하여 목격자에게 더욱 부각될 수 있어, 오히려 목격자의 범인묘사를 통
해 파악된 특성(prototype)에 따라 방해자극을 설정하여야 한다는 견해도 있다. C. A.
Luus & G. L. Wells, "Eyewitness Identification and the Selection of Distracters for
Lineups", Law and Human Behavior 15, 1991, pp. 43-57.

의 식별결과에 대하여 갖는 확신도와 범인식별 정확성 간 상관관계 등을 검토할
필요가 있다.

1) 망각

망각현상에 대한 과학적 연구는 1885년 독일 심리학자 Ebbinghaus의 실험
에서 출발한다. 그는 기억시간이 장기화됨에 따른 망각률의 변화에 대하여 실험
하였는데, '무의미한 짧은 단어'로 구성된 시험과제를 완전히 암기하도록 한 후,
1개월간의 기간에 걸쳐 그 망각률을 조사하였다. 그 결과, 1일차까지 기억한 단
어 중 2/3정도가 급격히 망각되고, 이후 망각률이 낮아지면서 안정적 기억상태
를 확인하였다(이른바 Ebbinghaus의 망각곡선, forgetting curve). 그러나 이 실험은
일상생활에서 기억은 대부분 일정한 의미를 갖는 정보를 대상으로 한 점에서 일
반화하기 어렵다는 비판을 받았다.[23]

이후, F. C. Bartlett은 1932년 '일정한 의미를 갖는 이야기나 회화'를 기억과
제로, 일정 기억시간(retention interval)이 경과한 후 반복재생에 의한 실험을 통
해 망각률의 변화를 조사하였다. 그 결과 시간이 장기화될수록 망각률은 높아진
다는 결론과 함께, 반복재생이 거듭될수록 피실험자의 재생내용에 변형이 발생
한다는 점을 확인하고, 그 변형에 대한 특징을 생략, 합리화, 강조, 세부적 변화,
순서의 변화, 피실험자의 태도라는 6가지 유형으로 정리하였으며, 그 원인을 앞
서 설명한 스키마(schema)에서 찾았다.[24]

심리학에서 망각의 원인에 대한 설명으로, ① 기억기간의 경과에 따라 망각
이 발생한다는 '소멸이론(decay theory)' ② 단순한 기억기간의 경과가 아니라 기
억기간 중에 다양한 정보에 의한 간섭에 의하여 원래 기억한 정보가 망각된다는
'간섭이론(inhibition theory)', ③ 망각은 기억된 정보의 인출과정상의 장애로 인
하여 발생한다는 '인출실패이론(retrieval failure theory)', ④ 기억하고 싶지 않은
것을 망각하려는 인간의 무의식적 경향성에서 망각의 원인을 설명하는 '동기화
된 망각이론(motivated forgetting theory)' 등이 있다.

소멸이론은 단순히 정보의 '기억기간의 경과'에 따라 정보의 양과 질이 저하

---

23) 김현택 외 8인 공저, 심리학 − 인간의 이해(서울: 학지사, 2002), 259−260면.
24) 無藤隆 外 3人 共著, 前揭書, 93−97頁.

된다고 말할 뿐 그 이유에 대하여는 특별히 언급하지 않는데, 이를 설명하기 위하여 고안된 이론이 ②, ③, ④다.

① **간섭이론**(inhibition theory)

간섭이론은 1924년 Jenkins와 Dellenbach가 대학생들을 피실험자로 무의미한 10개의 단어를 완전히 암기하도록 한 후, ① 실험군은 취침을, ② 통제군은 동 시산동안 각성상태를 유지하도록 한 뒤, 재인실험을 하였다. 그 결과, 각성상태를 유지한 통제군에 비하여 '취침을 한 실험군'쪽이 성적이 우수함을 확인하고, 이를 각성 시 다른 정보에 의한 간섭현상이 발생함으로써, 망각이 일어나는 것으로 설명하였다.

간섭은 재생(재인)을 요하는 정보기억 후에 경험한 타 정보에 의한 간섭인 '역행성 간섭(retroactive inhibition)'과 그 반대인 '순행성 간섭(proactive inhibition)'의 2가지로 구분된다.

② **인출실패이론**(retrieval failure theory)

인출실패이론은, 1966년 Tulving과 Pearlstone이 ① 포유 동물, 야채 등 '일정한 범주(category)'하의 단어를 기억과제로 제시한 후 기억·재생하게 한 경우와 ② 이러한 범주설정 없이 과제를 제시한 후 기억, 재생하게 한 경우의 성적을 비교한 결과, 전자가 후자에 비하여 우수하다는 점을 확인하고, 그 원인을 기억과 재생 시 '환경적 문맥차이'로 설명하였다.[25] 결과적으로 기억과 재생 시 환경적 문맥과 정서적 상태를 동일하게 유지하는 경우, 우수한 기억능력을 확보할 수 있다는 결론을 얻고, 이러한 현상을 '기억의 상태의존성(state-dependency of

---

25) E. Tulving & Z. Pearlstone, "Availability and Accessibility of Information in Memory for Words", Journal of Verbal Learning and Verbal Behavior 5, 1966, pp. 381-391. 이러한 실험 예는 이후, 피실험자에게 수중 및 육상에서 단어 리스트를 암기하도록 하고, 이후 재생 시 ① 환경을 달리한 경우와 ② 일치시킨 경우의 재생결과를 비교, 확인한 1975년 Godden과 Baddeley의 실험이나, D. R. Godden & A. D. Baddeley, "Context-dependent Memory in Two Natural Environments : On Land and Under Water", British Journal of Psychology 66, 1975, pp. 325-331. 피실험자에게 기억과제를 부여할 때 음악을 청취하게 함으로써 일정한 정동적 변화를 야기한 후, 재생과제를 부여할 때 동일한 방법으로 음악을 청취하게 함으로써, 기억 시와 동일한 정동상태를 유지하게 한 경우와 그 반대의 경우를 비교한 1989년의 Eich와 Metcalfe의 실험에서도 유사하게 반복된다.E. Eich & J. Metcalfe, "Mood Dependent Memory for Internal versus External Events", Journal of Experimental Psychology :Learning, Memory and Cognition 15, 1989, pp. 443-455.

memory)'이라 지칭하였다.

따라서 인출실패이론은 앞서 소멸이론과 달리, 기억된 정보가 망각에 의하여 손상되더라도, 영구적으로 소멸되는 것은 아니고, 적절한 '환경적 문맥'을 유지하면서 인출단서를 부여함으로써, 망각된 재생을 다시 복구할 수도 있다고 한다(부호화 특정성의 원리, Encoding specificity Principle).

③ **동기화된 망각이론**(motivated forgetting theory)

한편, 동기화된 망각이론은 충격적 사건의 경험에 대한 심리적 방어기제로서 해당정보를 하부의식(subconscious)에 보존하게 되는 것으로 망각원인을 설명하는데, S. Freud가 이러한 견해를 취한다.

그러나 창피스럽거나 실패한 경험 또는 성취, 명예욕 등 사회적 욕구와 관련한 각종 동기로 인하여 기억이 더 잘 되는 경우도 있듯이, 일정한 동기가 망각 등에 영향을 줄 수 있다는 점은 반드시 충격적 경험이 아니라도 실생활에서 쉽게 관찰할 수 있다.

2) 사후정보 및 암시효과

목격자가 범행이나 범인을 목격한 후, 목격한 내용과 관련하여 타 목격자, 수사관, 매스컴 보도 등 다양한 경로를 통해 자신이 관찰한 내용 외의 정보에 접촉하게 되고, 이것이 목격자가 관찰하여 기억하고 있던 원정보를 왜곡시키는 경우가 있다. 이를 사후정보효과 또는 오정보효과(misinformation effect)라 한다.

한편, '암시(suggestion 또는 implication)'란 사후정보와 같이 구체적 정보를 제공하지는 않지만, 사람의 신념이나 행동에서 무비판적으로 순응하는 반응을 유도하기 위한 자극과 그 자극의 내용을 말하고, '피암시성(suggestibility)'이란 그러한 암시에 반응하는 개인의 특성을 의미한다. 피암시성에는 ① 피암시자에게 반복적 암시를 통해 비의도적으로 발생하는 동작을 말하는 1차적 피암시성과 ② 직, 간접적 암시를 통해 피암시자의 감각, 지각경험 내지 기억이 발생하는 2차적 피암시성이 있는데, 목격진술과 관련하여 문제되는 것은 '2차적 피암시성'이다.[26]

---

26) H. J. Eysenk & W. F. Furneauv, "Primary and Secondary Suggestibility : an Experimental and Statistical Study", Journal of Psychology 7, 1945, pp. 485－503.

　다양한 사후정보나 암시에 의하여 기억이 변형될 수 있음을 실증하는 실험 사례는 매우 많다. 가장 고전적 예로 1932년 L. C. Carmichael 등에 의한 실험이 있다. 이들은 2개 그룹으로 구분된 피실험자에게 동일한 '다수의 도형'을 제시하여 관찰하도록 한 뒤, 각각 그룹에 도형에 해당되는 일정한 묘사적 문장을("~과 비슷하다"라는 형식의 문장으로, 각 그룹별로 묘사적 내용에 차이가 있다) 제시하고, 그 묘사내용에 따라 앞서 관찰한 도형을 그리도록 과제를 부여한 다음, 작성된 도형을 비교하였다. 그 결과, 양 그룹에서 묘사된 그림은 원래 관찰된 그림과 서로 다른 형태로서 각기 '제시된 묘사 문장에 가까운 형태'로 그려져 있음을 확인하였다. 이는 '언어적 묘사'라는 사후정보가 원정보의 기억을 왜곡시켜 일정한 방향으로 유도하는 암시 또는 사후정보효과를 가져올 수 있음을 간접적으로 증명한 것이다.[27]

　이후, E. F. Loftus 등은 1978년보다 복잡한 사건을 배경으로, 사후정보효과를 실험하였다. 교통사고 내용을 담고 있는 슬라이드를 피실험자로 하여금 관찰하도록 하였는데, 제시된 슬라이드에는 붉은색 차량이 정차하고, 정차한 차량의 좌측 윗부분에 '정지' 도로표지가 있었다. 동 슬라이드 관찰 후, 피실험자는 2개 그룹으로 구분되어, 첫 번째 그룹은 슬라이드 내용과 일치되는 질문을 받았지만, 두 번째 그룹은 도로표지의 내용을 '서행'으로 변경시킨 질문을 받았다. 이후 양 그룹에 속하는 피실험자는 슬라이드 내용과 관련한 재인과제를 부여받고, 서행표지를 보았냐는 모순질문에 '네'라고 대답한 피실험자의 대다수가 재인과제에서도 서행표지가 묘사된 슬라이드를 원래 관찰한 슬라이드로 선별하는 결과를 보였다. 결론적으로 Loftus 등은 슬라이드 관찰 후 받은 질문 중, '서행'이라는 사후정보가 피실험자의 기억에 변형을 가함으로써 잘못된 재인이 일어난 것으로 해석하였다.[28]

　사후정보효과에 영향을 주는 요인으로는 통상 정보의 기억기간, 사후정보

---

27) L. C. Carmichael·H. P. Hogan·A. A. Walter, "an Experimental Study of the Effect of Language on the Reproduction of Visually Perceived Form", Journal of Experimental Psychology 15, 1932, pp. 73-86.
28) E. F. Loftus·D. G. Miller·H. J. Burns, "Semantic Integration of Verbal Information into a Visual Memory", Journal of Experimental Psychology : Human Learning & Memory 4, 1978, pp. 19-31.

부여에 대한 경고유무, 목격자의 연령 및 원정보의 양과 질 등 다양한 요소가 고려될 수 있다. 이러한 사후정보에 영향을 받은 원정보의 재생 가능여부와 관련하여, 몇 가지 이론이 제기되는데, 간략히 소개하면 다음과 같다.

① **공존가설**(Multiple trace hypothesis)

공존가설은 다중흔적가설이라고도 하는데, 원정보와 사후정보가 혼재된 상태로 함께 저장되어 있으므로, '적절한 단서제공' 등에 의하여, 원정보를 검색하여 재생할 수 있다고 한다.

D. A. Bekerian과 J. M. Bowers는 1983년 피실험자들에게 원정보를 기억하도록 한 후, 일정한 사후정보를 제공하고, 원정보에 관한 재인과제를 부여하는 전형적인 사후정보효과에 관한 실험을 행하였다. 재인과제를 부여할 때, '원정보와 동일한 사건 진행 순서'를 유지시키면서 과제를 부여한 바, 무작위적 순서로 재인과제가 제공된 경우에 나타났던 사후정보효과가 관찰되지 않은 점을 확인하고, 그 원인으로서 공존가설을 제시하였다.[29]

② **편견가설**(Bias hypothesis)

M. Mccloskey와 M. Zaragoza는 사후정보효과에 관한 Loftus 등의 실험을 비판하면서 편견가설을 제시하였다. 즉, 사후정보효과가 관찰된 피실험자들이 원정보를 처음부터 정확히 저장된 것이 아니고, 원정보가 처음부터 정확히 저장되지 않은 상태에서 사후정보가 부과되고, 그 사후정보에 의한 영향을 의심하지 않았기 때문에 원정보로 재생한 것에 불과할 뿐, 원정보에 변형이 발생한 것은 아니라는 것이다(치환적 가설).

이들은 실험방법을 수정하여, 피실험자에게 '망치'가 등장하는 원정보를 관찰하도록 한 후, '렌치'를 사후정보로 부과하고, Loftus의 실험처럼 재인과제로 원정보에 관찰한 공구가 망치인가, 렌치인가?라는 형태가 아니라, 원정보에 등장한 공구는 '드라이버'인가?라는 재인과제를 부과하였다. 그 결과 사후정보를 부여한 경우나 부여하지 않은 경우나 재인과제 성적에 차이가 인정되지 않음을 확인할 수 있었다. 결국, 사후정보효과는 사후정보에 의하여 원정보가 손상을 받는

---

29) D. A. Bekerian·J. M. Bowers, "Eyewitness Testimony : Were we mislead?", Journal of Experimental Psychology : Learning, Memory & Cognition 9, 1983, pp. 139-145.

것이 아니라, 일종의 '반응경합에 의한 편견'으로 설명하였다.[30]

③ 기억출처감시가설(Source-Monitoring Hypothesis)

기억출처감시(Source-monitoring)란 기억된 정보의 출처(기원)를 감시, 파악하는 능력을 말하는 것으로, Lindsay와 Johnson은 사후정보효과에 대하여 목격자가 서로 다른 기억의 출처를 혼동하고, 파악할 수 없게 되면서 재생시 오류가 발생할 수 있다고 하였다. 이들은 사후정보효과와 관련한 재인과제 외에, 기억출처감시 과제를 피실험자에게 부여하여, 양 과제의 성적을 비교하는 실험방식을 채택하였다. 그 결과 기억출처감시 과제를 부여받은 실험군에서는 사후정보효과가 관찰되지 않았음을 보고하였다.[31]

④ 질문어법 변화에 따른 반응

한편 암시효과와 관련하여, Loftus와 Palmer는 1970년에 자동차 충돌사고를 묘사한 영상을 피실험자에게 관찰하도록 한 뒤, '충돌할 때, 자동차는 어느 정도의 속도로 주행 중이었습니까?'라는 질문을 하였는데, 피실험자별로 충돌할 때, 접촉할 때, 부딪혔을 때 등으로 단어에 변형을 주어 질문을 다르게 하였다. 그 결과 충돌(crash)이라는 단어를 사용했을 때, 피실험자가 보고한 속도가 가장 높게 관찰될 뿐만 아니라, 실제로 영상에 없었던 유리가 깨진 것을 보았다고 주장하는 경향이 나타나, 구체적인 사후정보 외에도 단순한 질문어법의 변화(암시)에 의하여도 피실험자의 반응이 달라질 수 있음을 확인하였다.[32]

앞서 스키마(schema)가 목격자가 관찰한 정보를 부호화하여 저장하는 과정에서 어떠한 영향을 가할 수 있는가를 살펴보았는데, 사람에 따라 스키마가 다르므로, 수사기관이 목격증인으로부터 진술을 확보하고자 할 때, 목격자의 스키마를 파악하여 이에 일치하는 인출단서를 제공하는 것은 매우 중요하다. 그런데 문제는 인출단서의 제공을 위한 다양한 노력이 경우에 따라서는 암시적 효과를

---

30) M. McCloskey·M. Zaragoza, "Misleading Postevent Information and Memory for Events: Arguments and Evidence against Memory Impairment Hypothesis", Journal of Experimental Psychology: General 114, 1985, pp. 1-16.

31) D. S. Lindsay·M. K. Johnson, "the Eyewitness Suggestibility Effect and Memory for Sources", Memory & Cognition 17, 1989, pp. 349-358.

32) E. F. Loftus & J. J. Palmer, "Reconstruction of Automobile Destruction : an example of the imteraction between language and memory", Journal of Verbal Learning and Verbal Behaviour 13, 1970, pp. 585-589.

야기하여, 오히려 목격진술의 정확성을 왜곡시킬 수도 있다는 점이다.[33)]

예컨대, 경찰관 등 목격자 입장에서 권위적 존재로 인식될 수 있는 사람의 질문에 대하여 목격자가 긍정적 반응을 통해 기여함을 희망하면서(the experimenter expectancy effect), 목격자의 진술과정에 대한 개입, 자유로운 설명방해, 단답형 질문의 빈번한 사용, 목격자의 스키마나 사건목격 당시 문맥(context) 활용형태와 동떨어진 부적절한 순서의 질문, 기타 부정적 어투나 중립적이지 못한 표현, 주관적이거나 해석적 표현의 사용, 목격진술 후 내용 정정 등에 시간적 배려를 하지 않는 경우 등이 암시효과를 유발할 수 있는 부적절한 면접기법으로 지적될 수 있다.

3) 공동상기 및 동조효과

공동상기는 다수인이 의사소통을 통해 기억된 정보를 재생하는 경우고, 동조효과는 공동상기 과정에서 구성원 중 어느 하나 또는 다수 구성원의 재생(재인)결과에 자신의 견해를 일치시키는 현상을 의미한다.

---

33) 대표적으로 1980년대 미국인 인지심리학자 R. Edward Geiselman과 Ronald Fisher에 의하여 고안된 것으로, 협조적인 목격자를 신문하는 기술인 이른바 '인지면접법(認知 面接法, CI, Cognitive Interview)'을 들 수 있다. 경찰 등 수사기관의 일반적인 피의자 또는 참고인 조사방식을 살펴보면, 대부분 6하 원칙(누가, 언제, 어디서, 무엇을, 어떻게, 왜) 또는 8하 원칙(6하 원칙 요소 + 누구와, 누구에게)에 따라 이루어지는 것이 일반적이다(TBR event, To Be Remembered event). 그러나 인간의 기억과정에 기억의 대상인 사건의 의미를 이해하고 파악하는 시각(context)의 활용방법과 내용 등에 차이가 있는데, 수사기관이 설정한 일률적인 신문·조사기법에 의하면 피질문자의 기억과정과 시각의 활용 형태나 내용 등을 고려하지 않게 되고, 피질문자의 기억능력이 저하되어 효과적인 정보를 확보하기 어렵게 된다. 이러한 문제점에 대처하기 위하여 개발된 일련의 인터뷰 기법을 '인지면접법'이라고 한다. CI의 주된 목적은 피질문자를 통해 확보되는 '정보의 질과 양의 개선 및 확대'라고 할 수 있고, 크게 4가지 요소, 즉 ① 피질문자에게 알고 있는 모든 사항에 대한 보고요구(the report everything instruction, 完全性 原則), ② 피질문자의 사건관찰 및 기억 시 활용한 시각의 파악 및 복원·강화(the mental reinstatement of context, 狀況 再構成 原則), ③ 다양한 순서에 의한 사건의 재생(the recalling of events in a variety of different orders, 逆順 想起 原則), ④ 관찰시각의 전환기법(the change perspective technique, 立場 轉換 原則)에 바탕하고 있다. 일반적으로 이 면접기법을 훈련받은 사람은 20－55퍼센트의 정보를 더 끌어낼 수 있었다는 실험과 연구결과 보고가 있다. Rebecca Milne & Ray Bull, Investigative Interviewing －Psychology and Practice－(West Sussex, England : John Wiley and Sons, LTD., 1999), pp. 33－53.

일반적으로, 공동상기가 단독으로 정보를 재생하는 경우보다 재생된 정보의 양과 질에서 우수하다고 이해된다. 예를 들어, 高取憲一郎 교수는 피실험자에게 4행시를 암기하도록 하고, 일정 시간이 지난 후, 단독으로 재생하게 하고, 다시 다른 피실험자와 조를 편성하여 함께 재생하도록 한 후, 그 재생률을 비교한 바, 후자에서 보다 높은 재생률을 확인하였다.[34] 그 원인을 상호의사소통 과정에 의하여 재생정보를 비교함으로써, 보다 양호한 인출단서가 제공되고, 누락된 부분의 보완이 가능하다는 점 등에서 찾았다.

그러나 반대로, 공동상기의 억제효과, 즉 공동상기에 참가하는 구성원들이 상호 간에 서로 의존하여 개별적인 노력을 하지 않음으로써 정보의 재생능력이 떨어지는 예도 있다. Finlay 등은 피실험자에게 일정한 그림을 관찰하도록 한 뒤, 그림에 포함된 동물을 재인하도록 과제를 부여하면서, 그림을 관찰할 때, 개인별로 관찰하는 경우(개별학습조건)와 공동으로 관찰하는 경우(공동학습조건)로 피실험자를 분리하여 진행하고, 재인과제를 수행할 때에도 개인 또는 공동으로 분리하되, 공동은 다시 조 편성을 불규칙하게 하거나, 그렇지 않은 경우로 구분하여 실행하도록 하였다. 실험결과, ① '개별학습조건'에서 개인별 재인과제 수행 성적이 가장 낮고, 공동상기에 의한 성적이 보다 양호한 것으로 확인되었다. 특히, 불규칙하게 편성된 조의 성적이 가장 양호하여, 공동상기의 억제효과를 확인하였다. 그러나 ② '공동학습조건'에서는, 역시 공동상기에 의한 재인과제 성적이 개인별 과제수행의 경우보다 우수하였지만, 불규칙한 조편성 여부에 의한 성적차이는 크지 않은 것으로 나타났다. 즉, 공동상기의 억제효과가 나타나지 않은 것이다.[35] 결론적으로 개별학습조건에서 사전에 구성된 조 편성에 따른 공동상기에 의한 재인과제 수행능력이 가장 낮은 것으로 평가되었는데, 이는 재인 시, 상호의존적 경향에 따라, 자신이 관찰, 기억하는 정보를 검색하는 노력을 태만히 한 결과로 이해된다.

범죄사건 목격 시에도 이러한 현상은 나타날 수 있는가? 동일 사건에 대하

---

34) 高取憲一郎, "記憶過程におけるコミュニケーションの役割 ― 個人再生と共同再生の比較研究 ―, 教育心理學研究 28, 1980, 29-113頁.

35) F. Finlay·G. L. Hitch·P. R. Meudell, "Mutual Inhibition in Collaborative Recall : evidence for retrieval based account", Journal of Experimental Psychology : Learning, Memory & Cognition 26, 2000, pp. 1556-1567.

여 다수의 목격자가 존재하는 경우, 목격조건 등의 상위성 등 여러 이유로 인하여, 이들의 진술이 반드시 일치하는 것만은 아니고, 목격자 간의 다양한 의사소통을 통해 이러한 현상은 충분히 나타날 수 있다.

가상적 범죄사건에 대한 목격을 이용한 실험이지만, 兼松仁 교수 등은 2대의 비디오프로젝터를 사용하여 상호 간에 직행하는 편광영상을 동일 스크린에 투영하는 방법을 개발하여, 피실험자로 하여금 같은 스크린에 투영되는 가상 범죄사건에 관하여 서로 다른 영상을 보면서도 마치 같은 영상을 보고 있는 듯한 착각을 유도할 수 있도록 하였다. 양 영상의 내용은 거의 동일하지만, 차량의 색상, 등장 남성인물의 옷 색깔, 등장 여성인물의 진행 방향에서 차이가 있었다. 위 영상에 대한 관찰 후, 실험군의 피실험자에게 개별재생 및 공동상기에 의한 재생(2인조로 구성)과제를 부여하였고 통제 군에게는 개별재생 과제만을 부여하였다. 일반적인 재생과제의 성적은 공동상기 쪽이 우수하지만, 위 서로 다른 3가지 항목에서는 공동상기에 참여한 자 중 어느 한쪽의 의견으로 동조하는 현상이 뚜렷이 나타나고, 위 3가지 항목 외의 재생결과에 비하여 동조율 즉, 어느 한쪽으로의 잘못된 답변을 제시하는 비율이 2배 이상이라는 점이 확인되었다.[36]

결론적으로, 공동상기가 기억능력을 향상시켜줄 수도 있지만, 공동상기에 참가한 구성원의 전반적 기억이 저조한 상태에 있는 경우에는, 반대로 기억이 왜곡될 수도 있으며, 구성원 내 상호영향력 등에 따라 동조효과가 나타날 수도 있음에서, 목격진술 확보과정에서 공동상기를 활용하는 것은 대단히 위험한 결과를 야기할 수 있음을 확인할 수 있다.

물론 이러한 공동상기에 관한 실험적 연구사례에 대하여, ① 공동상기에 참여한 각 피실험자 간 권력 또는 상호 영향력 관계 등을 세밀히 고려하지 않은 점, ② 피실험자의 체험조건이 실제 목격증인의 체험조건과는 상당한 차이를 갖고 있는 점, ③ 실험에서는 정답이 존재함을 전제로 공동상기에 의한 재생(재인) 결과를 평가할 수 있지만, 실제 범죄사건 등의 목격증인의 경우 이러한 평가는 사실상 불가능한 점, ④ 상기의 틀, 즉 실험에 참가한 피실험자 개인의 스키마(schema) 등과 같은, 이른바 저장된 정보의 검색·인출 등에 활용되는 제 특징이

---

36) 兼松仁·守一雄·守秀子, "異なる事態を目撃した2人の目撃者の話し合いによる記憶の變容", 認知科學 3, 1996, 169－176頁.

무시된 점, ⑤ 공동상기에서 공동성을 상기에 참여한 구성원으로 한정하여, 기타 환경적 요소를 무시하고 공동성의 개념을 매우 협소하게 인식하고 있는 점 등은 동 연구의 한계로 지적된다.[37)

4) 목격증인의 확신도

미지막으로 목격증인이 자신의 기억에 대한 확신도와 목격진술의 정확성 간 상관관계를 살펴본다. 통상, 수사 및 공판과정에서 범행이나 범인을 목격한 참고인 또는 증인이 강한 확신을 표시하면서 범인을 식별할 때, 이를 당해 진술의 신뢰성을 평가하는 중요한 지표로 활용하는 예가 많다.

그러나 주의할 점은 기억에 관한 확신도란 목격증인이 갖고 있는 주관적 자기평가에 불과하고, 인간의 기억이 순수하게 체험적 사실만에 의하여 이루어지는 것이 아니라는 점이다. 결국, 목격증인의 기억에 대한 확신도를 동 진술의 정확성 내지 신빙성 판단에 그대로 결부시키는 것은 곤란하다.[38)

이와 관련하여, E. Luss와 G. Wells는, ① 다른 목격자가 같은 인물을 동일인으로 식별한 경우, ② 다른 목격자가 다른 인물을 동일인으로 식별한 경우, ③ 다른 목격자의 식별결과를 알지 못하는 경우로 구분하여, 각기 목격자 자신의 식별결과에 대한 확신도를 조사한 실험에서, 동일인을 식별한 결과를 확인하였을 때, 확신도가 가장 높고, 반대로 다른 인물을 동일인으로 식별한 결과를 확인하였을 때, 확신도가 가장 낮은 것으로 나타나, 결국 목격자가 갖는 확신도는 자신의 기억에 대한 정확성에 대한 평가가 아니라, 자신의 기억내용에 대한 사회적 영향에 대한 반응도일 뿐임을 지적하였다. 특히, 공동상기에서 오답을 제시한 경우도 확신을 갖는 경우가 많고, 그 확신도도 과도하게 높아진다는 연구결과도 있음에 유의할 필요가 있다.[39)

---

37) 渡部保夫 監修·一瀨敬一郎 外 3人 共編著, 前揭書, 251−255頁.

38) S. Sporer·S. Penrod·D. Read·B. L. Cutler, "Choosing, Confidence and Accuracy: a meta−analysis of the confidence−accuracy relation in eyewitness identification studies", Psychological Bulletin 118, 1995, pp. 315−327.

39) 嚴島行雄·仲眞紀子·原聰, 前揭書, 104頁.

제 3 절 목격증인에 의한 범인식별

이하에서는 1984년 영국의 PACE(the Police and Criminal Evidence Act) 중 Code of Practice D. 2. Identification by Witness와 미 법부성 산하 NIJ(the National Institute of Justice)에서 발표한 Eyewitness Evidence—A Guide for Law Enforcement, A Trainer's Manual for Law Enforcement를 중심으로, 영미 수사 및 공판절차에서 활용되는 범인식별절차를 중심으로 살펴본다.

통상, 수사기관에서 활용되는 범인식별기법 내지 절차로, ① 목격자와 범인의 1:1의 대면을 통해 범인식별을 행하는 '단독면접/대질(show—up, confrontation)', ② 피의자를 포함하는 다수인 또는 피의자만의 사진을 목격자 등에 제시하는 방법에 의한 '사진식별(photo spread, photo lineup, mug shot, mug book)', ③ 피의자를 포함한 다수의 실제 인물을 목격자에게 제시하고, 이들 중 범인을 선별해내는 복수면접(lineup, live lineup), ④ 실제 거리나 광장 등 다수인이 운집한 장소에 피의자를 놓고, 목격자 등으로 하여금 범인을 식별하도록 하는 '가두식별(street identification)' 등이 있다. 한편, 구체적 범인식별에 앞서, 수사기관은 먼저 목격자(증인)의 확인 및 범인식별에 관한 최초진술을 확보함이 일반적이다.

1. 목격자 및 최초진술 확보(preliminary investigation to witness)

수사관은 먼저, 가능한 잠재적 목격자 전원으로부터 목격진술을 획득하여야 한다. 통상, 수사관들은 처음부터 자세한 진술을 할 수 없는 자를 목격증인으로 가치가 없거나, 범인 또는 범행과 물리적으로 가까운 거리에서 관찰한 목격자가 가장 양호하고 풍부한 정보를 갖고 있을 것으로 판단할 수 있지만, 스트레스 및 무기집중효과 등과 같이 실제로 그렇지 못한 사례도 많다. 따라서 가능한 다수의 목격자를 확보하는 것이 중요하고, 잠재적 목격자의 활용가치를 처음부터 배제하는 것은 곤란하다.

한편, 수사관은 목격자가 확보된 후, 가능한 신속히 최초 목격경위 및 기타 상세한 관련 진술을 먼저 개방적 질문(open—closed question),[40] 특히 자유서술 방식(free—narrative mode)에 의하여 목격자가 자신이 관찰한 바를 자유롭게 묘사할 수 있도록 한 뒤, 범인의 용모에 대하여 비유도적 질문이 이루어지도록 유의하면서, 성별, 연령, 신장, 체중, 두발, 용모, 옷차림, 기타 특징 등에 관한 지향성 자유서술방식으로 질문하고, 계속하여 점차 구체적 질문으로 이행하여야 한다. 범인식별에 관하여는 가능한 구체적이고 지세한 진술을 확보하고, 각 질문에 앞서 목격자의 억측을 예방하기 위한 경고와 함께 진술에 대한 강요가 이루어지지 않도록 주의하여야 한다.

동시에 위 절차는 각 목격자별로 서로 다른 수사관에 의하여 진행되도록 하여, 수사관 또는 목격자 간 암시 및 사후정보효과 등 부당한 영향을 배제하도록 고려하여야 한다.

아울러, 더 중요한 것은 목격자로부터 확보한 최초 진술내용 및 수사관에 의한 질문방식과 내용을 포함하여 전 과정을 서면, 비디오 또는 녹음테이프에 기록하고, 동시에 이 기록은 피의자나 피고인 및 변호인에게 증거개시(discovery)되어야 한다.[41] 이는 이후 범인식별절차와의 비교를 통해, 진술 및 식별결과의

---

40) 피의자신문이나 참고인조사 시 수사기관에서 활용되는 질문법은, 개방적 질문법 (open—ended question)과 폐쇄적 질문법(close—ended question)으로 구분할 수 있다. ① 개방적 질문법은, 다시 ⓐ 피질문자에게 자유로운 서술을 허용하는 자유서술질문법(free—narrative mode)과 ⓑ 언제, 어디서, 누가 등과 같이 지향성 자유서술질문법(wh형 질문법)으로 세분할 수 있는데, 피암시성이나 유도적 성격이 낮고 많은 정보가 인출될 수 있다는 장점이 있다. ② 폐쇄적 질문법에는, ⓐ 예/아니오의 답변만을 요구하는 예·아니오 질문법(yes/no question), ⓑ A or B의 답변을 요구하는 선택적 질문법(alternative question, multiple choice question), ⓒ '~아닌가요?'식의 부정적 질문(negative question), 기타 유도적 질문 등이 포함된다. 통상, 폐쇄적 질문법은 질문 내에 포함된 정보 등에 의한 사후정보효과나 암시효과가 높고 피질문자의 답변의 변천에 상당한 기복이 발생하는 등의 문제점이 지적되어, 피질문자가 질문의 의미를 정확히 파악하지 못하거나 개방적 질문법이 종료된 후 특정 진술정보를 보다 자세히 확인할 필요성이 있는 등 제한적인 사례에서 활용이 일반적으로 제안되고 있다. 嚴島行雄·仲眞紀子·原聰, 前揭書, 66—68頁; 국립과학수사연구소 범죄분석실, "신문의 암시성에 관한 연구", 국립과학수사연구소연보 제30권, 1998, 241—250면.

41) Police and Criminal Evidence Act(1984), Code of Practice D. 2. Identification by Witness 참조; U.S. Department of Justice, National Institute of Justice, Eyewitness Evidence —a guide for Law Enforcement—, Oct. 1999, pp. 15—16; U.S. Department of Justice, National Institute of Justice, Eyewitness Evidence —a Trainer's Manual for Law Enforcement—, Sept. 2003, pp. 10—12.

내용과 그 변천과정 등에 대한 검토가 가능하게 하여, 수사기관의 목격자에 대한 부당한 암시부여 여부나 참고인(증인)으로서 목격자가 갖고 있는 책임감 등에 의한 영향여부 등을 평가함에 있어서 대단히 중요한 역할을 하기 때문이다. 또한 수사기관으로서도 목격자의 진술 및 식별결과에 대한 보다 세밀한 평가가 가능하여 오판의 여지를 축소할 수 있다.[42]

2. 단독면접(Showup or Confrontation)

단독면접은 구체적인 범인식별절차 중 가장 암시성이 높은 방법으로서, 불가피한 사정이 있는 경우, 예를 들어, ① 범인으로 생각되는 사람을 목격자가 우연히 대면한 경우, 현행범체포나 범행발생 후, 긴급 배치된 경찰관에 의한 불심검문이나 범인추적을 통해 피의자 등이 확인, 검거되어 피해자와의 즉각적 대면이 가능한 경우로서, ② 즉각적인 범인식별을 통해 범인을 확인할 수 있는 가능성과 ③ 목격자의 기억감실의 우려가 높은 점 등의 요건이 갖추어진 사례에 제한하여 실시되는 것이 원칙이다.

부득이한 사정으로 단독면접이 이루어지더라도, 아래의 준칙을 준수할 필요가 있다.[43]

「① 단독면접에 앞서 목격자로부터 가능한 상세하게 범인 등에 대한 진술을 확보, 기록해두어야 하고, 이러한 기록이 확보될 때까지, 단독면접은 연기되어야 한다.

② 범인의 처벌을 강력히 희망하는 목격자와의 대질은 절대적으로 피하여야 한다.

③ 경찰관 등은 가능한 공정성을 확보할 수 있도록 노력하여야 하는데, "이 사람이 당신이 본 범인일 수도 있지만, 아닐 수도 있습니다."라고 경고함으로써, 암시성을 최소화하도록 하여야 하고, 범인과 옷차림, 용모가 유사하다는 등의 유도적인 묘사를 하지 않아야 한다.

---

42) 渡部保夫 監修·一瀬敬一郎 外 3人 共編著, 前揭書, 3−6頁.
43) 上揭書, 13頁.; U.S. Department of Justice, op. cit., 1999, pp. 27−28; U.S. Department of Justice, op. cit., 2003, pp. 30−32.

④ 경찰관 등은 단독면접에 앞서 대상자의 사진 등을 미리 목격자에게 제시하지 않아야 한다.

⑤ 단독면접 대상자인 피의자 등에게 범인이 범행당시 착용한 옷차림을 하게 하는 등 목격자에게 암시적 효과를 가져 올 수 있는 조치를 하여서는 안 된다.

⑥ 가능한 한 편면유리(one-way mirror) 및 단독면접과정을 녹화할 수 있는 설비 등이 갖추어진 시설에서 실시되어야 한다.

⑦ 가능한 단독면접과정에 피의자의 변호인을 입회시켜, 면접절차에 대한 의견제시와 목격자에 대한 질문기회를 부여하도록 하고, 단독면접의 전체 과정은 당해 사건의 수사와 무관한 경찰관 등에 의하여 실시되도록 하여야 한다.

⑧ 목격자가 수인인 경우, 각 목격자 간, 의사교환을 금지하여야 한다.」

영미의 경우는 이른바 복수면접(lineup)을 원칙적 범인식별절차로 하고, 기타 사진에 의한 식별(photo spread/mug book)이나 가두식별(street identification)은 물론, 단독면접(show-up)은 극히 예외적으로 실시한다. 이는 식별과정에서의 피암시성을 고려하여, 가능한 중립적이고 공정한 절차에 의한 범인식별이 요구된다는 점을 인식한 결과이다.

3. 사진에 의한 식별(Mug Book, Photo Spread)

사진에 의하여 범인식별은 그 방식에 따라, ① 사진철 열람(mug book, mug shot)과 ② 유사인물 사진대조(photo spread, photo lineup)로 구분한다.[44]

사진철 열람은 피의자가 특정되지 않은 상태에서 수사기관이 목격자로 하여금 주로 동종범행에 관한 전과자 등의 사진으로 구성된 일련의 사진철(mug book)을 열람하도록 하는 방식으로 범인을 식별한다. 유사인물 사진대조는 수사기관이 유력한 피의자를 선정하고, 피의자와 유사한 용모를 갖는 여타 인물의 사진과 동시에 제시함으로써 목격자가 피의자와 범인의 동일여부를 확인하는 형태로 범인을 식별한다.

---

44) 渡部保夫 監修·一瀨敬一郎 外 3人 共編著, 前揭書, 92-102頁.

　사진철 열람은 주기적으로 사진선별작업(purging)을 통해 사진철을 최신 상태로 유지하는 것으로 충분하고, 사진철 편집의 공정성은 그다지 문제가 되지 않지만, 유사인물 사진대조에서는 수사기관이 특정한 피의자를 중심으로 사진을 편성하여, 목격자에게 부당한 영향력이 가해지지 않도록 중립적이고 공정한 편성이 매우 중요하다.

　또한, 사진에 의한 범인식별과 유사한 형태로, 소위 합성사진(composite image)이나 몽타주(montage) 활용이 있다.45) 합성사진이 몽타주 기법은 특정인을 범인으로 지목하는 방식이 아니라, 목격자로 하여금 범인에 대한 직접적 묘사, 즉 범인묘사에 관한 진술증거 확보라는 점에 차이가 있다. 목격자가 목격한 범인이 특징적 용모를 갖지 않아 묘사가 어렵거나 언어적 표현능력이 제한적인 경우, 초동수사단계에서 매우 유용하게 활용될 수 있다.46) 주의할 점은 합성사진의 완성 전에, 목격증인에게 사진 등을 보여줌으로써 주의력 등을 분산시키지 않도록 유의하여야 하고, 목격증인이 수인인 경우, 각기 분리하여 상호영향이 없도록 하여야 한다.

　일반적으로 사진에 의한 범인식별은 단독면접에 비하여 암시효과가 제한되지만, 그 활용가치는 그리 높지 않은 것으로 평가된다. 그 이유는 사진은 극히 짧은 순간의 장면만을 담고 있어, 목격자가 활용하기에 충분한 자료를 제공하지 못하고, 대부분의 사진자료가 과거에 촬영된 점 등이 지적된다. 또한, 사진철의 공정한 구성도 lineup에 비하여 쉽지 않은데, lineup이 불가능한 경우에 제한적으로 활용되는 이유가 여기에 있다.

　사진철 열람나 유사인물 사진대조는 구체적으로 다음과 같은 방법으로 실

---

45) 합성사진 조합용 kit을 상업적으로 개발하여 미국이나 캐나다 등에서는 'identi-kit' 또는 유럽권 국가에서는 'photo-fit'이라는 명칭으로 시판되어, 경찰 등에서 활용되고 있다. 합성사진(composite image)이 만들어지는 과정은 다음과 같다. 먼저, ① 목격증인이 범인에 관한 충분한 묘사능력과 기억 및 안정적인 정신/심리상태를 갖고 있는지를 평가한다. 다음 ② 합성사진을 확보하기 위한 구체적인 방법(identi-kit, 몽타주 전문가, computer-generated images 등)을 결정한다. ③ 목격증인의 주의력 등을 분산시키지 않는 적절한 작업장소를 선정하고, ④ 최종적으로 완성된 이미지를 목격증인과 함께 검토하여 적절한 재현이 이루어졌는지의 여부를 확인한다.

46) 早川治, "犯人識別供述の證明力", 別冊判例タイムズ 警察實務判例解說(取調べ・證據 編), 有斐閣, 1992, 71頁.

시된다. 먼저, 사진철 열람은 수사기관이 특정 피의자를 선별할 수 없는 경우에 한정하여 초동수사단계에서 활용하되, 수인의 목격자가 있는 경우, 이 중 1인에 대하여만 사진철을 열람하도록 하고, 나머지 인원은 유사인물사진 대조(photo spread)나 복수면접(lineup) 등에 활용하도록 배려하여야 한다. 아울러, 열람 전 "아직 뚜렷한 용의자는 없지만, 이 사진철을 보고, 혹시 범인으로 생각되는 문제의 인물이 포함되어 있는지 살펴주시되, 예전 사진이 포함되어 있기 때문에 두발이나 수염, 안경착용 등 용모변화가 있을 수 있고, 사진에 불과함을 참고해주시며, 확인할 수 없다고 답변해도 상관없습니다."라고 경고하여, 암시효과를 최소화하여야 한다.

통상, 사진철은 주기적 사진교환을 통해 관련성 없는 인물은 배제하는 등으로 최상의 상태를 유지하여야 한다. 목격자에게는 1회 50매 이하로 너무 많은 사진을 제시하지 않도록 하고, 특정 인물사진을 선별한 경우라도, 열람이 예정된 사진철을 모두 열람할 때까지 작업을 계속하도록 한다. 사진철 열람 후, 목격자가 특정 인물사진을 선별한 경우, 그 선별에 대한 목격자 자신의 확신도를 확인하여 기록하고, 동시에 선별된 인물을 범인으로 지칭하거나 그에 관한 정보를 목격자에게 암시하지 않도록 유의하고, 반대로 특징 인물사진을 선별하지 않은 경우, 사진철 내에 범인이 없을 수 있다거나 사진철의 상태가 양호하지 않은 경우 등으로 그 이유를 목격자에게 설명하여야 한다. 또한 목격자에 대하여, 이후 복수면접(lineup) 등 별도 범인식별절차에 참여할 수 있는지 여부를 물어 확인해두고, 이러한 전 과정을 기록하여야 한다.47)

한편, 유사인물 사진대조는 1인 이상 명확한 피의자가 선별된 경우에 실시하되, 피의자의 도주 등으로 신병확보가 되지 않거나, 복수면접(lineup) 구성이 용이하지 않아, 복수면접에 의한 식별절차 이행이 불가능한 경우에 한정하여 실시하여야 하고, 당해 사건을 담당하지 않은 수사관 등에 의하여 진행되어야 한다.

구체적인 방식은 사진철 열람과 유사한데, 먼저 목격자에 대하여, "이 사진 중에는 범인이 있을 수도 있고, 없을 수도 있습니다."라고 경고하여 부당한 영향력을 배제하도록 하고, 특정 피의자가 암시될 수 있는 어떠한 표현도 해서는 안

47) U.S. Department of Justice, op. cit., 1999, pp. 17−20; U.S. Department of Justice, op. cit., 2003, pp. 25−30.

된다.

보통, 유사인물 사진대조는 특정한 1인의 피의자와 9인 이상의 기타 인물사진으로 구성된다. 피의자가 1인 이상인 경우는 피의자별로 편성하여야 하고, 피의자 외에 인물사진은 당해 사건과 무관함이 완벽히 입증된 인물의 사진으로 목격자가 행한 최초 범인식별 진술에 따라 그 신체적 특징 등이 일치하는 인물로 편성하여야 한다. 만일, 이러한 편성에도 불구하고 피의자의 용모가 독특하게 두드러지는 경우에는 이를 최대한 조정하여야 한다.

사진제시방법에는 크게 ① 동시제시절차(simultaneous photo spread)와 ② 계속제시절차(sequential photo spread)가 있다. 어느 경우나 특정 인물사진을 목격자가 선별한 경우에도 예정된 작업을 종료할 때까지 그대로 진행하고, 선별 후, 재차 확인을 요구하는 경우에 이에 응하여도 무방하다.

목격자가 복수인 경우, 특정된 피의자의 사진제시 순서(계속제시)나 위치(동시제시절차)를 변화시켜야 한다. 또한 범인식별이 불가능하여 동일 목격자에 의한 유사인물 사진 대조를 반복할 때, 그때마다 별도 인물사진으로 편성되도록 하여야 한다. 또한 피의자를 제외하고, 당해 사건과 관계없지만 목격자의 최초 범인식별진술에서 확인된 범인묘사에 일치하는 인물로 구성하고 여타의 실시조건은 동일하게 유지하여 대조(blank photo spread)를 실시하여, 범인식별결과의 신뢰성을 높일 필요가 있다. 아울러, 이러한 전 과정을 기록으로 보존하여야 함은 동일하다.[48]

4. 복수면접(lineup)

복수면접은 가장 원칙적인 범인식별절차로, 영국에서는 'Parade'라고도 한

---

[48] '동시제시절차'는 목격증인이 각 사진을 동시에 관찰하여 비교하게 됨으로써, 상대적 판단 (relative judgement)을 하기가 쉬워진다. 반면, '계속제시절차'에 의하면 상대적 판단은 일어나기 어렵지만, 현실적으로 각 사진을 1회만 보고 판단한다는 것(absolute judgement)은 생각하기 어렵다는 점에서 반복적 관찰이 불가피해지고, 따라서 상대적 판단이 발생하게 되어, 동시제시절차와 동일한 문제점을 갖게 된다. 결론적으로, 제시 방식보다는 각 사진의 위치나 제시 순서의 임의적 변화를 통하여 편견 등의 야기를 최소화함이 더욱 중요한 문제임을 알 수 있다. 嚴島行雄・仲眞紀子・原聰, 前揭書, 99 頁; Lawrence S. Wrightsman, et. al., op. cit., p. 174.

다. 피의자의 도주 등으로 신병을 확보할 수 없거나 복수면접참가를 거부하는 경우 또는 피의자가 복수면접절차에서 의도적으로 혼란을 유도하거나, 목격자가 참가를 거부하는 등의 예외를 제외하고, 영미에서는 다른 어떤 범인식별절차보다 우선한다. 복수면접은 사진을 이용한 복수면접(photo lineup)과 실물을 이용한 복수면접(live lineup)으로 구분하기도 하는데, 이하에서는 후자에 한정하여 살펴본다.

복수면접에서 가장 중요한 것은 구성이다. 즉, 피의자 외의 인물(이를 'foil' 또는 'filler'라 한다)을 어떻게 구성하는가가 관건이다. 목격자의 최초 범인식별진술을 참고로 범인의 특징묘사에 가급적 일치하는 인물로 구성하되, 이것이 용이하지 않거나 피의자의 특징이 특히 눈에 띄는 때는 다른 인물로 교체하거나 해당 특징부위에 대하여 복수면접 구성원 전원이 마스크 등으로 가리는 등의 방법으로 피의자의 부각을 최소화하여야 한다.

복수면접 구성원은 보통 영국에서는 8인 이상, 미국에서는 최저 5인 이상으로 구성할 것이 제안되기도 하나, 일반적으로 피의자를 포함하여, 6인 이상의 구성이 제안된다. 이는 이론적 배경보다는 피의자 외의 복수면접 구성원 확보의 용이성이나 경험칙 등에 근거한 것이다. 한편, 다른 인물(foil)은 사건과 관련성이 없다는 점이 확인된 사람으로 편성하되, 피의자가 어떤 사람인지를 모르도록 주의하여야 하고, 경찰관을 foil로 활용하는 것은 범인식별절차의 중립성 유지에 문제를 야기할 수 있어, 바람직하지 않다.

실시방법은 유사인물 사진대조(photo spread)와 유사하다. 먼저, 당해 사건과는 무관한 경찰관 등이 복수면접을 주관하되, 실시에 앞서, "이 중에는 목격한 범인이 있을 수도, 없을 수도 있습니다. 확인이 불가능하다면, 모르겠다고 답변하여도 무방합니다." 라고 경고하여야 하고, "범인과 가장 유사한 자가 누구입니까?", "범인일지도 모르는 사람이 누구입니까?" 등과 같은 표현을 통해, 목격자에게 부당한 영향력을 가하지 않도록 유의하여야 한다.

구체적 실시방식으로 계속제시절차(sequential lineup)와 동시제시절차(simultaneous lineup)가 있다. 통상 동시제시절차가 활용되는데, 중요한 점은 사진을 이용한 복수면접(photo lineup)과 달리 실물을 이용한 복수면접(live lineup)에서는 어떤 절차에서나 피의자가 자신의 위치나 등장순서를 스스로 결정할 수 있고, 이 점이

사전에 고지되어야 한다는 점이다.[49]

또한 경우에 따라서는 목격자가 복수면접 구성원에게 특정한 동작이나 단어를 말하거나 목격 당시 착용한 것으로 추정되는 복장을 하도록 요구할 수 있으므로, 가능한 복수면접 실시 전에 그 내용을 피의자에게 고지해 둠으로써, 도중에 피의자의 거부 등을 방지해둘 필요가 있다. 복수의 목격자가 있는 때에는 각 목격자를 분리하여, 상호영향을 주지 못하도록 하여야 한다. 한편, 복수면접도 면접대상 인물 중 피의자가 없는 상태에서의 복수 면접(blank lineup)을 실시할 필요성이 있다. 이를 통해 복수면접의 신뢰도 평가만이 아니라, 목격자가 단순히 범인과 유사하다고 생각하여 지목하는 등 억측이나, 의도적으로 범인 외의 다른 자를 지목할 가능성이 있는 우려 등을 사전에 판단할 수 있다.[50]

5. 가두식별(Street Identification)

인간은 특정 정보를 기억하는 과정에서 스키마(schema)와 함께, 사건의 배경, 등장인물, 대화내용, 시간 및 장소 등 '사건의 전후맥락(context)'을 매개로 활용하는 점은 기억된 정보를 재생하는 과정에서도 활용될 수 있다. ① 복수면접 구성원확보가 어렵거나 기타 이유로 복수면접 실시가 적합하지 않은 경우, ② 소음이나 기타 환경적 제약요소에 대한 일정한 통제가 가능하고, ③ 목격자에게 부당한 영향력을 가할 우려가 없다면, 유사인물 사진대조(photo spread)에 앞서 가두식별방식이 고려될 수 있다.[51]

주로 광장 등 다수인이 일상적으로 활동하는 장소를 활용하고, 복수면접과 동일하게 피의자가 현저하게 특정되지 않도록 적절히 장소나 주변 인물 등을 배려할 필요가 있다. 가두식별은 소음 등 환경통제가 어려운데, 목격자가 범행목격 당시의 맥락하에서 보다 용이한 식별이 가능하다고 판단되는 경우에는, 가두식별에 앞서 조명, 관찰위치 등 목격 당시의 조건을 조정하여 복수면접을 실시할

---

49) Police and Criminal Evidence Act(1984), Code of Practice D. 2. Identification by Witness. 2. 15. Notice to Suspect 참조.

50) 渡部保夫 監修・一瀨敬一郎 外 3人 共編著, 前揭書, 106頁.

51) Police and Criminal Evidence Act(1984), Code of Practice D. 2. Identification by Witness. 2. 7. Group Identification 참조.

수도 있다(소위 조건 시뮬레이션).

제4절 목격진술에 대한 증거법적 평가

1. 영국의 Devrin Report와 PACE Code D

영국의 형사재판실무는 20세기 초까지 대체로 강한 확신하에 제시된 목격진술은 범인식별에 있어서 상당한 신빙성을 갖는 증거로 인식되어 왔다. 그러나 Adolph Beck(1895) 사건을 계기로 목격진술의 위험성을 인식하게 되었는데,[52] 이 사건을 계기로 the Court of Criminal Appeal은 범인식별절차와 관련하여, 배심에 대한 일반적인 주의적 지시(jury instruction)를 하게 되었다.

그러나 이후에도 목격진술에 의한 오판사례가 계속되자, 1974년 Rt. Hon. Lord Devrin을 위원장으로 하는 특별위원회가 영국 내무부 산하에 설치되고, 오판사례 분석 및 목격진술에 관한 실증적 연구에 기초하여, 1976년 목격진술의 신뢰성 판단문제에 대한 Devrin Report가 발간되었고,[53] 이를 통해 범인식별증거의 수집과 활용 등에 관한 다양한 조언이 제공된 바 있다.

---

52) Adolph Beck은 피해자들부터 'John Smith'라는 가명으로 부녀자들에게 결혼을 빙자하여 사기를 행한 범인과 동일인으로 지목되어, 1895년 유죄판결을 받고 7년간 복역한 후 석방되었다. 1904년 Adolph Beck은 역시 같은 가명을 사용하고 비슷한 수법으로 사기를 행한 두 번째 범죄사실로, 피해자들로부터 범인으로 지목을 받아 유죄판결을 받아 양형절차를 기다리고 있던 중, John Smith라는 자가 다른 범죄사실로 검거되었고, 그 용모가 위 사건 피해자들의 묘사와 완벽히 일치하고, 범죄수법 역시 동일함을 확인하였다. 아울러, 위 사기 피해자들은 John Smith가 할례(포경수술)를 받았다고 진술하였으나, 1870년대의 John Smith의 수형기록에는 그가 할례를 받지 않은 상태라고 기록하고 있었고, Adolph Beck은 할례를 받은 적이 없었다. 결국, Adolph Beck은 석방 및 사면을 받은 후 상당한 보상을 받게 되었다. Wayne R. Lafave et. al., Criminal Procedure 3rd edt.(St. Paul. Minn.: West Group, 2000), p. 375.

53) 정식명칭은 'Report to the Secretary of State for the Home Department of the Departmental Committee on Evidence of Identification in Criminal Cases'이다. 동 보고서 발간은 1972년 및 1969년에 발생한 슈퍼마켓 및 무인 주차장 동전메타기 절도사건의 피고인들이 목격진술의 오류에 의하여 유죄로 판단되었으나, 나중에 범인과의 동일성이 부정되어 당해 목격진술이 잘못된 것이었음이 확인된 사례와 관련하여, 오판원인 등에 관한 조사 소위원회가 설치된 것이 계기가 되었다. 嚴島行雄·仲眞紀子·原聰, 前揭書, 136頁.

또한 범인식별, 특히 목격진술과 관련한 다수의 오판사례가 주목을 받아, 경찰 수사실무 및 공판과정에서의 문제지적과 비난이 야기되자, 1981년 관련 왕립위원회가 설치되고, 다수의 형사법학자 및 심리학자들이 참여하여 이 문제의 검토와 대책을 마련하고 보고서를 출간하여, 수사절차 및 공판과정에 걸친 다양한 권고가 되었다. 아울러, 동 보고서의 내용에 대한 법제화 요청에 따라, 1984년 PACE(the Police and Criminal Evidence Act)가 제정되고, 동법의 시행에 따른 실무규범인 Code of Practice이 규정되어, 수사기관 등에 일종의 지침을 제공하게 되었다.

1) Turnbull Guideline

1970년대 초까지 영국의 the House of Lord은 목격증인에 의한 범인식별의 위험성과 관련하여, 법관이 배심에 대하여 주의적 지시를 하는 것은 바람직하지 않다고 평가하는 등, 목격진술의 오류와 관련한 문제에 소극적인 태도를 취하였다.[54] 그러나, 다수의 오판사례에 따른 비난여론과 함께 1976년 Devrin Report가 발간되자, R v. Turnbull(1977) 사건을[55] 통해 항소법원이 동 보고서의 권고 내용 중, 일부를 수용하고, 목격진술에 관한 새로운 판단 기준으로 소위 'Turnbull Guideline'을 제시하는데, 그 내용은 다음과 같다.

「① 먼저, 범인식별에 관한 증거의 정확성이 중요 쟁점으로 부각되는 사건으로 피고인 측이 그 오류를 주장하는 경우에는, 사실심 법관은 배심에게 유죄판단에 앞서, 범인식별증거의 정확성에 관한 판단에 있어서 특별한 주의를 요한다는 점을 경고하여야 한다. 특히, 이러한 법관에 의한 주의적 지시의 필요성과 오류가 있는 목격증인이라도 자신의 진술에 확신을 가질 수 있으며, 그러한 목격증인이 수인인 경우도 있다는 점을 명확히 하여야 한다.

② 사실심 법관은 배심에 대하여 당해 목격증인이 범인을 식별하게 된 상황 즉, 관찰의 지속시간, 거리, 조명상태, 행인이나 차량의 통과 등에 의하여 관찰에 특별한 장애는 없었는지의 여부, 피고인을 이전부터 알고 있었는지 여

---

54) Richard May, Criminal Evidence(London : Sweet & Maxwell, 1999), p. 363.
55) R v. Turnbull[1977] QB 244.

부, 피고인을 특별히 기억한다면 그 이유 및 최초 목격 후 경찰에서의 재인까지의 시간 등을 면밀히 검토할 것을 지시하여야 한다.

③ 목격증인에 의하여 최초로 묘사된 범인의 특징과 피고인 간에 본질적 상위점이 있는지를 확인하여야 한다.

④ 만일, 위 ③과 같은 상이점이 확인되는 경우, 이 사실을 피고인 및 그 변호인에게 통지하여야 하고, 배심에게도 동 범인식별증거에 특별한 취약점이 있음을 경고하여야 한다.

⑤ 기지(旣知) 인물에 대한 식별(recognition)은 그렇지 않은 경우(identification by strangers)에 비하여 보다 안정적이다. 그러나 기지인물에 대한 목격에도, 오류개재의 가능성이 상존함을 배심에게 반드시 경고하여야 한다.

⑥ 기지인물에 대한 목격 시, 조건이 극히 양호한 경우에는, 특별한 보강증거 없이 배심은 위 범인식별증거의 가치(weight)를 평가할 수 있다. 그러나 이 경우에도 특별한 주의를 요한다는 배심에 대한 경고는 이루어져야 한다.

⑦ 이와 반대로, 목격조건 등의 상태가 불량한 경우, 범인식별의 정확성을 보강할 다른 증거(supporting evidence)가 없다면, 사실심 법관은 사건을 배심의 판단에 넘기지 말고, 무죄판결(acquittal)을 하여야 한다. 이는 일종의 보강증거(corroborative evidence)를 요구한다고 볼 수도 있는 경우인데, 다만, 당해 범인식별증거가 배심의 판단오류(mistaken identification)를 야기할 우려가 없다고 확신하는 때는 그러하지 않다.

⑧ 사실심 법관은 위 보강증거 또는 사실이 범인식별증거를 충분히 보강하고 있는지의 여부를 배심에게 확인하고 고지하여야 한다. 만일 충분한 보강이 이루어지지 않은 증거라면 그 사실을 배심에게 고지하여야 한다.

⑨ 위 보강증거가 피고인이 알리바이 입증에 실패한 사실(false alibi)에 바탕한 경우, 특별한 주의가 있어야 한다. 알리바이 입증실패가 바로 범인식별증거를 보강하는 것이 아니라는 주의는 배심에게도 고지되어야 한다.」

고지(warning)의 구체적 형태에 관하여, 특별한 형식은 없지만, 지향하는 의미와 정신을 적절히 배심에게 전달할 수 있다면 충분하다고 한다.56) 목격진술에 의한 범인식별만으로 유죄판결을 내리지 말 것을 권고하여 사실상 보강증거

---

56) Mills v. R[1995] 1 WLR 511.

(supporting evidence)를 요구하는 결과를 야기한 Devrin Report와 달리, 원칙적으로 배심에 대한 주의적 지시(jury instruction)를 통해, 목격진술의 취약성과 위험성에 대하여 충분한 경고와 증명력 판단에서의 고려를 유도하도록 하고, 극히 예외적인 경우에 보강증거를 요구하도록 하였다.[57) 한편, 판례는 Turnbull Guideline의 보강증거와 관련하여, 동일 범죄사건에 수인의 목격증인이 있는 경우, 수인의 목격증인이 모두 오류를 범할 수도 있음을 배심에게 주의적으로 경고할 것을 조건으로, 양호한 목격조건하에서 범행 및 범인이 목격된 것이라면, 상호 간의 보강도 허용할 수 있다고 한다.[58)

이러한 Turnbull Guideline의 위배는 상소이유 및 파기사유가 되고,[59) 목격증인이 경찰관인 경우에도 적용을 긍정하고 있다.[60) 다만, 목격진술이 극히 양호한 상태인 경우에는, 예외적으로 Turnbull warning이 없이도 무방한 경우(exceptional circumstance)가 있다. 예를 들어, 목격자와 범인이 상당한 시간동안 직접 대화를 하는 등 매우 양호한 목격조건이 갖추어진 상태였던 점을 고려하여, Turnbull warning이 없어도 무방하다고 판시한 사례가 있고,[61) 이외에도 나이트클럽에서 발생한 범죄사건과 관련하여 범인의 키가 6피트 6인치로 당시 범행 장소 주위에 동일한 신장의 인물이 전혀 없었다는 점에서 피고인 외에는 범인으로 가능한 인물이 존재할 수 없는 경우,[62) 목격진술의 신빙성이 문제되는 것이 아니라, 그 조작여부, 즉 증인의 정직성이 문제되는 경우에는 Turnbull warning과 관계없다고 판시한 사례[63) 등이 있다.

---

57) A. A. S. Zuckerman, The Principle of Criminal Evidence(London : Clarendon Press, 1989, p. 177.
58) R v. Weeder[1980] 71 Cr App R 228; R v. Breslin[1985] 80 Cr App R 226.
59) R v. Hunjan[1979] 68 Cr App R 99; Reid v. R[1990] 90 Cr App R 121, "no hesitation in concluding that a significant failure to follow the identification guidelines as laid down in Turnbull ⋯ will cause a conviction to be quashed because it will have resulted in a substantial miscarriage of justice ⋯".
60) R v. Bowden[1993] Crim LR 379.
61) Freementle v. R[1994] 3 All ER 225.
62) R v. Slater[1995] 1 Cr App R 584.
63) R v. Courtnell[1990] Crim LR 115 및 R v. Cape[1996] 1 Cr App R 191.

2) PACE Code D 위반효과

PACE Code of Practice D. Identification은 범인식별 증거의 수집 및 법원 제출 등에 관한 준칙을 설정하고 있다. 원래 범인식별증거가 부당한 편견이나 암시 등에 기초한 경우, 증거배제는 common law와 PACE section 78에 의거하여 법권의 재량적 판단에 의하여 결정된다. 그런데, 최근 영국 판례들은 Code D 가 강행규범이 아닌 '준칙'에 불과하지만, 이에 위반한 범인식별증거에 대한 증거배제 결정 시, 사실상 중요한 판단지침으로 활용하고 있음에서 의미가 있다. 가령, 극히 예외적으로 실시되는 단독면접(show-up, confrontation, dock identification)에 관한 규정에 위배하여 범인식별증거의 증거능력을 부인한 사례로 R v. Leckie (1983) 사건,[64] 복수면접(lineup) 규정에 위배하여 획득된 범인식별증거를 배제한 사례로 R v. Gall(1990) 등[65]이 있다.

그러나 위 Code D의 위반이 곧 바로 당해 범인식별증거의 배제로 이어지는 것은 아니다. 가령, 복수면접에 1차로 참가한 증인이 범인식별을 한 경우, 피의자와 변호인에게 그 내용을 고지하여야 하며, 경찰은 추가적 복수면접의 실시를 고려할 수 있는데(Code D. Annex A. 16 참조), R v. Willoughby(1999) 사건에서는[66] 2인의 목격증인이 복수면접에 참가한 후, 같은 방에서 함께 대기하고, 이후 첫 번째 증인이 피고인과 범인을 동일한 인물로 식별하고, 두 번째 증인도 이후에 동일하게 진술함으로써 Code D 규정을 위반하였으나, 위 2인의 증인이 행한 범인식별진술은 모두 증거에서 배제되지 않는다고 판시하였다. 결국, 동 규정의 위반강도, 위반에 따른 효과 및 위반에서 고의적 의도성이 있었는지 여부 등을 종합적으로 판단하여, 당해 위반사항이 중대하지 않다면(minor and innocent error), 증거로 허용할 수 있다.

---

64) R v. Leckie[1983] Crim LR 543.
65) R v Gall[1990] 90 Cr App R 64; R v. Conway[1990] Crim LR 402; R v. Quinn[1995] 1 Cr App R 480; R v. Nagah[1991] 92 Cr App R 344; R v. Allen[1995] Crim LR 643.
66) R v. Willoughby[1999] 2 Cr App R 82.

2. 목격진술에 대한 미국판례 등

1) 목격진술의 증거능력

목격진술과 관련한 최초의 미연방대법원판례로는 1967년의 즉 United States v. Wade, Gilbert v. California, Stovall v. Denno사건을 들 수 있다.[67]

미연방대법원은 이전까지 목격증인에 의한 범인식별문제는 기본적으로 증거능력이 아닌 배심에 의한 증명력 판단문제로, 당사자 간 상호신문에 의하여 충분히 판단될 수 있다고 이해하였다. 그러나 United States v. Wade, Gilbert v. California 두 판례에서 이러한 태도를 변경하여, 목격증인에 대한 부당한 암시나 편견 야기 등 신빙성에 의문을 야기할 수 있는 요인들에 대한 통제수단으로, 미연방헌법 수정 제6조 변호인의 조력을 받을 권리 등과 같은 헌법적 통제(constitutional restraint)로 방향을 전환하면서, 이에 위반한 경우, 목격진술의 증거능력을 부인함과 동시에 이에 영향을 받은 공판과정에서의 범인식별(court-identification, show-up) 결과도 증거능력을 인정받을 수 없다는 목격진술에 관한 '독수의 과실이론(Doctrine of Fruits of the Poisonous Tree)'이라 할 수 있는 'Wade-Gilbert exclusionary rule'을 제시하였다. 다만, 위 판례는 기소 후, 공판 전 단계의 복수면접과정(lineup)에 변호인의 입회를 요구하였지만, '변호인의 구체적 역할'에 대하여는 특별한 지침을 제시하지는 않은 점에서, 목격진술의 신빙성에 대한 판단기준으로는 불완전한 측면이 있다.

한편 미연방대법원은 Stovall v. Denno사건에서, 목격진술에 대하여 'Wade-Gilbert exclusionary Rule' 외에, 기소 전, 단계에서 당해 범인식별절차가 부당하게 암시적이고 편견을 유도하는 성격(unnecessarily suggestive procedure)을 지니고 있다면, '적정절차원칙'에 위배되어 증거능력을 부인할 수 있다고 하여, 변호인의 입회 및 조력에 의한 통제 이외의 수단을 긍정하였다. 구체적으로 '부당하게 암시적이고 편견을 유도하는 절차'가 어떠한 기준에 의하여 판단되어야 하는지에 대하여는 명확한 언급을 하지 않았다. 그런데, 이러한 절차 자체에

---

67) United States v. Wade, 388 U.S. 218(1967); Gilbert v. California, 388 U.S. 263(1967); Stovall v. Denno, 388 U.S. 293(1967).

초점을 맞춘 적정절차 기준(the dueprocess test)은 이후 수정된다. 새로운 기준은 문제된 사건의 실제 범인식별의 신빙성(또는 신뢰성)(the reliability of the actual identification)에 초점을 두고, 부당하게 암시적인 절차에 의한 식별이라도 목격진술의 구체적 신빙성이 긍정될 수 있다면 증거로 할 수 있다는 것이다.

① 범인식별절차와 목격진술의 신빙성

미 언방대법원은 Neil v. Biggers(1972) 사건 및 Manson v. Brathwaite(1977) 사건에서[68] 목격진술의 증거능력은 범인식별절차가 전반적으로 신뢰할 수 있는지의 여부(reliability of identification procedure by totality of circumstance)에 의하여 판단되어야 한다고 판시하면서, 적절한 범인식별절차가 이루어졌는지를 판단하기 위한 기준으로 5가지 항목을 제시하였다.

「① 범행 중 목격자가 범인을 관찰할 수 있는 기회: the witness's opportunity to view the criminal during the crime

② 범행의 목격과 범인식별(재생)간의 시간적 경과의 정도: the length of time between the crime and the subsequent identification(retention interval)

③ 범인식별을 행한 목격증인에 의하여 표현된 확신도: the level of certainty demonstrated by the witness at the identification

④ 목격증인의 범인식별 전 범인묘사의 정확성: the apparent accuracy of the witness's prior description of the criminal

⑤ 목격한 범행에 대한 목격증인의 주의력의 집중도: the witness's degree of attention during the crime」

아울러 목격진술의 신빙성은 범인식별과정에서 암시성(suggestivity)의 개재 여부와 그 영향력과 관련하여, 범인식별절차의 신뢰성 간의 비교형량에 따라, 다소 암시효과가 개재할 수 있더라도, 전체적인 범인식별절차가 위 5가지 판단요소를 고려하여 신뢰할 수 있는 것으로 판단되는 때는 목격진술의 증거능력을 긍정할 수 있다고 하였다.

Neil v. Biggers(1972) 사건 및 Manson v. Brathwaite(1977) 사건에서 제시된

---

68) Neil v. Biggers, 409 U.S. 188(1972); Manson v. Brathwaite, 432 U.S. 98(1977).

판단기준은 극히 상식적으로 특별히 과학적, 실증적 근거에 기초하여 설정된 기준이 아니었다. 이후 다수 연구결과가 위 기준의 문제점을 제시하였는데, ①, ②의 관찰기회 및 시간경과 정도 조건은 일반적으로 수긍될 수 있으나, 그 상관관계는 단순하게 설명될 수 있는 것은 아니고, ③의 목격증인의 확신도와 식별결과의 정확성은, 앞서 지적한 바와 같이 현재 상당수 연구결과가 그 상관성을 부정하고 있으며, 오히려, 반복적 식별절차 등에 의한 확신경화현상(confidence hardening) 등 오류가능성이 문제될 수 있음을 지적하였다.

또한 ④, ⑤의 식별 전 범인묘사의 정확성과 주의력의 집중정도는, 예를 들어, 범죄사건이라는 고도의 스트레스 상황하에 중심사건으로의 주의집중 및 상대적으로 주변사건에 대한 주의력의 분산현상(weapon focus effect 등)이 나타날 수 있는 등 목격진술의 정확성과 큰 상관관계가 없음이 지적되었다.[69]

부가적으로 Wade-Gilbert exclusionary rule 및 due process approach 외에 배심원에 대한 법관의 주의적 지시(jury instruction)에 의하여 목격 진술에 관한 문제점을 해결하려는 입장도 있다. 대표적으로 United States v. Telfaire(1972) 사건을[70] 들 수 있고, 이후 Telfaire instruction을 따르는 후속 판례들이[71] 나오게 되며, 배심원에 대한 법관의 주의적 지시를 필요적으로 보는 판례도[72] 있으나, 사실심 법관의 재량에 속한다는 판례,[73] 굳이 Telfaire instruction에 따를 필요는 없고 통상의 증명력 판단에 관한 주의적 지시로 충분하다는 견해를 취한 예도[74] 있다.

② 목격진술과 감정인

한편, 목격진술과 관련하여 감정인의 활용이 쟁점이 된 미국판례로 United States v. Amaral(1973) 사건이 있다.[75] 강도혐의로 1심에서 유죄가 선고된 피고인이 항소한 사안으로, 공판 전, 사진에 의한 범인식별, 단독면접(show-up) 등

---

69) John C. Brigham·Adina W. Wasserman·Christian A. Meissner, op. cit., pp. 17-18; Paul C. Giannelli & Edward J. Imwinkelried, op. cit., pp. 431-433.
70) United States v. Telfaire, 469 F.2d 552(D.C. Cir. 1972).
71) United States v. Tipton, 11 F.3d 602(6th Cir. 1993), cert, denied, 512 U.S. 1212(1994).
72) State v. Dyle, 899 S.W.2d 607(Tenn. 1995).
73) Gunning v. State, 347 Md. 332, 348, 701 A.2d 374, 382(1997).
74) Conely v. State, 270 Ark. 866, 607 S.W.2d 328, 330(1980).
75) United States v. Amaral, 488 F.2d 1148(9th Cir. 1973).

의 범인식별절차와 그에 기초한 목격진술의 신빙성에 대한 감정인 진술의 증거
능력을 부당하게 인정하지 않은 점이 주요 항소이유가 되었다. 항소심은 목격진
술에 관한 감정인 진술의 증거능력을 판단하면서, 감정인 진술이 배심에게 상당
한 도움(appreciable help)을 줄 수 있어야 하고, 그 판단기준으로, ① 감정인이
충분한 자격을 갖추고 있는지의 여부, ② 감정인의 진술내용이 감정인의 전문적
판단영역에 속하는지의 여부, 즉 배심 고유의 판단영역을 침해하는지의 여부, ③
감정인의 진술내용이 일반적으로 승인된 이론과 합치하는지의 여부, 그리고 ④
감정인의 진술이 갖고 있는 설명적 가치(probative value)가 그로 인하여 발생될
수 있는 부당한 편견 등의 야기가능성에 비하여 월등한지의 여부라는 4가지 사
항을 제시하다.

그리고 결론적으로 "피고인 측이 제시한 감정인 진술의 내용, 즉 심리학자
로서 목격진술의 일반적 비신뢰성과 특히 스트레스하에서 인간의 지각 및 기억
능력의 저하에 관한 진술내용은, 배심 고유의 판단영역인 증명력판단 문제로, 전
통적인 상호신문제도에 의하여도 충분히 음미될 수 있다고 판단된다."는 점을
이유로 증거능력을 부정하였고, 이후 다수 판례들이 위 기준에 기초하여, 감정인
진술의 증거능력에 대하여 부정적 견해를 취하였다.76)

이처럼 80년대 이전 초기 연방법원 및 주 법원 판례의 상당수는 목격진술과
관련한 감정인 진술의 허용여부에 대하여 부정적 시각(per se exclusion approach)
을 취하였다. 이처럼 목격진술과 관련한 감정인 진술을 허용하지 않는 판례들이
취한 논거는 ① 목격진술의 신뢰성에 의문을 제시한 많은 연구결과들이 아직은
해당 학계 등 전문가층으로부터 일반적 승인을 받지 못하고, 주류적 위치를 점
유하고 있지 못하고,77) ② 목격진술의 신빙성판단은 전통적으로 배심 고유의 판
단영역에 속하는 문제로서, 감정인 진술은 그에 대한 침해로 볼 수 있으며, ③
목격진술의 신뢰성에 의문을 제기하는 전문가들이 개진하는 다양한 견해는 대체
로 일반인도 충분히 생각할 수 있는 상식적 영역에 속하는 사항으로 당사자 간

---

76) United States v. Brown, 501 F. 2d 146 (9th Cir. 1974); United States v. Brown, 540 F.
2d 1048 (10th Cir. 1976).
77) United States v. Watson, 587 F.2d 365, 369(7th Cir. 1978), cert, denied, 439 U.S.
1132(1979).

상호신문으로도 충분히 음미될 수 있고,[78] 따라서 감정인 진술이 사실판단에 도움이 된다거나, 일반인의 판단영역을 넘어서는 전문적 판단이 불가피한 부분으로 이해하기도 어렵다.[79] 아울러, ④ 감정인 진술은 자칫 소모적 소송지연과 쟁점혼란을 가져오고, 부당한 편견을 야기할 수 있는 등 그 설명적 가치에 비하여 부정적 효과가 보다 강하다는 점을 든다.[80]

    그러나 앞서 살펴보았듯이, 최근 목격진술에 관한 연구사례를 살펴보면, 일반인들의 상식적 판단과는 배치되는 내용도 많다.[81] 나아가 상호신문에 의하여 목격진술의 신빙성이 충분히 음미될 수 있다는 논거 설득력이 없다. 즉, 아무리 유능한 변호인이라도 전문가가 아닌 일반인으로 목격진술의 신빙성에 영향을 줄 수 있는 모든 요소를 망라하여 지적하는 것은 불가능하다. 또한 자신이 진실을 말하고 있다고 생각하지만 오류가 있는 목격진술과 정확한 목격진술을 상호신문을 통해서 구별할 수 있다는 것은 사실상 허구에 가깝다.

    목격진술에 관한 전문가의 평가는 배심의 판단영역을 침해하는 것이 아니며,[82] 오히려 목격진술의 신빙성 판단에서 배심 등 사실판단주체가 누락하기 쉬운 부분에 대하여 경고와 보충적 역할을 수행할 수 있다. 이 점은 목격진술이 피고인에게 극히 불리한 증거일 경우, 더욱 강조된다.

    감정인 진술의 증거능력을 부정하는 판례들은 배심 등 사실판단주체가 전문가인 감정인의 견해에 압도(impressive credential)되어 목격진술의 증명력을 적

---

78) Jones v. States, 208 S.E.2d 850(Ga. 1974); Dyas v. United States, 376 A. 2d 827 (D.C. App. 1977); United States v. Larkin, 978 F. 2d 964 (7th Cir. 1992); Unit[ed] States v. Langford, 802 F. 2d 1176 (9th Cir. 1986); People v. Hurley, 157 Cal. Rpt[r.] 364 (Cal. App. 1979); Moore v. Tate, 882 F. 2d 1107 (6th Cir. 1989); Jackson v. Ylst, 921 F. 2d 882 (9th Cir. 1990); Garth v. State, 536 So. 2d 173 (Ala. App. 1988); United States v. Smith, 122 F.3d 1355(11th Cir. 1997).

79) People v. kelly 631 N.Y.S. 2d 926 (N.Y. App. Div. 1995); United States v. Purham, 725 F. 2d 450 (8th Cir. 1984); United States v. Larkin, 978 F. 2d 964 (7th Cir. 1992); Johnson v. State, 393 So. 2d 1069 (Fla. 1980);United States v. Amarl, 488 F.2d 1148; United States v. Daniels, 64 F. 3d 311 (7th Cir. 1995); State v. Kemp, 507 A. 2d 1387 (Conn. 1986); People v. Anderson, 630 N.Y.S. 2d 77 (N.Y. App. Div. 1995).

80) United States v. Fosher, 590 F.2d 381, 384(1st Cir. 1979).

81) John C. Brigham·Adina W. Wasserman·Christian A. Meissner, op. cit., pp. 20－21.

82) State v. Chapple, 660 P. 2d 1208 (Ariz. 1983); People v. McDonald, 690 P. 2d 709(Cal. 1984).

절히 판단할 수 없다는 '증거가치' 대 '전문가 증언의 예단효과'(probative value vs. prejudicial effect of expert testimony)의 우려에 기인한다. 그러나 감정인은 배심 등 사실판단주체를 대신하는 것이 아니고 어디까지나 사실판단주체에게 적절한 판단, 고려요소에 대한 조언함으로써, 보다 합리적 판단이 가능하도록 하는 기능을 수행한다.[83]

　　이러한 비판을 배경으로, 미국판례도 80년대 이후에 들어서면서 감정인 진술에 대하여 개방적 태도를 취하기 시작하였는데, 대표적 사례로 State v. Chapple (1983) 사건을 들 수 있다. 동 사건에서 원심은 이른바 망각곡선, 지각 및 기억능력에 대한 스트레스, 사후정보 및 암시에 의한 기억혼동효과(unconscious transfer)나 목격증인의 확신도와 범인식별의 정확성 간, 상관관계에 대한 감정인 진술을 허용하지 않았다. 그러나 Arizona 주 대법원은, 감정인 진술의 증거능력 판단은 법원의 재량적 판단영역에 속하지만, 당해 감정인이 진술한 내용은 일반인인 배심이 판단하기에는 적절하지 않은 전문적 영역에 해당한다고 보아, 원심이 재량을 남용한 것으로 인정하여 파기하였다.[84]

　　이러한 변화는 연방법원 판례에서 관찰되는데, United States v. Downing (1985) 사건에서[85] 미연방대법원은 기억은 균등하게 감소하지 않고, 스트레스가

---

83) 감정인의 판단은 일반인의 판단영역 외의 전문적 영역에 속하는 것으로 본 판례로, United States v. Norwood, 939 F. Supp. 1132 (D.N.J. 1996); People v. Jackson, 210 Cal. Rptr. 680 (Cal. App. 1985), People v. Lewis, 520 N.Y.S. 2d 125 (N.Y. Co. Ct. 1987).

84) State v Chapple, 660 P. 2d 1208 (Ariz, 1983); 이러한 견해는 United States v. Jackson, 50 F.3d 1335(5th Cir. 1995) 및 McMullen v. State, 660 So. 2d 341(Fla. 1998)에서도 확인할 수 있고, California주 대법원도 People v. McDonald, 690 P. 2d 709(Cal. 1984)에서 유사하게 판단하였다; 반면, California주 대법원은 반대로 목격진술에 관한 감정인 진술의 허용성을 부정한 적도 있는데, 비록 목격진술의 신뢰성이 중요 쟁점이 되고 있지만, 목격진술이 범인식별을 위한 유일한 증거가 아니고, 목격진술이 범죄사실에 관한 여타 증거 등에 의하여 보강되고(corroborated by independent evidence of crime) 있다는 점을 고려할 때, 원심이 목격진술에 관한 감정인 진술의 허용성을 부정한 것은 재량을 일탈한 것으로 볼 수 없다고 판단하고, 상고를 기각하였다. People v. Sanders, 11 Cal. 4th 475, 905 P.2d 420, 46 Cal. Rptr. 2d 751(1995), cert. denied, 519 U.S. 838(1996).

85) United States v. Downing, 753 F.2d 1224(3rd Cir. 1985); United States v. Stevens(1991)사건에서도 연방항소심은 목격증인의 확신도와 범인식별의 정확성 간 상관관계는 일반인이 생각하는 것처럼 높지 않고, 대단히 낮다는 감정인 진술의 허용성을 부정한 원심판단을 지적하여, 파기한 바 있다. United States v. Stevens, 935 F.2d 1380(3rd Cir. 1991); 기타 유사한 취지의 판례로, United States v. Harris 995 F.2d 532, 535(4th Cir. 1993); United

인식의 부정확성을 야기하며 기억상기를 왜곡할 수 있는 점, 사후정보효과와 함께 공동상기에 의하여 무의식적으로 확신도만 높아질 수 있는 현상, 목격증인의 확신도와 범인식별의 정확성 간 상관관계의 부재 등에 관한 감정인 진술은 배심의 상식적 평가범위 외 문제임을 지적하고, 감정인 진술은 배심의 적절한 판단에 필요한 조력을 제공할 수 있다고 판시하였다.

이러한 변화에도 불구하고, 1993년 미연방대법원이 과학적 증거의 증거능력 판단기준으로 Daubert test를 제시한 이후, 감정인 진술의 증거능력을 부정하거나[86] 긍정하는 판례가[87] 혼재한다. 현재 미국판례는 여전히 증거능력을 부정하거나(per se exclusion or prohibitory view),[88] 하급심인 사실심의 재량적 판단에 일임(discretionary view),[89] 또는 목격진술을 보강할만한 여타 증거가 없는 상황에서 목격진술의 신빙성에 관한 감정인 진술의 증거능력을 부정하는 것은 사실심의 판단재량을 남용, 일탈한 것으로 파악하는(limited admissibility)[90] 3가지 유형으로 파악된다.

제 5 절   목격진술 관련 일본판례 등

목격진술에 의한 범인식별과 관련하여 일본의 형사재판실무 역시 목격진술

States v. Alexander, 816 F.2d 164, 167−68(5th Cir. 1987); United States v. Moore, 786 F.2d1308, 1312−13(5th Cir. 1986); United States v. Smith, 736 F.2d 1103, 1105−07(6thCir.), cert, denied, 469 U.S. 868(1984); People v. Enis, 139 Ill. 3d 264, 288−89, 564N.E.2d 1155, 1164−65(1990); People v. Beckford, 141 Misc. 2d 71, 72−77, 532 N.Y.S.2d 462, 462−65(Crim. Term 1988); People v. Brooks, 128 Misc. 2d 608,609−21, 490 N.Y.S.2d 692−694−702(Co. Ct. 1985);Nations v. State, 944 S.W.2d 795, 799(Tex. App. 1997) etc; 다만, 미국판례는 목격진술에 관한 감정인 진술의 증거능력을 부정하더라도 헌법위반은 아니라고 판단한다. Moore v. Tate, 882 F.2d 1107, 1109−11(6th Cir. 1989); Rodriguez v. Wainwright, 740 F.2d 884, 885(11th Cir. 1984), cert, denied, 469 U.S. 1113(1985).

86) United Satets v. Rincon, 28 F.3d 921(1994).
87) United States v. Norwood, 939 F. Supp. 1132(DN.J. 1996).
88) State v. Young, 35 So. 3d 1042, 1050(La. 2010).
89) State v. Cheatman, 81 P.2d 842(Wash. 2003).
90) State v. DuBray, 77 p.3d 247, 255(mont. 2004).

에 내재된 위험성을 인식하고 있다.[91] 일본판례를 통하여, 범인식별진술 확보 및 범인식별절차를 유형화하면, 대략 다음 5가지 유형으로 분류할 수 있다.

「① 제1유형: 범인식별 전 이미 경찰 등 수사기관이 피의자를 특정하고 있는 경우로, 이러한 경우에는 주로 사진에 의한 식별절차(photo spread)에 이어 단독면접(show-up)이 활용되고 있다.

② 제2유형: 목격자(주로 피해자) 등의 신고에 의하여 경찰의 긴급배치와 검문이 이루어지고, 그 과정에서 피의자를 확보하는 경우로서, 피해자 등과의 단독면접에 의하여 범인식별이 이루어진다.

③ 제3유형: 범인식별 전까지 경찰 등 수사기관이 피의자를 특정하고 있지 못한 경우에는, 사진에 의한 식별 및 단독면접에 의한 범인식별이 이루진다.

④ 제4유형: 목격자가 사후에 범인을 (우연히) 특정하여 경찰 등 수사기관에 신고하는 등에 의한 경우인데, 대체로 목격내용을 상당히 신뢰할 수 있다고 생각되고, 또 목격자 스스로 범인으로 인식한 사람을 특정한 경우이기 때문에 특별한 범인식별절차를 거치지 않으나, 목격으로부터 시간, 장소 등이 상당기간 이격되어 있는 등, 경우에 따라서는 사진에 의한 식별 또는 단독면접에 의한 범인식별절차가 이루어진다.」

1. 제1유형(범인식별 전 수사기관이 피의자를 특정한 경우)

1) 靜岡地裁沼律支判 昭和61·2·24 사건[92]

범인이 평소 거래가 많았던 주류업자에게 전화를 걸어 거래처인 민박집의 상호를 대고 맥주 50박스를 주문하여, 이를 외상으로 인도받은 후, 근처 다른 식당에 팔고 도주한 사안이다. 유력한 범인으로 위 민박집 내, 종업원들이 지목되었고, 민박집 주인의 진술 등에 기하여 처음에는 민박집 내, 매점에서 근무하는 종업원인 피고인 및 그와 같이 근무한 민박집 종업원 A가 함께 공모한 사건으로 파악하였으나, 피고인만이 기소되었다. 제1심은 범인에게 주문된 맥주를 넘긴

---

91) 小林充·香城敏鷹 編, 刑事事實認定(下) － 裁判例の綜合的研究 －(東京 : 判例タイムズ社, 1998), 5頁 以下.
92) 靜岡地裁沼律支判昭和61·2·24判時1184号165頁(下田丘ビール事件).

피해자 甲과 피해자의 모 乙, 주류공급업소의 종업원 丙 및 편취된 주류를 구입한 식당주인 丁의 목격진술에 바탕하여 피고인에게 유죄를 인정하였고, 이에 피고인이 항소를 포기하여 유죄가 확정되었다. 그러나 피고인은 형기만료 후 A가 범인임을 확인하고, 재심을 청구하였다.

静岡地方裁判所는 원심 주요 목격증인들의 신빙성과 관련하여, 먼저 甲, 乙, 丙의 경우, 평소 거래가 많았던 거래처로부터의 주문에 대하여 특별한 의심 없이 외상주문에 응함으로써, 주의깊게 범인을 관찰하는 것이 어려웠고, 위 3인의 목격증인 및 丁의 증언 모두 범행 후 7개월이 지난 시점에서 단독면접에 의한 범인식별이 이루어졌으며, 그에 앞서 실시된 사진에 의한 식별절차 역시 범행 후 35일이 지난 상태에서 총 6매의 사진을 사용하여 실시되었을 뿐만 아니라 진범임을 다투던 A의 사진은 포함되지 않았고, 목격자들의 진술은 피고인의 얼굴윤곽이 범인과 유사하다거나 단지 직관적으로 범인으로 단정된다는 취지의 발언에 불과하며, 특히 丁은 사진식별에서 앞서 범인의 체격이 좋았다고 진술한 바 있는데, 사진면접을 담당한 경찰관이 종업원들 중, 체격이 좋은 사람은 피고인 밖에 없다고 발언한 적이 있는 등 그 절차가 대단히 암시적이어서, 이러한 사진식별결과가 이후 실시된 단독식별에도 영향을 주었다는 점을 인정하고, 피고인을 무죄로 판단하였다.

2) 橫浜地判 平元·12·21사건[93]

범인이 자동차로 여아인 甲을 유괴하여 강제추행을 한 사안인데, 다른 아동에 대한 강제추행사건으로 체포된 피고인이 여죄를 추궁받는 과정에서 위 사안에 대하여 자백하자, 경찰은 사건이 발생한 지역의 인근 소학교 학생들을 대상으로 피고인의 사진을 제시하며 식별을 의뢰하여, 甲이 피고인을 범인으로 식별한 사례이다. 제1심인 橫浜地方裁判所는 甲(사건당시 7세)의 목격진술에 대하여, 사건 후 4개월 이상 경과하여 이루어진 목격진술로서, 피해자가 총 7회에 걸친 조사과정에서 2회까지는 피해사실을 부인하다가 3회째부터 피해사실을 인정하였으나, 범인에 대한 묘사는 극히 모호하고, 이후 실시된 피고인을 포함한 복수

---

93) 橫浜地判平元·12·21判時1356号156頁(橫浜西區强制わいせつ事件).

인물로 구성된 사진에 의한 범인식별과정에서도 피고인을 범인으로 특정할 수 없었으며, 단지 공판과정에서 피고인과의 단독면접을 통해 범인으로 피고인을 지목한 것인데, 甲이 피암시성이 강한 아동이고, 수회에 걸친 참고인조사과정을 통해 범인에 대한 사전지식과 암시를 받았다고 인정되며, 공판정에서의 범인식별에 앞서 이루어진 범인묘사진술도 극히 모호하여 신뢰할 수 없다며 무죄로 판단하였다.

3) 浦和地判 平成2·3·28사건[94]

주차 중인 차에서 현금이 들어있는 가방이 도난된 사안으로, 근처에 살고 있던 주부 甲이 우연히 범행을 목격하였다. 피고인은 별건으로 체포되어 조사를 받던 중, 그의 소지품 중에서 본건의 피해품으로 추정되는 물건을 소지한 것이 밝혀져 본건 도난사건에 대하여도 수사가 이루어지게 되었고, 이후 목격진술 등 추가증거를 토대로 공소가 제기되었다.

浦和地方裁判所는 甲의 최초 진술까지는 30일, 사진 및 단독면접에 의한 범인식별이 이루어지기까지는 약 40일이 경과하였는데, 총 5매의 인물사진이 사용된 사진에 의한 식별절차에서, 피고인만이 두드러진 용모를 갖고 있는 형태로 사진철이 편성되었고, 경찰관이 甲에게 피고인이 범인으로 체포되어 있는 상태라고 언급하였으며, 甲의 진술은 범인인지는 잘 모르지만 두발상태나 분위기가 비슷하다는 데에 그쳤고, 이후 단독면접에서 역시 경찰관이 피고인이 범인이고 증거도 있다고 甲에게 고지한 점, 나아가 공판정에서도 甲은 피고인과 범인의 동일여부 판단요구에 대하여 지금으로서는 생각나지 않는다고 하면서, 사진식별이나 단독면접에서도 두발상태나 분위기가 비슷하다고 했을 뿐, 한번도 피고인을 범인으로 지목하지는 않았다고 말한 점을 고려하여, 피고인과 범인의 동일성을 부정하고, 무죄로 판단하였다.

4) 東京高判 平成7·3·30사건[95]

동일한 범인으로부터 절도(소매치기)미수 및 협박까지 받은 사례에서 피해

---

94) 浦和地判平成2·3·28判時1359号153頁(岩槻竊盜事件).
95) 東京高判平成7·3·30判時1535号138頁(半藏門線電車內竊盜未遂脅迫事件).

자 겸 목격자에 의한 목격진술의 신뢰성이 부정된 특이한 예이다. 사안은 다음
과 같다. 대학생인 피해자 甲은 학교써클 모임에 참석하여, 술을 마신 후, 귀가
하는 전철 좌석에서 잠시 수면을 취하다가 누군가 자신의 몸을 더듬는 듯한 느
낌이 들어 깨어보니, 얼굴이 원숭이처럼 생긴 남자와 다른 1인이 앞서 가는 것
을 보았다. 이윽고 종점에 도착하여 옆 좌석에 있는 다른 사람의 가방지퍼가 열
려있는 것을 본 후, 이들을 뒤따라가 승강장에서 2, 3분간 실랑이를 벌였으나,
범행을 부인하는 이들을 그대로 놓아 보냈다. 약 한 달 뒤, 역시 귀가 길에 같
은 전철역에서 하차하였는데, 이때 2인의 남자가 甲을 불러 세우고 화장실까지
끌고 가, 이들의 얼굴을 보니, 한 사람은 위 소매치기범인이고 다른 사람은 그
때 보았던 원숭이처럼 생긴 남자였으며, 그들은 甲에게 칼을 꺼내들고 협박하
였다. 이후 甲은 곧바로 인근 파출소로 가서 위 소매치기 및 협박사건에 대하여
피해신고를 하였다. 甲은 이 사건 이전이나 이후에도 이들 범인을 목격한 일이
있었다.

경찰은 전철역사 부근에서 소매치기 현행범으로 체포한 피고인들을 상대로
여죄를 수사하던 중, 이들이 위 피해신고사건과 관련이 있는 것으로 판단하고,
甲에 의한 범인식별과정을 거쳤다. 이들은 기소되어 제1심은 유죄판단을 하였으
나, 피고인 측이 항소하였다. 항소심인 東京高等裁判所는 목격자의 목격조건과
관련하여, 소매치기 사건에 대하여 음주 및 가면 중으로 관찰능력이 저하되어
있었고, 협박사건에서도 역시 음주 후로, 협박에 의한 공포감 등에 의하여 관찰
능력의 손상이나 저하가 인정되는 점, 그리고 사진식별절차에서 총 11매의 사진
중, 피고인만이 색안경을 끼고 있는 등 독특한 용모였고, 이후 실시된 단독면접
에 앞서 적절치 못한 사진식별의 영향을 받아 선입견에 의한 결과로 의심할 수
있으며, 피해자의 범인들에 대한 최초 진술내용이 범인을 충분히 특정할 수 있
을 만큼 특징적인 내용은 아니었다는 점에서 그 관찰 및 기억의 정확성에 의문
이 있다고 보아, 원심을 파기하고, 무죄를 선고하였다.

2. 제 2 유형(목격자의 신고에 의해 피의자를 확보하는 경우)

1) 東京高判 昭和60·4·30사건[96]

피해자 甲은 자신의 아파트 욕실에서 목욕을 하던 중 창문을 통해 엿보는 범인을 발견하였고, 범인이 그대로 도주하자 즉시 경찰에 신고하였다. 신고를 받은 경찰은 주변을 순찰하다가, 현장에서 250미터 떨어진 곳에서 甲이 묘사한 범인과 유사한 인상착의의 남자가 배회하고 있는 것을 발견하고, 불심검문을 통해 甲의 아파트까지 임의동행하여 단독면접을 실시한 후, 피고인을 체포하였다. 피고인은 처음에는 범행을 부인하였으나, 벌금 1만엔의 약식절차로 종결될 것이라는 경찰관의 설명을 들은 후 자백하고, 약식절차를 거쳐 다음 날 석방되었으나, 곧 정식재판을 제기하여 사안을 다투었다.

東京高等裁判所는 甲이 범인을 관찰한 시간이 4, 5초의 극히 짧은 순간이고, 한밤중에 작은 채광창을 통해 범인의 일부분밖에 관찰할 수 없었으며, 甲의 나안시력이 0.1정도로서, 범인을 이전에 본 일도 없었다는 점 등을 들어 목격조건이 극히 양호하지 못한 점, 단독면접 전, 경찰관으로부터 범인을 체포하였고, 자백하였으며, 인상착의도 유사하다고 말하는 것을 들었고, 식별 시에도 확실히 잘 모르겠다고 말한 점 등에서 그 신빙성이 의문스럽다고 보아, 무죄로 판단하였다.[97]

2) 大阪高判 平成4·2·28사건[98]

피해자가 평소 콘택트렌즈를 착용하는데, 본건 범행당시 이를 착용하지 않

96) 東京高判昭和60·4·30判時1262号143頁(目黒區住居侵入のぞき事件).
97) 범인 등의 목격(관찰)조건과 관련하여, 東京地判昭和50·3·7判タ321号22頁은 심야의 학교 체육관에서 일순간 범인을 목격한 경우에 대하여, 大阪高判昭和60·3·29判タ556 号204頁은 범인이 동일한 복장을 하고 야구모자를 눌러써 정확한 관찰이 어려웠던 상황과 관련하여, 葛城簡判平成5·11·19判タ860号301頁은 심야에 침실에서 취침 중 깨어 여명상태에서 수초간 범인을 관찰한 사안에 대하여, 熊本地判平成6·3·9判タ 873292頁에서는 심야에 인기척 소리에 깨어 누구냐고 묻자 도주하는 절도범을 추적한 사안에 대하여 각기 그 목격조건이 양호하지 않다고 판단, 목격진술의 신뢰성을 부정한 바 있다. 반면, 東京地判平成5·12·7判タ849号246頁은 High-jacking 사건에서 범인을 목격한 승무원의 목격진술에 대하여 그 시도조건, 거리, 목격횟수, 목격자의 위치와 입장을 고려하여 그 목격조건이 양호하다고 인정하고 목격진술의 신뢰성을 긍정한 예가 있다.
98) 大阪高判平成4·2·28判時1470号154頁(大阪住居侵入强姦事件).

앉고, 0.03의 시력조건으로 취침 중이었던 점, 강간범행이라는 충격적인 체험에 바탕한 스트레스하에서 범인을 목격한 점 등 그 목격조건이 양호하지 못하였고, 신고 후 불심검문 및 임의동행을 통해 피해자에게 단독면접을 실시하는 과정에서, 범인으로 여겨지는 사람을 체포하였다고 고지한 점 등에 비추어 목격진술의 신빙성에 의문이 제기된 사례다.[99]

3. 제 3 유형(범인식별 전까지 수사기관이 피의자를 특정하지 못한 경우)

1) 札幌高判 昭和58·3·28사건[100]

札幌市의 한 호텔에 투숙한 70세의 피해남성 甲이 동침한 여성으로부터 10만엔을 절취당한 사안이다. 경찰은 신고접수 후, 부근에서 소매치기 및 매춘 전과자들을 대상으로 수사를 개시하여 피의자를 특정하려 하였고, 범인을 묘사한 甲의 최초 진술을 바탕으로 몽타주를 작성한 뒤, 사건발생으로부터 2개월쯤 지나, 모두 매춘전과가 있는 몽타주와 유사한 용모를 가진 35~40세의 여성으로 구성된 8매의 사진철을 甲에게 제시하였다. 甲은 사진에 의한 식별과정에서 자신이 선별한 사진에 대하여 명확히 범인이라고 할 수는 없지만, 범인과 유사하다는 진술을 하였고, 이후, 단독면접절차를 거쳐 동인이 범인으로 판단되어 기소되었다.

항소심인 札幌高等裁判所는 먼저 목격자가 70세의 고령이고, 범행당시 취중으로 충분한 주의력을 갖고 범인을 목격하였다고 인정하기 어렵고, 사진 및 단독면접에 의한 식별과정에서 경찰관으로부터 암시적인 지시를 받은 점이 인정되며, 자신의 식별결과에 대하여도 확신을 갖지 못한 점, 최초 사진식별에 사용

---

99) 범행목격상황이 일종의 스트레스효과를 가져와 당해 목격자의 관찰이나 기억능력을 저하시킴으로써 동 진술의 신뢰성에 의문을 제기할 수 있다는 점은 다수의 판례를 통해 지적되고 있다. 三井誠, "被害者による犯人識別供述の信用性", 平成13年度 重要 判例解說 ジュリスト 臨時增刊 No.1224, 2002, 198-199頁; 그러나, 일본 판례에서는 반대로 범행목격의 비일상성에 착안하여 그 기억의 강렬함 등을 이유로 신빙성을 긍정한 예도 상당수 있다. 福岡高判昭和52·6·16判時866号190頁, 大阪地判昭和54·6·4刑裁月報2卷6号539頁, 東京高判昭和60·6·26判タ564号288頁等 참조.

100) 札幌高判昭和58·3·28判タ496号172頁(札幌ホテル內竊盜事件).

된 사진철의 구성도 단지 유사한 전과를 갖고 있는 자 중에서 몽타주 등과 대조하여 임의로 편성한 것에 불과하여 그중에 유력한 용의선상의 인물이 포함되어 있는지도 의문인 점, 피해자가 제1심 및 항소심에서의 목격경위 및 범행발생 당시의 각종 정황에 대하여 설명한 진술에 일관성이 부족한 점 등을 들어, 원심을 파기하고 무죄로 판단하였다.

2) 東京高判 平成6·12·2사건101)

1984년 9월 19일 東京都 千代田區 자민당본부의 자유민주회관에 화염병을 투척하여 화재가 발생한 사건으로, 화염병은 부근 중국음식점 앞 도로에 주차된 냉동탑차형 트럭에서 투척된 것으로 확인되었다. 투척 후 5, 6명의 범인들은 동 차량에서 이탈하여, 다른 곳에 대기하고 있던 차량을 타고 도주하였다.

증인으로는 부근 파출소에서 근무 중, 사건발생 전에 도주차량 조수석에 탑승한 자를 목격한 경찰관 甲과, 사건발생 전, 범인들에게 화염병 투척기 제조에 필요한 압력조정기 등을 판매한 부품회사의 직원인 乙, 丙이 있었고, 이들은 사건을 담당한 경시청의 지리감 수사와 유류품 수사과정에서 확인되었다. 이외에도 범행을 직접 실행한 자들을 목격한 목격자가 더 있었지만, 모두 범인의 용모를 특정할 수 없어, 위 3인을 제외한 나머지 목격자는 범인식별에 있어 유효하지 못하였다.

제1심 및 항소심은, 먼저 목격자 甲에 대하여, 7~8초 정도의 극히 짧은 시간 동안 목격하였고 조수석 인물의 옆얼굴만을 관찰하는 등, 그 목격 조건이 제한적이고 양호하지 못한 점, 범행과 무관한 일상업무 중 관찰로, 특별한 주의를 기울이지 않았고 따라서 차량번호를 기억하지 못한 점, 사건발생으로부터 최초 진술까지 12일, 사진 및 단독면접까지 각 17일 등, 총 7개월 반 정도가 걸린 점, 사진식별과정에서 70매의 사진 중 피고인의 사진 3장이 포함되었고, 그 결과도 "목격한 인물과 똑같다, 특징이 없는 얼굴인 점이 바로 특징이다."라는 모호한 표현이었고, 이후 사건보도와 관련하여 이미 사진이 언론을 통해 보도되었으며, 단독면접과정에서 "범인의 얼굴이 넓었다."고 새롭게 기억해내는 등 묘사의 일

---

101) 東京高判平成6·12·2判時1553号25頁(自民黨本部放火事件).

관성에 다소 문제가 있는 점 등을 지적하며 그 진술의 신빙성을 부정하였다. 아울러 나머지 2인의 목격증인에 대하여도 유사한 판단을 통해 그 진술의 신빙성을 부정하였다.[102]

3) 名高屋地判 昭和62·12·18사건[103]

승차거부를 이유로 신호대기중인 택시운전사에게 폭행을 가한 사건으로, 경찰이 택시운전사의 목격진술을 청취한 후, 주로 폭력단 관계자로 구성된 20매의 사진식별 및 단독면접에 의하여 범인식별이 이루어졌다. 名古屋地方裁判所는 목격시간이 극히 단시간이고 폭행 중의 목적으로 관찰조건이 좋지 않으며, 사진식별 및 단독식별까지의 기간도 각 4개월, 1년으로 상당히 장기간이었던 점, 사진식별에 사용된 사진철의 구성 등에서 반드시 그 안에 범인일 가능성이 높은 인물이 포함되어 있다고 할 수 없고, 폭력단 관계자가 전부 망라된 것도 아니어서 적절치 못하였던 점, 단독면접 결과도 위 사진식별의 영향에 의하여 이루어진 것으로 의문을 제기할 여지가 있는 점 등에서 그 신빙성이 의심스럽다고 판단하였다.

4. 제 4 유형(목격자가 사후에 범인을 우연히 특정한 경우)

1) 大阪高判 平成3·2·15사건[104]

피해자 甲은 역 구내 엘리베이터 안에서 소매치기를 당하였는데, 이를 甲 및 동반자 乙, 같은 탑승객 丙이 목격하였다. 범인은 엘리베이터가 정지한 후, 바로 도주하였고, 위 3인은 범인을 추격하였으나 곧 놓쳐버렸고, 얼마 뒤, 지하철 개찰구 부근에서 걸어가고 있는 A를 범인으로 인식하여 경찰서로 연행하였다. 경찰은 신고를 접수하고 A를 피의자로 특정하였고, A는 곧바로 범행을 자백하였다.

항소심인 大阪高等裁判所는 위 목격증인의 진술에 대하여, 모두 순간적인

---

102) 이와 반대로, 범행현장을 목격한 경우가 아니라도, 福岡高判昭和52·6·16判時866号190頁이나 大阪地判昭和63·10·25判時1304号55頁과 같이 당해 범인 등을 의도적으로 관찰한 경우에 목격진술의 신뢰성이 긍정된 예도 있다.
103) 名高屋地判昭和62·12·18判時1262号143頁(名高屋タクシー運轉手暴行事件).
104) 大阪高判平成3·2·15判時1377호138頁(梅田驛構內スリ事件).

범행상황에서의 관찰로서, 주의력이 그다지 높다고 인정되지 않는 상태였고, 범인의 옆 또는 후측방에서 관찰하여 그 관찰조건이 좋지 않았으며, 甲, 乙의 경우 소매치기가 일어날 당시 아무것도 감지하지 못하였고, 丙의 진술내용도 범인에 관한 특별한 인상을 갖고 있지 못한 점 등에서 각기 그 신뢰성에 의문의 여지가 있다고 판단하였다. 이러한 판단은 경찰수사과정에의 피고인 자백(공판과정에 자백을 번복, 부인하였다)의 신빙성 판단에도 영향을 주어(자백획득과정에서 경찰관의 위협이 있었고, 회사출장 후 돌아가던 길에 소매치기 범인으로 지목되어 몹시 당황하였으며, 목격자들이 범인으로 지목하고 연행하는 과정에서 폭력을 행사한 점 등의 상황 역시 고려되었다), 결국 무죄로 판단되었다.

2) 最判 昭和58·10·6사건[105]

데모행진에 참가한 일원이 이를 규제하고 있던 경찰관을 1회 걷어 차, 폭행을 가한 사안인데, 폭행을 당한 경찰관을 포함하여, 이를 직접 목격한 경찰관 및 위 폭행행위를 추인하는 사후행동을 목격한 경찰관 2인 등 총 4인의 목격진술에 대한 신뢰성이 다투어진 사례이다.

상고심인 최고재판소는 일반인에 비하여 훈련된 목격자인 경찰관의 진술에 대하여 우월적 가치를 부여하는 데 신중한 태도를 보이며, 위 4명의 경찰관들에 의한 범인식별진술을 신뢰할 수 없다고 판시하여 무죄로 판단하였다.

5. 제5유형(안면이 있는 인물을 범인으로 특정한 사례)

대표적으로 最判 平元·10·26 사건을 들 수 있다.[106] 맨션 계단 근처에서 당시 소학교 4학년생인 여아 甲이 영어교사를 가장한 외국인 풍의 남자에게 강제추행을 당한 사건이다. 목격자로는 甲외에, 위 맨션 관리인 乙이 있었는데, 그는 사건 당일 범인으로 지목된 A와 피해자 甲이 사건현장 부근에서 대화를 나누고 있던 것을 목격하였고, 사건 발생 3일 후, 甲의 모친으로부터 사건 소식을 듣고 같은 맨션에 살고 있는 A(일본인 모친과 미국인 부친 사이의 혼혈인 남성)를

---

105) 最判昭和58·10·6判時1097号137頁(デモ行進公務執行妨害事件)
106) 最判平元·10·26判時1331号145頁(板橋強制わいせつ事件).

범인으로 판단하여 경찰에 신고하였다. A는 경찰에 임의동행되어 목격자인 甲, 乙과의 식별절차를 거쳐 긴급체포되었고, 기소 전에 범행일체를 자백하였다. 제1심은 무죄로, 항소심은 다시 원심파기 및 유죄로 판단하였고, 피고인이 상고하여 사안은 최고재판소의 판단대상이 되었다.

　　이 사건에서 범인식별경위를 살펴보면, 甲은 사건발생 이틀 뒤, 학교친구에게 이 사건에 관하여 이야기를 하다가, 친구들로부터 그 외국인 풍의 남자를 보았거나, 엘리베이터 안까지 따라왔다는 등의 이야기를 듣게 되었고, 이러한 이야기가 학생들 사이에서 화제가 되어, 교사까지 듣게 되었다. 다음 날 교사가 甲의 모친에게 이 사실을 전해주고, 같은 맨션에 살고 있는 외국인 풍의 남자가 범인이라 사실도 전해 듣게 되었다. 이후, 甲은 모친과 대화 끝에 피해사실을 고백하였으며, 甲의 모친은 관리인 乙에게 말하고, 乙은 외국인 풍의 남자라면 맨션 내에서 A외에는 없다고 말하여, 그를 범인으로 특정하고 경찰에 신고한 것이다. 특히, 乙은 사건 당일, 범인과 피해자 甲이 같이 있던 것을 목격하였고, 범인과 잠시 대화까지 나누었다(이 사실은 신고 당시에는 경찰에 통보하지 않았다).

　　최고재판소는 甲의 진술에 대하여, 甲은 소학교 4학년인 아동으로 지각 및 기억능력이 성인에 비하여 미숙하고 암시에 보다 취약하다는 점을 들어, 그 진술의 신뢰성 판단에 보다 신중을 다하여야 한다고 전제하면서,[107] A를 평소 2~3번 정도 본 것에 불과하여 같은 맨션 내 주민인 점도 모르고 있었고, 최초진술에서는 범인을 단지 외국인 풍의 남자로 묘사하고 있었음에 불과한데, 학교친구들과의 대화를 통해 영향을 받아 친구들 사이에서 거론된 A를 범인과 동일인으로 지목하게 된 것은 아닌가라는 의문을 제기하였다. 또한 맨션관리인 乙의 진술에 대하여도 그가 직접 범행장면을 목격한 것은 아니고 단지 甲이 범인으로 추정되는 자와 함께 있던 것을 본 것에 불과하며, 그 자와 대화까지 나누었다고 하였으나, 대화 중 "영어를 가르치러 ○○집에 왔는데, 그런 사람이 있는가?"라는 질문에 "그런 사람은 없다, 여기는 영어를 가르치는 곳이 아니다, 무단으로 그렇게 한다면 관내방송을 하겠다."라고 답하자 그 자가 나갔다는 점을 지적하면서, 위 대화내용으로 볼 때, 범인으로 추정되는 대화상대방을 A로 보기도 의문

---

107) 福岡高判昭和50·10·16判時817号120頁 및 橫浜地判平成元·12·21判時1356号156頁 등에서도 유사한 태도가 확인된다.

이며, 오히려 위 사실과 乙이 경찰에 최초 신고 시, 위 대화사실을 말하지 않았던 것은 목격시점에서 피고인 A를 범인으로 식별하지 않았다고 봄이 합리적으로 판단된다고 보아, 乙의 목격진술 역시 신뢰할 수 없다며, 원심을 파기하고, 무죄로 판단하였다. 결국, 범인식별에 있어서 기지성이 긍정적인 면에서 큰 영향을 주지 못하였다고 하겠다.108)

아울러, 본 사건의 수사단계에서 사진식별이 활용되지 않았고, 목격자에 의한 단독면접이 범인식별절차로 활용되었는데, 최고재판소는 위 단독면접절차에 대하여, 가장 암시성이 강한 식별절차가 취해졌던 점, 피해자 甲 등에 대한 거듭된 참고인 조사과정을 통해 피고인 A에 대한 부당한 암시가 영향을 줄 수 있었다는 것을 배제할 수 없다는 점 등을 당해 범인식별 진술의 신빙성을 부정한 주요 요인의 하나로 들고 있다.

제6절 목격진술 관련 한국판례 등

목격진술과 관련한 한국판례는 범인식별을 위한 목격진술의 획득절차상의 문제점이 지적되거나, 주로 참고인인 진술자에 대한 조사과정에서 반복적 조사와 수사정보에 대한 사전 접촉으로 암시효과 내지 간섭현상의 개재가 우려되는 유형으로 구분할 수 있다.

1. 범인식별절차의 문제점이 지적된 사례109)

먼저, 사안을 살펴보면 다음과 같다. 메스암페타민 판매혐의로 구속된 甲은

---

108) 기지성에 바탕한 범인관찰과 관련하여 목격진술의 신뢰성을 긍정한 예로, 最決昭和53·7·3判夕364号190頁 및 大阪高判平成·3·12判夕802号233頁 등이 있다. 그러나 기지성이 반드시 범인식별진술의 신빙성 판단에 긍정적으로 고려되는 것은 아니다. 德島地判昭和47·6·2刑裁月報4卷6号1113頁에서와 같이 '이전에 본적이 있다.'든가, 東京地判昭和50·3·7判夕321号22頁에서와 같이, '얼굴은 알지만 친하지는 않았다.' 등의 예에서는 범인식별진술의 신빙성이 부정된 바 있다.

109) 대법원 2004. 2. 27. 선고 2003도7033판결.

수사관으로부터 여죄를 추궁받던 중, 공소외 乙의 부탁을 받고 메스암페타민(필로폰)을 구입하기 위해 공소 외 丙을 통하여 판매업자 성불상 '천'(丁)의 핸드폰 연락처를 알게 되었고, 丁과 접촉하여 400만원에 필로폰 100그램을 넘겨받았다고 자백하였다. 수사관은 위 핸드폰 전화번호를 추적하여 소유자의 인적사항을 확인(이름이 'ㅇㅇ천'이라는 점을 파악)한 뒤, 주민등록원부상의 사진을 입수하여 이를 甲에게 제시하였고, 甲은 자신이 접촉했던 인물과 동일인이라고 답변하였고, 위 사진 속의 인물인 피고인 丁은 필로폰 판매혐의로 기소되었다. 甲은 공소장 기재 일시, 장소에서 '성불상 천'으로부터 이 사건 메스암페타민을 구입한 사실은 인정하면서도, '성불상 천'은 피고인과는 다른 사람이라고 진술을 번복하였는데, 제1회 피의자신문 시에는 '성불상 천'의 인적사항에 대하여 정확히 몰랐고, 당시 상황이 너무 혼란스러웠는데, 수사관들이 핸드폰번호를 추적한 후 피고인의 이름을 대자, '성불상 천'의 이름 끝 자가 동일하여 자세히 확인해 보지도 않고 위와 같이 진술하였다고 진술번복의 이유를 설명하였으며, 피고인 丁 역시 일관되게 자신은 범인이 아니라고 주장하였다.

이에 대하여 대법원은 결론적으로 피고인 丁의 전화사용기록 등 여타 객관적 정황 등을 고려할 때, 甲의 진술에 신빙성을 긍정할 수 있어, 피고인과 범인이 동일인임을 인정할 수 있다고 하면서도, 甲에 의한 범인식별진술을 확보하는 과정에서, 특정인물을 범인으로 지목하여 동일인의 사진만에 의하여 범인식별진술을 받아내고, 핸드폰번호 추적결과 등 수사정보를 甲에게 노출시켜 암시효과를 유발하는 등 그 신빙성에 의문이 야기될 수 있는 많은 절차상 문제점이 있었음을 지적하였다.

「용의자의 인상착의 등에 의한 범인식별 절차에 있어 용의자 한 사람을 단독으로 목격자와 대질시키거나 용의자의 사진 한 장만을 목격자에게 제시하여 범인 여부를 확인하게 하는 것은 사람의 기억력의 한계 및 부정확성과 구체적인 상황하에서 용의자나 그 사진상의 인물이 범인으로 의심받고 있다는 무의식적 암시를 목격자에게 줄 수 있는 가능성으로 인하여, 그러한 방식에 의한 범인식별절차에서의 목격자의 진술은 그 용의자가 종전에 피해자와 안면이 있는 사람이라든가 피해자의 진술 외에도 그 용의자를 범인으로 의심할 만한 다른 정황이 존재한다든가 하는 등의 부가적인 사정이 없는 한 그 신빙성이 낮다고 보아야 할 것이다(대법원 2001. 2. 9. 선고 2000도4946 판결 참조). 이와 같은 점에서 볼 때, 범인식별 절차에 있어 목격자의 진술의 신빙성을 높게 평가할 수 있게 하려면, 범인의 인상착의 등에 관한 목격자의 진술 내지 묘사를 사전에 상세히 기록화한 다음, '용의자를 포함하여 그와 인상착의가 비슷한 여러 사람을 동시에 목격자와 대면시켜 범인을 지목하도록 하여야 하고, 용의자와 목격자 및 비교대상자들이 상호 사전에 접촉하지 못하도록 하여야 하며, 사후에 증거가치를 평가할 수 있도록 대질 과정과 결과를 문자와 사진 등으로 서면화하는 등의 조치를 취하여야 할 것이고, 사진제시에 의한 범인식별 절차에 있어서도 기본적으로 이러한 원칙에 따라야 할 것이다.」

대법원은, 먼저 범인식별진술을 확보하는 방법에 관하여, 복수면접법(line-up)을 우선적으로 진행하고, 이것이 불가능한 경우에 한하여 사진식별, 단독면접 등의 방법으로 이행할 것을 주문하고 있다. 특히 단독면접에 대하여는 범인에 대한 기지성이나 목격자의 범인식별진술 이외에도, 범인과 피고인의 동일여부를 확인할 수 있는 객관적 증거가 있는 예외적 경우를 제외하고는, 신빙성이 낮다고 평가하고 있다. 또한 식별절차에 앞서, 범인식별에 관한 목격자의 최초진술 내지 묘사를 서면으로 기록하고 이후, 식별절차 이행에 따른 결과와 대조함으로써, 식별절차진행과정에서 야기될 수 있는 암시효과를 사후적으로 점검할 수 있도록 할 것도 요구하고 있다. 아울러 식별절차의 구체적 진행방법으로 첫째, 대상인원의 선별시 용의자와 유사한 조건을 구비할 것, 둘째, 동시적 제시절차에 의할 것, 셋째, 용의자 및 식별절차에 참여한 대상인원과 목격자 간에 접촉을 금지할 것, 넷째 식별절차의 전 과정을 기록하여 사후적 점검이 가능하도록 할 것을 들고 있다.[110]

---

110) 동일한 취지의 판례로 광주지법 2004. 12. 2. 선고 2004고합330판결; 서울중앙지법. 2004. 10. 6. 선고 2004고합538판결; 인천지법 2005. 2. 18. 선고 2004고단5297 판결 등.; 하급심 판례 중 대표적인 사례로서 울산지법 2004. 12. 1. 선고 2003고단3665 판결을 살펴보면 다음과 같다. "…목격자의 기억은 목격 이후 용의자를 대면할 때까지의 사이에 새로운 정보에 의하여 목격 당시의 기억이 대체·수정되어(이른바 '기억의 간섭' 현상) 목격자가 최초에 목격한 기억과 전혀 다른 내용으로 기억이 왜곡되는 경우가 많으므로, 목격자가 용의자를 대면하여 범인인지 여부를 확인하기까지 사이에 범인의 인상에 관한 새로운 정

이러한 대법원 판례에서, 기존에 범인식별을 위한 목격진술의 확보방법으로 주로 단독면접(showup)이 활용되었고 즉각적 대질이 불가능한 경우에 사진식별이 사용되기도 하지만, 이 경우도 용의자의 사진만을 제시함으로써 단독면접과 본질적으로 다를 바 없이 진행된 것으로 추정해볼 수 있다. 또한 목격자의 최초 범인식별진술에 대한 기록 등 보존조치나 식별절차의 진행과정에 대한 기록조치

보를 받아들인 사실이 있는지 여부도 목격자 진술의 신빙성을 판단하는 데 중요한 요소로 작용된다 할 것이다. 이러한 관점에서 공소외인 이 자신이 범죄 현장에서 목격한 범인과 피고인이 동일한 인물이라고 확인을 한 경위를 살펴보면, ① 피고인의 사진 및 실물을 통하여 이루어진 공소외인에 의한 두 번의 범인식별진술은 모두 범인식별 절차에서 신빙성을 높이기 위하여 준수되어야 할 위와 같은 절차를 제대로 지키지 못하였을 뿐만 아니라, ② 사진을 통한 범인식별 진술은, 만 7세의 초등학교 2학년생인 공소외인이 많은 사람이 왕래하는 시장에서 짧은 시간 동안 생면부지의 범인을 처음으로 보았으며 피고인과도 이 사건 이전에는 안면이 없었던 점, 피고인이 이전에도 두 번에 걸쳐 이 사건 공소사실과 동일한 수법의 범행으로 경찰관 김효석의 조사를 받은 바 있는데, 김효석은 이 사건의 범행 수법이 피고인의 종전 범행과 동일한 수법이고 범인의 머리가 노랗고 키가 크다는 피해자 및 공소외인의 진술을 듣고는 피고인이 범인일 것이라는 예단을 가지고, 피고인의 이 사건 당일 행적이나 피해품의 소지여부 등에 관하여는 아무런 조사를 하지 아니 한 상태에서 공소외인에게 위 '용의자 사진첩'에서 피고인의 사진을 제시하고 피고인이 범인이 맞는지를 확인하려 한 점, 공소외인이 위 사진 속의 인물이 고개를 숙이고 있으며 범인의 머리와는 길이와 색깔이 달라 잘 모르겠다고 하는데도 다시 위 '용의자 사진첩'에서 피고인의 사진을 보여 주어 공소외인으로부터 맞는 것 같다는 진술을 받아 낸 점, 당시 범인을 직접 목격한 바 없는 피해자가 옆에서 피고인이 범인임에 틀림없다는 진술을 한 점 등 그 식별 절차 이전 및 당시의 과정에 비추어 볼 때, 제시된 사진상의 인물이 공소외인이 목격한 범인일 가능성이 있다는 암시가 주어졌을 개연성이 높다 할 것이며, ③ 범인식별실에서의 실물을 통한 범인식별 진술은, 경찰이 그로부터 23일이 지나 피고인을 긴급체포하여 범인 식별실에 혼자 들어가 있게 하고 공소외인으로 하여금 피고인을 대면하게 하고 피고인이 범인이 맞느냐는 질문을 함으로써 앞서 본 바와 같은 암시가 주어진 상태에서 이루어졌을 개연성이 크다고 볼 것이며, 공소외인이 이전에 이미 피고인의 사진을 보고 범인이라고 확인을 한데다 그 이후 피해자와 범인의 인상에 관하여 반복적으로 대화를 하는 과정에서 (피해자의 진술에 의하면, 실제로 공소외인과 범인의 인상에 관하여 반복하여 대화를 하였다고 한다) 당초 목격한 범인의 용모 등에 관한 기억을 사진 속의 인물의 용모와 일치되는 방향으로 무의식적으로 대체 내지 수정시키는 이른바 '기억의 간섭' 현상이 일어났을 가능성도 크다 할 것이므로, 공소외인이 목격하였다는 범인의 머리 색깔 및 길이, 신장 등이 앞서 본 바와 같이 피고인의 그것과 대체로 유사하다고 볼 여지가 있음에도 불구하고, 피고인의 사진 및 실물을 통한 범인식별 절차에서 공소외인의 각 진술이나 같은 내용을 반복하는 공소외인의 그 이후의 진술은 높은 정도의 신빙성이 있다고 보기 어렵고, 범인식별 절차에서 공소외인이 피고인이 범인임을 확인한 경위에 관한 피해자, 김효석, 이희철의 각 진술 및 이희철 작성의 수사보고서의 기재(위② 각 증거) 역시 모두 신빙성이 있다고 보기 어렵다."

가 미흡한 점도 간접적으로 확인할 수 있다.

2. 암시 및 간섭효과 등의 개재가 문제된 사례[111]

　　범인이 야간에 시내버스회사 안내양 기숙사에 침입하여, 자고 있는 피해자의 손목시계를 절취하려는 순간, 잠이 깬 피해자에게 발각되자 체포를 면탈하기 위해 발로 피해자를 가격하여 상해를 입힌 뒤 도주한 사안이다.

　　판례는, 목격자인 피해자가 경찰수사단계에서 최초 "범인의 키는 170센티 가량이고, 머리는 장발이 아니며, 옷은 청색 작업복인데, 범인을 보면 알 수 있겠다."고 진술하였고, 그 뒤 피고인이 검거된 후에는 "범행 당시에 본 범인의 얼굴과 옷으로 보아 피고인이 범인임에 틀림없다."고 진술하고 있으며, 사건이 검찰로 송치된 이후 검찰수사단계에서는 "범인의 얼굴을 확실히 보지 못하였으나, 도망가는 뒷모습으로 보아 키는 170센티 가량 되는 건장한 남자로서 머리는 짧고 곱슬머리이고 입고 있던 옷은 청색 작업복 차림이었으며, 범인의 머리모습과 키를 보면 기억할 수 있는데 대면한 피고인과 거의 같다."는 취지로 진술하였으나, 기소 후 1심에서는 다시 "범인의 얼굴이나 체격, 머리모양 등을 보지 못하고 신발과 옷만 보았으며, 수사기관에서 가지고 온 신발과 피고인이 자백한 것을 보고 범인으로 지목했고, 또 피고인은 같은 회사에 근무하기 때문에 평소에 보았다."는 취지로 진술하고 있음에 비추어, 위 피해자가 경찰이나 검찰 단계에서의 진술대로 범인을 확인할 수 있을 만큼 기억하고 있었다면, 같은 회사에 근무하며 평소 보아서 알고 있는 피고인을 경찰에서 대면할 때까지 범인으로 지목한 바 없다가, 경찰이 피고인을 범인으로 검거한 뒤에야 비로소 피고인이 범인이라고 지목하고 있는 것은 선뜻 납득이 가지 않는다고 판단하고, 유죄를 인정한 원심을 파기하여 환송하였다.

　　이 판결에서 대법원은 피고인에 대한 기지성에도 불구하고, 피해자가 피고인과 수사단계에서 대면하기까지 피고인을 범인으로 지목하지 못하다가, 수 차례의 조사 및 피고인과의 대면 이후에, 비로소 피고인을 범인으로 지목한 점의

---

111) 대법원 1984. 6. 5. 선고 84도460 판결.

불합리성에 근거하여 목격진술의 신빙성을 문제삼고 있다. 이는 반복적 조사과
정 및 단독대면에 의하여 범인식별절차에 의하여 목격자에게 강한 암시효과가
발생할 수 있음을 의식한 것으로 이해할 수 있다.112)

---

112) 하급심 판례로, 전주지법 군산지원 1987.9.23선고 87고단336판결, "목격증인의 사건경위에
    관한 진술태도가 시일의 경과에 따라 통상적으로 기대되는 기억의 감퇴에 이르기는커녕
    오히려 더욱 명료하게 구체화되어 가고 있음은 매우 이례에 속하는 터이어서 그 진술의
    신빙성을 의심치 않을 수 없고,…"; 유사한 사례로 대법원 1983.9.27선고 83도977판결, 대
    법원 1984.11.13선고 84도22판결, 대법원 1993.3.9선고 92도2884판결 등; 견해에 따라서는
    범인식별진술의 신뢰성 확보방안으로, ① 반대신문권에 의한 통제, ② 영국의 PACE Code
    of Practice D와 같은 범인식별절차에 관한 규칙의 설정에 의하여 통제하는 방안, ③ 범인
    식별절차에 있어서 변호인의 입회권 보장에 의하여 통제하는 방안, ④ Due Process원칙에
    비추어 범인식별절차의 공정성 등의 보장여부에 의한 심사를 통해 통제하는 방안, ⑤
    Devrin Report의 권고안과 같이 목격진술의 경우, 자유심증주의 예외로서 보강증거를 요구
    하여 통제하는 방안(One-Witness Rule의 포기), ⑥ 영국의 Turnbull guideline과 같이, 범
    인식별진술의 질이 양호하지 못한 경우, 이를 보강 또는 지지하는 증거가 없는 경우에 무
    죄판결(acquittal)을 통해 심리를 종결하는 방안, ⑦ 심리학, 행동과학 등의 전문가를 감정
    인으로 활용하는 방안, ⑧ 배심에 대한 주의적 지시(jury instruction), ⑨ 관련성 판단문제
    로 이해하여 당해 목격진술의 설명적 가치보다 부당한 편견야기 등 역효과가 큰 경우에는
    그 증거능력을 배제하는 방안 등을 제시하고 있다. 민영성, "범인식별진술의 위험성과 그
    대처 방안", 법학연구 제42권 제1호(통권50호), 부산대학교 법과대학, 2001. 12, 16-24면.

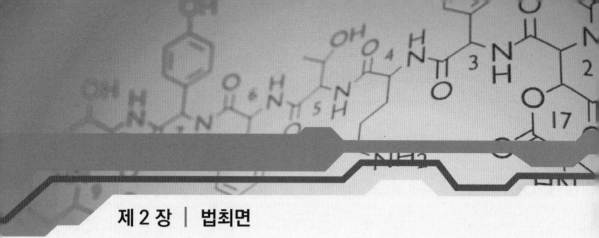

제2장 | 법최면

제1절 법최면의 의의

최면(hypnosis)이란 '최면암시에 야기되는 특수한 심리·생리적 상태 또는 그러한 상태를 일으키는 것'으로 정의되는데, 18세기 프랑스의 F.A Mesmer가 처음 소개한 이래, 주로 정신과적 치료법(psychiatry)으로 활용되었으나 최근에는 범죄수사 등 법과학 분야(forensic hypnosis)에서의 활용도 이루어지고 있다. 이는 최면이 몰입, 해리적 경험, 지각변화, 논리변화 등의 심리적·생리적 변화와 함께 고도의 정신적 집중을 야기하여 피최면자의 내면세계에 대한 성찰능력을 최대화하고 피암시성이 극대화됨으로써 최면전문가(hypnotist)의 지시에 대한 순응도가 높아지고, 의식의 주변각성을 낮추고 반면 중심각성을 높여 주의집중이 초점화되는 등의 변화된 의식상태를 창출함으로써, 인간의 기억 및 재생, 재인능력을 향상(hypnotic hyperamnesia)시킬 수 있다는 점을 이용한 것이다.[1] 법최면은 범죄사건에 흔히 볼 수 있듯이 피해자 등 목격증인의 사건에 대한 기억이 불안전한 경우에 진술확보(경우에 따라서는 피의자 또는 피고인의 진술확보에도 활용 가능하다)하거나 아동성학대(child sexual abuse)사건 등에서 피해자의 심리적 부담을 경감

---

1) 고제원, 최면과 최면수사(서울 : 학지사, 2003), 37, 183면.

시키면서 진술을 확보하기 위한 수단으로 주목받는데, 흔히 최면수사(hypnotic investigation)라고도 한다.

　일반적으로 범죄사건을 경험한 피해자 등 목격증인의 불완전한 기억을 극복, 수사단서를 확보하기 위한 수사기법으로 법최면이 활용되고 있는데, 일반적인 예는 아니지만 미국 등에서는 '최면유도진술(hypnotically influenced testimony)'로, syndreme evidence, profile evidence 등과 함께 소위 '사회과학적 증거(social scientific evidence)'의 한 형태로 증거로의 활용가능성도 제기되고 있다.

제 2 절 법최면의 배경이론과 과학적 신뢰성

1. 법최면의 배경이론

　최면의 개념에 대하여 '주변사건(peripheral event)에 대한 인식능력의 저하와 함께 중심사건에 대한 고도의 집중상태(hightened concentration)'라고 하거나,[2] '다른 사람 또는 자신에 의한 일정한 암시조작에 의해서 유도할 수 있는 특수한 의식의 출현과 피암시성의 이상한 고조를 특징으로 하는 심리상태이다'라고 하며 모호하게 정의하고 있다.[3] 이러한 개념정의에는 소위 최면유도에 의한 구체적 최면상태가 피술자에 따라 매우 다양한 형태로 나타남으로써 핵심적 특징을 지적하기 어렵고, 최면의 이론적 배경이 아직 정립되어 있지 않은 점을 간접적으로 시사하는 측면이 있다.[4]

　통상, 최면에 관하여 2가지 접근방식이 있다. 먼저 ① 피최면자(subjects)에게 '전이(trance)'로 지칭되는 특별한 정신 상태로 유발하기 위한 최면시술자(skilled practitioners, hypnotist)에 의한 절차에 의하여 피최면자로 하여금 일상의

---

2) State v. Hurd 86 N.J.525, 534, 432 A.2d. 86, 90(1981).

3) 대한간호학회, 간호학대사전(서울: 한국사전연구사, 1996), http://terms.naver.com/entry.nhn?docId=480327&cid=55558&categoryId=55558

4) 미의학협회도 최면의 이론적 배경에 관한 정설은 아직 없으며, 단일한 개념정의에 대한 구체적 합의도 없음을 지적하고 있다. Council on Scientific Affairs of AMA, "Scientific status of refreshing recollection by the use of hypnosis", J.A.M.A 253, Apr 1985, pp. 1918-1919.

정신상태에서 관찰할 수 없는 독특한 정신적 능력(예, 고도의 주의력, 기억능력 향상 등)을 발휘하게 하는 기법으로 이해하는 입장이다. 다음, ② 최면유도를 통해 피최면자에게 나타나는 강화된 피암시성(extreme suggestibility)에 중점을 두어 피최면자가 극도로 이완되어 최면전문가에 의하여 주어지는 외부 자극이나 암시에 능동적으로 반응하여, 논리적 판단능력의 저하 및 시술자의 지시에 대한 능동적 수용을 그 특징으로 하는 입장이다.5) 법최면에서는 최면을 대체로 ①의 시각에서 최면에 접근하지만, 정신의학 등에서는 ②의 시각에서 접근하는 점에 차이가 있다.6)

한편 과거, 최면을 심리학적 측면에서 설명하는 입장이 주류적이었으나, 최근에는 심리학 외에 생리학이나 유전, 학습 및 조건화, 암시 및 역할연기 등 다양한 배경을 통해 최면을 이해하고 있는데, 인간의 기억과 관련한 내용인 만큼, 아직 그 이론적 배경이 명확히 해명된 것은 아니다.7)

---

5) Lawrence S.Wrightsman et. al., Psychology and the Legal system 5th edt.(Belmont. CA : Wadsworth, 2002), p. 179.

6) 법최면과 정신의학 및 심리치료를 위한 최면의 가장 큰 차이점을 최면에 의하여 확보된 '기억의 사실성'의 요구여부를 지적하기도 한다. 권규일·강덕지·함근수·표주연, "법최면에 관한 연구", 국립과학수사연구소연보 제31권, 1999, 198면.

7) Paul C. Giannelli, Edeward J. Imwinkelried, Andrea Roth, Jane Campbell Moriarty, op. cit., pp. 662-664인간의 기억구조 및 원리를 설명함에 있어서 흔히 두 가지 접근방법이 제시되고 있다. 먼저, ① video tape 또는 permanent imprint model이 있다. 이는 인간의 기억 및 지각구조를 마치 카메라나 video tape에 비교한 것으로 인간이 자신이 지각한 내용을 완전하게 보존, 기억할 수 있되, 외상, 질병, 주의집중, 시간적 경과 등 여러 요인에 의하여 기억된 내용을 의식하에 보존(files of subconscious)하게 되는데, 따라서, 기억의 영구적 소실이라 있을 수 없고, 최면 등에 의하여 유발된 집중에 의하여 기억을 재생할 수 있다고 한다. 이와 대조적으로, ② reconstructive model이 있는데, ①의 견해와 대조적으로 인간의 기억은 영구적 소실이나 변형이 가능하다고 보는 입장이다. 최면에 의한 기억능력의 향상을 긍정하는 입장은 인간의 기억구조를 ①의 입장에서 설명할 때 가능하게 된다. 그러나, 대체로 인간의 기억구조의 특성은 위 2가지 입장을 모두 지지하는 측면을 갖고 있다. G.Loftus &E.Loftus, Human Memory: the Processing of Information(N.Y.: John Wiley &Sons Inc, 1976), pp. 155-158; M.Orne. "the Use and Misuse of Hypnosis in Court", International Journal Clinical &Experimental Hypnosis 27, 1979, p. 321; 박광배, 법심리학(서울, 학지사, 2002), 87-89면; 한편, 최면과 기억능력과의 관계에 대하여, 두뇌전환이론(brainswitching theory)이 제기된 바 있는데, 인간의 지각정보는 먼저 우뇌를 통해 투입된 후, 논리적 처리를 담당하는 좌뇌로 이동한다고 한다. 따라서, 우뇌를 활성화시키게되면 통상 기억하지 못한 내용도 기억할 수 있는 가능성이 있고, 최면은 인간의 좌, 우 양뇌의 연결을 담당하는 신경스위치를 절단하는 비수술적 절차로서, 최면하의 인간은

최면은 고대부터 사용되었는데, 샤머니즘 등 원시종교 행사나 치료술에서 최면과 유사한 형태를 볼 수 있다. 그러나 정신의학 등의 분야에서 본격적으로 소개된 것은 1776년 오스트리아인 외과의 메스머(Franz Anton Mesmer)에 의한 것으로, 그는 최면현상을 물리적 자기이론(물리적 자기이논, physical magnetism)과 연관하여 생물학적 자기이론(animal magnetism)에 근거하여 이해하고, 프랑스에서 히스테리 등 정신질환을 최면으로 치료하여 유명해졌다. 이로 인하여 당시에는 최면을 메스머리즘(mesmerism)이라고도 하였다.

그 뒤 1784년 프랑스 왕립아카데미의 조사과정에서 그의 최면치료는 과학적 근거를 갖지 못하고 피술자의 단순한 상상에 따른 결과에 불과하다는 평가를 받게 되었다. 그러나 소위 메스머리즘의 과학적 배경 등에 관한 논쟁이 계속되었고, 1840년대에 James Esdaile 등은 최면에 의한 마취상태를 이용하여 외과수술을 성공적으로 시행한 예도 있었다. 한편, 영국의 외과의 James Braid도 이러한 최면에 관심을 갖고 이를 이용한 외과수술 등에 대하여 연구하던 중, 최면상태하의 생리적 특징 등에 착안, 그리스어로 잠(sleep)을 뜻하는 'hypnos'를 차용하여, 메스머리즘이라는 표현을 대신하여 최초로 현재의 '최면(hypnosis)'이라는 용어를 사용하였다.

프로이트(S. Frued) 역시 임상적 심리치료를 위해 억압된 정서(repressed emotions)를 밝히기 위한 수단으로 최면에 깊은 관심을 갖고, Josef Breuer와 함께 히스테리 환자의 치료에 최면을 활용하였으나, 곧 최면에 의한 환자들의 기억 대부분이 환상에 불과한 경우가 많고, 일부 환자들은 최면유도가 잘 이루어지지 않아, 이후 최면보다 자유연상법(free association technique)을 더욱 선호하게 되면서, 최면은 자유연상법에 부수한 것으로 파악함으로써 이후 정신의학, 심리치료 분야에서 최면의 활용에 부정적 영향을 주게 되었다.

그러나 1, 2차 세계대전을 통해 최면이 참전 군인들의 PTSD 치료에 유용함을 임상적으로 확인함으로써, British Medical Association는 1955년 최면을 합리

이중지각을 통해 상실된 기억을 찾을 수 있게 된다고 설명한다. 한편, E. R Hilgard 역시 hidden observer라는 개념을 사용, 위와 비슷한 설명을 한 바 있다. 권규일·강덕지·함근수·표주연, 전게논문, 210면.

적, 의학적 치료법으로 인정하고,[8] 1958년 American Medical Association도 동일한 입장을 취하여 다시금 최면에 대한 관심이 증대되기 시작하였다.[9]

최면현상의 특징과 관련하여 통상 최면상태를 단계별로 구분, 경최면상태에서는 마음이 안정되고 전신이 이완되며, 팔, 다리가 무겁게 느껴지면서 운동금지 및 경직현상(lomb catalepsy), 자동운동현상 등이 일어나는 운동지배단계(analgesia), 중최면상태에서는 간각, 미각, 후각 등의 감각지배단계 내지 몽유상태로 인격교체 및 인격변화가 일어나는 해리단계(dissociation), 후최면상태는 최면상태에서 지시한 암시가 지속되는 상태로 일정한 기억을 잊어버리거나 반대로 재생하는 기억지배단계(posthynotic amnesia)로 하면서, 최면 중 심리적 변화로 환시·환청, 마취 등과 같은 의식상태의 변화와 고도의 정신집중, 심리적 이완, 지각변화 및 시간인식변화(time distortion), 논리변화(trance logic)와 환상 및 기억의 증진 등과 함께 근육이완 또는 경련, 경직증 및 호흡이나 맥박수의 변화 등과 같은 생리적 변화를 들고 있다.[10]

그러나 최면상태에서 가장 중요한 특징으로는 다음을 들 수 있다. 먼저, ① 극대화된 피암시성(increased suggestibility)을 들 수 있다. 즉, 피시술자는 시술자에 의한 최면 전 또는 도중에 주어지는 상황적 단서, 표현 등에 대하여 적극적 수용적 태도를 취한다. 이러한 피암시성은 최면을 범죄수사에서 활용하는 경우 두드러진 특징이라 하겠는데, 피해자 등 목격증인인 피최면자가 수사관의 기대 내지 이들에 대한 조력을 희망하고, 최면에 대하여 강한 신뢰감을 갖게 된다. 또한, ② 현실적이고 논리적 사고·지각능력과 함께 정보의 대조/분석능력의 저하 그리고 불합리하지만 강력한 신뢰감을 들 수 있다(reduction in reality testing 및 confidence bolstering). 피암시성의 극대화와 동시에, 피최면자는 외부로부터 주어지는 단서나 자극, 정보 등을 무비판적으로 수용한다. 이에 따라, 최면 전, 확신을 갖지 못한 정보에 대하여도 최면 후에 피최면자가 불합리하지만 강력한 확신을 갖게 되는 경우(memory hardening)를 흔히 관찰할 수 있다. 다음으로, ③

---

8) William G.Traynor, "the Admissibility of hynotically Influenced Testimony", Tennessee Law Review Association, Inc., Summer. 1988, pp. 789−790.

9) Council on Mental Health "medical Use of Hypnosis", J.A.M.A. 168, 1958, p. 186.

10) 고제원, 전게서, 38−47면; 권규일·강덕지·함근수·표주연, 전게논문, 202−203면.

작화적 경향을 들 수 있다(tendency of confabulation). 피최면자는 시술자로부터의 질문에의 답변을 강요받는데, 이때, 평상시 같으면 기억이 나지 않는 부분에 대하여 '잘 모르겠다' 내지 '기억이 나지 않는다'로 답변할 수 있지만, 최면하에서는 이러한 부분에 대하여도 답변을 강요받게 되고, 피술자는 기억의 간극을 메우기 위하여 소위 '작화(confabulation)'를 개재시키게 된다. 따라서 최면 후, 피최면자가 기억하는 정보의 양은 일반적으로 증가하지만, 이러한 정보는 실제 경험적 정보(appropriate actual events) 외에 전적으로 무관계한 다른 사건에 관한 정보(entirely irrelevent actual events)나 환상(pure fantasies), 사건의 논리적 전개를 보다 자세히 보충하기 위한 상상적 세부사건(fantasied details supplied to make a logical whole) 등으로 구성된 일종의 모자이크라고 한다. 마지막으로 ④ 정확적 정보에 대한 선별능력의 결여를 들 수 있다(inability to sift fantasy from fact). 최면 후 피최면자는 자신의 기억정보에 작화나 환상을 개재시키면서도 이를 실제 경험한 정보와 구분하지 못하고, 이러한 현상이 최면 후에도 상당기간 지속된다. 더욱 중요한 점은 최면시술자 역시 이를 명확히 구분할 수 없다는 점이다.[11] 최면(상태)은 수면이나 소위 마인드 컨트롤(mind control)과는 다른 개념으로 최면하에서도 피최면자는 자신의 자유의지를 결코 상실하지 않으며, 자기보호를 위하여 거짓말을 하거나 사실을 왜곡시킬 수 있다는 점은 이러한 문제점을 증폭시킨다.

이러한 점에도 불구하고 앞서 언급한 정신의학 등에서 최면에 관한 긍정적 평가에 수반하여 법과학에서 최면의 활용을 야기하게 되었다.

최면이 법과학의 영역에서 응용되기 시작한 것은 1960년대 미국에서이다. 1959년 Harry Arson에 의하여 경찰관들에 대한 최초의 법최면 교육이 이루어진 것이 최초로, 1975년 LAPD의 Dr. Martin Reiser에 의해서 본격적으로 활용되기 시작하였다. 이후 1978년부터는 FBI 및 ATF 등 연방기관에서 교육이 이루어지고 실무에 활용되었다.[12] 한국도 얼마 전 영화로도 제작된 초등학생 여아 유괴

---

11) William G.Traynor, op. cit., pp. 791-794; Lawrence S.Wrightsman, et. al., op. cit., pp. 180-181.
12) John L.Plotkin, "The Previously Hypnotized Witness: Is his Testimony admissible?", Military Law Review 106, Fall. 1984, p. 171.

사건에서 1970년대 최면수사를 활용한 사례가 있고, 1987년 대한최면치료학회가 창립되었지만, 본격적으로 범죄수사 등에 활용된 것은 1990년대 이후로, 2006년부터 2013년까지 총 641건이 실시된 바 있다.[13] 주로 초동수사단계에서 수사선을 설정 발전(generating investigative leads)시키기 위한 수단으로 또는 피해자 등 주요한 목격증인의 불완전한 기억을 재생(refreshing memory)시켜, 수사단서 내지 진술확보를 목적으로 최면을 활용한다.

한편 미국에서는 최면 후 피최면자에게 자신의 기억내용에 대한 확신도를 높인다는 점을 증인의 신뢰성을 높이기 위하여 수사기관 등이 법최면을 적극적으로 활용하려는 하나의 요인으로 지적하기도 한다.

2. 최면유도 및 최면에 의한 기억재생(age regression 및 television technique)

통상 최면상태를 유도(hypnotic induction)하기 위하여, 고정법(자기 마음대로 한 점을 골라 가지고 그 점에 초점을 맞추고 그 점을 뚫어져라 가만히 바라보면서 점점 무겁거나 피곤해지면서 편안하고 평온해지는 유도기법), 점진적 이완법(숨을 들이쉬고 내쉬면서 온몸의 긴장이 빠져나가는 상상을 하면서 왼발, 오른발, 왼허벅지, 오른허벅지, 왼팔, 오른팔, 목, 머리 등의 신체부위별로 근육의 힘을 빼가면서 점점 편안해지도록 유도하는 기법), 심도증진법(숫자세기기법, 엘리베이터법, 계단법, 에스컬레이터법) 등이 사용된다.

그렇다면 이러한 방법을 통해 어떻게 기억이 재생되어지는가? 최면에 의하여 기억을 재생시키는 방법에는 크게 ① 연령퇴행기법(age regression)과 ② 텔레비전기법(television technique 또는 직접 암시법, direct suggestion)이 있는데, 일반적으로 ①의 방법이 보다 널리 사용된다.

연령퇴행기법은 경험소생(revivification), 기억증진(hyper amnesia)이라고도 하는데, 최면시점보다 앞선 특정 시점에서 발생한 사건에 대한 기억을 회복하기 위하여 피최면자로 하여금 당해 시점으로 퇴행을 유발하는 기법을 지칭한다. 피

---

13) 2013 경찰통계연보, 경찰청, 312면.

최면자는 마치 자신이 역행시점 당시에 존재하는 것처럼 말하고, 행동하는 등의 반응을 보이고 그 체험을 매우 생생한 형태로 보고하게 된다. 이러한 연령퇴행 기법은 최면상태하의 특징 중, 피암시성의 증대와 함께 논리적 또는 시간판단 능력의 저하에 따른 현상을 이용한 것이다.

연령퇴행에는 크게 깊은 최면상태에서 피최면자가 퇴행시점으로 돌아가서 그 때 당시와 동일한 행동 등을 하는 완전퇴행(피최면자는 그 당시의 언어, 행동, 글 씨체 등의 특징을 그대로 재현한다)과 보다 얕은 최면에서 퇴행시점 당시의 사건을 재관찰하는 부분퇴행이 있다. 다만 부분퇴행은 후술하는 텔레비전 기법과 같이 최면에 의하여 재생된 과거의 사건을 제3자적 입장에서 관찰하게 하는 것이 아 니라, 직접적인 체험을 하는 점에 차이가 있는데, 주로 먼 과거의 사건은 완전퇴 행을, 반대로 가까운 과거는 부분퇴행을 사용하되, 사전에 텔레비전 기법 등에 의하여 사건의 기억에 관한 피최면자의 공포감을 저하시킨 후, 퇴행시점 사건의 주변상황에 대한 기억을 필두로 점차 중심기억으로 이동시키는 형태로 실행된 다.[14]

임상적 사례에서 상당한 성공적 예를 보인 바 있지만, 대부분 연구결과는 최면 시 연령퇴행에 의하여 피최면자가 관찰, 보고한 내용은 자신의 기억만이 아니라 환상 또는 작화에 불과하다고 지적한다. 단적인 예로, 최면을 통해 과거 특정 시점으로 퇴행하는 경우만이 아니라, 반대로, 미래 시점으로 순행시키는 경 우(age progression)에도 피최면자는 마치 자신이 기억한 내용(물론, 허구적 내용이 다)을 보고하는 것처럼 설명한 사례 등에서 동 기법의 신뢰성에 상당한 의문이 제기되고 있다.[15]

텔레비전기법 또는 스크린기법(screen technique)에서는 피최면자의 무의식 (files of subconscious)에 보관된 과거 특정시점의 사건을 마치 비디오테이프나 텔레비전 다큐멘터리를 시청하는 것처럼 관찰하게끔 지시하고, 필요에 따라서 중심사건에 관한 확대재생(magnify or close-up), 역전(rewind), 저속관찰(slow

---

14) 고제원, 전게서, 203-205면; Lawrence S.Wrightsman, et. al., op. cit., p. 180; Paul C. Giannelli, Edeward J. Imwinkelried, Andrea Roth, Jane Campbell Moriarty, op. cit., p. 663.

15) M.Orne, op. cit., pp. 321-322.

motion)이 가능하다고 한다. 연령퇴행기법에 비하여 피최면자가 제3자적 관찰자
시점에서 기억을 재생함으로써, 정서적 동요 없이 재생이 가능한 장점이 있다.

그러나 텔레비전 기법 역시 그 신뢰성에 대한 의문은 동일하다. 연령퇴행기
법도 마찬가지이지만 인간의 기억구조를 마치 비디오나 녹음테이프에 유사한 형
태로 파악하여, 기억된 내용을 그대로 재생, 심지어는 되감기, 확대 등이 가능하
다는 설명에 대하여 신뢰성에 의문이 제기될 수 있다.

3. 법최면의 과학적 신뢰성

법최면의 과학적 신뢰성 여부는 결국 최면이 과연 기억의 양과 질을 높일
수 있는가라는 의문과 연결된다. 정신의학적·임상심리적 치료를 목적으로 한 최
면의 경우는 특별히 문제되지 않지만, 법최면에서 이는 과학적 신뢰성을 인정하
기 위한 중요한 전제조건이라 하겠다.

일반적으로 재인과제나 회상과제 모두, 실험사례에서 최면이 목격증인 등의
기억에 대하여 그 정확성을 강화시키기보다는 오히려 감소시키는 것으로 보고
되고 있다.[16] 또한, 최면이 기억의 정확성을 증가시키지 못하면서 작화현상
(confabulation)의 개입에 의하여 기억의 왜곡(유사기억의 개입문제), 오류가 증가
하며, 정보의 정확성과 무관하게 기억된 정보에 대한 확신만 강화시킨다는 연구
결과가 보고된 바도 있다.[17] 물론, 최면의 신뢰성에 의문을 제기한 위 연구결과
들은 대체로 실험에 의한 방법을 채택함으로서, 대상자의 선정, 기억 및 재생,
재인을 위한 자극재료가 단편적인 성질의 것이 많은 점 등 일반화에 한계가 있
음을 지적하고,[18] 실제 수사실무 활용사례에서 최면에 의한 사건해결에 성공한

---

16) M.C.Smith, "Hypnotic Momory Enhancement of Witness: Does It Work?", Psychological
Bulletin 94, pp. 387-407.
17) B. L. Diamond, "Inherent Problems in the Use of Pretrial Hypnosis on a Perspective
Witness", California Law Review 68, 1980, pp. 319-349; M.Zelig &W.B.Beidleman, "the
Investigative Use of Hypnosis: a Word of Caution", International Journal of Clinical and
Experimental Hypnosis 29, 1981, pp. 401-412.
18) 표주연·함근수·강덕지·권규일, "최면수사기법이 기억 회상에 미치는 영향", 국립과학수사
연구소연보 제32권, 2000, 275-276면; S.J.Lynn, M.Milano &J. R. Weekes, "Hypnosis and
Pseudomemories: the Effects of Prehypnotic Expectations", Journal of Personality &Social

사례보고와 함께, 그 유용성을 긍정하는 연구결과도 있다.[19)]

한편, 최면의 신뢰성과 관련하여 People v Shirley(1982)사건에서,[20)] 미 California주 대법원은 최면에 의하여 유도된 진술의 위험성에 대하여 ① 최면은 본질적으로 암시로서의 성격을 가지며 최면시술자에 의하여 제시되는 각종 암시에 극히 수용적인 태도를 보인다(hyper‑suggestibility). 또한, ② 최면에 노출된 사람은 최면시술자의 요구 내지 기대에 강한 순응성을 띈다(hyper‑compliance). 아울러, ③ 최면에 의하여 재생된 기억 중, 피최면자나 최면시술자 모두 정확한 기억과 부정확한 기억을 명확히 선별할 수 없고(inability to differentiate accurate from inaccurate recall), ④ 최면 후, 피최면자는 자신의 기억에 대하여 진실이라고 강하게 그러나 명확한 근거 없이 신뢰하게 되며(enhanced confidence) 그러면서도 확신과 기억의 정확성에 있어서, 연관성(no correlation between confidence and accuracy)이 없으며, ⑤ 마지막으로 confabulation(작화)의 위험성을 들고 있는데, 피최면자는 답변의 완성도를 높이고 보다 완전한 내용으로 하기 위해, 상상 등을 통해 자신의 진술에 공백부분을 채워나가게 된다고 판단한 예가 있다. Dr.Bernard Diamond는 위와 같은 입장에서 일단 목격증인 등에 대하여 최면이 활용되면, 이는 증거파괴와 동등한 것으로까지 평가하고 있다.[21)]

이와는 대조적으로 Dr. Martin Orne은 몇 가지 전제조건을 갖춘다면,[22)] 최면에 의하여 유도된 진술을 신뢰할 수 있다는 견해를 제시한 바 있다. 그러나 위 전제조건이 충족되더라도 수사기법(generating investigative lead)으로 활용은 몰라

Rsychology 60, 1991, pp. 318‑326.

19) M.Reiser, "Hypnosis and its Uses in Law Enforcement", Police Journal 5, 1978, pp. 24‑33; D.W.Schafer &R.Rubio, "Hypnosis to aid the Recall of Witness", International Journal of Clinical and Experimental Hypnosis 26, 1978, pp. 81‑91: 박희관, 범죄수사에 최면을 이용한 1례, 신경정신의학 제37권 제4호. 1998, 745‑750면; 함근수·표주연·강덕지·권규일, "법최면수사 사례의 심리학적 분석에 관한 연구", 국립과학수사연구소연보 제32권, 2000, 556‑562면.

20) People v Shirley, 31 Cal. 3d 18, 641 P 2d 775, 181 Cal. Rptr. 243, cert. denied, 459 U.S. 860(1982).

21) B. L. Diamond, "Inherent Problems in the Use of Pretrial Hypnosis on a Perspective Witness", Cal. L. Rev. Vol. 68, 1980, p. 314.

22) John L. Plotkin, "the Previously Hypnotized Witness : Is his Testimony admissible?", Mil. L. Rev. Vol. 106, 1984, pp. 175‑178.

도, 증거로 허용될 정도의 신뢰성은 없다는 신중한 태도를 견지하였다. 즉, 사건을 ① 수사관이 피해자 등 목격증인으로부터 어떠한 정보도 획득할 수 없고, 특정 피의자로 선정할 수 없는 유형, ② 수사관이 이미 사건 전반, 피의자 등에 대하여 정보를 갖고 있는 유형, ③ 수사관이 사건전반, 피의자 등에 대한 정보를 갖고 있지만, 목격증인 등이 수사관의 관점과 진술이 불일치하는 유형으로 구분하여, ①의 유형은 전형적인 수사선이 설정상황으로 최면이 유용할 수 있지만, ②, ③의 유형에서는 피암시성 등에 따라 그 신뢰성을 긍정하기 어려워, 최면이 유용하지 못하다고 한다. 동시에 ①의 유형에서도 최면의 활용전제로 아래와 같은 가이드라인을 제시하고 있다.

「첫째, 최면은 그 목적에 따라 특별한 훈련을 받은, 수사기관과는 독립적인 심리치료전문가나 심리학자에 의하여 실행되어야 하고 부당한 암시적 영향을 배제하고, 통제하기 위하여 최면을 통해 확인할 사항의 개요에 대하여 서면에 의해 제공되는 정보 외에는 다른 정보를 제공받아서는 안된다.

둘째, 최면을 담당하는 자와 피최면자가 접촉하여 최면이 이루어지는 전 과정은 비디오테이프 등에 녹화되어야 한다. 동시에, 최면 전에 피최면자의 상태 및 사건 관련 기억상태에 대한 점검 및 평가가 이루어져야 하고, 이때 최면을 담당하는 자는 피최면자의 최면 전 기억이나 경험에 사건과 관련한 새로운 정보를 제공하여 변형이 발생하지 않도록 주의하여야 한다.

셋째, 최면이 이루어지는 전 과정에 걸쳐, 최면을 담당하는 전문가 및 피최면자 외에는 누구도 개입되어서는 안 된다. 만일, 검찰 측 또는 피고인 측이 최면과정을 관찰하기를 원한다면, 편면유리(one-way mirror)가 설치된 방이나 TV 모니터 등을 통해 가능하다.

넷째, 최면 전 수사관과 피최면자의 접촉과 그 내용이 피최면자의 기억 등에 중요한 영향을 줄 수 있으므로, 피최면자가 어떠한 사전암시나 정보도 받지 않았다는 점을 확인하기 위하여 사전신문 등의 절차의 녹취 등은 매우 중요하다.」

이에 대하여 미의학협회의 Council on Scientific Affairs도 최면에 의한 기억의 재생은 비최면적 경우와 본질적으로 다르며, 다수 사례에서 비최면적 기억에 비하여 부정확한 기억을 야기하며, 최면을 통해 확보된 정보의 양은 상대적으로 많지만, 여기에는 정확한 또는 부정확한 정보가 혼재하고, 이를 구분함이 불가능하며, 결정적으로 최면이 정확한 내용을 갖는 기억을 산출한다는 실증적 근거가 없음을 명확히 한 바 있다. 이러한 미의학협회의 견해를 the Society for Clinical and Experimental Hypnosis와 the International Society of hypnosis도 원용하고 있다.23)

제 3 절 법최면에 대한 증거법적 평가

최면에 의한 진술은 공판절차에서 어떻게 판단될 수 있는가? 아직 한국에서 이 문제를 언급한 사례가 없는데, 이하에서는 법최면과 관련한 판례사안을 축적하고 있는 미국의 예를 살펴보도록 한다.

1. 최면에 의하여 유도된 법정 외 진술(Hypnotically Induced out of Court Statement)

최면에 의하여 유도된 법정 외 진술에 대하여, 미국판례는 거의 일관되게 증거능력을 부정한다.24) 그 이유는 이들 진술은 본질적으로 전문증거에 해당할 뿐만 아니라, 동 진술에 내포된 작화, 잘못된 또는 허위적 기억(false or psedomemory)에 대한 우려에 기인한다.

이러한 진술은 ① 피고인 측에 의하여 자신의 혐의를 해소하는 내용(exculpatory statement)일 수 있다. 대표적인 사례로 Greenfield v. Commonwealth(1974)사건을 들

---

23) Council on Scientific Affairs of AMA, op, cit., p. 1921: 아울러, 미의학협회는 1994년 이와 같은 입장을 다시금 재확인한 바 있다. 그러나 the American Society of Clinical Hypnosis는 이와 반대의 입장을 취하였다. Paul C. Giannelli, Edeward J. Imwinkelried, Andrea Roth, Jane Campbell Moriarty, op. cit., p. 666.

24) Paul C. Giannelli, Edeward J. Imwinkelried, Andrea Roth, Jane Campbell Moriarty, op. cit., p. 667.

수 있다.[25] Virginia 주 대법원은 이 사건에서 최면에 의하여 유도된 진술은 암시효과에 극히 취약하고, 최면의 영향하에서 진술자는 자신이 체험한 것을 진술하는 것이 아니라 가공의 진술을 할 수 있다는 점에 대하여 상당수 전문가가 일치된 견해를 제시하는 것에 근거하여 증거능력을 부정하였다.[26] 아울러, 최면에 의하여 유도된 진술과 관련한 감정인 진술 역시 증거능력을 부정하고 있으며,[27] 피고인의 혐의해소를 위한 경우라도, 최면에 의하여 유도된 진술은 그 신뢰성을 인정할 수 없는 점에서 동 진술의 증거능력을 부정하더라도, 피고인의 방어권을 무분별하게 제한하는 것은 아니라고 한다.[28]

한편, 이와 반대로 최면에 의하여 유도된 법정외 진술이 오히려 ② 진술자의 혐의를 입증하는 내용(inculpatory statement)일 수 있는데, 이 역시 증거능력은 부정된다. 가령, 심리치료 과정에서 최면의 영향하에 자신이 과거 살인사건에 관련된 취지의 진술을 검찰측이 진술자인 피고인의 혐의사실 입증에 활용한 사례에서, 최면의 암시효과 등을 고려할 때, 신뢰성이 인정되지 않음을 이유로 증거능력을 부정한 바 있다.[29] 마지막으로 ③ 수사기관이 피의자로부터 자백을 획득하는 과정에서 최면을 활용하는 경우(confession)가 있는데, 미연방대법원은 이러한 진술은 임의성이 없어 적법절차원칙에 위배됨으로써 증거능력을 인정할 수 없다고 판시한 바 있다.[30]

2. 최면에 의하여 환기된 기억에 바탕한 법정진술(Hypnotocally Refreshed Testimony)

최면에 의하여 유도된 진술과 동일하게 최면에 의하여 환기된 기억에 바탕

25) Greenfield v. Commonwealth, 204 S.E.2d 414(Va. 1974).
26) 동일한 취지의 판례로, Sprynczynatyk v. General Motors Corp., 711, F.2d 1112, 1117(8th Cir. 1985); Shockey v. State, 338 So. 2d 33, 37(Fla. App. 1976); Cillier v. State, 261 S.E.2d 364, 370(Ga. 1979); Alderman v. State, 246 S.E.2d 642, 651(Ga. 1978); Emmett v. State, 205 S.E.2d 231, 235(Ga. 1974), etc.
27) House v. State, 445 So. 2d 815(Miss. 1984); Jones v. State, 542 P.2d 1316, 1328(Okia. Crim. App. 1975).
28) People v. Blair, 602 P.2d 738(Cal. 1979).
29) People v. Schreiner, 573 N.E.2d 552(N.Y. 1991).
30) Leyra v. Denno, 347 U.S. 556(1954).

한 법정진술의 증거능력에 대하여 미국판례의 대다수는 부정적이다. 가령, 1897
년 California 주 대법원은 최면에 의하여 환기된 기억에 바탕한 진술은 증거로
허용할 수 없다고 판시한 바 있다.[31] 이러한 부정적 시각의 배경은 첫째, 최면,
특히 최면에 의하여 재생된 기억에 대하여 근본적으로 신뢰성이 인정될 수 없
고, 둘째, 피최면자는 최면 후 자신의 기억에 대하여 막연하지만 강한 확신감
(confidence-bolstering)을 갖게 되며, 최면에 의한 기억의 재생은 피최면자의 기
억을 영구적으로 손상시키고 나아가 공판 전 수사관에 의하여 최면에 의하여 재
생된 기억과 이에 바탕한 진술은 피고인 측 반대신문권(right to cross-examine
and confront accusing witness)을 침해한다는 점을 들고 있다.

그러나 이러한 기존의 부정적 시각은 1960년대 들어서면서 다소 변화하는
데, 여기에는 ① 미의학협회나 the American Psychiatric Association 등에서 임상
적 치료목적의 최면활용에 대하여 긍정적 평가를 제시한 연구결과 등이 발표되
고, ② 경찰 등 수사기관에 의하여 최면기법이 활용되면서 단기 교육으로도 최
면전문가를 양산할 수 있게 되고, ③ 수사실무에서의 성공적 활용사례 등이 보
고되면서, 이를 지지하는 다양한 연구논문 및 단행본이 발표된 사실에 기인한다.

최면에 의해 재생된 기억과 이에 근거한 진술에 관한 미 판례의 입장은 크
게 3가지 유형으로 정리될 수 있다. 첫 번째로, ① 최면 신뢰성을 인정하지 않고,
피고인의 반대신문권 등 방어권에 대한 중대한 침해라는 점에서 그 허용성 즉
증거능력을 일관되게 부정하는 입장(per se exclusion approach)과 ② 최면의 전
과정에 걸쳐서 일정 제한조건(guidline)을 설정하고 그러한 조건에 합치한 경우
에는 예외적으로 증거로 허용할 수 있다는 입장(the adoption of safeguards
approach), 마지막으로 ③ 최면에 의한 경우에도, 사진 등 여타의 방법에 의하여
증인의 기억을 환기, 재생하는 경우와 동등하게 평가하여, 이를 허용하는 입장
(credibility approach or open admissibility approach)이 있다.

1) 증거능력 긍정설(Credibility Approach, Open Admissibility Approach)

이 입장은 증인의 기억을 재생함(method of witness memory refreshment)에

---

31) People v. Ebanks, 117 Cal. 652, 665, 49 P 1049, 1053(1897).

사진, 서류 등을 활용하는 경우와 동일하게 최면을 활용할 수 있다는 점에서, 최면에 의하여 재생된 기억 및 이에 따른 진술의 허용성을 전면적으로 긍정한다. 즉, 최면유도진술을 허용여부의 문제가 아닌 증명력 특히 당해 증인의 신용성 내지 신빙성(credibility)에 관한 판단문제(따라서, 배심제를 취한 영미법에서는 법관이 아닌 배심이 이 문제의 판단주체가 된다)로 파악하는 점에 특징이 있다. 아울러, 최면에 관한 감정인(cxpert witness)의 진술이나 당해 증인에 대한 상호신문 빛 법관의 배심에 대한 지시(instruction)를 통해 신빙성 판단에 있어서 충분한 조력을 제공할 수 있다고 한다.

    이러한 견해가 최초로 제시된 예로 Maryland 주의 1968년 Harding v. State 사건을 들 수 있다.[32] 강간치상사건의 피해자였던 증인은 최초 수사단계에서 사건 당시의 정황과 범인을 전혀 기억할 수 없었으나, 수 차례의 최면에 의하여 피고인을 범인으로 지목하였다. 공판과정에서 증인의 최면유도를 담당했던 최면시술자(주 병원에서 근무하는 심리학자)가 감정인으로 피해자인 증인의 기억내용은 여타의 증거와 합치하며, 최면 후 진술 역시 최면 중에 증언했던 진술과 일치하며, 증인이 허위진술을 할 이유가 없는 점 등을 들면서 최면에 의한 진술의 신뢰성을 긍정할 수 있다고 진술을 하였다. 1심은 이를 증거로 허용하면서 피고인을 유죄로 판단하였는데, 피고인이 항소하였다. 그러나 항소심 역시 피해자인 증인의 기억과 진술은 정확하며, 감정인 진술에 근거하여, 최면이 피암시적 형태가 아니었던 점을 인정, 피고인의 항소를 기각하였다. 이후 유사한 시각의 판례가 1970년대 후반 내지 1980년대 초까지 연방[33] 및 주 법원판례를[34] 통해 등장하게 되었다.

    그러나 이러한 전면적 허용설에 대하여, 이는 대체로 최면에 관한 신뢰성에 의문을 제기한 연구결과가 보고되기 전의 사례로, 최면의 배경원리나 안정성, 최

---

32) Harding v. State, 5 Md. App. 230, 246 A.2d 302(Md. Ct. Spec. App. 1968).

33) United States v. Awkard, 597 F.2d 667, 669(9th Cir.), cert. denied, 444 U.S. 885(1979):
    United States v. Adams, 581 F.2d 193, 198(9th Cir.), cert. denied, 439 U.S. 1006(1978):
    Kline v. Ford Motor Co., 523 F.2d 193, 198(9th Cir.) etc.

34) State v. Brown, 337 N.W.2d 138, 151(N.D. 1983); State v. Jorgensen, 8 Or. App. 1, 9,
    492 P.2d 312, 315(1971): State v. Glebock, 616 S.W.2d 897, 903−04(Tenn Crim App.
    1981) etc.

면시술자의 적격성 등과 관련하여 정확한 평가가 이루어지 않은 문제점이 지적되고,35) 실제로 앞서 Harding 사건 등과 같이 전면적 허용설을 취한 상당수 판례들이 이후 파기되어 1990년대 이후 현재까지 이러한 태도를 취한 사례를 찾아보기가 극히 어렵다.

2) 제한적 증거능력 긍정설(The Adoption of Safeguards Approach)

이 견해는 최면유도진술의 신뢰성과 관련하여, 일정한 절차적 안전장치(procedural watchdog)를 설정하고 그 준수여부에 의하여 증거로의 허용여부를 판단하는 입장으로, 최면이 증인의 기억을 암시 등에 의하여 변경, 훼손할 수 있는 우려를 인정하면서도 이러한 문제점을 사전에 설정된 가이드라인을 통해 해소될 수 있다는 논리를 배경으로 한다.

관련 판례사안으로 New Jersey 주 대법원의 State v. Hurd(1981)사건이 있다.36) 피해자인 증인이 자신의 아파트에서 범인으로부터 공격을 받아 칼로 수차례 찔리기까지 하였는데, 범인에 대하여 정확한 기억을 할 수 없었고, 단지 사건 직후, 그의 전 남편을 조사해볼 것을 경찰에 언급한 바 있었다. 이후, 경찰 수사과정에서 최면에 의하여 앞서 지적한 증인의 전 남편을 범인으로 지목한 사례이다. 피고인은 최면유도진술에 관한 신뢰성이 부족함을 이유로 증거로 허용될 수 없다고 주장하였는데(전면적 부정설-per se exclusion-의 입장), 원심은 최면전문가인 감정인 진술에 근거하여 피해자인 동 증인의 진술을 증거에서 배제하였다. 그러나 상고심인 New Jersey 주 대법원은 증거배제를 결정한 원심판단을 기각하면서, 특정 사건에서 최면의 활용은 통상적 기억에 의한 재생에 필적할 만큼 정확한 결과를 가져올 수 있다고 평가하면서, 일률적 증거배제가 아닌 구체적

---

35) Burral v. State, 352 Md. 707, 720, 724 A.2d 65, 71(1999)에서 credibility approach가 과학적 신뢰성에 대한 검토가 불충분하였다는 점을 다음과 같이 지적하고 있다. 「after a decade or so of success, the Harding approach came under greater scrutiny and was increasingly rejected, as the psychology of memory and the theory and the practice of hypnosis in a forensic setting became better understood, in part as the result of greater attention being given to those matters in the scientific literature and in part through more extensive expert testimony in cases where previously hypnotized witness were called to testify.

36) State v. Hurd, 86 N.J. 525, 432 A.2d 86(1981).

사례에 따른 접근방식(case by case approach)을 취할 것을 분명히 하고, 앞서 언급한 Pennsylvania 대학의 심리학 교수인 Dr. Martin Orne에 의하여 제안된 최면활용의 전제조건을 인용하여, 최면을 기억의 재생과 이에 따른 진술에 활용하기 위한 일련의 가이드라인을 제시하였다.[37] 그 내용은 다음과 같다.

> 「① 최면의 활용은 경험이 있는 심리치료전문가(psychiatrist) 또는 심리학자(psychologist)에 의하여 진행되어야만 한다.
> ② 최면전문가(hypnotist)는 검찰이나 수사관 및 피고인 측에 의하여 주기적으로 고용되지 않는 중립적이고 독립적인 위치여야 한다.
> ③ 최면 시행 전, 최면전문가에게 제공되는 정보는 반드시 기록되어야 한다.
> ④ 최면 전, 최면전문가는 피최면자로부터 그가 기억하는 것으로서 사건에 관한 극히 자세한 부분의 사실까지 확인하여야 한다.
> ⑤ 최면전문가와 피최면자 간의 모든 접촉은 기록되어야 하는데, 비디오테이프 녹화가 강력히 권장되지만 의무적인 것은 아니다.
> ⑥ 최면 중, 또는 최면 전, 후의 과정에서 최면전문가와 피최면자 외에는 누구도 출입, 개제하여서는 안 된다.」

위 가이드라인의 내용은 최면전문가에 의한 의도적 또는 비의도적 유형의 부당한 암시를 방지함에 집중되어 있고, 관련 기록을 유지하여 공판과정에서 사후적 검증이 가능하도록 구조화되어 있다. Dr. Mrtin Orne에 의해 제안된 위 가이드라인은 미연방대법원의 Quaglino v. California(1978) 사건에서[38] 최초 제안되었는데, Hurd사건 이후 상당수 주 법원 판례에 적용되었다.[39] 한편, Hurd사건에서 제시된 가이드라인의 내용을 완화 또는 반대로 강화하여 적용하는 일련의 입장도 등장하였는데,[40] 이는 최면에 의하여 재생된 기억 및 이에 근거한 진술

---

37) Hurd 사건 이후, New Jersey 주 대법원은 State v. Fertig, 143 N.J. 115, 668 A.2d 1076(1996) 사건에서 이른바 Hurd approach를 다시 한번 확인하면서, safeguard의 충족여부는 최면에 의한 진술을 증거로 제출한 측에서 부담하며, 동시에 최면의 성공여부를 불문하고 적용되어야 한다는 견해를 추가한 바 있다.

38) Quaglino v. California, 439 U.S. 875(1978).

39) People v. Jordan, 120 Ill. App. 3d 836, 458 N.E.2d 1115(1983): House v. States, 445 So. 2d815(Miss. 1984): State v. Hutchinson, 99 N.M. 616, 661 P.2d 1315(N.M. 1983) etc.

40) 가령, 미연방항소법원(8th Cir.)은 ① 손실된 기억과 관련하여 최면의 활용이 적절하였는지

에 대한 증거로서의 허용여부는 법원의 재량적 판단영역에 속하는 문제로, 일률
적인 가이드라인에 의하기보다는 최면이 활용된 전체적 상황을 검토하여 부당한
암시(unduly suggestibility)의 개제여부를 보다 구체적, 실질적으로 판단하여야 한
다고 설명한다(전체적 상황검토에 의한 접근방식－totality of circumstance approach
또는 case by case approach). 이와 관련한 대표적 사례로 Zani v. State(1988)사건
이 있다.41) 동 사건에서 Texas 주 형사항소법원(court of criminal appeal)은 최면
에 의하여 유도된 진술을 증거로 활용하려는 당사자는 명백한 증거(clear and
convincing evidence)를 통해 최면이 활용된 전체적 상황이 신뢰할 수 있는지의
여부를 입증하여야 한다는 견해와 함께, 10가지 항목의 판단지표를 제시하였
다.42)

　　이러한 제한적 증거능력 긍정설(adoption of safeguard approach) 내지 사례
별 접근방식(case by case approach)에 대하여, 최면에 의한 암시효과를 제어하기
위한 가이드라인이 일정한 역할을 수행할 수 있을지 모르지만, 관련한 모든 위
험요소 즉, 피최면자가 최면에 의하여 변형된 기억을 갖고 이에 대한 부당한 확
신과 더불어 정확한 기억과 작화 등을 사실상 누구도 구별할 수 없다는 문제에
대하여는 적절한 대책이 될 수 없다는 한계를 지적하여 증거능력을 판단하기 위

　　의 여부, ② 최면에 의하여 재생, 강화된 기억을 보강할 수 있는 여타의 증거가 존재하는
　　지의 여부를 추가적인 조건으로 설정한 바 있다. Spryczynatyk v. General Motors Corp,
　　771 F.2d 1112, 1123(8th Cir. 1985): 반대로, safeguard를 다소 완화시키고 최면에 의한 기
　　억 및 진술의 허용성을 긍정한 예도 있다. State v. Weston, 16 Ohio App. 3d 279, 317,
　　475 N.E. 2d 805, 813(1984)에서는 no single safeguard determinative라고 표현한 바 있고,
　　State v. Adams, 418 N.W.2d 618, 622－24(S.D. 1988)에서는 substantial compliance라고
　　표현, 역시 safeguard를 완화하였다.
41) Zani v. State, 758 S.W.2d 233, 243－44(Tex. Crim App. 1988).
42) 판단지표로 Texas 주 형사항소법원은 ① 임상적 치료목적 또는 법과학적 목적으로의 최면
　　의 활용에 관한 hypnotist의 훈련수준, ② hypnotist의 독립성 및 중립성, ③ 최면 전 사건
　　과 관련하여 hypnotist에 제공된 정보에 관한 기록의 존재여부, ④ 최면 전, 피최면자가 사
　　건에 관하여 기억하고 있는 내용을 기술한 서면의 존부, ⑤ 피최면자와 hypnotist 간의 접
　　촉의 전 과정을 기록한 자료의 존부, ⑥ 최면 전, 후의 전 과정에 걸쳐 hypnotist 및 피최
　　면자 외의 타 인원의 개재여부, ⑦ 최면유도 및 기억재생과정과 활용기법의 적절성, ⑧ 손
　　실된 기억의 재생에 최면의 활용이 적정하였는지의 여부, ⑨ 최면에 의하여 재생된 기억
　　및 진술을 보강할 수 있는 여타 증거의 존부, ⑩ 최면과정에서 미묘한 단서제공이나 암시
　　가 피최면자에게 제공되었는지의 여부를 들고 있다.

한 기준으로는 부적절하다는 비판이 제기된다.[43]

3) 증거능력 부정설(Per Se Exclusion Approach)

　　마지막으로, 다수의 미국판례에서 채택한 전면적 부정설(per se exclusion approach)을 살펴본다. 최면유도진술에 대한 증거로의 허용가능성을 일관되게 부정함에 있어서 그 근거로, 최면은 기본적으로 과학석으로 이를 신뢰할 수 없고, 피고인의 반대신문권 등 방어권에 대한 치명적 침해가 수반되는 점 등을 제시하면서 제한적 허용설이나 배심의 증명력 테스트에 의하여 최면의 신뢰성과 관련한 문제를 충분히 여과할 수 있다는 앞서의 견해에 대하여 극히 회의적 시각을 취한다.

　　전면적 부정설을 취한 대표적 예로 1980년 State v. Mack사건을[44] 들 수 있는데, 피해자인 증인이 피고인과 함께 술집에서 술을 마신 후, 모텔에서 투숙, 성관계를 갖게 되었는데, 잠시 후, 피해자가 성기주변에 피를 흘리면서 병원으로 응급 후송되었다. 병원의 담당의는 성범죄를 의심하여 피해자는 모텔에 간 직후부터 병원에 후송되기까지의 일련의 사건에 대하여 기억이 나지 않는다고 한 바, 이후 실시된 최면에 의하여 피해자는 자신이 피고인에 의하여 칼로 수차례 위협 및 공격을 받았다고 진술하였고, 최면 후의 진술에서도 동일한 내용의 진술을 한 사안이었다.

　　피고인 측은 최면이 갖는 과학적 신뢰성의 부족을 들어, 피해자의 동 진술의 허용성이 부정되어야 한다고 주장하였다. 총 5명의 전문가가 감정인으로 진술한 바, Minnesota 주 대법원은 이른바 hardening memory와 confidence bolstering은 증인에 대한 반대신문을 사실상 무의미하게 만들고, 최면이 존재하지도 않은 사실에 대한 기억을 창출할 수 있는 점 등을 지적하였다. 아울러, 제한적 허용설 등은 그 효과나 비용 면에서 의문스러운 점에서, 최면에 의하여 재생된 기억 및 이를 토대로 한 진술은 과학적으로 신뢰할 수 없고, 배심에게 부당한 편견을 줄 우려가 높은 점을 근거로 증거에서 배제하였다. 이후, Massachusetts,

---

43) People v. Shirley, 31 Cal. 3d at 39, 641 P.2d at 787, 181 Cal. Rptr. at 255(1982) etc.
44) State v. Mack, 292 N.W.2d 764(Minn. 1980).

Pennsylvania, Arizona, California 주 등이 동일한 견해를 취하고,[45] 특히, Maryland 및 North Carolina 주는 견해를 바꾸어 Mack사건에서 제시된 입장으로 변경하였다.[46]

그러나 증거능력 부정설도 문제점은 있다. 첫째, 증거능력 부정설 역시 충분한 과학적 신뢰성을 갖지 않는다. 가령 목격진술의 신빙성과 관련한 논쟁과 의문에도 불구하고 대부분 특별한 문제제기 없이 증거능력을 인정한다. 그렇다면 목격증인의 신빙성 판단에 비하여 최면에 의하여 환기된 기억에 바탕한 진술의 신뢰성은 더욱 의문이 제기되는 경우라 단정지을 수 있는가? 둘째 최면의 영향을 받지 않은 최면 전 진술(pre-hypnotic statements)의 허용여부는 어떠한가? 셋째, 증거능력 부정설의 핵심 논거는 피고인의 반대신문권이 사실상 무력화되는 점인데, 만일 피고인이 죄책을 부정하기 위한 증거(exculpatory evidence)로 동 진술이 활용되는 때에도 동일한 논리로 증거에서 배제하여야 하는가라는 의문이 제기된다.

이에 대하여 증거능력 부정설도 예외를 인정하는데, 먼저 최면 전 진술 (pre-hypnotic statements)과 관련하여, State ex rel. Collins v. Superior Court (1982)사건에서[47] Arizona 주 대법원은 최초 증거능력을 부정하였지만, 변론재개 후 절차에서 이를 변경, 증거능력을 긍정하였다. 한편, California 주 역시 처음에는 최면 전, 후의 진술 모두 증거능력을 부정하였으나, 증거법 개정을 통해 일정한 전제조건이 갖추어진 경우, 최면 전 진술을 증거로 허용하게 되었다.[48]

아울러, 피고인 측이 혐의를 해소하기 위한 증거(exculpatory evidence)로 최

---

45) Commonwealth v. Kater, 388 Mass. 519, 447 N.E.2d 1190(1983): Commonwealth v. Nazarovitch, 496 Pa. 97, 456 A.2d 170(1981): State v. Mena, 128 Ariz. 226, 624 P.2d 1274(Ariz. 1981): People v. Shirley, 31 Cal. 3d 18, 723 P.2d 1354, 181 Cal. Rptr. 243, cert. denied, 459 U.S. 860(1982).

46) State v. Collins, 296 Md. 670, 464 A.2d 1028(1983): State v. Peoples, 311 N.C. 515, 319 S.E. 2d177(1984).

47) State ex rel. Collins v. Superior Court, 132 Ariz. 180, 644 P.2d 1266(1982).

48) Calufornia 주 증거법은, ① 허용되는 진술은 최면 전의 증인이 기억한 내용에 한정한다. ② 최면 전 진술의 본질적 내용은 서면, 녹음테이프나 video tape 등에 기록, 보존되어야 한다. ③ 피최면자의 최면전 진술과 hypnotist에 의하여 제공된 정보가 기록되고, 피최면자의 동의 및 최면의 전 과정이 video tape에 녹화되어야 하는 전제조건이 준수됨을 전제로 pre-hypnotic statement의 증거능력을 긍정하고 있다. California Evidence Code § 795. 참조.

면에 의하여 기억이 환기된 진술을 증거로 제시하는 경우와 관련하여, 미연방대
법원은 Rock v. Arkansas(1987)에서[49] 언급하였다. 피고인(처)와 피해자(남편)이
부부싸움을 하는 가운데 발생한 사건으로, 피해자가 이전에도 피고인을 심하게
구타한 바 있는데, 이 때도 피고인의 목을 잡고 벽으로 밀어붙이며 폭행을 가하
였다. 이에 피고인이 이를 뿌리치고 도망하면서 집에 있던 권총을 들어 거실쪽
을 향하였는데, 피해자가 재차 폭행을 가하던 중, 피해자가 총을 떨어뜨리면서
동시에 총이 격발, 피해자가 사망에 이르게 된 사안이다.

    피고인은 사건 직후, 권총으로 피해자를 직접 겨누고 격발하였는지의 여부
에 대하여 전혀 기억이 나지 않는다고 진술한 바, 피고인 측 변호인이 피고인에
게 최면에 의한 기억재생을 권유하여, 이를 통해 사건 당시 피고인은 권총의 방
아쇠에 손을 대지 않았으며, 권총의 오작동으로 인하여 피해자의 폭행에 의해
떨어지는 순간 저절로 격발된 것이라는 진술을 확보, 이를 공판과정의 증인진술
로서 증거로 제시하였다. 제1심은 피고인의 진술 중 허용되는 부분은 최면 전 진
술에 국한된다고 판시하고, Arkansas 주 대법원도 증거능력 부정설에 따라 이를
확인, 피고인에게 살인죄(manslaughter)를 인정하였다. 이후 Arkansas 주 대법원
이 취한 증거능력 부정설이 미연방헌법 수정 제6조에 규정된 피고인의 방어권을
침해하는지 여부가 상소를 통해 미연방대법원에 의하여 심사받게 되었다.

    미연방대법원 다수의견은 먼저 최면에 대하여 증거능력 부정설을 취한 다
른 법원들의 경우, 피고인의 유죄를 입증하기 위한 증인(inculpatory statement by
witness)인 반면, Arkansas 주 사건은 피고인에 진술(exculpatory statement)이라는
차이점에 주목, 증거능력 부정설을 취함에 있어서, 그 타당성에 대한 명백한 입
증이 없다면, 이는 피고인의 정당한 방어권행사에 중대한 제약을 가할 수 있는
점에서 위헌으로 판단하였다. 따라서 Arkansas 주 대법원은 피고인이 자신의 방
어를 위해 증언할 권리를 제한함에 있어서 필요한 헌법적 분석을 다하지 못하였
다고 결론을 내리고 원 판결을 파기하였다.

    한편, 최면의 신뢰성과 관련하여 연방대법원도 최면에 의해 재생되는 기억
의 양은 증가하는 면이 인정되나, 정확한 정보만이 아니라, 부정확한 정보도 증

---

49) Rock v. Arkansas, 107 S. Ct. 2704(1987).

가하고, 고도의 피암시성, 작화의 경향, memory hardening 현상 등의 위험성이
수반됨을 부인할 수 없다고 하였다. 또한, 제한적 증거능력 긍정설에 대하여도
최면에 의한 진술의 신뢰성을 충분히 보장할 수 없음을 분명히 하였다. 그러나
일정한 가이드라인을 통해 부당한 피암시성을 통제할 수 있고, 보강증거
(corroborating evidence), 당사자 간 상호신문, 배심에 대한 법관의 적절한 주의적
지침(instruction)에 의하여, 신뢰성을 일정정도 확보될 수 있음 역시 부인할 수
없다고 지적하였다.

 이러한 논간 끝에 결론적으로 미연방대법원은 수사기법으로 최면의 활용을
긍정할 수 있는 충분한 준비가 되어 있지 않다는 견해를 제시하면서, 최면상태
및 최면효과에 관한 과학적 이해는 아직 미해명 상태에 있음을 인정하였다. 반
면 다른 한편으로는 Arkansas 주 대법원은 당해 사건에서 증거능력 부정설을 통
해 최면에 의하여 환기된 기억에 바탕한 진술을 증거로 허용하지 않는 충분하고
정당한 근거 역시 갖지 못하고 있음을 지적한 것이다.

 물론, 소수의견으로 연방대법원장인 Rehnquist 및 White, O'Conner, Scalia
대법관은 위 다수의견에 반대하여, 원심 Arkansas 주 대법원의 판단을 지지하고
있다. 즉, 다수의견이 최면의 신뢰성에 근본적 의문을 제기하고, 소위 제한적 증
거능력 긍정설 역시 그 신뢰성을 보장하기 위한 근본적 장치는 되지 못하여 이
를 통해 신뢰성을 검토할 수 있다는 것은 논리적 모순이라고 지적한다. 아울러,
미연방헌법 수정 제6조가 보장한 피고인의 방어권에 대한 침해와 관련하여, 법
원은 본질적으로 그 신뢰성이 의문이 제기되는 증거를 배제할 권한을 가지며,
Arkansas 주 대법원이 취한 전면적 부정설은 최면과 같이 신뢰성에 강한 의문이
제기되는 증거에 대하여는 전적으로 지지될 수 있는 대응방법이라 하였다.

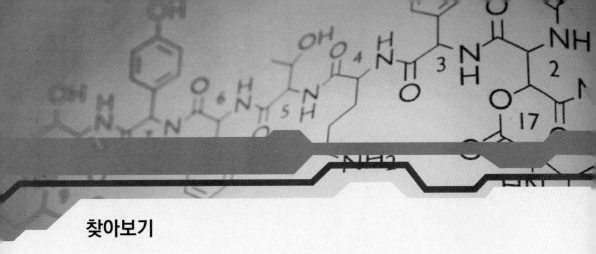

찾아보기

사항색인

영문색인

A

ACE-V   262
adenine, A   59
AFIS, automatic fingerprint identification
  system   252, 265
age regression   374
annealing   74
Autoradiography   69, 70

B

Band Shifting   94
bertillionage, bertillion system of
  criminal Identification   53
Bias hypothesis   325
biometrics   56

C

ceiling principle   114
chain of custody   142
CODIS(combined DNA index system)
  81, 204
cold hits   161
competentness   7
composite image   335
criminal identification   51
cytosine, C   59

D

Daubert Test   12, 18
decay theory   321
degree of acceptance   14

Denaturation   69, 74
Devrin Report   340
direct familial search   230
direct mode of reasoning   44
direct suggestion   374
DNA Identitätsfeststellungsgesetz   176
DNA profiling   60
dragnet   196

E

Electrophoresis   68
ENCODE project   226
encoding   311
expert witness   41
extension   74

F

Familial Search   229
fingerprint   56, 247
Fingerprint Classification System   252
fixed bin   111
formant   287
Fragmentation   67
Frye test   12, 20

G

galton's ridges   247
general pattern agreement   259
generally accepted   21
genetic informant   230
genetic marker   63
genetic privacy   221

저자소개

권 창 국(權昶國)
1993. 2. 동국대학교 사회과학대학 경찰행정학과 졸업(행정학사)
2000. 2. 동국대학교 일반대학원 경찰행정학과 졸업(법학석사, 형사학)
2005. 8. 동국대학교 일반대학원 법학과 졸업(법학박사, 형사법)
2001. 9. ~ 2005. 8. 서남대학교 사회과학부 경찰행정학과 전임강사
2005. 9. ~ 2011. 8. 전주대학교 사회과학대학 법경찰행성학부 조교수
2011. 9. ~ 현재   상동 부교수

과학수사론

초판인쇄	2015년 8월 17일
초판발행	2015년 8월 28일

지은이	권창국
펴낸이	안종만

편 집	김선민·배근하
기획/마케팅	정병조
표지디자인	김문정
제 작	우인도·고철민

펴낸곳	(주) **박영사**
	서울특별시 종로구 새문안로3길 36, 1601
	등록 1959. 3. 11. 제300-1959-1호(倫)

전 화	02)733-6771
f a x	02)736-4818
e-mail	pys@pybook.co.kr
homepage	www.pybook.co.kr
ISBN	979-11-303-0225-6 93350

정 가	25,000원